BIBEL
für heute
2025

Hintergründe

Auslegungen | Impulse

BRUNNEN
Verlag GmbH · Giessen

Impressum

Herausgeber:
Hansjörg Kopp, Generalsekretär CVJM Deutschland e.V.

Redaktion:
Klaus Jürgen Diehl (NT-Texte), Uwe Bertelmann (AT-Texte)

Erstellung des Bibelleseplans:
Ökumenische Arbeitsgemeinschaft für Bibellesen
Ev. Werk für Diakonie und Entwicklung
Caroline-Michaelis-Str. 1
10115 Berlin

Weitere verwendete Übersetzungen: s. S. 397

Umschlagfoto: Tom Uhlenberg / Stocksy
Umschlaggestaltung: Jonathan Maud
Satz: Uhl + Massopust, Aalen
Druck: GGP Media GmbH, Pößneck
ISBN Buch 978-3-7655-2765-4
ISBN E-Book 978-3-7655-7849-6
www.brunnen-verlag.de

Inhalt

Vorwort

Liebe Leserinnen und Leser von *Bibel für heute*,

wer mit der Bibel immer schon vertraut ist, lebt in der Gefahr, dass er bereits vor der Lektüre zu wissen meint, was sie sagt. „Steht es wirklich da?" – fragte uns immer ein Professor, wenn wir eine vorgefertigte Meinung von außen an den Bibeltext herantrugen. Oder wenn wir anfingen, besonders tiefe Bedeutungen in den Text hineinzulesen. Oder wenn wir gar nicht richtig hingeschaut hatten. Und dann ging er mit uns in die Tiefe. (Einmal schaffte er in einer Vorlesung im ganzen Semester drei Kapitel.)
„Prüft alles und behaltet das Gute!" (1Thess 5,21), empfiehlt Paulus der Gemeinde in Thessalonich. Nicht ohne Grund: Nach seiner Predigt in der Synagoge hatte die große Mehrheit die neue Sicht, die Paulus ihnen eröffnete, gar nicht erst an sich herangelassen. Anders die Juden an der nächsten Station, Beröa: „Diese aber waren freundlicher als die in Thessalonich; sie nahmen das Wort bereitwillig auf und forschten täglich in der Schrift, ob sich's so verhielte" (Apg 17,11).
Zum Prüfen braucht man bisweilen Instrumente. Ein solches Prüfinstrument für Bibeltexte haben Sie vor sich: Erklärungen, Fakten, Hintergründe, die helfen, den Dingen wirklich auf den Grund zu gehen.
Jedes Prüfinstrument muss seinerseits wieder geprüft oder geeicht werden. Niemand von den rund 50 Autorinnen und Autoren hat die vollständige biblische Erkenntnis. Prüfen Sie also auch das, was in *Bibel für heute* steht. Auch dazu gibt es wieder geeignete Werkzeuge … Und geben Sie gerne auch Rückmeldung dazu! Vor allem: Behalten Sie das Gute: das Evangelium von Jesus Christus, wie Paulus es z. B. in Thessalonich verkündigt hat. Und wenn die Prüfung dazu dient, dass das Gute noch mehr aufleuchtet, hat *Bibel für heute 2025* sein Ziel erreicht.

Klaus Jürgen Diehl (Redaktion der Auslegungen des NT)
Uwe Bertelmann (Redaktion der Auslegungen des AT)

● Am Anfang des neuen Jahres stehen drei Arten der Verkündigung des Wortes Gottes:

→ **V 2-7: Lobpreis der Schöpfung.** Der Himmel über uns mit der Regelmäßigkeit des Laufs der Sonne und des Wechsels von Tag und Nacht sind uns umgebende und weltweite „Verkündigung" Gottes ohne Worte (vgl. V 4).

→ **V 8-11: Leitung durch das Gotteswort.** Dann folgt als zweites die „Verkündigung" des Weges und Willens Gottes mit Worten. Mit „Gesetz" (Tora) ist das Gotteswort insgesamt als Wegweisung im Blick, und die fünf nachfolgenden Begriffe variieren dieses Gotteswort und stellen unterschiedliche Aspekte ins Licht. Es wird aufgezählt und dabei gesagt, was das in der Bibel gefasste Gotteswort ist und was es zu tun vermag. Nicht wir müssen also mit dem Gotteswort etwas bewerkstelligen. Wenn wir uns ihm aussetzen, hat es von Gottes Geist erfüllt die Kraft, uns zu beglücken, zu formen, zu leiten.

→ **V 12-15: Bekenntnis und Gebet.** Erst im Schlussteil erscheint der Sprechende („dein Knecht"). Die dritte „Verkündigung" sind also Menschenworte. Sie knüpfen an den Mittelteil an, insofern ausgesprochen wird, dass und wie das Gotteswort bei mir „angekommen" ist. Dieses warnt, beglückt und deckt auf; darum die Bitte um Vergebung. Daran schließt sich die Bitte um Bewahrung von den Stolzen und vor Überheblichkeit an – und damit von „großer Missetat". Am Schluss steht der Wunsch, dass Gott unsere menschlichen Worte in Wohlgefallen entgegennimmt, und das wunderbare Bekenntnis: **„Herr, mein Fels und mein Erlöser."**

Was hat Sie an diesem Psalm besonders angesprochen? Nehmen Sie sich Zeit, dies im Gespräch mit dem Herrn zu erörtern! Was Gott Ihnen und Sie ihm sagen möchten, können Sie in 1–2 Sätzen schriftlich festhalten und mit ins neue Jahr nehmen!

Das Lukasevangelium

Lukas erklärt zu Beginn, wie es zum Entstehen seines Evangeliums gekommen ist. Er ist allen Berichten sorgfältig nachgegangen und hat das Gesammelte in eine gut verständliche Ordnung gebracht, damit die Leser im Glauben gewiss und für ihr Leben und Zeugnis als Christen gestärkt werden (1,1-4). Ein Ergebnis dieser intensiven Nachforschung ist, dass das Lukasevangelium zur Hälfte Texte enthält, die in den anderen Evangelien nicht vorkommen. In diesem sogenannten **Sondergut** zeigt sich nun besonders das Christuszeugnis des Lukas.

1. Jesus – der Heiland aller. An Jesus wird vor allem die suchende und bergende Liebe Gottes deutlich, die keinen verloren gibt. „Euch ist heute der Heiland geboren" (2,10f). Alle Menschen werden den Heiland Gottes sehen (3,6). Jesus wendet sich **allen** Gruppen der Gesellschaft zu. Nur hier besucht Jesus Pharisäer (7,36; 11,37; 14,1). Wie oft ist er mit den damals Verrufenen und Diskriminierten zusammen (Samariter, Zöllner, Dirnen u. a.).

2. Jesus – Gottes Besuch bei den Menschen. Jesus ist für Lukas der Gast, durch den Gott bei uns Menschen einkehrt und uns so Heil und Versöhnung bringt (19,9). „Gott hat besucht und erlöst sein Volk" (1,68.78; 7,16), um sie aus Finsternis und Schatten des Todes auf den Weg des Friedens zu führen (1,79f). Viele Texte zeigen, wie er an Verlorenen, Dirnen, Zöllnern, Frauen, Kindern, Hirten, Armen, dem Schächer am Kreuz handelt. An ihm wird ein leidenschaftlicher Gott sichtbar, der Verlorene sucht, das Kranke heilt, Schwaches stärkt (5,31f; 19,10).

3. Jesus – und die Würde der Frauen. Besondere Beachtung finden bei Lukas die Frauen. Jesus redet nicht über Gleichberechtigung – er handelt. Er nimmt sie in seinen Jüngerkreis auf (8,1-3), unterrichtet Maria, die Schwester der Martha, stellt sie den Jüngern gleich (10,38-42): Er erzählt in Gleichnissen vom vorbildlichen Verhalten von Frauen (15,8-10; 18,1-8).

4. Jesus – Hoffnung der Armen und Krise der Reichen. „Er stößt die Gewaltigen vom Thron und erhebt die Niedrigen. Die Hungrigen füllt er mit Gütern und lässt die Reichen leer ausgehen" – so singt Maria im „Magnifikat" (1,52f). „Er hat mich gesalbt, zu verkündigen das Evangelium den Armen" – so Jesus in seiner Antrittspredigt in Nazareth (4,18). „Selig seid ihr Armen; denn das Reich Gottes ist euer ... Weh euch Reichen; denn ihr habt euren Trost schon gehabt" (6,20.24). Nur Lukas erzählt die Gleichnisse vom reichen Kornbauern (12,16-21), vom armen Lazarus und reichen Mann (16,19-31). Nur er schildert, wie ein Kamel durchs Nadelöhr (18,25) kommt und ein Reicher scheitert, weil er seinen Besitz nicht mit den Armen teilen will (18,22).

5. Jesus – der Beter und der Garant der Gebetserhörung. Oft erwähnt Lukas, dass Jesus vor Begegnungen betet (3,21; 5,16; 6,12). Die Abhängigkeit von Gott und der Wunsch nach Übereinstimmung mit dem Vater werden so betont. – An Jesu Beten entsteht der Wunsch der Jünger, auch so beten zu können (Lk 11,1). Mit eindrücklichen Gleichnissen (11,5-8; 18,1-8) ermutigt Jesus zum Gebet. Er selbst ist der Garant dafür, dass Beten Sinn macht und nicht ohne Antwort bleibt.

6. Jesus – die Feindesliebe in Person. Nach Lukas hat Jesus seinen Todeskampf vor allem in Gethsemane und nicht so sehr am Kreuz ausgetragen (22,44). Hier findet er zu einem vollen Ja, zum stellvertretenden Sterben für uns. Deshalb ist er am Kreuz frei, für seine Feinde zu beten: „Vater, vergib ihnen; denn sie wissen nicht, was sie tun" (23,34); ist er offen für die Bitte des Schächers (23,42). Jesus lebt Feindesliebe (6,27); er stirbt für seine Feinde und fleht für sie bei Gott um Gnade.

● In Colmar, einer Stadt im Elsass, nicht weit von der Grenze zu Deutschland entfernt, befindet sich der tief bewegende, weltbekannte Isenheimer Altar von Matthias Grünewald (um 1480–1530). Auf der rechten Seite der Bildtafel steht Johannes der Täufer und richtet seinen Blick auf den gekreuzigten Jesus. Der Zeigefinger seiner rechten Hand, mit der er auf Jesus hinweist, ist überlang. An der dunklen Wand hinter ihm steht in roten Lettern geschrieben: „Er muss wachsen, ich aber muss abnehmen." Genau darum geht es jetzt. In seinen ersten beiden Kapiteln hat Lukas sich den vielen uns sehr vertrauten Geburtsgeschichten von Johannes und Jesus und der Kindheitsgeschichte Jesu gewidmet. Jetzt aber setzt Lukas ganz neu und abrupt an, indem **er das Auftreten Johannes des Täufers in der Wüste beschreibt. Gleichzeitig verbindet er sein Auftreten mit der damaligen Weltgeschichte** (V 1f). Er gibt ihm damit großes Gewicht, so wie er das vorher schon bei den Ankündigungen seiner Geburt (Lk 1,5) und der Geburt Jesu (Lk 2,1f) getan hat. **Weltgeschichte ist für Lukas ohne diese Ereignisse nicht zu denken.**

● Johannes erscheint nun als **Vorbereiter des Erscheinens Jesu.** Er ist mit allem, was er sagt und tut, der verlängerte Zeigefinger, der auf Jesus, den kommenden Herrn, hinweist. Er predigt in der Wüste; die Leute müssen zu ihm kommen – und sie kommen in Scharen, denn er hat ihnen Wichtiges zu sagen: **Johannes kündigt Jesus, den „Heiland Gottes" an!** Da gibt es nur eins: Die Herzen bereit machen, Buße und Vergebung predigen, denn der da kommt, will unser ganzes Herz.

Es geht auch in unserem Leben immer wieder darum, dass wir uns für Jesus bereit machen. Dazu gehört, dass wir ihm bekennen, was uns von ihm trennt, und uns die Vergebung schenken lassen.

● Eine aufrüttelnde Predigt des Johannes! Wer würde es heute wagen, Menschen auf diese Weise anzureden? Aber vielleicht war ihnen anders nicht zu helfen. **Manchmal brauchen wir Menschen eine harte Ansprache, auch in der Gemeinde.** Damals waren die Leute, die in die Wüste hinauszogen, offenbar nicht der Meinung, dass sie etwas zu bereuen hätten. Vielleicht fanden sie es einfach spektakulär, dort auf einen Menschen zu treffen, der schon allein durch sein Äußeres Eindruck schindete (vgl. Mk 1,6). Sie waren offenbar sehr von sich überzeugt, lebten in den Tag hinein und hatten einen traditionellen Gottesglauben, von dem sie meinten, dass er doch völlig ausreiche („Wir haben Abraham zum Vater"; V 8). **Johannes droht ihnen schonungslos Gottes Gericht an und stellt ihre Selbstsicherheit massiv infrage.** Tief erschrocken fragen die Leute, was sie denn tun sollen, um vor dem Gericht Gottes bestehen zu können. Hier kommt nun heraus, was alles im Argen lag. Die Fragen zeigen, dass Menschen ihr Herz geöffnet haben und bereit sind, sich etwas sagen zu lassen. Dreimal stellen die Zuhörer ihre Frage, und **dreimal gibt Johannes eine konkrete Antwort.**

→ Der ganzen Menschengruppe sagt er: **Hütet euch vor dem Raffgeist, als müsstet ihr mehr und mehr besitzen.** Es gibt so viel Armut; fangt an zu teilen, wo ihr doch mehr als genug habt (vgl. Lk 12,15-21).

→ Den Zöllnern, die Steuern einzunehmen hatten, sagt er: **Betrügt die Leute nicht, indem ihr ihnen mehr abfordert,** als wirklich erlaubt und gefordert ist.

→ Den Soldaten sagt er, und das klingt wieder sehr aktuell: **Auch für Kriege gilt das Völkerrecht!** Menschenverachtendes Verhalten und das Ausüben brutaler Gewalt dürfen nicht sein.

✎ *Was liegt heute bei uns konkret im Argen? Die Antworten, die Johannes den Fragestellern gibt, gehen auch uns an.*

● Es tut gut, wenn man ungeteilte Anerkennung und nur Wertschätzung erfährt. Bei Johannes meinten einige Leute sogar, dass er der schon lange erwartete Messias sein könnte. Wer möchte sich in solchem Glanz nicht sonnen? Wie viele kleine Messiasse hat es schon gegeben, deren Leuchtkraft dann aber doch schnell wieder erloschen ist! **Johannes der Täufer erliegt dieser Gefahr nicht. Er weiß, er ist der Vorläufer und Wegbereiter – mehr nicht.** Gewiss, er hat die Leute getauft. Aber das war nur eine Buß- bzw. Reinigungstaufe mit Wasser, mehr nicht. Größere Bedeutung kann und will Johannes seiner Aktion nicht beimessen. Aber, **das ist nun seine Botschaft: „Der, auf den ihr schon so lange wartet, der wird kommen! Der ist größer als ich!"** Dessen Taufe, so verkündet er es der versammelten Menge, hat eine andere Qualität. Jesus ist der Messias, der von Gott kommt und dessen Taufe den Heiligen Geist vermittelt. **Nur das eine will Johannes: ihn, Jesus Christus, verkündigen und sein Kommen vorbereiten.** An ihm, dem Kommenden, sieht er seine eigene Bedürftigkeit, vor Jesus haben Stolz, Raffgier und Überheblichkeit keine Chance. **Nur eins will Johannes: Dass die Menschen an Jesus glauben lernen, den einzigen Trost im Leben und im Sterben.**

● Darum wird Johannes nicht nur einmal so hart gepredigt haben. Er tut es, damit die Menschen die wunderbare Botschaft von Jesus endlich in sich aufnehmen, denn darum geht es letztlich, um eine **Frohbotschaft** und **nicht** um eine **Drohbotschaft.** Das weiß auch Johannes. **Aber manchmal muss er, muss man streng sein, damit hartgesottene Menschen wirklich umdenken und umkehren.** Aber diese Klarheit passt nicht allen. Dem Landesfürsten hat Johannes ebenfalls knallhart die Wahrheit über sein sündhaftes Leben gesagt. Dafür muss er ins Gefängnis, später sogar dafür sterben (vgl. Mt 14,1ff). Aber sein Name wird im Himmel viel bedeuten (vgl. Lk 7,24-28).

- **Salomo** wird als Verfasser des Psalms benannt – er endet mit einem Hinweis auf David. Möglicherweise hat Salomo Gedanken des späten David verschriftlicht. Weit über Salomo als irdischen König leuchtet der König aller Könige, der Friedefürst (V 5; Jes 9,5) auf, der alle Völker regieren wird (V 11; Offb 12,5).
- In der **Bitte um Recht und Gerechtigkeit und Frieden** (V 1-4) bittet Salomo wie schon bei seinem Amtsantritt (1Kön 3) Gott um Vollmacht und Verstand, ein von Gott geleiteter König zu sein. Ein guter König zeichnet sich nicht durch Prunk und Protz aus, sondern durch Frieden, Recht und Gerechtigkeit für Menschen aller sozialer Schichten (V 13f).

Wo trage ich Verantwortung für Menschen und brauche die Hilfe Gottes, um der Verantwortung „gerecht" zu werden?

- Dass so ein König **unter Gottes Segen auch eine enorme Machtentfaltung** erwarten kann, beschreibt Salomo in V 8-11. Das hat Salomo erlebt und Jesus Christus wird es vollendet erleben und für immer die ganze Herrschaft behalten. Keine Macht der Finsternis, keine noch so brutale militärische Nuklearmacht kann sich dann mehr gegen die himmlische Gerechtigkeit auflehnen, wenn jedes Knie sich beugt und jede Zunge bekennt, dass Jesus Christus regiert (Phil 2,9-11). Das Kennzeichen eines gottesfürchtigen Königs besteht darin, dass er das Gute der Menschen sucht (V 12-14). Gerechtigkeit ist sein Herzensanliegen. Unter so einer Herrschaft, die zugunsten der Regierten arbeitet, wollen Menschen gerne leben.
- Am Ende des Psalms steht **Gott.** Er, von dem aller Segen, alle Fruchtbarkeit (V 16), alle Wunder (V 19) kommen. Darin zeigt sich die richtige Haltung des Königs: **Gott gehört alle Ehre**. In dieser Haltung der Anbetung, des Lobens und Staunens erwarten wir die wunderbare Herrschaft des Königs aller Könige, Jesus!

● „Ich glaube, dass Jesus Christus, wahrhaftiger Gott vom Vater in Ewigkeit geboren und auch wahrhaftiger Mensch, von der Jungfrau Maria geboren, sei mein Herr" heißt es bei Martin Luther im Kleinen Katechismus. Darum geht es auch hier und heute. Lukas hat seinen Bericht über das Wirken des Täufers erst einmal (vgl. dann wieder Lk 7,18ff) abgeschlossen und wendet sich jetzt ganz Jesus zu, dem Johannes den Weg bereiten wollte. **Doch, merkwürdig: Dieser Jesus erscheint nicht als göttliche Gestalt, als strahlender Messias.** Nein, er steht mitten unter den Leuten, die sich von Johannes taufen lassen wollen – und **er lässt sich selber taufen! Ganz Mensch ist er hier unter Menschen, „wahrhaftiger Mensch".**

● Das spiegelt sich dann auch in dem **Stammbaum,** den Lukas auf den Bericht von der Taufe Jesu folgen lässt: Wieder geht es um Jesus als Mensch, sogar sein Alter wird genannt (V 23). Lukas führt Jesus zurück auf Adam, den Stammvater aller Menschen. Auch da klingt das „wahrer Mensch" durch.

● Aber dabei bleibt es nicht. Bei Jesu Taufe „tat sich der Himmel auf" (V 21). Jetzt kommt heraus, wer Jesus zugleich und in der Tiefe ist: **Der, der ganz Mensch geworden ist, ist auch „wahrer Gott".** Gleich zweifach wird das hier deutlich: „Das Herabfahren des Geistes gibt die Ausrüstung und die Stimme aus dem Himmel die bestätigende Legitimation an, mit der Jesus nun wirken wird" (H. Gollwitzer). „Du bist mein lieber Sohn, an dir habe ich Wohlgefallen" (V 22). Was braucht Jesus mehr als diese Zusage. Und was brauchen wir mehr als diese göttliche Aussage, um Jesus Christus unser Leben anzuvertrauen!

✎ *Bitte vergleichen Sie die Darstellung des Stammbaums Jesu bei Lukas (Lk 3,23-38) und Matthäus (Mt 1,1-17). Worin unterscheiden sie sich, was verbindet sie?*

● Gerade noch sehen wir Jesus bei seiner Taufe, bei der er den Heiligen Geist empfangen hat und von Gott legitimiert wurde. So müsste er doch seinen messianischen Dienst beginnen können. Er war „voll Heiligen Geistes" heißt es in V 1. Aber was passiert plötzlich? **Statt Predigtdienst ist für Jesus Wüstenzeit angesagt, und nicht nur das: Der Teufel tritt auf.** Dem passt das natürlich nicht, dass Jesus nun mit göttlicher Kraft und Legitimation auftritt. Ihm passt es auch bis heute nicht, wenn wir Jesus als den Weg, die Wahrheit und das Leben (Joh 14,6) bezeugen.

● **Jesus muss vom Himmel durch die Hölle ins Leben.** Der Teufel steht vor ihm, vierzig Tage lang. Fallen stellt er ihm, alles im Dreierpack. Böse Fallen sind das. Denn das Raffinierte ist: Er will ihn packen bei der großen Zusage, die Jesus gerade erst bekommen hat. „Bist du Gottes Sohn, dann …", so argumentiert der Teufel.

● Aber auch weiterhin bleibt er raffiniert. Er spricht **die drei stärksten Versuchungsmomente** an, die es für Menschen gibt: **Den Hunger nach Brot** (4,2), **den Hunger nach Macht** (4,5f) **und den Hunger nach Anerkennung** (4,9f). Dabei lässt er geradezu zynisch biblische Motive anklingen (V 3) und verwendet selbst Bibelworte (V 10).

● Jesus verwahrt sich gegen diese bösen Anschläge, indem er dem Teufel das 1. Gebot entgegenhält. Seine Antworten nehmen jeweils Worte aus dem 5. Buch Mose auf (8,3; 6,16; 6,13), wo in besonderer Weise zur Einhaltung des 1. Gebots aufgerufen wird.

● Was folgt: Der Teufel zieht sich zurück, wenigstens eine Zeit lang (V 13). **Insgesamt erweist sich die Versuchung Jesu als seine Bewährung, als „erste Wegentscheidung"** (Peter Stuhlmacher), der mit dem Gebetskampf in Gethsemane die zweite folgen wird (Lk 22,41ff).

✎ *Welchen Einflüsterungen des Teufels müssen Sie widerstehen?*

● Nun endlich kann Jesus tun, was ihm aufgetragen ist: Er wandert durch das Land und predigt. Lukas fügt gleich hinzu, dass Jesus dabei großen Anklang gefunden hat (V 15). Aber nun zieht es ihn in seine Heimatstadt Nazareth, an den Ort, wo er aufgewachsen ist. Wer will das nicht auch: Denen, die einem nahestehen, der Familie, den Nachbarn und Freunden weitergeben, was das eigene Leben reich gemacht hat und worauf man sich verlassen kann! Jesus ist wieder ganz Mensch, mit Bedürfnissen und Wünschen, wie wir sie alle haben. **Und wie es sich für einen Juden gehört, besucht Jesus am Sabbat die Synagoge,** liest ein selbst gewähltes Bibelwort laut vor und legt es aus. **Er findet ein Trostwort aus dem Jesajabuch.** Darin verkündigte der Prophet, dass das Leben für Gottes Volk nicht so düster bleiben werde, wie es war, sondern dass eine neue Zeit anbrechen würde: **Gefangene werden frei sein, Blinde werden sehen, Zerschlagene können sich aufrichten und das große Jubeljahr wird kommen:** Das Jahr, in dem es keine Sklaverei mehr gibt und alle Schulden erlassen werden (vgl. 3Mose 25,10ff); ja, auch die Schuld, die das Volk Gottes als Ganzes auf sich geladen hat.

● Auffälligerweise lässt Jesus die letzten Worte aus dem Jesaja-Zitat weg: „... und einen Tag der Rache unsres Gottes" (Jes 61,2). **Für Jesus ist entscheidend: Jetzt ist Gnadenzeit und keine Zeit der Rache und Vergeltung!**

● Aber nun die Auslegung, **die Antrittspredigt Jesu. Sie besteht nur aus einem einzigen Satz!** Jetzt blitzt seine Göttlichkeit und seine messianische Kraft auf! **„Heute",** sagt er, **„ist dieses Wort erfüllt vor euren Ohren."** Was Jahrhunderte zuvor nur eine Ankündigung sein konnte, ist mit Jesus Wirklichkeit geworden. Mit ihm ist das Reich Gottes angebrochen, obwohl es oft nur zeichenhaft zu sehen ist. Und wenn Jesus auch nicht direkt von sich spricht, ist es doch keine Frage: **Mit Jesus ist die Zeitenwende da.**

● Die Leute wollen Jesus nicht! So war es damals, und so ist es heute. **Dieser Anspruch,** dass er mehr zu sagen hat als ein normaler Mensch **und sogar deutlich macht, dass „heute"** (V 21) **mit ihm Gottes Gnade und Wahrheit in die Welt gekommen ist: Eben das wollen die Leute nicht hören.** Vor allem die nicht, die Jesus von Jugend auf kennen. Das kann gar nicht sein, dass „einer von uns" so anders ist als wir (vgl. Joh 1,11). Klar, wenn er Imposantes, Eindrückliches vollbracht hätte, dann wären Jubel und Bewunderung wohl überschwänglich gewesen. Aber wenn er als einfacher Zimmermannsohn behauptet, der vor langer Zeit verheißene Heilsbringer zu sein, dann ist das eine Provokation, die spontanen Widerstand auslöst.

● **Zum ersten Male klingt an, was Jesus bevorsteht: Sein Weg ins Leiden, sein Tod am Kreuz deutet sich an.** Und mittendrin in dieser düsteren Atmosphäre spricht Jesus aus, was viele von uns, die zum Glauben an Jesus gefunden haben, auch so sagen könnten oder schon gesagt haben: „Der Prophet gilt nichts im eigenen Land!" Wie wahr!

● Da kommen junge Leute von einer christlichen Freizeit nach Hause, sie haben von Jesus gehört, haben ihn lieben gelernt und erzählen zu Hause begeistert, was sie erlebt haben. Das Echo in der eigenen Familie: Eher zurückhaltend, abweisend. Aber für Jesus ist das alles noch bitterer. **Ein Wunder verlangen sie von ihm, seine Nachbarn und Freunde aus alten Zeiten. Das lehnt er ab und rüttelt stattdessen an ihrem arroganten Selbstbewusstsein:** Seid nicht so sicher, dass ihr wirklich auserwählt seid; vielleicht kommt es ganz anders. Als er das mit einem Hinweis auf das Wirken des Elia anspricht, da kocht die Volksseele hoch und sogleich wollen sie ihn einen Abhang hinunterstürzen. „Aber", und da klingt wieder die Hoheit Jesu, seine Göttlichkeit an und auch schon ein Vorschein seiner Auferstehung: **„Er ging mitten durch sie hinweg."**

● Welche unterschiedlichen Meinungen über Jesus kursieren bis heute! Der erste Revolutionär der Kirche soll er gewesen sein, ein besonders begabter Psychotherapeut, ein Friedensstifter wie Gandhi oder Martin Luther King, ein Vorbild, wie es nur wenige gab. An all dem ist auch etwas dran, **nur eins fehlt: Wer Jesus ist, auch hier und heute, was er kann und vermag.** Denn der auferstandene Jesus ist auch heute unterwegs, um Menschen zu retten aus Knechtschaft und Verlorenheit. Das wird in unserer Geschichte, **der ersten im Lk erzählten Wundergeschichte Jesu**, schnell deutlich.

● Jesus kommt nach **Kapernaum,** an den Ort, zu dem er eine besondere Beziehung entwickelt und das daher von Mt „seine Stadt" genannt wird (Mt 9,1). **Da besucht er wieder eine Synagoge und legt die Schrift aus.** Das ist noch nichts Besonderes, weil es das Recht jedes erwachsenen Juden war. Aber wie er es tut, verwundert die Leute. **Er lehrt nicht mit beschwörenden oder einschmeichelnden Worten; nein er legt nur Gottes Wort aus, das aber offenbar ergreifend.** Da leuchtet eine Kraft bei ihm auf, die die Leute so bisher nicht kannten. Und diese Kraft breitet sich aus – und erreicht einen unreinen Geist.

● Jesus weiß, dass wir Menschen oft von allen guten Geistern verlassen sind und dass böse Geister uns treiben, ja regelrecht zum Bösen verführen können. Und **der unreine Geist,** den Jesus antrifft? Er kennt Jesus, er weiß, dass Jesus von oben kommt, er aber von unten. **Er wehrt sich gegen ihn, aber er kann nichts ausrichten gegen die Kraft, die von Jesus ausgeht.** Jesus nimmt den Geist als personale Macht wahr und treibt ihn aus, sodass der vom Ungeist geschüttelte Mensch zur Ruhe kommt. Die umherstehenden Menschen können sich kaum halten vor Verwunderung. **Aber so ist es, wenn wir Jesus als heute wirksamen Herrn und Heiland ernst nehmen: Da bleiben nur Staunen und Dank!**

● Weiter geht es für Jesus. **Er hat nicht nur Macht über die Dämonen, er hat auch Macht über Krankheit.** Lukas berichtet, dass die Schwiegermutter des Simon schwer erkrankt ist, so ist offensichtlich, dass Petrus verheiratet war. Jesus, der wohl schon als Wundertäter bekannt war (vgl. V 14.37), wird zu ihr gerufen – und kann sie heilen. **Dabei sieht er ihr hohes Fieber wiederum als eine Art Machtergreifung der Dämonen,** denn ähnlich wie bei der Heilung des Besessenen **gebietet er dem Fieber,** wobei allerdings wichtig zu sagen ist: Nicht immer sieht Jesus hinter einer Krankheit dämonische Kräfte am Werk (vgl. V 40.41; 5,12). Aber hier ist es so. Die Schwiegermutter jedenfalls kann sogleich aufstehen – und zeigt ihre Dankbarkeit in spontaner Dienstbereitschaft. Das passiert immer wieder, **wenn Menschen durch Jesus Heilung und Rettung erfahren: Aus großer Dankbarkeit heraus wollen sie nun ganz für ihn da sein.**

● Was nun folgt, steht unter einem doppelten Thema: **Es geht um die von Jesus gelebte Spannung von Arbeit und Stille.**

→ Zum einen verbringt Jesus den Abend dieses Tages geduldig damit, für alle (!) Kranken da zu sein und sie gesund zu machen. Dabei müssen die Dämonen als entmächtigte Macht nun öffentlich bekunden, was Gott Jesus bei seiner Taufe zugesprochen hat: „Du bist Gottes Sohn." **Die Feinde Gottes müssen seine Legitimation bestätigen! Was für eine Demütigung für sie!**

→ Zum anderen, als es wieder Tag wird, entzieht sich Jesus den Bittstellern und lässt sich auch nicht mehr bitten. Er braucht jetzt den Abstand und das Gebet (vgl. Mk 1,35). **Er handelt auftragsorientiert, nicht bedürfnisorientiert.**

✎ *Wie steht es bei Ihnen mit dem Leben im Rhythmus von Arbeit und Stille? Schöpfen Sie bei allen Anforderungen noch aus der göttlichen Quelle, z. B. dem Gebet?*

- **In Ps 4 finden unterschiedliche Gespräche statt:** Der Psalm beginnt als **persönliches Bittgebet** an den Herrn (V 2). Daraufhin konfrontiert der Sprechende seine **Gegner** („Ihr Herren …") mit ihrem Fehlverhalten und ruft zu Einsicht und neuen Wegen auf (V 3-6). Dann wird in Frageform eine skeptische, Gottes Güte infrage stellende **Mehrheitsmeinung** dargeboten (V 7a); dagegen wendet sich die **Gemeinschaft der Glaubenden** an Gott und erbittet seinen Segen (V 7b). Zum Schluss redet – wie am Anfang – der **einzelne Beter** mit seinem Herrn, bezeugt Herzensfreude und bekennt den erfahrenen Schutz und Frieden (V 8f).
- **Ps 4 zeigt einen vielfältigen Umgang mit Worten:** Ein Mensch erfährt von einflussreicher Seite her Unrecht, Entwürdigung und Lüge, die ihn in Angst und Bedrängnis führen. Doch mit diesen Worten bleibt er nicht allein. Er beginnt ein anderes Gespräch und bringt sich, seine Not und die negativen Worte im Gebet vor Gott. Und dann spricht er seine Widersacher an, bringt ihr übles Wesen zur Sprache und ruft zu Änderungen auf. Ob er die Worte innerhalb des Gebets an Gott oder direkt an die Gegner richtet, bleibt offen – möglich ist auch beides nacheinander. **Gottes Hilfe ist nicht das Letzte, sondern es sind wiederum Worte: Er dankt Gott und bezeugt, dass er von ihm Freude, Friede und Schutz erfahren hat.**

✎ Ich beziehe Ps 4 in drei Schritten auf mein Leben: 1. Ich überlege und fasse in Worte, welche bösen, bedrückenden Stimmen und Verhaltensweisen mein Leben beeinträchtigen. 2. Ich bringe dies vor Gott ins Gebet und formuliere dabei auch, was ich diesen „Stimmen" konkret sagen möchte (und gegebenenfalls später auch sagen werde). 3. Ich vertraue Gott und bezeuge dankend, dass ich bei ihm Hilfe, Schutz und Freude finden werde oder schon gefunden habe.

● **Jesus geht oft erstaunliche Wege, um Menschen für sich zu gewinnen.** Da sitzt also Simon Petrus nichts ahnend neben seinem Boot und wäscht die Netze. Gerade war er mit anderen von einem vergeblichen Fischfang heimgekehrt. Plötzlich gibt es um Jesus herum einen Menschenauflauf. Am Ufer des Sees drängt sich die Menge um ihn. Da bittet er Petrus, mit ihm im Boot ein Stück auf den See zu fahren, um von dort aus das Volk zu unterrichten.

● **Doch Jesus hat nicht nur die Menge am Ufer im Blick, sondern wendet sich – wie so oft – unmittelbar einem einzelnen Menschen zu. In diesem Fall ist es Petrus.** Er weiß, dass Petrus ganz schlecht drauf ist: Er hatte bei seinem Fischzug in der zurückliegenden Nacht nichts gefangen. Aber Jesus schickt ihn erneut los, und Petrus lässt sich schicken, obwohl ihm seine Erfahrung als Fischer sagt, dass es eigentlich keinen Sinn macht, am helllichten Tage zum Fischfang auszufahren.

● **Obwohl er seine Bedenken offen ausspricht, gehorcht er Jesus dann doch.** Und siehe da, diesmal klappt es, unfassbar! Fische über Fische werden gefangen. Statt sich zu freuen, ist Petrus tief erschrocken. Er bekommt plötzlich eine Ahnung, wen er mit Jesus vor sich hat, und hält sich ihm gegenüber für unwürdig: „Herr, gehe weg von mir!" **Aber Jesus tröstet ihn, denn er hat Großes mit ihm vor: Von nun an geht es darum, Menschen zu „fischen", sie für die Nachfolge Jesu zu gewinnen.** Und Petrus will er dabeihaben. Der zögert nun auch keinen Moment mehr und schließt sich mit seinen Gefährten Jesus an. Ja, Jesus geht merkwürdige Wege mit uns. Aber sie sind wunderbar. Es lohnt sich!

✎ *Kennen Sie aus Ihrem Leben Situationen, wo Sie einem Auftrag von Jesus zunächst widersprechen wollten und ihm dann doch gehorsam Folge geleistet haben?*

● Ein todgeweihter und von der Gesellschaft aufgegebener Mensch kommt zu Jesus. Er hat **Aussatz**. Lepra würden wir es heute nennen. Aus damaliger Sicht gab es keine Aussicht auf Heilung. Ansteckung drohte. Darum galt für die Betroffenen strikte Quarantäne. Ferner ein religiöses und gesellschaftliches Stigma. Aussätzige galten als unrein.

● Der Kranke sucht die Nähe zu Jesus und richtet die unglaubliche **Bitte** an ihn, ihn zu heilen. Was traut er ihm nicht alles zu, zu heilen wie Gott? In der Anrede „Herr" schwingt bereits eine **Erwartung** mit, dass Jesus der Messias ist. Wenn du willst, dann kannst du! Auch die Unbestimmtheit von Ort und Zeit weisen darauf hin, was hier geschieht, geht alle an.

● **Jesu Wille** wird betont: „Ich will's tun!" Er will, dass der Aussätzige – und ebenso auch wir heute – heil werden. **Die Heilung vollzieht sich durch sein machtvolles Wort und seine Berührung.** Nicht die Krankheit steckt Jesus an, sondern umgekehrt sorgt Jesu Nähe für eine heilende Ansteckung des Kranken. Erlaubte und erfahrene Berührung kann eine heilsame Bewegung auslösen.

● Der **Auftrag Jesu an ihn** orientiert sich an 3Mose 14,2f: Dem Priester soll er sich zeigen, damit der ihn für gesund erklärt und kultisch rein spricht. Verbunden sind damit Opfer und Dank an Gott. Jesu Auftrag beginnt mit dem ersten Schritt: „Gehe hin ..."

● **Wirkung**: Jesu Bekanntheitsgrad wächst. Menschen wollen Jesus hören und wollen durch ihn geheilt werden. Daneben erfahren wir etwas von der Selbstfürsorge Jesu: Er geht in die Wüste und sammelt Kraft im Gebet.

● Die **Erzählung** steht für das messianische Wirken Jesu, in dem er einem Todgeweihten neues Leben schenkt. **Es ist ein Zeichen für das mit Jesus angebrochene Reich Gottes.** Jesus wendet sich dabei konkreten Menschen zu, die von der Gesellschaft abgeschrieben sind und am Rande stehen. Seine Berührung ist ansteckend und gewährt Gesundheit.

● Wunder oder doch ein Lehrgespräch? Weil beides miteinander verknüpft ist, stellt sich die Frage, worauf richten wir unseren Fokus?

● Die Einleitung zeigt, dass Jesus hier vornehmlich **lehrt** und unter den Zuhörern auch Pharisäer und Schriftgelehrte sitzen.

● In Rückbezug auf seine **programmatische Predigt in Nazareth** (Lk 4,16-21) wird deutlich, dass er der verheißene messianische Geistträger ist (V 18), der **Vollmacht zur Sündenvergebung** hat. Die Heilung illustriert seine Vollmacht. Die Logik lautet: Wenn er nicht die unsichtbare Vollmacht zur Sündenvergebung hätte, wie könnte er dann sichtbar den Gelähmten heilen? Kap. 5 zeigt nacheinander auf, wie sich die von Jesus beanspruchte prophetische Verheißung (Lk 4,18f) nun vor den Augen der Menschen erfüllt.

● Zum Auftrag Jesu gehört die Vollmacht, Sünden zu vergeben und damit Menschen von äußeren und inneren Zwängen zu befreien. Hier soll nicht nur die Trennung des Menschen von Gott aufgehoben werden, sondern **Menschen ganzheitlich befreit und geheilt** werden. Seine Vollmacht entfaltet sich hier angesichts des stellvertretenden Glaubens der Männer, die den Kranken zu Jesus bringen (V 20).

● Schriftgelehrte und Pharisäer **sehen darin tragischerweise Gotteslästerung** (V 21). Wie kann Jesus diese Vollmacht für sich reklamieren? Der Hohe Rat wird folgerichtig später Jesus wegen vermeintlicher Gotteslästerung (Lk 22,66-69) anklagen und seinen Tod fordern.

● Die **Wirkung** ist eine doppelte: Der Geheilte steht auf und preist Gott. Er nimmt dankend an, was er an Heil und Heilung erfahren hat. Die Volksmenge ist stark erregt und Furcht überfällt sie. Die einen preisen Gott, andere bleiben indifferent.

✎ *Was können wir tun, um heute – wie die Freunde des Kranken damals – Hindernisse abzubauen, damit Menschen Jesus kennenlernen und zu ihm kommen?*

- **Vordergründig** findet sich hier die zweite Jüngerberufung, bekanntlich des Zöllners Levi. **Hintergründig** geht es um die Frage, ob in der Nachfolge Jesu die Kirche weiterhin für Sünder offensteht. Denn Petrus (Lk 5,8) und Levi sind es offensichtlich.
- In der kurzen **Berufungsszene** (V 27f) wird das konsequente Verhalten Levis herausgestellt, der sofort Jesus nachfolgt und dafür alles aufgibt. Jesus übernimmt dabei die Initiative und beruft. Er nimmt in seine Jüngerschaft einen Typus Mensch auf, der damals misstrauisch beäugt wurde, weil er als Zöllner vermeintlich mit den Römern paktierte. Ob das in diesem Fall so zutrifft, ist offen. Denn in Galiläa flossen die Zolleinnahmen in die Kasse von Herodes Antipas. Doch für Lukas ist Levi als Zöllner der Sünder par excellence.
- In V 29-32 richtet Levi ein **großes Gastmahl** aus, bei dem Jesus die Rolle des besonderen Gastes zusteht. Dabei wird interessanterweise an die Jünger die Frage gerichtet: Mit wem darf man essen und Gemeinschaft haben? Das Motiv der Frage ist das „Murren" der Pharisäer und Schriftgelehrten als Ausdruck ihres inneren Widerstandes (vgl. auch Lk 15,2; 19,7).
- Die **Antwort Jesu** (V 31f) betrifft nun auch die „Hinterbühne": Wie offen darf bzw. soll Kirche gegenüber Sündern sein? Die Antwort ist eine doppelte: **Der Messias ist zu den Sündern gesandt, wie ein Arzt zu den Kranken.** Die Kirche hat darum bis heute diese prinzipielle Offenheit zu wahren und Menschen zum Glauben einzuladen, die als gesellschaftliche Außenseiter am Rande stehen und als offensichtliche Sünder gelten. Doch gleichzeitig erspart Jesus ihnen nicht den Aufruf zur Umkehr. **Umkehr wird verstanden als Hinkehr zu Gott und als Abkehr von dem sündigen alten Leben.**

Wie offen und einladend ist Ihre Gemeinde für Menschen am Rand der Gesellschaft?

- Lukas verknüpft bewusst diesen Gesprächsgang mit der vorherigen Erzählung. Die **neue Frage nach der Bedeutung des Fastens** ist eingebunden in die Heilsgeschichte vom alten und neuen Bund.
- Wie kann es sein, dass sich die Jünger des Johannes des Täufers so anders verhalten als die Jünger Jesu? Hat die Praxis des Fastens als Zeichen für eine tätige Umkehr keine Bedeutung mehr? Auch für die Gemeinde zur Zeit des Lukas spielt die Frage noch eine Rolle, nur dass jetzt das Fasten praktiziert wird (V 35).
- Die **Antwort Jesu** hängt an der **Bestimmung seiner Person** und an ihrer **heilsgeschichtlichen Einordnung**. Ist Jesus der erwartete Messias und wird mit ihm eine neue Heilszeit eingeläutet? Jesus antwortet in Bildern: Hochzeit, Kleidung, Wein. Der jeweilige Zusammenhang ist dabei entscheidend für das Verhalten. Fasten ja, aber nicht bei einer Hochzeit, wenn sich alle freuen. **Der Messias wird im Bild der Hochzeit als Bräutigam gedacht.** Das Flicken von Kleidung bezieht die Art der Stoffe mit ein, damit die Reparatur nicht misslingt. Alter und neuer Wein gehören nicht in dasselbe Gefäß.
- Interessant ist der eigentlich unpassende Bezug zu dem Sprichwort in V 39. Denn hier wird der alte Wein gelobt, der mit den Jahren besser wird. Das bedeutet, **der alte Wein und damit der alte Bund werden nicht abgewertet.** Johannes der Täufer hat weiterhin seine Bedeutung, so auch die Tora und der alte Bund. Selbst die Pharisäer sind nicht ausgeschlossen, vielmehr eingeladen, das Neue zu sehen und mitzufeiern. Vor ihren Augen steht der lang ersehnte Messias, und mit ihm bricht der neue Bund an.
- Hier werden **alte Fragen** bewegt: **Wie stehen alter und neuer Bund zueinander, wie Juden und Christen?** Paulus beantwortet in Röm 9–11 auf seine Weise diese Frage: „Gottes Gaben und Berufung können ihn nicht gereuen" (Röm 11,29). Es ist die Treue Gottes, die an der Erwählung seines Volkes Israel festhält.

Zwei Sabbatereignisse werden hier berichtet, bei denen Pharisäer und Schriftgelehrten bei Jesus nach einem Verstoß gegen das Sabbatgebot (2Mose 20,8-11) suchen.

● **V 1-5:** Als Jesus mit den Jüngern am Sabbat durch Kornfelder geht, raufen die Jünger Ähren aus. Nach 5Mose 23,26 war dies erlaubt. Die Überlieferung der Pharisäer (Mt 15,2) – nicht das AT – stuft das Zerreiben des Korns mit Händen als Arbeit ein, weshalb sie Jesus und die Jünger zur Rede stellen. Jesus antwortet mit der Erinnerung an die Schaubrote im Tempel, von denen David und seine Begleiter aßen, als sie Hunger hatten (1Sam 21,1-7), obwohl nur die Priester diese essen durften (3Mose 24,5-9). Wenn schon David dieses durfte, um wie viel mehr darf dies Jesus als der messianische Davidsohn! **Die Sabbatfrage führt so zur Frage nach der Person Jesu.** Das wird auch in V 5 deutlich. Wie Gott, der Stifter der Tora, über dem Sabbat steht, so steht auch Jesus als der göttliche Menschensohn über dem Sabbat. Denn als Menschensohn nach Dan 7,13 ist Jesus der Gottessohn, dem der Vater alle Macht in die Hände gelegt hat.

● **V 6-11:** Wie es Jesus gewohnt ist, geht er am Sabbat in die Synagoge und lehrt (Lk 4,16.31). Als Jesus an einem Sabbat in die Synagoge kommt, ist dort ein Mensch, dessen Hand „verdorrt", d. h. gelähmt, war. Vielleicht wurde er absichtlich dorthin gebracht, weil sie prüfen wollten, ob Jesus am Sabbat heilen würde. Jesus durchschaut sie und macht deutlich, dass **der Sabbat von Gott als Geschenk gegeben ist, um leibliches und geistliches Leben zu fördern**. Niemand widerspricht und Jesus heilt den Gelähmten, was dazu führt, dass seine Gegner aufgebracht beratschlagen, wie sie ihn töten könnten (Mk 3,6).

✎ *Was bedeutet Ihnen der Sonntag? Ist er für Sie ein Geschenk, um an Leib und Seele aufzutanken?*

● **„Morgenlied in böser Zeit"** titelt Luther diesen Psalm. Davids Sohn Absalom hatte den Thron mit List und Gewalt an sich gerissen (vgl. 2Sam 15) und David ist nun auf der Flucht. Wie muss es ihn geschmerzt haben, dass sich so viele mit seinem Sohn gegen ihn verbündet haben.

● Der wohl stärkste Stich muss gewesen sein, dass **viele glaubten, Gott würde ihm nicht helfen** (V 3). So sehr hatte David in seiner Zeit der Flucht vor Saul eingeübt, dass Gott allein seine Hilfe und sein Zufluchtsort ist. Und genau das proklamiert er auch jetzt (V 4). Angriffe von Menschen treffen besonders, wenn wir sie als Glaubensgeschwister sehen, wenn mit frommen Argumenten und womöglich Bibeltexten gegen uns gesprochen wird.

● Dazu kommt in Davids Situation, dass er weiß, dass er **selbst Schuld an dieser Misere** trägt. Der Aufstand seines Sohnes Absalom ist die Strafe für seinen Ehebruch mit Batseba und den dreisten Mord an ihrem Ehemann Uria (2Sam 12,11f). An David ist es nun, diese Strafe zu ertragen und trotzdem an Gott festzuhalten. Hier ist mir David ein Vorbild: In Situationen, in denen ich auch meine Schuld vor Augen sehe, will ich nicht aufgeben und ganz auf Gott vertrauen, dass er aus dem größten Unglück noch etwas Gutes machen kann.

● David ist voller **Zuversicht, dass Gott ihm hilft und rettet**. Seine Erfahrung hat ihn das gelehrt. In diesem Glauben kann er sich sogar mitten in der Bedrängnis hinlegen und schlafen. Es ist, so Spurgeon, der „Schlaf des heiligen Vertrauens", im Gegensatz zu einem törichten „Schlaf der Überheblichkeit". Den „Tausenden" (V 7), die sich gegen David versammelt haben, schaut David ins Gesicht und geht ins Gebet (V 8). Gott soll für ihn kämpfen, weil er ein treuer Beschützer seiner Leute ist.

✎ *Heute bete ich um dieses Vertrauen Davids. Damit will ich durch mein Leben gehen.*

Der heutige Text schildert die **Berufung der zwölf Apostel.** Jesus beruft sie aber nicht „eigenmächtig". Vor der Berufung geht er in die Einsamkeit auf einen Berg, um zu beten. Er bleibt die ganze Nacht über im Gebet. Jesus war das Gebet wichtig. Er hat das Gespräch mit seinem Vater gesucht und immer wieder auch um seine Führung und Weisung gebetet.

Schlagen Sie nach, was im Lk von Jesu Beten berichtet wird (3,21; 4,42; 5,16; 9,18.28; 11,1; 22,41; 23,34.46) und überlegen Sie, was Ihnen das Gebet bedeutet.

- Nach dem Gebet erwählt Jesus aus dem Kreis der Jünger zwölf, die er Apostel nennt. Aus Lk 10,1 erfahren wir, dass Jesus mehr als zwölf Jünger hatte. **Die zwölf Apostel haben eine besondere Funktion.** Sie sollen bei ihm sein (Mk 3,14), also Jesus in seiner Sendung begleiten. Ihnen ist er dann auch als der Auferstandene begegnet (Apg 1,21f).
- „Apostel" heißt übersetzt „Gesandter" bzw. „Sendbote". **Die Apostel sind Augen- und Ohrenzeugen Jesu von Anfang an bis zur Himmelfahrt,** die verlässlich die Worte, Taten, das Sterben Jesu und sein Auferstehen bezeugen konnten.
- **Die „Zwölfzahl" erinnert an die zwölf Stämme des alttestamentlichen Gottesvolkes.** Sie will deutlich machen, dass sich Jesus jetzt ein Gottesvolk aus allen Völkern sammelt, zu dem jeder gehört, der an Jesus glaubt.
- Die Apostel sind **paarweise genannt** und der Bedeutung nach geordnet. Petrus, als Sprecher des Zwölferkreises und als späterer Leiter der Urgemeinde, steht an erster Stelle. Erstaunlich ist, dass auch Judas, der spätere Verräter Jesu, zum Apostelkreis gehört. **Ganz unterschiedliche Menschen erwählt Jesus:** Fischer und Zöllner, sogar einen ehemaligen Zeloten (Anhänger der Widerstandsbewegung gegen die Römer). **Die Erwählung geschieht nicht aus Verdienst, sondern aus Gnade.**

● Mit diesem Abschnitt beginnt **die sogenannte „Feldrede"**, die in vielen Teilen der Bergpredigt in Mt 5–7 entspricht. Neben dem Zwölferkreis und anderen Jüngern ist eine große Volksmenge bei Jesus. Viele sind gekommen, um Jesus zu hören und von ihm geheilt zu werden.

● V 20-23 enthalten **vier „Seligpreisungen"**, die an die Jünger gerichtet sind (V 20). „Selig sind ..." ist im Sinn von „glücklich zu preisen sind ..." zu verstehen. Zuerst preist Jesus die **„Armen"** glücklich, die als geistlich „Arme" zu verstehen sind (Mt 5,3; Lk 4,18). Er denkt also an Menschen, die wissen, dass sie vor Gott bedürftig sind und Jesus brauchen. Ihnen verspricht er das Reich Gottes. Dann nennt Jesus die **„Hungernden"**, Menschen, die nach Gemeinschaft mit Gott hungern (Mt 5,6; Jes 55,1ff). Sie wird Jesus satt machen (Joh 6,35). Mit den **Weinenden** meint Jesus Menschen, die über ihre Schuld traurig sind oder die, die um Jesu willen Leid zu tragen haben. Sie können lachen, weil sie bei Jesus Vergebung erfahren und Gott einmal alle Tränen abwischen wird (Ps 126,5f; Offb 21,4). Und schließlich nennt Jesus um seinetwillen **Benachteiligte und Verfolgte**. Sie können sich freuen, weil Jesus allen, die an ihn glauben, das Leben bei ihm in seiner himmlischen Welt schenkt (Offb 21,1ff).

● V 24-26 enthalten **vier „Weherufe"**, die den Seligpreisungen auch inhaltlich entsprechen. Dabei nennt Jesus Menschen, die meinen, sie seien von sich aus so **reich**, dass sie Gott nicht nötig hätten (Lk 18,9ff; Offb 3,17), und **satte** Menschen, die kein Verlangen nach Gott haben. Wenn Jesus dann auch die **„Lachenden"** nennt, meint er natürlich nicht, dass seine Nachfolger nicht fröhlich sein dürften. Er meint Leute, die ohne Gott unbekümmert in den Tag hineinleben (Ps 73,12; Lk 16,19). Und schließlich nennt er **Leute, die, um beliebt zu sein, andern nach dem Munde reden.** Es wird deutlich, wie reich unser Leben bei und durch Jesus wird!

Ein herausfordernder Text! Jesus fordert seine Zuhörer auf, nicht nur die Nächsten und Freunde zu lieben, sondern auch die Feinde. Das ist keine Anweisung für den Staat, sondern für unser persönliches Verhalten gegenüber Mitmenschen. Die damaligen jüdischen Lehrer erlaubten den Hass gegen die Feinde (Mt 5,43). **Jesus fordert auf: „Liebt eure Feinde". Damit sind diejenigen gemeint, die uns das Leben schwermachen, aber auch die Verfolger der Gemeinde.**

Wo sind Sie durch dieses Gebot herausgefordert?

- Bei dem Wort „lieben" ist nicht bloße Sympathie gemeint. Es ist die Liebe, die durch den Heiligen Geist gewirkt ist (Röm 5,5) und die sich im konkreten Verhalten zeigt. **Jesus nennt sieben Beispiele,** wie das aussehen kann:
- Feindesliebe zeigt sich darin, dass wir auch denen Gutes tun, bei denen es uns schwerfällt. Jesus fordert uns auf, die Feinde zu segnen, indem wir sie im Gebet vor Gott stellen und für sie bitten. Und Feindesliebe kann sich auch darin zeigen, dass wir einmal auf unser Recht verzichten, etwas erdulden und aushalten, ohne zurückzuschlagen. Vielleicht wird solche Liebe dann den anderen beschämen und verändern. Aus eigener Kraft werden wir das kaum schaffen, aber wir können Jesus bitten, auch die zu lieben, bei denen es uns schwerfällt.
- V 31 führt von der Feindesliebe zur sogenannten **„Goldenen Regel":** „Wie ihr wollt, dass euch die Leute tun sollen, so tut ihnen auch!" Das ist mehr als: „Was du nicht willst, was man dir tu, das füg auch keinem anderen zu". **Jesus will nicht nur Negatives verhindern. Er will zu Gutem verhelfen.** Mit einem positiven Beispiel machen wir es andern leichter, dann auch entsprechend positiv zu reagieren. Vielleicht überlegen Sie heute einmal: Wie kann ich jemand positiv überraschen in der Hoffnung, dass er freundlich darauf reagiert?

Im heutigen Text geht es um **Barmherzigkeit**. Jesus fordert auf: **„Seid barmherzig"**, oder wie man auch übersetzen könnte: „Werdet barmherzig"! Interessant ist die Begründung: **„Wie euer Vater im Himmel barmherzig ist."** In 2Mose 34,6 hatte Gott sich seinem Volk als „barmherzig und gnädig" vorgestellt. Manchmal sagen wir, wenn wir ein Kind sehen: „Ganz der Vater". Wenn wir im Glauben an Jesus Kinder Gottes sind, soll sich etwas von der Art des himmlischen Vaters in unserem Leben widerspiegeln.

● Natürlich dürfen und müssen wir als Christen Aussagen und Lehre auf ihren Wahrheitsgehalt prüfen. **Mit dem „Richtet nicht" ist gemeint, dass wir nicht lieblos und unbarmherzig über andere urteilen und meinen, uns stände das letzte Urteil über jemanden zu.** Unsere Aufgabe ist es, mitzuhelfen, dass Menschen zu Jesus finden und in seiner Gemeinschaft wieder zurechtkommen.

● **Barmherzigkeit** zeigt sich auch darin, dass wir dem anderen, der uns braucht, gerne helfen.

„Zur Ausübung der Barmherzigkeit haben wir täglich Gelegenheit" (Joh. A. Bengel). Wo ist Ihnen dies heute möglich?

● **Drei Gleichnisse** beschließen den Abschnitt.

→ V 39 macht deutlich: **Wir sollen nicht wie die damaligen Gesetzeslehrer geistlich blind sein.** Dann haben wir offene Augen für Gottes Güte und sehen auch die Not des Nächsten.

→ V 40 zeigt: In der Schule Jesu lernen wir Jesu Art, auch seine Barmherzigkeit. **Wir werden aber Jesus nie übertreffen.**

→ V 41f: Und im dritten Gleichnis **warnt Jesus vor Überheblichkeit.** Wer anderen angesichts seiner Fehler zurechthelfen will, soll wissen, dass er selbst auf Vergebung und Barmherzigkeit von Jesus angewiesen ist und sich daher zuerst selbst von ihm helfen lassen soll. „Jede Barmherzigkeit an anderen setzt voraus, dass man selbst Erbarmen von Gott empfangen hat" (G. Maier).

● Gestern und vorgestern lasen wir von Barmherzigkeit und Feindesliebe. In V 43-45 zeigt Jesus, was Voraussetzung dafür ist. Er macht das am **Beispiel von einem gesunden oder faulen Baum** deutlich. Ein guter und gesunder Baum bringt normalerweise keine faulen Früchte; und ein fauler, kranker Baum keine guten Früchte. An den Früchten erkennt man also den Baum. „So", sagt Jesus, „ist es auch bei uns Menschen". **Wenn der Mensch gute Früchte bringen soll, dann muss der Mensch – dann muss das Herz als Personenmitte – gut sein.** Dann gleicht sein Herz einer „Schatz"-Kammer mit „gutem" Inhalt (G. Maier). Diesen „guten Menschen" schaffen nicht wir durch eigene Anstrengung oder durch Erziehung. **Dies geschieht durch Wiedergeburt** (Joh 3), indem wir unser Leben Jesus anvertrauen. Dann wohnt Jesus durch seinen Heiligen Geist in uns. Und der kann gute Früchte am Baum unseres Lebens wachsen lassen – auch Früchte wie Feindesliebe und Barmherzigkeit.

Welche Früchte wachsen am Baum Ihres Lebens? Beten Sie, dass Jesus auch bei Ihnen gute Früchte wachsen lässt.

● Wie Matthäus seine „Bergpredigt", so schließt auch Lukas in V 46-49 seine „Feldrede" mit dem **Bild vom Hausbau** ab. Er erzählt vom Bau eines Hauses, das auf ein stabiles Fundament gebaut wurde. Als ein großes Unwetter kam, hielt es stand. Es hatte ja ein gutes Fundament. Und er erzählt von einem Haus, das ohne Fundament gebaut wurde. Als der Sturm und das Unwetter kamen, fiel es in sich zusammen.

● **So braucht auch unser Lebenshaus ein festes Fundament.** Und dieses Fundament ist **niemand anderes als Jesus selbst.** Er möchte, dass wir auf ihn hören und unser Leben von ihm bestimmen lassen. Wer zu Jesus kommt und ihn Herr über sein Leben sein lässt, den hält Jesus fest und schenkt ihm ewiges Leben. Das gibt heute schon Halt und Hoffnung.

Lukas beschreibt in diesem Kapitel, wie Jesus ganz unterschiedlichen Menschen begegnet und ihre ganz persönliche Situation im Blick hat. Die Begegnung mit Jesus verändert jeweils ihre Situation grundlegend.

● V 1 informiert darüber, dass Jesus nach Beendigung der Feldrede (Lk 6) nach **Kapernaum** zurückkehrt. Es ist wohl sein neuer Lebensmittelpunkt, denn Mt 9,1 nennt **Kapernaum „seine Stadt"**. Dort befand sich eine Garnison, vermutlich von Herodes Antipas. Der dafür zuständige Hauptmann war kein Jude, galt aber als judenfreundlich und hatte den Bau der örtlichen Synagoge veranlasst (V 5).

● V 2-4: Als nun einer seiner ihm nahestehenden „Diener" todkrank war (nach Mt 8,6 handelt es sich um eine schmerzhafte Lähmung), **wusste er keinen anderen Ausweg mehr, als Jesus um Hilfe zu bitten.** Da er um die jüdischen Reinheitsvorschriften wusste, war für ihn klar, dass er nicht direkt mit Jesus sprechen konnte. Deshalb bittet er „die Ältesten der Juden", vermutlich Mitglieder des Synagogenvorstands, um **Vermittlung.** Sie bitten Jesus, den Diener des Hauptmanns zu heilen.

Unser Vorrecht ist es, direkt – ohne Zwischenvermittlung – mit Jesus zu reden. Außerdem bittet Jesus für uns beim Vater (1Joh 2,1) und wir können in der Fürbitte für andere zu Jesus kommen. Wer braucht gerade jetzt Ihre Fürbitte?

● Als Jesus auf dem Weg ist, um die Bitte des Hauptmanns zu erfüllen, erlebt er eine **Überraschung.** Der Hauptmann schickt seine Freunde, da er nicht verlangen will, dass Jesus das Haus eines Heiden betritt. Vielmehr traut er Jesus, den er als „Herr" („Kyrios") bezeichnet, zu, dass er **allein durch sein Wort seinen Diener aus der Ferne heilen kann. Dieses grenzenlose Vertrauen des Hauptmanns bringt Jesus zum Staunen,** sodass er diesen Glauben, der ihm alles zutraut, zum Vorbild erklärt, auch für uns!

● Die Psalmen 9 und 10 sind eng verbunden (im griechischen AT werden sie als *ein* Psalm aufgefasst). In Ps 9 geht es um **Gerechtigkeit, Unrecht gegenüber Unterdrückten und Gericht**. Der Psalm verläuft nicht gradlinig von der Not über das Gebet zur Rettung, vielmehr wechseln die Gedanken mehrfach zwischen dem Dank angesichts von Gottes Eingreifen und dem Gebet in Bedrängnis.

● Der Psalm beginnt mit **Gotteslob und frohem Dank**: „Ich freue mich und bin fröhlich in dir …" – wie gut, mitbeten zu dürfen! Gründe dafür werden aufgezählt: Einerseits hat der Herr die Widersacher in die Schranken gewiesen, andererseits hat er sich als gerechter Richter der Sache des Betenden angenommen (V 2-7).

● Nun werden Lob und Dank zum **Bekenntnis vor der versammelten Gemeinde** (V 8-13). Gott ist der thronende Richter – das wird jetzt zum Lobpreis über Gottes Wirken. Dabei weitet sich der Blick über das eigene Ergehen hinaus und schließt alle ein, die auf Gott vertrauen, ihn in ihrer Bedrängnis anrufen und seine Hilfe erfahren.

● Dann jedoch scheint die Not doch (wieder) gegenwärtig. Wird eine erneute Bedrängnis angesprochen? Oder wird die Not, die im Dankgebet bereits als abgewendet angesprochen wurde, nun noch einmal zur Sprache gebracht – also das Gebet aus jener Situation zitiert? In Form einer Klage bringt der Beter sein Elend angesichts seiner Widersacher zur Sprache (V 14f). Erneut wechselt die Sichtweise, und der Blick richtet sich auf den Ausgang: **Die Frevler erfahren das Gottesgericht** (V 16f.).

● Zum Schluss sind wieder Unrecht und Elend das Thema. Dabei wird nicht klagend die Situation geschildert wie zuvor, sondern in einem Bittgebet ausgeführt, wie Gott eingreifen und es den Frevlern gehen soll (V 18-21). **Gott und seine Gerechtigkeit sollen und werden das letzte Wort behalten!**

Schauplatz des Geschehens ist diesmal **Nain.** Dieser kleine Ort liegt ca. 10 km von Nazareth entfernt, wo Jesus aufgewachsen ist, und liegt auf der Wasserscheide zwischen Mittelmeer und Totem Meer. Der bekannte Berg Tabor liegt in der Nähe, ebenso der Berg Karmel, den wir aus der Elia-Geschichte kennen.

● Jesus und die ihn begleitenden Jünger (wohl nicht nur der Zwölferkreis) werden Zeugen eines Beerdigungszuges. **„Der Zug des Lebens begegnet dem Zug des Todes"** (Gerhard Maier). **Die Tragik** dieses Trauerzugs hat **drei Ursachen:**

→ Der Tote war noch jung.
→ Er war der einzige Sohn.
→ Seine Mutter war Witwe.

● Damit ist die Situation der Mutter **an Hoffnungslosigkeit nicht zu überbieten.** Sie verlor ihr einziges Kind und damit auch ihre soziale Versorgung jetzt und im Alter. Sie wurde jeglichen männlichen Schutzes beraubt. Da außerdem ihr Mann schon früh gestorben war, stand ihre Familie zudem im Verdacht, eine schwere Sünde begangen zu haben.

● All das erfasst **Jesus** mit dem ihm eigenen Blick für den einzelnen Menschen und **wird von tiefstem Mitleid ergriffen** („Es jammerte ihn" meint wörtlich: „Es drehte sich alles in ihm um" V 13). Aus eigener Initiative stoppt er den Todeszug und macht deutlich, dass **er der Herr dieser Situation** ist. Er tröstet die Mutter (V 13), kümmert sich nicht um die kultische Verunreinigung durch die Berührung der Bahre (V 14). Durch sein **„ich sage dir"** erweist er sich als **Herr über den Tod** (V 14). Indem Jesus der Witwe ihren Sohn zurückgibt, ist sie auch in ihrer Dorfgemeinschaft rehabilitiert, weil er damit zugleich deutlich macht, dass keine verborgene Sünde in ihrem Leben Grund für ihr Schicksal ist.

„Wenn wir zu Christus gehören und er unser Leben ist, dann mögen wir wohl noch sterben, wir können aber nicht mehr tot sein."
Hans-Joachim Eckstein

● Johannes der Täufer, den Herodes inzwischen auf der Festung Machärus östlich vom Roten Meer gefangen setzen ließ (Lk 3,20; 7,18f), erfährt durch seine Jünger vom Wirken Jesu in Galiläa. **Seine Erwartungen an den kommenden Messias und diese Berichte lassen sich für ihn nicht in Einklang bringen.** Darüber droht sein Glaube zu zerbrechen.

● Seine Haftbedingungen ermöglichen ihm den Kontakt zu seinem Jüngerkreis und er schickt zwei von ihnen zu Jesus (nach 5Mose 19,15 sind zwei oder drei Zeugen notwendig, um den Wahrheitsgehalt einer Aussage zu bezeugen).

● Die Frage, die Johannes durch diese Jünger an Jesus richtet, zeigt, dass ihm Zweifel gekommen sind. **Er hatte einen Messias erwartet, der sich als machtvoller Weltenrichter erweisen wird** (Mt 3,11f). **Jesus dagegen ist der demütige, durchs Land ziehende Botschafter der Liebe Gottes, der heilt und Wunder wirkt.** Diese Diskrepanz lässt bei ihm die zweifelnde Frage entstehen: „Bist du der da kommen soll (Bezeichnung für den Messias), oder sollen wir auf einen anderen warten?" (V 20b).

● Von Johannes können wir lernen: **Menschlicher Glaube ist und bleibt angefochtener Glaube.** Der Glaube ist nicht immun gegen Zweifel. Als Christ darf ich Zweifel zulassen. Johannes bringt seine Zweifel zu Jesus und dieser spricht Johannes deshalb nicht den Glauben ab, aber er korrigiert ihn.

Schon die Beter der Psalmen geraten angesichts ihrer bedrängenden Lebenssituation in Anfechtung und Zweifel, dass Gott sie im Stich gelassen hat. Vgl. Sie dazu etwa Ps 73 und 74.

● Mit seiner Antwort an Johannes macht Jesus deutlich, dass **seine punktuellen Heilungen vorauslaufende Zeichen der neuen Welt Gottes sind.** Die alttestamentlichen Verheißungen für die messianische Zeit werden durch Jesu Heilungen und seine Verkündigung erfüllt.

● V 24-30: Wahrscheinlich hat die Jesus umgebende Menschenmenge die Frage des Täufers mitbekommen. Jesus äußert sich nun selbst zu Johannes dem Täufer. **Johannes bot seinen Zeitgenossen ein ungewöhnliches Bild,** da er sich schon durch seine äußere Erscheinung und auch durch seine Essgewohnheiten (Mt 3,4; Mk 1,6; V 33) von allen anderen abhob. **Und doch übte er auf das Volk und seine Führer eine große Faszination aus** (V 24), sodass es die Menschen scharenweise in die Einöde zog, um ihn zu hören und sich von ihm taufen zu lassen (Mt 3,5f). Jesus fragt seine Zuhörer nach ihren **Erwartungen an den Täufer.** Ist ihnen klar, welche Rolle er im Heilsplan Gottes spielt?

● Ab V 26 nimmt Jesus selbst Stellung zur Person des Johannes:

→ **Er ist mehr als ein Prophet**. Damit ist die seit über 400 Jahre andauernde prophetenlose Zeit zu Ende. Gott spricht wieder durch besonders dazu berufene Boten mit seinem Volk!

→ **Er ist der** von einem der letzten Propheten Maleachi **angekündigte Vorbote des Messias** (V 27; Mal 3,1). Damit kommt ihm unter den Menschen eine besondere Würdestellung zu. Er gilt als der Größte im Alten Bund und ist damit das Scharnier zum Neuen Bund.

→ **Im neuen Bund**, der mit Jesus angebrochen ist, gelten aber andere Maßstäbe, **da ist Johannes der Kleinste. Das ist keine Herabwürdigung. Vielmehr weist Jesus darauf hin, dass die Zugehörigkeit zum neuen Bund an seine Person geknüpft ist.** Johannes hat die anbrechende Heilszeit nicht mehr ganz erlebt.

● Wenn Johannes nun der Vorbote ist, dann erhebt Jesus hier den Anspruch, selbst der verheißene Messias zu sein.

● In V 31-35 kommt Jesus zu einem unerhört scharfen Urteil über seine Zeitgenossen (gemeint ist in besonderer Weise die führende Schicht der Pharisäer und Schriftgelehrten). Ihre Vorwürfe gegenüber Johannes und ihm selbst zeigen, dass sie **ihr Urteil an Äußerlichkeiten festmachen und gar nicht an der Wahrheit interessiert sind.**

● V 36: **Jesus ist zu Gast bei Simon** (V 40), **dem Pharisäer**. Damit wird deutlich, dass Jesus sich auch um die Pharisäer und die Oberschicht seiner Zeit bemüht hat. Er ist ja der Messias für das ganze Volk Israel. Seine Sendung gilt den vermeintlich Gerechten und Angesehenen ebenso wie den Randgruppen, den Ausgestoßenen und Sündern.

● V 37: Das wird deutlich durch das Auftreten einer namenlosen, aber **stadtbekannten Frau, vermutlich einer Prostituierten**, die dem Mahl als „Schaulustige" zuschauen konnte, wie es die damaligen sozialen Sitten zuließen (Gerhard Maier). Da die Mahlteilnehmer zu Tisch lagen, streckten sie ihre Füße nach hinten aus. So konnte sie während des Essens weinend zu Jesus vordringen, seine Füße mit Tränen benetzen und mit ihren Haaren trocknen. Mit wertvollem Salböl aus ihrem mitgebrachten Alabastergefäß salbt sie seine Füße. **Eigentlich ein Skandal, denkt Simon im Stillen. Für ihn ist die Tatsache, dass Jesus die Frau gewähren lässt, ein Beweis dafür, dass er nicht einmal ein Prophet sein kann.** Vermutlich wollte Simon bei diesem Essen testen, ob Jesus wirklich ein Prophet oder gar der Messias ist.

● V 40 macht deutlich, dass Jesus um die Gedanken Simons weiß. Anhand einer erfundenen Situation von zwei Schuldnern versucht er bei Simon Verständnis für das Handeln der Frau zu wecken. **Er erklärt ihm, dass diese Frau dadurch ihre Dankbarkeit für die erfahrene Zuwendung und Sündenvergebung mit einer großzügigen Geste zum Ausdruck bringen will.** Ihr Verhalten zeigt, dass sich ihr Leben verändert hat, sie dankbar für die Vergebung ihrer Sünden ist und in die offenen Arme Gottes zurückgefunden hat.

● Mit dem Zuspruch der erneuten Sündenvergebung an die Frau bringt Jesus indirekt den Anspruch zum Ausdruck, der verheißene Messias zu sein, da nur Gott allein Sünden vergeben kann (vgl. Sie dazu Mk 2,1-12).

● Die Verse 1-3 werden nur von Lukas berichtet. Mit „es begab sich danach …" (V 1) macht Lukas deutlich, dass nun ein neuer Abschnitt im Wirken Jesu beginnt, wobei der Schwerpunkt in der Verkündigung des Evangeliums liegt.

● **Neben dem Zwölferkreis war auch ein Kreis von Frauen mit dabei.** Ihnen gemeinsam ist, dass Jesus sie geheilt hat „von bösen Geistern und Krankheiten". Drei von ihnen werden namentlich hervorgehoben, wohl deshalb, weil sie Jesus in besonderer Weise dienten und in der urchristlichen Gemeinde bekannt waren (Mt 27,55f; Mk 15,40f).

→ **Maria Magdalena:** Es ist nicht bezeugt, dass es sich bei ihr um die Sünderin in 7,36ff handelt. Wahrscheinlich stammt sie aus Magdala, das 5 km nördlich der damals bedeutenden Stadt Tiberias liegt. Als gebundene, leidende, einsame, sozial geächtete Frau begegnet sie Jesus. Jesus hat sie von sieben Dämonen befreit und damit ihre Situation grundlegend verändert. Sie folgt Jesus bis nach Jerusalem, ist Zeugin der Kreuzigung, Grablegung und Auferstehung (Mt 27,55f; 27,61; 28,1ff). Jesus beauftragt sie, die Nachricht von seiner Auferstehung an die Jünger zu überbringen (Joh 20,17f).

→ **Johanna:** Sie war verheiratet mit Chuzas, einem Verwaltungsbeamten des Herodes, und gehörte so zur damaligen Oberschicht.

→ **Susanna:** Sie wird nur hier genannt. Ihr Name deutet auf einen hebräischen Hintergrund und bedeutet „Lilie".

● Diese Frauen **„dienten ihnen mit ihrer Habe"** (V 3). Verwendet wird hier das griechische Wort „diakonein". **Es handelt sich dabei um praktische Arbeit, aber auch um** Geldzuwendungen **aus ihrem Vermögen.** Sie gewährleisten damit, dass Jesus und seine Jünger ihrem Auftrag nachgehen können und dabei äußerlich versorgt sind.

Bedenken Sie einmal für sich dieses afrikanische Sprichwort: „Wo Gott dich hingesät hat, da sollst du blühen"!

● Unser Text besteht aus drei Teilen. Zunächst erzählt Jesus das **Gleichnis vom Sämann** (V 4-8). Dieser geht über seinen Acker und sät großzügig **Saatkörner** aus, mit denen **das Wort Gottes gemeint** ist. Jesus nennt vier verschiedene Möglichkeiten, was aus der ausgestreuten Saat wird:

→ **Ein Teil der Körner** fällt auf einen Trampelpfad (V 5). Dort wird einiges zertreten und von Vögeln aufgepickt.

→ **Ein zweiter Teil der Saat** fällt auf eine dünne Erdschicht über felsigem Untergrund; sie wächst zwar auf, kann aber keine tiefen Wurzeln bilden, und verdorrt deshalb (V 6).

→ **Ein dritter Teil der Körner** fällt unter Dornengestrüpp, das die Keimlinge überwuchert, sodass diese eingehen (V 7).

→ **Der Rest des Samens** fällt auf fruchtbaren Boden und bringt eine überreiche Ernte (V 8)!

● In V 9f macht Jesus seinen Jüngern deutlich, was Gleichnisse bewirken können. Keinesfalls erzählt er sie, um Menschen zu verstocken. Aber die Botschaft vom Reich Gottes führt leider oft dazu, dass Menschen sie nicht verstehen, weil sie sich gegenüber Gottes Wort verschließen.

● In den V 11-15 deutet Jesus das Gleichnis. **Vier Menschengruppen** reagieren ganz unterschiedlich auf Gottes Wort:

→ **Die Ersten** hören zwar dieses Wort, aber sie lassen es nicht an sich heran, weshalb es nicht tief ins Herz eindringen kann (V 12).

→ **Die Nächsten** sind „Strohfeuerchristen", die nach gutem Beginn im Glauben bei den ersten Schwierigkeiten (Ablehnung, Widerstand, Spott) diesen schnell wieder aufgeben (V 13).

→ **Die dritte Gruppe** lässt sich nach einem guten Start von Alltagssorgen und Zerstreuung bestimmen, wodurch der aufkeimende Glaube bald auf der Strecke bleibt (V 14).

→ Bei der **vierten Gruppe** fällt Gottes Wort auf guten Boden; man lässt es an sich wirken und bringt so viel Frucht (V 15).

Wie steht es um die Frucht in Ihrem Leben?

● In diesem Psalm spiegelt sich eine **Auseinandersetzung zwischen Gottesdienst und Götzendienst** wider. Am Anfang steht ein persönliches Gebet mit einer Bitte um Bewahrung und eine Aussage des Vertrauens (V 1). Die nachfolgenden Worte sind gegenüber einer Glaubensgemeinschaft ausgesprochen.

● Es folgt ein **dreifaches „Bekennen"** (V 2-4): 1. das Bekenntnis zum Herrn als einzigem Meister und Lebensglück; 2. die Zustimmung für die „Heiligen", die (wie der Sprechende) auf dem rechten Weg sind – im Gegenüber zu denen, die „einem anderen (Gott) nachlaufen" und „viel Herzeleid" haben; 3. die eigene Abgrenzung von einem Götzendienst (weder Opferdarbringung noch Anrufung eines fremden Gottes).

● Der zweite Teil des Psalms (V 5-11) **ist ein Versprechen der Gottestreue** in der Gewissheit, dass dieser Weg zum Leben führt. Angesichts der Äußerungen in V 5f könnte es sich beim Sprechenden um einen Leviten oder Priester handeln, da diese keinen festen Landbesitz haben, sondern von Gott (am Heiligtum) versorgt werden (vgl. 4Mose 18,20f). Steht dahinter eine Versuchung, durch Abweichung vom rechten Gottesdienst Verdienst, Sicherheit oder anderes mehr zu erhalten? Doch was ihm Gott gewährt, ist ihm „lieblich"; Gott ist an seiner Seite, und er ist fröhlich und zuversichtlich. Ja, Gott macht sein Leben aus, und er tut ihm kund „den Weg zum Leben". Was für ein Bekenntnis zum Schluss: „Vor dir ist Freude die Fülle/und Wonne zu deiner Rechten ewiglich" (V 11)!

● Die letzten Verse des Psalms wurden von den Aposteln Petrus und Paulus in ihrer Verkündigung von Jesus aufgenommen und auf die **Auferstehung** bezogen (vgl. Apg 2,25-28; 13,35).

Lesen Sie aus der Pfingstpredigt von Petrus Apg 2,22-28 und beachten Sie, wie Petrus Ps 16,8-11 als Schriftwort einbezogen hat!

- Lukas stellt neben das Gleichnis vom Sämann **das Gleichnis vom Licht (genauer: Lampe).** Mit der **Lampe** ist **eine kleine Öllampe** gemeint. Weil die Häuser oft nur ein kleines Fenster hatten, wurden die Lampen damals auch tagsüber angezündet, um die Dunkelheit etwas zu erhellen. Deshalb versteckte auch niemand die Lampe unter einem Gefäß oder unter dem Bett, sondern man stellte sie auf einen Leuchter oder in eine Wandnische, damit sie denen leuchten konnte, die ins Haus hereinkamen.
- **Wie die Lampe nicht versteckt wird, so darf auch Gottes Wort nicht verborgen und verheimlicht werden.** Es gehört auf den Leuchter, **es muss öffentlich verkündigt werden**, damit alle Menschen es hören und annehmen können. Denn Gottes Wort will in unser Leben hineinleuchten und Orientierung geben (Ps 119,105).
- V 18: Jesus spricht uns auf unsere Verantwortung für das Hören an. Wir sollen **Gottes Wort ernsthaft hören, ihm Raum in unserem Leben geben** und es wirken lassen. Wer so intensiv hört, dem wird gegeben: **Gottes Wort wird** bei ihm **Früchte des Glaubens wirken** und ihn ermutigen, es anderen weiterzusagen.
- V 19-21: Eines Tages tauchen Jesu Mutter Maria und seine Brüder (vgl Mk 6,3) auf. Sie wollen mit Jesus reden und ihn wohl aus der „Schusslinie" ziehen (Mk 3,21). Doch Jesus redet nicht mit ihnen. **Familie**, so macht er seinen Zuhörern deutlich, **ist nicht auf Blutsverwandtschaft beschränkt. Zur geistlichen Familie Jesu gehört, wer Gottes Wort hört, Jesus vertraut und ihm nachfolgt.** Deshalb kann die Gemeinschaft mit „Schwestern und Brüdern im Glauben" enger sein als mit der leiblichen Familie, die vielleicht nichts mit Jesus zu tun haben möchte.

✎ *Welchen Stellenwert hat für Sie die geistliche Familie?*

- Nach Ostern gehören Jesu Brüder und auch seine Mutter zur Urgemeinde in Jerusalem (Apg 1,14).

Die Jünger sind seit einiger Zeit mit Jesus unterwegs. Aber **haben sie schon erkannt, wer Jesus wirklich ist?** Darauf deutet ihre verwunderte Frage am Ende der Geschichte hin.

● Jesus fährt im Boot mit seinen Jüngern hinüber ans Ostufer des Sees Genezareth. Plötzlich wird die Bootsfahrt zum Horrortrip: Heftige Fallwinde führen zu einem überraschend aufkommenden Sturm; Wasserwogen schlagen ins Boot hinein, das zu sinken droht. Einige der Jünger sind zwar seeerprobte Fischer, doch jetzt packt sie Todesangst.

● Während der Fahrt ist **Jesus** müde geworden und eingeschlafen. **Trotz tobender See weiß er sich als Sohn Gottes bei seinem Vater ganz geborgen** (vgl. Ps 4,9). Was für ein Kontrast zu seinen von Angst erfüllten Jüngern, die um ihr Leben bangen!

● In ihrer Not wecken sie **Jesus** auf. Er hört ihren verzweifelten Schrei: „Meister, wir kommen um!" (V 24), **steht auf und bedroht den Wind und die Wasserwogen. Durch sein Wort bringt er sie zum Schweigen** (vgl. Ps 107,23-32). In die Stille hinein fragt Jesus die Jünger: „Wo ist euer Glaube?" Wo ist euer Vertrauen zu mir? Ich bin doch da." – Das Wunder lässt die Jünger nach der Person Jesu fragen: „Wer ist dieser?" Er hat sogar Macht über die Naturgewalten.

● Jesus fragt auch uns: Wie steht es mit eurem Glauben? Wie groß ist euer Vertrauen zu mir? Auch wenn Jesus im „Boot unseres Lebens" dabei ist, wird uns kein sturmfreies Leben versprochen. **Auch mit Jesus können stürmische Zeiten kommen**, Probleme und Nöte. Doch **er ist dabei und lässt seine Nachfolger nicht im Stich**. Er greift so ein, wie er es für richtig hält.

Schon in der frühen Kirchengeschichte wurde das Schiff im Sturm zum Bild für die Gemeinde Jesu mitten in der Welt. Bedenken Sie dazu das Lied „Ein Schiff, das sich Gemeinde nennt" (EG im landeskirchlichen Teil).

- Mit seinen Jüngern kommt **Jesus** ans Ostufer des Sees Genezareth in heidnisches Gebiet. Damit überschreitet er Grenzen, die ein frommer Jude damals wohl nie übertreten hätte. In der Nähe von Gergesa **begegnet** er **einem Mann**, der nicht psychisch krank, sondern **der von Dämonen besessen ist**. Dieser haust schon lange unbekleidet in Grabhöhlen.
- Als der gequälte Mensch Jesus erblickt, schreit aus ihm der gottfeindliche Geist Jesus entgegen: „Jesus, du Sohn des höchsten Gottes" (V 28). **Die Dämonen erkennen sofort, wer ihnen in Jesus begegnet**. Sie haben den vollen Durchblick, wie die wahren Machtverhältnisse sind. Doch der Kniefall vor Jesus und die Bitte um Verschonung hilft ihnen nicht.
- Der Name „Legion" (V 30) zeigt, dass der Dämon kein einzelner ist, sondern eine Vielzahl. Weil diese wissen, dass Jesus stärker ist als der Satan, bitten sie ihn, dass er sie nicht in die Unterwelt, in den Bereich des Teufels, verbannt. Und Jesus erlaubt es ihnen, in eine Herde von Schweinen zu fahren. Diese stürmen den Steilhang hinunter in den See, wo sie ertrinken. **Während der Teufel nur Tod und Verderben bringt, ist Jesus gekommen, „dass er die Werke des Teufels zerstöre"** (1Joh 3,8) und um den Menschen wahres, ewiges Leben zu schenken.
- **Den Besessenen**, dessen Leben bisher von den Mächten des Bösen beherrscht war, **befreit Jesus von seinen Bindungen**. Er führt ihn aus der Isolation in die Gemeinschaft und **macht aus einem hoffnungslosen Besessenen einen Menschen, der Jesus als seinen Retter bekennt und verkündet**. Die Leute aus Gergesa dagegen bitten Jesus, fortzugehen. War sein Verhalten für sie vielleicht „geschäftsschädigend"? Und Jesus geht, ohne sich ihnen aufzudrängen.

Heute wird Dämonie bzw. Besessenheit oft mit dem Krankheitsbild einer hysterischen Psychose erklärt. Wie denken Sie darüber?

Erstaunlich, wie unterschiedlich Menschen sich Jesus gegenüber verhalten. Am Ostufer des Sees Genezareth haben sie Jesus weggeschickt (V 37), am Westufer bei Kapernaum warten dagegen schon viele auf ihn (V 40). Jetzt ereignen sich **zwei Wundergeschichten**, die **ineinander verwoben** sind. In beiden geht es um **Vertrauen zu Jesus.**

● Zunächst kommt **Jairus**, der **Leiter der Synagoge** von Kapernaum, zu Jesus. **Seine Tochter liegt im Sterben**. Jesus soll mitkommen, denn Jairus traut es ihm zu, das Kind gesund zu machen. Und Jesus geht sofort mit.

● Auf seinem Weg zum Haus des Synagogenvorstehers wird Jesus aufgehalten. **Eine Frau, die** seit zwölf Jahren **unter Blutfluss leidet, sucht bei Jesus Hilfe**. Durch ihre Krankheit galt sie nach 3Mose 15,25ff als unrein und war so kultisch und sozial ausgeschlossen. Verständlich, dass sie viel Geld für Ärzte aufgewendet hat, um wieder gesund zu werden. Weil die Frau aber Jesus nicht direkt berühren und ihn damit unrein machen will, fasst sie heimlich eine der Quasten an seinem Gewand an. Sie traut es Jesus zu, dass er sie so heilen kann. **Ihr Verhalten erscheint zwar etwas fragwürdig, doch Jesus sieht darin ein großes Vertrauen zu ihm**: „Dein Glaube hat dir geholfen" (wörtlich: „gerettet").

● Dann kommt ein Bote aus dem Haus des Jairus mit der **niederschmetternden Nachricht:** „Alles zu spät, **das Mädchen ist gestorben**." Doch Jesus ermutigt Jairus, ihm zu vertrauen: „Fürchte dich nicht, glaube nur" (V 50). Im Haus aber wird Jesus verlacht, als er vom „Schlafen" des Kindes redet. Nur die Eltern und drei seiner Jünger dürfen dabei sein, als **Jesus** das Wunder vollbringt: Er **fasst das tote Mädchen bei der Hand und weckt es auf**. So erweist sich Jesus als Herr auch über den Tod.

● In diesem Bibelabschnitt begegnet uns zweimal ein **rettender Glaube, der ganz auf Jesus und seine Macht vertraut**. Auch heute noch können Menschen diese Erfahrung machen.

● Aus der Mitte seiner Jünger **beauftragt Jesus die Zwölf und macht sie zu seinen Boten**. Jesus **nennt sie**, wie schon bei ihrer Berufung (6,13ff), **Apostel (= Gesandte)**. Indem sie predigen und heilen, sollen sie das Reich Gottes verkündigen. Jesus rüstet seine Jünger für diese große Aufgabe dadurch aus, dass er ihnen **Vollmacht** über die bösen Geister (= Dämonen) gibt und die **Kraft,** Kranke zu heilen. Sie werden diese **Wunder** also **nicht aus eigenem Vermögen vollbringen,** sondern indem **Gottes Kraft in ihnen wirkt.** Jesus steht hinter ihnen und ist der eigentliche Wundertäter.

● Zwar einerseits mit geistlicher Vollmacht ausgestattet, andererseits aber **nur spartanisch ausgerüstet und ohne materielle Vorsorge** sollen die Zwölf losziehen. Doch sie dürfen darauf vertrauen, dass **Jesus für sie sorgen wird** und sie immer wieder auf **hilfs- und hörbereite Gastgeber** treffen werden. Wo sich ihnen aber in den Dörfern und Städten keine Tür öffnet und sie keine Aufnahme finden, sollen sie keine Zeit für weitere Bemühungen verlieren, sondern „den Staub von ihren Füßen schütteln" (V 5) und weiterziehen – dies als Zeichen dafür, dass **diese Leute für ihre Ablehnung** der Jesusboten **einmal zur Rechenschaft gezogen werden.**

● Die Nachrichten über Jesus und seine machtvollen Taten erreichen auch den Vierfürsten **Herodes Antipas**. Diese machen den Landesherrn Jesu seltsam unruhig: Sollte jener Johannes der Täufer, den er hatte enthaupten lassen (vgl. Mt 14,1-12), tatsächlich von den Toten auferstanden sein, wie im Volk behauptet wird? „Wer ist aber dieser?" (V 9), fragt sich Herodes. Deshalb will er Jesus sehen, um sich ein Bild von ihm zu machen.

✎ *Im Prozess gegen Jesus trifft Herodes Antipas dann auf ihn. Lesen Sie dazu Lk 23,6ff. Wie stellt sich Herodes da zu Jesus? (Vgl. die Auslegung am 15. April).*

● Jesus hatte seine Jünger ausgesandt, ein Übungsfeld für ihre späteren Aufgaben. Jetzt will er mit ihnen ihre Erfahrungen auswerten. Doch die Menschen der Umgebung folgen ihm und durchkreuzen seine Pläne. Jesus weist sie aber nicht ab oder vertröstet sie auf später, **er sieht ihre Not. Das hat jetzt Vorfahrt.** Spontan ändert er sein Programm.

● Aber es scheint zeitlich auszuufern, die Jünger verlieren die Geduld. Irgendwann muss doch mal Feierabend sein! Und sie haben ein gutes Argument: **die fehlende Versorgung.** Die Antwort von Jesus provoziert, heißt sie doch im Klartext: Fangt ihr schon mal an! Aber wie? Mit fünf Broten und zwei Fischen bei Tausenden von Menschen?

● **Hinsetzen in Gruppen – das ist die einzige Regieanweisung von Jesus.** Keine Ankündigung eines Wunders, aber auch kein Tadel wegen des Kleinglaubens der Jünger. Was mich an dieser Geschichte an den Jüngern beeindruckt: **Sie fangen jetzt keine Diskussion über die Undurchführbarkeit an, sie gehorchen einfach. Und dann geschieht das Wunder.** Aber da müssen wir genau hinsehen: Es fallen nicht plötzlich ein Berg von Broten und Netze voller Fische vom Himmel. Nein, Jesus spricht über dem Wenigen, was da ist, das übliche Dankgebet und lässt es ganz normal verteilen, aber es wird unter den Händen der Jünger nicht alle.

● **Ganz wichtig: Das Wunder beginnt genau in dem Moment, wo die Jünger gehorsam mit der Verteilung beginnen.** Und am Ende haben sie sogar mehr als vorher. So lernen sie eine **wichtige Lektion für ihren späteren Dienst: Einfach mit dem Bisschen anfangen, was da ist, den Rest besorgt Gott.** Und am Ende ist man selbst oft der Beschenkte!

✎ *Einfach mit dem Wenigen, was da ist, beginnen und von Gott überrascht werden – welche vergleichbaren Erfahrungen aus Ihrem Leben oder Ihrer Gemeinde fallen Ihnen ein?*

● Dieser Psalm ist ein **Mix aus Anbetung und persönlichem Bericht und ein Liebeslied zu seinem Gott.** David schaut auf sein Leben zurück und fasst zusammen, wie er seinen Gott erlebt hat: Er staunt, dankt, betet an und berichtet von Wundern. Es ist der einzige Psalm, der fast wortwörtlich und vollständig in einem anderen Buch der Bibel wiederholt wird – in 2Sam 22. Hier wird das Ende des Lebens von David beschrieben. Erst dann erlebte er, dass Gott ihm Frieden mit seinen Feinden gegeben hatte.

● Mit einem besonders zärtlichen Liebesausdruck beginnt David den Psalm und drückt damit eine **tiefe Vertrautheit** aus. Die Liebe zu seinem Gott hat eine Geschichte, die David im weiteren Verlauf in starken Bildern erzählt:

→ **Gott ist seine Stärke.** Auf ihn kann David sich verlassen und in ihm ist er geborgen.

→ **Gott ist sein Fels.** In den Felsen und Höhlen hatte David Schutz vor Saul und Feinden gefunden.

→ **Gott ist seine Burg.** David erlebt Gott als Zufluchtsort und Sicherheit. „Ein feste Burg ist unser Gott" hat Martin Luther ganz ähnlich mit vielen Anklängen auch aus anderen Psalmen gedichtet.

✎ *Welche Bilder aus V 2 und 3 passen zu meiner Gotteserfahrung? Und mit welchen Bildern würde ich meine Gotteserfahrung beschreiben?*

● In den weiteren Versen bis V 20 beschreibt David seine erschreckenden Erfahrungen, in denen er teilweise schon mit dem Leben abgeschlossen hatte. Doch Gott hat ihn immer wieder herausgerissen. David malt die Größe Gottes in mächtigen Wetterbeschreibungen aus und kommt zum Schluss: Ich war überwältigt von meinen Feinden, aber Gott hat mir geholfen (V 19-20). **Diese Zuversicht aus Davids Gotteserfahrung nehme ich heute mit in den Tag: Auch wenn mich meine Not zu erdrücken scheint, Gott hilft und reißt mich heraus, weil er Freude an seinem Kind hat.**

- V 18-20: Jesus ist überzeugt, dass seine Jünger nach all den guten Erfahrungen jetzt reif genug sind, um die Wahrheit über seinen und ihren Weg zu verstehen. Geschickt fragt er sie zunächst nach der öffentlichen Meinung über ihn, um dann **die Kernfrage nach ihrer eigenen Überzeugung** zu stellen. Die Antworten aus dem Volk entsprechen der üblichen Erwartung: Keine Gestalt aus dem AT weckte damals so viele Hoffnungen wie **Elia.** So rätselhaft er verschwunden war (2Kön 2), so großartig wird er wiederkommen. Vor allem Mal 3,1 und 23 führten zu vielen Spekulationen. Bis heute wird bei der Feier des Sedermahls am Vorabend des Passas an der Festtafel bei frommen Juden ein Stuhl für den möglicherweise an diesem Abend überraschend wiederkehrenden Elia freigehalten.
- **Petrus gibt** – wohl stellvertretend für alle Jünger – **die klare Antwort: Du bist Christus (d. h. der Gesalbte, Messias), also der sehnsüchtig erwartete Erlöserkönig der Endzeit.**
- V 21-22: **Die Leidensankündigung entspricht so gar nicht den Erwartungen der Jünger.** Vor allem das „muss", also die göttliche Notwendigkeit des Leidens, irritiert sie (vgl. die Reaktion von Petrus in Mt 16,22).
- V 23-27: Ein hartes Wort für die Jünger, die sich doch auf der Erfolgsspur sehen (V 46f). **Aber Nachfolge gibt es nicht zum Nulltarif.** Nicht das Kreuz Jesu sollen sie tragen, sondern ihr eigenes, d. h. sie selbst sollen zum Martyrium bereit sein. **Nicht der Erfolg, sondern die Verfolgung! Das ist ihr Los. Sich selbst verleugnen heißt** eben nicht, dass Jesus alle meine Wünsche erfüllt, wenn ich nur richtig glaube und bete. Sondern **dass ich mich schutzlos in seine Hand fallen lasse:** „Wer Gott folgt, riskiert seine Träume …"

> *Lesen Sie das Lied von Philipp Spitta „Ich steh in meines Herren Hand …" (EG 374). Könnten Sie das so nachsprechen?*

• Zwischen V 27 und der folgenden **Verklärungsgeschichte** könnte ein Zusammenhang bestehen: Petrus, Johannes und Jakobus sind wohl diejenigen, die Jesu himmlische Herrlichkeit noch zu Lebzeiten zu sehen bekommen. Das hilft ihnen auch, die harten Worte Jesu über die Selbstverleugnung zu ertragen.

• **Berge galten schon im AT als Orte der Gottesoffenbarung und des Gebetes.** So auch bei Jesus, vor allem an wichtigen Knotenpunkten in seinem Leben (z. B. Lk 6,12f). Bei diesem Gebet aber geschieht **etwas Ungewöhnliches mit Jesus** (vgl. Lk 3,21), sein Aussehen wird geradezu himmlisch glänzend und erinnert an Mose, dessen Angesicht leuchtete, als er aus der Gegenwart Gottes kam (2Mose 34,35).

• Aber noch mehr: **Mose und Elia erscheinen aus der himmlischen Welt – und die Jünger verschlafen es.** Erst als sie sich wieder aus der Szene verabschieden, bekommen es die Jünger mit. **Und dann will Petrus plötzlich** Zelte bauen, also die Vision und ihre Gestalten festhalten, **das Erlebte konservieren.** Aber auch er muss die wichtige Erfahrung machen, dass sich besondere geistliche Erlebnisse nicht konservieren lassen.

• **Die Wolke als Erscheinungsform Gottes hat eine lange Geschichte:** Vom Auszug aus Ägypten bis hin zur Himmelfahrt Jesu (Apg 1). **Sie ist Zeichen der sichtbaren und doch geheimnisvoll verhüllenden Gegenwart Gottes.** Die beiden Gestalten der Heilsgeschichte werden von der Wolke genauso aufgenommen wie später der Auferstandene bei seiner Himmelfahrt (Apg 1,9).

• **Die Stimme Gottes aus der Wolke erinnert an die Taufstimme** (Lk 3,22). Sie ist für Jesus eine wichtige Stärkung und Bestätigung – und für die Jünger ein beeindruckendes Erlebnis, das sie in ihrem Vertrauen zu Jesus stärkt.

• Aber urplötzlich ist der Blick durchs himmlische „Schlüsselloch" vorbei, und sie sind wieder allein mit Jesus. Der Alltag hat sie wieder. Aber sie haben etwas unvergesslich Großartiges erlebt.

● Dass nach einer besonderen geistlichen Erfahrung der Alltag oft ernüchternd zurückkommt, erfahren auch die drei Jünger, die bei der Verklärung dabei waren. Die anderen neun sind zwischenzeitlich (so Mk 9,14ff in seinem ausführlicheren Bericht) in ein Streitgespräch verwickelt, in dem es auch um **ihre Machtlosigkeit** geht – entgegen ihren jüngsten Erfahrungen (Lk 9,1). Epilepsie und andere ähnlich auffällige Erkrankungen erklärte man damals als dämonische Besessenheit.

● V 38: Das im Deutschen unscheinbare **„sieh doch" ...** könnte in einem tieferen Sinn verstanden werden: **„nimm dich doch an" ...** So ist auch das „Sehen" Gottes z. B. in 1Mose 16,13 und Ps 33,14 zu verstehen. **Der Vater erwartet von Jesus also göttliche Hilfe.**

● V 41 erinnert in der Wortwahl an Mose (5Mose 32,5), der oft genug unter dem Volk gelitten hat. Ob mit diesem **„verkehrten Geschlecht"** hier das ganze Volk oder nur die machtlosen Jünger gemeint sind, bleibt offen.

● V 42: Wie auch bei anderen (Dämonen-)Heilungen bäumt sich der Dämon / die Krankheit noch einmal zu einem letzten Höhepunkt auf, um dann **durch das machtvolle Wort Jesu** für immer zu verschwinden (vgl. Lk 8,28).

● V 43: Dieser Nachsatz erscheint nach fast allen wunderbaren Heilungen. **Die Menschen spüren, dass sie in Jesus Gott selbst begegnet sind.** Oft wird dann auch die große Furcht mitgenannt, die alle ergreift (z. B. Lk 4,36; 7,16; 8,37).

● V 44f: Diese Verse schließen Jesu Wirken in Galiläa ab. **Er sieht seinen Leidensweg klar vor sich.** Die Jünger aber träumen weiter und verdrängen das Unausweichliche. Das Passiv in V 45b deutet Gottes Weg und Willen an.

Ehrfurcht vor Gott und seiner Nähe – ist sie uns nicht weithin verloren gegangen oder überlagert worden von dem Gott, der uns immer (nur) gnädig und fürsorglich nahe ist? Wie sieht Ihr Gottesbild aus?

● Während Jesus seinen Leidensweg klar vor sich sieht, **träumen seine Jünger von Erfolg und Größe** beim endgültigen Triumph des mit Jesus angebrochenen Reiches Gottes. Selbst die ehrgeizige Mutter von Jakobus und Johannes möchte gerne für ihre Söhne von Jesus Ehrenplätze im Reich Gottes zugesichert bekommen (Mt 20,20). Ähnliche Überlegungen über die Sitzordnung im himmlischen Reich und welche Plätze ihnen dabei zufallen würden, stellten damals auch die Rabbiner an.

● **Statt einer deutlichen Zurechtweisung gibt Jesus ihnen zunächst einen besonderen Anschauungsunterricht** und stellt sich dazu neben ein Kind. Zwar waren **Kinder** in der rabbinischen Sicht **als Geschenk Gottes geachtet,** weil sie den Bestand der Familie sicherten, **aber im Alltag hatten sie keine Bedeutung,** waren das letzte Glied in der Kette. Mit einem Kind unterhielt man sich nicht, es wurde von Erwachsenen nicht als vollwertiger Mensch ernst genommen.

● Jesus identifiziert sich mit einem solchen Kind, mehr noch, Gott selbst identifiziert sich mit ihm. „Nicht die Herrschaft über die Gemeinde aufgrund ihrer Größe und Ehre, sondern **die dienende Aufnahme der Bedürftigen wird den Jüngern aufgetragen"** (so Walter Grundmann in seinem Kommentar).

● V 49-50: **Wer gehört zu Jesus und darf in seinem Namen heilen?** Als wäre hier der Alleinvertretungsanspruch späterer Konfessionen vorweggenommen („unsere Kirche ist die allein selig machende Kirche" usw.)! Jesus erklärt sein entschiedenes Nein zu solchem Denken. **Das Reich Gottes, das Jesus gebracht hat, ist unendlich größer als der eigene Horizont!** Das müssen seine Jünger aller Zeiten lernen.

Wo ist Ihnen schon begegnet, dass manche Christen andere einfach als „ungläubig" bezeichnen, nur weil sie zu einer anderen christlichen Kirche gehören oder eine andere Theologie haben?

Nach dem synoptischen Entwurf werden zunächst alle Galiläa-Geschichten erzählt, dann die Begebenheiten auf der Wanderung nach Jerusalem und schließlich die Ereignisse dort (Johannes hat ein anderes Zeitschema).

- V 51: **„Das Angesicht wenden nach" ...** steht bei Hesekiel oft für eine Entscheidung gegen eine bestimmte Zielgruppe (Hes 13,17; 14,8; 15,7). Das könnte auch hier einen tieferen Sinn haben.
- V 52f: Ein frommer Jude reiste nicht gern durch **Samarien,** das Verhältnis war ähnlich gespannt wie heute zu den Palästinensern. Viele Juden nahmen lieber den Umweg durchs Jordantal. Jesus aber meidet diese Menschen nicht (vgl. Lk 17,11 und Joh 4), auch wenn ihm und den Jüngern in Samarien – was zu erwarten war – **keine Gastfreundschaft gewährt** wird. Die Verweigerung der Gastfreundschaft ist im Orient die größte denkbare Brüskierung. Trotzdem mutet Jesus in einem später erzählten Gleichnis seinen jüdischen Volksgenossen sogar den „barmherzigen Samariter" als Vorbild zu (Lk 10,25-37)!
- V 54: Die Reaktion der Jünger hat einen Vorläufer in der Eliageschichte (2Kön 1,10-12) und könnte von daher verständlich sein, denn Jesus galt ja auch als der wiederkommende Elia, also warum nicht ...?
- V 55ff: Jesus distanziert sich deutlich von den Vernichtungsfantasien seiner Jünger. **Er ist der Retter, nicht der Richter.** Spätere Handschriften (V 55b und 56a) haben noch einen Zusatz eingebracht, der ganz im Sinne von Lk 19,10 ist.

Immer wieder in der Geschichte meinten Christen durch Gewalt der Sache Gottes nachhelfen zu müssen (Kreuzzüge, Konfessionskriege, Ketzerverfolgung ...). Damit aber haben sie das Evangelium verraten und seiner Glaubwürdigkeit schweren Schaden zugefügt. Wie könnte das berühmte Wort von Johannes Rau („versöhnen statt spalten") in Ihrer Gemeinde verwirklicht werden?

In unserem Abschnitt werden **drei Männer** geschildert, die trotz guter Ansätze nicht zu Nachfolgern werden:

- V 57f: **Begeisterung und guter Wille reichen nicht!** Nachfolge bedeutet auch Opfer bringen und eine ungewisse Zukunft in Kauf nehmen. **Wer glaubt, geht immer ein Wagnis ein.** Das manchmal verkündigte „Komm zu Jesus und du hast keine Probleme mehr!" ist einfach zu billig und entspricht nicht der Wirklichkeit. Jesus macht in aller Deutlichkeit auf **die Kosten der Nachfolge** aufmerksam wie schon in V 23ff.
- V 59f: **Totenbestattung galt als heilige Pflicht für die Angehörigen,** die alle anderen Pflichten aufhebt, sogar das vorgeschriebene tägliche Gebet. Manche Ausleger halten es für möglich, dass Jesus eine tiefe, von seiner Botschaft her begründete Abneigung gegen die Bestattungsbräuche seiner Zeit gehabt hat, weil sie im Grunde Zeremonien der Hoffnungslosigkeit waren. Selbst die heilige Pflicht der Totenklage wird dann obsolet angesichts der frohen Botschaft vom Leben. **So fordert Jesus hier einen radikalen Bruch mit der Vergangenheit und ihren Verpflichtungen.**
- V 61f: Dieser Mann könnte sich sogar auf ein biblisches Vorbild berufen, denn Elisa wurde eine ähnliche Bitte gewährt (1Kön 19,20f). Aber auch hier richtet Jesus den Blick des Mannes radikal nach vorn. Selbst verwandtschaftliche Rücksichtnahme zählt nicht mehr (vgl. Lk 14,26). **Wer nur in den Rückspiegel seines Lebens schaut, verliert das Ziel aus den Augen.**
- Alle drei Ansätze zur Nachfolge scheitern. **Hier begegnet uns ein kompromissloser Jesus, der kein weichgespültes Evangelium duldet.** Lippenbekenntnisse und guter Wille allein reichen offensichtlich nicht zur Nachfolge.

✎ *Welche Lieder zur Nachfolge fallen Ihnen ein, die wir vollmundig mitsingen, ohne uns immer über die Konsequenzen im Klaren zu sein?*

● Heute lesen wir den zweiten Teil des Liebeslieds von David. Erstaunlich, wie David sich in V 21-31 selbst beschreibt. War David ein perfekter und tadelloser Mensch? Das kann nicht sein, denn seine Fehler beschreibt die Bibel ja sehr deutlich. David wusste sich als ein demütiger Sünder in der Hand Gottes, der ihm seine Gerechtigkeit schenkt. In vielen Herausforderungen seines Lebens verhielt David sich vorbildlich. Von Saul verfolgt, schaffte es David trotz vieler Gelegenheiten, die Rache Gott zu überlassen und nicht selbst seinen Verfolger zu töten (vgl. 1Sam 24 + 26). Gott belohnte die Treue Davids und seine Fehler blieben nicht ohne Strafe. So konnte David aus der engen Beziehung zu Gott so selbstbewusst schreiben. **Auch wir heute müssen es nicht verstecken, wenn wir Gott gehorsam waren. Es lohnt sich im Gehorsam zu leben und ist auch immer eine Ermutigung für andere.**
● Der Kriegsmann David schaut im zweiten Abschnitt V 32-51 auf ein sehr bewegtes Leben voller Schlachten zurück. Gott ist der Sieger in Davids Leben. Gott hat ihm Kraft, Mut, Gelegenheit, Strategie und Schnelligkeit gegeben. **Gott hat Davids Feinde in die Flucht getrieben und Völker unter ihn gezwungen** (V 41.48). So geht David gegen Ende des Psalms wieder in den Lobgesang über und in ganz innigem Ton wird klar: Gott liebt David und David liebt Gott.

Manche dieser Worte können wir vielleicht nicht mehr mitbeten – aber welche Worte aus diesem Psalm nehme ich mit in die kommende Woche und mache sie zu meinen Worten? Ich schreibe mir ein oder zwei Verse auf einen Zettel und trage sie bei mir in der Hosentasche oder hänge sie mir an den Spiegel oder woandershin, wo ich sie öfter sehe.

Montag, 17. Februar — Lukas 10,1-16

● Nach dem Beginn des „lukanischen Reiseberichts" (Lk 9,51) nimmt Jesus das Ziel seiner göttlichen Sendung in den Blick. Kap. 10 bedenkt zunächst **Einsetzung, Auftrag und Vollmacht** der Jünger, die Jesus aussendet. Das Gleichnis vom barmherzigen Samariter legt dann den Fokus auf die **Tat**, der Bericht über Maria und Marta auf das **Wort**.

● Ein Teil der Handschriften des NT erwähnen **70, andere 72 Ausgesandte.** Inhaltlich spricht für die 70 die Parallele zu Mose, den 70 Älteste bei seinen Aufgaben unterstützten (2Mose 24,1; 4Mose 11,16ff). 72 sind dagegen zusammen mit den zwölf Jüngern siebenmal zwölf. Die Zwölf steht für die Vollendung des göttlichen Auftrags, die Sieben für die Heiligkeit und Schöpferkraft Gottes.

● **Einsetzung**: Jesusnachfolge geschieht nicht aufgrund eines menschlichen Entschlusses, sondern durch **eine göttliche Beauftragung.** Die Aussendung (hier steht das Verb für „Apostel") zu zweit zeigt: Die Ausgesandten ergänzen sich; sie sind nicht als Solisten unterwegs.

● **Auftrag**: Gott steht als Auftraggeber zu ihnen und beglaubigt ihr Zeugnis. Ihr Auftrag ist aber ohne Gebet (V 2) nicht zu erfüllen. Doch **das Bild der Ernte** lenkt den Blick weg von den eigenen Kräften. Die Zeit ist reif und Gott der „Herr der Ernte". Dabei verschweigt Jesus nicht die Gefahr. **Der Auftrag verlangt Konzentration (Eile) und Konsequenz (Armut).** Aber „Lämmer" folgen dem Weg des „Lammes Gottes" mitten unter die Wölfe.

● **Vollmacht**: Durch den Weheruf über Chorazin und Bethsaida macht Jesus klar, dass am Ende Gott Recht spricht. Und auf dem Weg dahin begleitet Gottes Segen ihr Zeugnis. **V 16 weist auf eine große Verantwortung, aber auch eine große Auszeichnung für alle Ausgesandten hin:** Gott erklärt sich mit ihnen uneingeschränkt solidarisch.

Was bedeutet für Sie „missionarisch leben"?

• Die Rückkehr der Ausgesandten wird so nur bei Lukas berichtet. Sie sind erfüllt von Freude über die Vollmacht, in der sie reden und wirken konnten, auch wenn ihr Dienst offenbar nicht zu Bekehrungen führte. **Freude im Dienst für Jesus kann ein Anzeichen für die Vollmacht sein, mit der Jesus die Gemeinde beschenkt.**

• Im Zentrum steht hier nicht die Bekehrung von Menschen und auch nicht ihre Heilung, sondern die Macht über die Dämonen im Namen Jesu. **Der Einsatz für Jesus ist immer auch ein geistlicher Kampf gegen die Mächte des Unglaubens.**

• Jesus bestätigt das durch den Hinweis, dass dem zeitlich bedingten geistlichen Kampf auf der Erde das ewige Geschehen im Himmel entspricht. Aber **seit Karfreitag ist Jesus der Sieger** (Joh 12,31; Offb 12,9ff)! Satan ist aus dem Himmel „ausgestoßen". Auch wenn Menschen, die Jesus nachfolgen, immer wieder Niederlagen erleben: Die Kraft des Feindes Gottes ist doch gebrochen. „Schlangen und Skorpione" können dabei wörtlich gemeint sein (Ps 91,13; vgl. Mk 16,18), weisen aber auch auf den Satan als die „alte Schlange" hin (1Mose 3,1ff).

• **Doch die größte Quelle der Freude ist nicht die Macht über Satan und die Dämonen, sondern die Gewissheit der Erlösung.** Denn die Namen, die im Himmel aufgeschrieben werden, stehen im Lebensbuch des Lammes (Offb 20,15; 21,27). Und eben das wird in der Stunde des Gerichts entscheidend sein.

• Weil Jesus eins ist mit seinem Vater im Himmel, gehören alle, die an Jesus glauben, zu ihm. Darum preist Jesus seine Jüngerinnen und Jünger auch außerhalb der Bergpredigt selig. Denn sie sind die „Unmündigen", denen Gott offenbart, was Weisen, Propheten und Königen verborgen blieb.

✎ *Warum empfindet man manchmal über ein gelingendes Gemeindeleben mehr Freude als über die eigene Gewissheit im Glauben?*

● Die Aussage von Jesus in V 24 ist Anlass für die **Frage des Gesetzeslehrers nach dem ewigen Leben.** Durch die Bemerkung, dass dieser durch seine Frage Jesus „versuchte", wird klar, dass er gar kein echtes Gespräch suchte. Trotzdem lässt Jesus sich darauf ein, doch fordert er mit seiner Gegenfrage nach dem, was Gott dazu im Gesetz gesagt hat, den persönlichen Glauben des Fragestellers heraus.

● Den zweiten Versuch des Gesetzeslehrers, dies mit der Gegenfrage, wer denn sein Nächster sei, zu umgehen, lässt Jesus nicht zu. **Das Gleichnis vom barmherzigen Samariter** V 30-35 stellt ihn erneut infrage. Denn durch dieses Gleichnis, das uns nur bei Lukas überliefert ist, macht Jesus klar: **Wer durch die Erfüllung des Gesetzes gerecht werden will, muss Gottes Gebot auch tatsächlich tun** (Röm 2,13).

● Die große **Wirkungsgeschichte** dieses Gleichnisses nimmt aber den wichtigen Interpretationsrahmen der Auseinandersetzung von Jesus mit dem Gesetzeslehrer kaum wahr. Die Aufforderung von Jesus V 37 „So geh hin und tu desgleichen!" wird oft in seinem kritischen Potenzial nicht erkannt. Man bleibt dann auf der Verständnisebene des Gesetzeslehrers und verharrt in der Illusion, man könne tatsächlich durch praktizierte Nächstenliebe das ewige Leben ererben.

● Andererseits ist **Nächstenliebe ein klares Gebot Gottes,** das Jesus dem Gebot der Gottesliebe gleichsetzt (vgl. Gal 5,14). Jesus verdeutlicht durch das Gleichnis vom barmherzigen Samariter, dass mein Nächster der Mensch ist, der in der konkreten Situation meine Hilfe braucht.

✎ *Das Gleichnis ist auch eine kritische Anfrage an alle, die heute im Dienst für Jesus stehen: Wie Priester und Levit kennen sie sich im Wort Gottes aus, doch oft hapert es mit der praktischen Nächstenliebe, weil man zu sehr seinem vorgegebenen „Dienstprogramm" verhaftet ist.*

● Der Besuch bei Maria und Marta wird nur bei Lukas berichtet und steht zwischen dem Gleichnis vom barmherzigen Samariter und dem Vaterunser. **Inhaltlich verbindet die Geschichte auf diese Weise die aktive und die kontemplative Seite des Glaubens.** V 41f ist keine Wertung von Jesus im Sinne eines besseren oder schlechteren Glaubens der einen oder der anderen. Sondern **Jesus weist darauf hin, dass der Glaube an ihn von der Begegnung mit ihm lebt.**

● Jesus geht es um das, was in der konkreten Situation „notwendig" ist. Es ist also wichtig, die von Gott geschenkte Gelegenheit (den „Kairos") zu erkennen und zu nutzen.

● **Die Stärke der Marta ist die selbstverständlich praktizierte Gastfreundschaft.** Sie ist auch im Gemeindeleben heute sehr wichtig. Aber Marta steht in der Gefahr, in der Fürsorge für Jesus ihn selbst mit seiner lebenswichtigen Botschaft zu verpassen. **Der Einsatz für Jesus darf nicht das Ohr für Jesus verschließen.**

● Maria erkannte: Jetzt sagt mir Jesus das Entscheidende für mein Leben. Darum saß sie Jesus zu Füßen. Das ist die Haltung der Schülerin ihrem Rabbi gegenüber. **Maria will von Jesus lernen.** Sie lebt damit massiv gegen die Rollenerwartungen ihrer Zeit. Sie darf deshalb nicht mit dem Verständnis ihrer Umwelt rechnen. Darum war es auch notwendig, dass Jesus sich schützend vor sie stellt. Die Zeit der Stille ist auch in den Augen vieler heutiger Christinnen und Christen törichterweise ein Luxus, auf den man glaubt, verzichten zu können.

Bedenken Sie darum vielleicht einmal, was diese Sätze für Sie persönlich bedeuten könnten: Wenn Jesus da ist, ganz da sein. Wenn Jesus redet, ganz Ohr sein. Wenn Jesus schweigt, ganz still sein. Wenn Jesus tröstet, ganz getrost sein. Und wenn Jesus sendet, ganz bereit sein.

● **Das Vaterunser,** wie wir es kennen und beten, entstammt Mt 6,9-13. Bei Lk fehlt die ausführliche Anrede, die dritte Bitte („Dein Wille geschehe" ...), die Ergänzung zur sechsten Bitte („sondern erlöse uns von dem Bösen") und der doxologische Abschluss („Denn dein ist das Reich" ...), der auch bei Mt in den ältesten Handschriften nicht enthalten ist, mit dem aber im antiken Judentum jedes Gebet traditionell abgeschlossen wurde.

● V 3 klingt in der Lutherübersetzung mit der Doppelung etwas unglücklich. Besser vielleicht: „Tag für Tag gib uns das zum Leben nötige Brot".

● Der Grund für diese Unterschiede ist möglicherweise, dass Jesus dieses Gebet öfters gelehrt hat. **Es ist bis heute das Gebet, „das die Welt umspannt"** (Helmut Thielicke). Bei zwei Milliarden Christinnen und Christen muss nur eine(r) von 23.000 einmal am Tag dieses Gebet beten, damit es sekündlich vor Gottes Thron kommt.

● Lk berichtet anders als Mt, dass **die Jünger Jesus bitten, sie beten zu lehren.** Sie erleben ihren Herrn und Meister oft betend und spüren die Kraft, die er hierdurch empfängt. Sie sehnen sich danach, mit Gott auch so unmittelbar und vertraut reden zu können. Jesus spricht mit Gott wie ein Freund mit seinem Freund. Die Antwort von Jesus macht klar: **Beten kann man lernen.**

● Man sollte es sogar einüben. Feste Formulierungen bergen natürlich die Gefahr, dass das Gebet gedankenlos als religiöse Pflichtübung heruntergeleiert wird. Auf der anderen Seite bieten sie Hilfen zum Gebet, wenn uns die eigenen Worte fehlen.

✎ *Jesus gab uns dieses Gebet letztlich nicht, um es auszulegen, sondern um es zu beten. Es geht nicht um Wortmagie. Aber im Vaterunser liegt Weisheit und Kraft. Es kann Ihnen den Weg zum Herzen Gottes ebnen. Nutzen Sie es als Anregung und Maßstab für Ihr eigenes, freies Beten.*

● V 5-13: Auf die „spezielle" Gebetsanweisung im Vaterunser (V 1ff) folgt **die „allgemeine" Unterweisung Jesu im Gebet,** gerahmt durch zwei Gleichnisse (Lk 11,5-8.11-13).

● V 5-8: Schon das erste Gleichnis nimmt uns durch seine Alltäglichkeit direkt in das Geschehen mit hinein. Die Eingangsfrage lädt dabei zur direkten Identifikation mit dem Bittenden ein: So wie wir unsere Freunde immer wieder um Hilfe im Rahmen des Möglichen bitten – die „drei Brote" (V 5b) entsprechen der üblichen Ration –, **so dürfen wir Gott, unseren „lieben Freund", Tag für Tag um „(Lebens-)Brot" bitten** – für uns wie für andere (vgl. V 6a).

● V 9f.13: Im Bild vom „Anklopfen und Auftun der Tür" geht es nicht um einen unfehlbar wirkenden Zauberritus, als ob der Mensch einen Zwang über Gott auszuüben vermöchte (vgl. dazu Mt 6,7f). **Der Ton liegt auf dem Bitten, einem Geschehen „von unten nach oben"** wie auf der Gewissheit der Erhörung unserer Bitte (V 13b).

● V 11f: Im zweiten Gleichnis tritt die Erfahrung mit dem Vater neben die mit den Freunden (V 5ff). Auch der Vater wird seinem Sohn auf dessen Bitten hin selbstverständlich nur „gute Gaben" (V 13) geben. **Beide Gleichnisse ermutigen zum Gebet und lassen uns Gottes gute Antwort erwarten.** Selbstverständlich ist all dies jedoch nur unter der Voraussetzung, dass Gott uns zum „Freund" und „Vater" geworden ist.

● V 13: Die Bitte um den Heiligen Geist schließt alles ein. Er steht für **das Gute** (so Mt 7,11); das im Unterschied zu den anderen **„Gütern"** (vgl. Lk 12,18f; 16,25) ohne jede Zweideutigkeit empfangen werden kann. Umfasst diese „Geistes-Gabe" doch alles, was der Gemeinde zum Leben geschenkt wird.

Das Gebet ist die Kernzelle christlichen Lebens. Wie prägt es Ihren Alltag? Welche der Geistesgaben brauchen wir heute – für unser Leben wie für die Gemeinde?

Was sind das für Menschen, die bei Gott wohnen dürfen? Wie sieht das Leben eines gerechten gottesfürchtigen Menschen aus, der das Bürger- und Wohnrecht in der Herrlichkeit des allmächtigen und gerechten Gottes erhält? Mit zwei Fragen startet unser Psalm, deren Sinn man wohl nur recht verstehen kann, wenn man vor der Größe und Heiligkeit Gottes erschaudert. Die Antworten, die darauf gegeben werden, dienen besser zur Selbstprüfung als zur Beurteilung meiner Mitmenschen. In der Beschreibung spiegelt sich der Charakter Gottes in Wahrheit, Güte und Treue selbst wider. Kein Mensch, außer dem Gottessohn selbst, besteht alle Prüfungsfragen mit Bravour. Doch die Sehnsucht eines aus dem Heiligen Geist wiedergeborenen Menschen ist auf die hier beschriebene Heiligkeit und Gerechtigkeit ausgerichtet, denn er will immer mehr dem reinen Charakter Gottes ähneln. So beginnt das Testprotokoll für einen geheiligten Menschen (V 2-5):

→ **Lebensführung tadellos**. Richtige und gute Entscheidungen getroffen.

→ **Auf seine Worte ist Verlass.** Sie entsprechen der Wahrheit. Ein absolut integrer Mensch, ohne irgendeine Heuchelei.

→ Weder an Klatsch, Tratsch, Lästereien noch Gemeinheiten gegenüber seinen Mitmenschen hat der Mensch Gefallen.

→ **Menschen ohne Gewissen beachtet er nicht**, sondern hält Ausschau nach Menschen, die Gott lieben und seinen Charakter widerspiegeln.

→ **Er ist ein Ehrenmann** und steht zu seinem Wort, sogar wenn es sich im Nachhinein als nachteilig erweist.

→ **Er nimmt keine Wucherzinsen und bleibt unbestechlich**.

Solche Menschen dürfen bei Gott wohnen und bleiben fest und sicher stehen – egal, was an Stürmen kommt. **Lebe ich in dem Bewusstsein, dass letztlich mein Lohn nur von Gott kommt?**

Welchen Bereich meines Lebens lege ich heute im Gebet Gott hin, dass er ihn zu seiner Ehre verändert?

- V 14-16: **Als Gegensatz zum Heiligen Geist** (V 13) **tritt der Dämon auf, den Jesus austreibt.** Doch statt zu erkennen, dass in Jesu Handeln „das Reich Gottes (zu ihnen) gekommen" ist (V 20), beharrt die Menge in ihrem Zweifel bzw. Unglauben. So bleibt nur der Vorwurf der Zauberei, den Jesus sofort entkräftet (V 17ff).
- V 17-19: **Beelzebul** wird hier mit der Kategorie des „Reiches" verbunden: Als eine herrschende zerstörerische Macht gerät sie mit dem in Jesus anbrechenden Reich Gottes in einen unausweichlichen Konflikt. **Doch Jesu Wirken zeigt: Er hat sich schon als der „Stärkere" erwiesen** (Lk 10,18).
- V 20-22: Mit dem Bild vom „Starken" und „Stärkeren" stellt Jesus die Menge wie uns vor die Frage, **worauf wir letztlich vertrauen:** Auf die „Rüstung", auf das, was uns sichtbare Sicherheit zu geben scheint, oder auf den „der stärker ist", in dessen Handeln der „Finger Gottes", seine Hand und Macht wirkt, so wie in der Schöpfung (Ps 8,4) oder in Israels Geschichte (2Mose 8,15). Um sein eingreifendes Handeln können wir jedoch nur bitten und uns dafür von Jesus immer wieder die Augen öffnen lassen (Lk 10,23).

> ✎ *Wo können wir den „Finger Gottes", seine Macht und sein Handeln, heute entdecken: in der Schöpfung, der Geschichte mit seinem Volk und der Gemeinde?*

- V 23: An unserer Haltung zu Jesus zeigt sich, ob wir Menschen zur Gemeinde Jesu „(ver)sammeln" oder „zerstreuen".
- V 24-26: Die Worte von der „Rückkehr" des Geistes in sein „Haus" stellen nicht Jesu Sieg über den „Starken" (V 21f) infrage. Vielmehr unterstreichen sie seine **Warnung an die Hörer und uns:** „Wer nicht mit mir ist, der ist gegen mich" (V 23a). **Wir können gegenüber Gott nicht neutral bleiben wie ein „leeres Haus", sondern sind entweder ein Haus bzw. Tempel des Heiligen** (1Kor 6,19) **oder des unreinen Geistes.**

● V 27f: Warnte Jesus in V 23.26 vor einer neutralen Haltung ihm gegenüber, so weist er nun den Weg auf, **wie die rechte Entscheidung für ihn fällt.** Dabei kommt es weder auf eine verwandtschaftliche Beziehung zu ihm an (Lk 8,19-21), noch geht es um eine Jesusbegeisterung wie bei der „Frau aus dem Volk". **Das Heil empfangen werden vielmehr die, die das von Jesus verkündigte Wort Gottes „hören und bewahren", d. h. auch: es beherzigen.**

● V 29f: **„Zeichen"** meint bei Mt, Mk und Lk nicht dasselbe wie Wunder und wird daher von ihnen nie auf Heilungen oder Wundertaten Jesu bezogen. **Vielmehr bezeichnet es Christus selbst** (Lk 2,34) **bzw. die von ihm ausgelösten Ereignisse der Endzeit** (Mt 24,3.30). Für die „Menge" steht das „Zeichen" jedoch für einen unzweideutigen Gottesbeweis, ein Geschehen „vom Himmel" (Lk 11,16). Darum nennt Jesus sie ein „böses Geschlecht", da solch ein Verlangen das Ende des Glaubens bedeutet. Wo man nämlich Garantien fordert, kann man nicht mehr vertrauen. Damit würde Gott zum Objekt, das wir selbst im Griff hätten. Das **„Jonaszeichen"** (V 29b.30a) meint: So wie die Bußpredigt Jonas ein Zeichen Gottes für Ninive war, so ist es Jesus bis heute für alle Geschlechter und ruft die Menschen zu einem Leben mit Gott und zum Glauben an sich auf.

✎ *Vgl. dagegen die Parallele in Mt 12,40, wo das Zeichen des Jona bezogen wird auf den Tod und die Auferstehung Jesu.*

● V 31f: Jesus unterstreicht seine erste Warnung (V 23.26) mit dem Verweis auf die Königin von Saba und das Volk in Ninive und verbindet sie mit dem Gedanken an das Gericht Gottes. **Beide Warnungen zielen darauf, sich dem Wort Gottes nicht zu verschließen, sondern ihm, dem Menschensohn und seinen Worten, Glauben zu schenken** (V 28).

- V 33: „Hier ist mehr als Jona" (V 32): Der Verweis Jesu auf sich selbst am Ende der vorhergehenden Rede wird von ihm direkt weitergeführt und vertieft durch **das Bild vom Licht:** Er selbst ist das Licht, das alle sehen sollen (vgl. Joh 8,12). Seit Lk 10,25 – „Was muss ich tun, dass ich das ewige Leben ererbe?" **– geht es darum, dass die Menschen sich entscheiden, also in die Jüngerschaft bzw. die Gemeinde eintreten und im Licht Jesu stehen sollen.** V 34ff verstärken diesen Gedanken.
- V 34f: Die Bezeichnung des Auges als „Licht des Leibes" meint nicht, dass uns das Auge verrät, wie es im Menschen drinnen aussieht, so wie es z. B. ein rabbinischer Lehrsatz ausdrückt, wonach ein gutes Herz einen guten Blick einschließt. **Vielmehr geht es darum, dass erst ein klares Auge dem ganzen Menschen („Leib") Gottes Licht zukommen lässt;** ist das Auge böse, erreicht Gottes Licht das Herz nicht, sondern bewirkt nur heillose Finsternis. „Nur helle, offene Augen sehen das Licht so, dass es den Menschen ganz durchdringen kann" (Eduard Schweizer). **So ruft Jesus die Menge wie uns heute dazu auf, sich mit „ganzem Herzen"** (vgl. Lk 10,27) **für ihn zu öffnen.** Das, was uns daran immer wieder hindern kann, ist neben Geld und Besitz (Lk 12,13ff) vor allem unser Unglaube (Lk 11,14ff).
- V 35: Der Vers hebt noch einmal „das Licht in dir" hervor. Dabei geht es nicht um das dem Menschen innewohnende eigene „Lebenslicht"; **vielmehr ist „das Licht des Herrn der Lebensatem der Menschen"** (nach der griechischen Übersetzung von Spr 20,27). So geht es auch in diesen Worten um die Gegenwart Gottes in Jesus wie um das „Hellwerden des ganzen Menschen, den das Licht Jesu erreicht" (Eduard Schweizer).

Wie sieht es für Sie konkret aus, „im Lichte Jesu" zu stehen und zu leben?

● V 37f: Immer wieder wird Jesus zum Essen eingeladen und gerät dabei häufig in Streit mit den Pharisäern (Lk 5,29ff; 7,36ff). **Diesmal führt das von ihm unterlassene rituelle Händewaschen zu einem „Streitmahl", das von den sogenannten „Weherufen" Jesu bestimmt ist.** In ihnen geht es um die Themen „Reinheit" (V 39-41), „Liebe und Recht" (V 42), „Geltungsstreben" und „Ehrsucht" (V 43f), die „Gesetzeslehre" (V 45f) sowie die „rechte (Schrift-)Erkenntnis" (V 52).

● V 38-41: Verzichtet Jesus wegen der freundlichen Einladung zunächst auf das schroffe „Wehe", so macht er dennoch klar: **Es wäre Dummheit, das äußere Handeln des Menschen von seiner inneren Herzenseinstellung zu lösen** (V 39a.40); denn „Becher und Schüssel" wie unser Herz wurden vom selben Schöpfer erschaffen. „Jesus stellt ein den Menschen ganzheitlich erfassendes Leben einer rein äußeren Beobachtung bestimmter Regeln entgegen, ohne aber nur eine innere Seelenhaltung zu propagieren" (Eduard Schweizer). **Daher gehört zur „inneren Reinheit" des Herzens immer der Blick zum Nächsten mit dazu, dem wir z. B. durch unser „Almosen" helfen sollen** (V 41).

● V 42f: So setzt Jesus auch die am Gesetz orientierte Frömmigkeit nicht herab (V 42b). Vielmehr ruft er die Pharisäer wie uns auf zu einem konsequenten, an Gott orientierten Leben, das weder die Liebe noch das Ausüben des Rechts links liegen lässt. **Scharf kritisiert er darum auch Geltungsstreben und Ehrsucht der Pharisäer.** Zielt sie doch darauf, den anderen im „rechten gottgefälligen Leben" zu übertreffen und sich so selbst zu erhöhen (V 43).

● V 45ff: **Die „Weherufe" zeigen, dass es Jesus um die rechte Lebensweise wie um die rechte Auslegung der Schrift geht,** die von den Schriftgelehrten gerade verhindert wird (V 46). Erst die richtige, von Gott geschenkte Schrifterkenntnis verleiht uns den „Schlüssel" zum Eintritt in das Reich Gottes (V 52).

● Tausende strömen zusammen, um Jesus zu hören. Dicht gedrängt verfolgen sie **die Auseinandersetzung Jesu mit den religiösen Führern des Volkes.** Hier sind vor allem die Pharisäer mit ihrer Heuchelei im Blick. Die ersten Adressaten der Rede Jesu sind aber seine Jünger, er spricht zunächst zu ihnen.

Joh 3,1ff lässt erkennen, dass es bei den Pharisäern allerdings auch solche gab, die den Worten Jesu Glauben schenkten und anerkannten, dass Gott mit ihm war.

● Zunächst (V 1-3) werden **die Jünger ermutigt, sich öffentlich zu Jesus zu bekennen.** Ihre Verbindung zu ihrem Herrn kann und wird nicht verborgen bleiben.

● Jesus verschweigt nicht, dass denen, die ihm nachfolgen, Gefahren drohen. Es kann sein, dass sie mit dem Tod bedroht werden. Mit zwei Bildern (V 6f) veranschaulicht er aber, dass der Vater im Himmel für die Seinen sorgen wird. Wenn er sich schon um die unscheinbaren und unbedeutenden Sperlinge kümmert und selbst die Haare auf dem Kopf zählt, um wie viel mehr wird er denen beistehen, die an ihren Herrn glauben. **Auch in bedrohlichen Situationen dürfen sich die Jünger zusagen lassen, dass Gott bei ihnen ist.**

● Im letzten Abschnitt (V 8-12) wird **die Situation des Weltgerichts** vorausgesetzt. Am Ende der Zeiten werden sich die Menschen vor dem Richter zu verantworten haben. Wer sich zu Lebzeiten zu Jesus gehalten hat, der wird im Gericht erfahren, dass auch Jesus sich zu ihm hält. **Die Treue zum Herrn ist der entscheidende Maßstab.**

● **Das Wort von der unvergebbaren Sünde gegen den Heiligen Geist** (V 10) hat unter den Christen immer wieder Verwirrung gestiftet: „Könnte ich diese Sünde begangen haben und so am Ende doch verloren gehen?" Es geht bei dieser Sünde darum, dass jemand trotz besserer Erkenntnis und Erfahrung bewusst das von Jesus geschenkte Heil ablehnt (vgl. Hebr 6,4-6; 10,29).

● Hatte Jesus zunächst vor der Heuchelei gewarnt, so spricht er jetzt von der **Gefahr der Habgier.**

● Anlass für diese Warnung ist ein Zwischenruf aus der Menschenmenge. Jemand legt Jesus eine Frage aus dem alltäglichen Leben vor. Er hält Jesus für einen kompetenten Lehrer, der ihm bei einem **familiären Erbkonflikt** entscheidend weiterhelfen kann. Stellen wie 4Mose 27,8-11 wollen möglichen Erbstreitigkeiten durch eine klare Ordnung der Erbfolge einen Riegel vorschieben. Trotzdem waren wohl häufig Erbstreitigkeiten an der Tagesordnung und damit zu klären.

● Doch Jesus weist diese Frage deutlich zurück. Es ist nicht seine Aufgabe, sich zu diesen Problemen des alltäglichen Lebens zu äußern. Stattdessen warnt er grundsätzlich vor den Gefahren der Habgier – also vor dem Streben, immer mehr und mehr haben zu wollen und zugleich das Wohl der anderen außer Acht zu lassen. Auch in der griechisch-römischen Umwelt sind solche Warnungen bekannt, doch Jesus geht die Frage grundsätzlich an. **Das Leben eines Menschen hängt nicht von der Höhe des Besitzes ab.**

● Mit einem **Gleichnis** veranschaulicht Jesus diese Gefahr. Es ist mit der Schilderung eines Großgrundbesitzers in der Lebens- und Erfahrungswelt der Menschen in Galiläa verankert. Diesem Menschen wird eine reiche Ernte geschenkt. Doch statt sich darüber zu freuen und Gott, dem Geber aller Gaben, zu danken, kreisen seine Gedanken nur darum, wie er den Besitz sichern und sein Vermögen mehren kann. Er bleibt ganz bei sich und seinen Fragen und vergisst darüber, andere an seinem Wohlstand teilhaben zu lassen. Die Sorge um die Armen ist bei ihm nicht im Blick. Wer nur an sich denkt und Gott und den Nächsten darüber vergisst, der ist letzten Endes ein Narr!

● **Dieses Wort Jesu richtet sich** nicht grundsätzlich gegen ein Planen und Organisieren – aber **gegen eine Selbstbezogenheit und Selbstsicherheit, die vor allem nur auf das eigene Wohl abzielt.**

● Dies ist der erste der sieben sogenannten **Bußpsalmen** (vgl. die anderen in Ps 32; 38; 51; 102; 130; 143). **Trauer, Umkehr und Flehen zu Gott kennzeichnen V 2-8.** David empfindet, dass er unter dem Zorn Gottes steht. Er befindet sich in großer körperlicher und seelischer Belastung und Schwachheit (V 3f). Ist es militärische Bedrängnis? Ist David von einem Schicksalsschlag ereilt worden oder liegt außerdem ein konkretes Vergehen vor? Das bleibt offen. **Doch bittet David um Gnade, dass Gott umkehrt und sich ihm wieder zuwendet** (V 3.5). Dabei appelliert er an Gottes Gnade mit dem bekannten Ruf, der wohl vielen Gläubigen schon mal aus dem Herzen kam: „Ach du, Herr, wie lange?" (V 4; Offb 6,10). Wie lange müssen wir manchmal auf das Reden und Handeln Gottes warten, ohne zu wissen, wann es so weit ist oder sogar, ob Gott überhaupt eingreift. Hier ist David ein Vorbild. Er flieht nicht frustriert vor Gott, was ja ohnehin unmöglich ist. Nein, er liefert sich ihm sogar aus. David kennt die eine Adresse, bei der es Hilfe gibt, wendet sich ihr voller Erwartung und Demut zu und bekommt sie von dort: vom treuen Gott.

● So beobachten wir im **zweiten Teil ab V 9 einen Stimmungsumschwung** bei David. Er weiß sich wieder von Gott angenommen. Dreimal schreibt er, wie Gott ihn erhört, und das macht David Mut. Nun soll sein Erschrecken auf seine Feinde fallen (V 11).

● **Der Psalm macht Mut, sich in jeder verloren geglaubten Situation an den Gott zu wenden, der gnädig, barmherzig und von großer Güte ist. Gott hilft gern!** Retten und Helfen gehören zu seinen Herzensanliegen und Lieblingsaufgaben. Davon spricht die Bibel eine überdeutliche Sprache! Und wenn Gott für uns ist, wer kann dann noch gegen uns sein (Röm 8,31)? Das ist der stärkste Trost in dunkelsten Zeiten. Darum lohnt es sich zu ringen und zu flehen.

● Nach dem Gleichnis von dem Kornbauern, der nur auf sich und seinen Vorteil schaut, **spricht Jesus grundsätzlich von dem Sichsorgen.** Beide Abschnitte sind über das Wort „Leben" miteinander verbunden (V 20 und 23). Auch wenn viele Übersetzungen einmal mit „Seele" und einmal mit „Leben" übersetzen, so wird im Grundtext dasselbe Wort (psyche) verwendet.

● Jesus beginnt mit einer grundlegenden Aussage: **Das Leben ist mehr als das Bedürfnis nach Nahrung.** Es endet nicht mit dem Tod, auch wenn dieser eine klare und schmerzhafte Grenze ist.

● **Jesus illustriert seine Worte mit Bildern aus der Tier- und Pflanzenwelt,** sodass seine Zuhörer sofort verstehen können, worum es geht. Wenn Gott schon die unreinen Vögel wie die Raben (3Mose 11,15) versorgt, dann kümmert er sich umso mehr um die, die zu ihm gehören. Die Lilien auf dem Feld sind so prächtig, dass selbst die prachtvollen Gewänder Salomos da nicht mithalten konnten. Doch wenn Gott schon schnell verwelkendes Gras und Blumen so glanzvoll ausstattet, um wie viel mehr wird er dann die Seinen versorgen.

● Der V 25 verdeutlicht: **Wir können über unser Leben nicht verfügen. Daher sollten wir die Sorge für dieses Leben dem überlassen, der es wirklich kann!**

Wie sehr dieses Anliegen, unsere Sorgen bei Gott abzulegen, schon in den Schriften des AT ist, zeigen die Aussagen in Ps 37 (vor allem die Verse 5 bis 7).

● Jesus lenkt am Schluss noch einmal **den Blick auf den Vater im Himmel.** Unsere Sorgen können wir vor ihm hinlegen. Er weiß, was wir brauchen, und er wird es uns geben! Die Jünger können daher ein Leben führen, das sich ganz nach dem Reich, d. h. nach der Königsherrschaft Gottes, ausrichtet. **Wahre Schätze liegen nicht auf einem Bankkonto, sondern sind im Himmel.** Das führt uns vor Augen, woran unser Herz letzten Endes hängen sollte.

● Die mit Kap. 12,1 begonnene **Unterweisung der Jünger** wird mit einem weiteren Thema fortgeführt, das sich aber bereits vorher schon abzeichnete**. Es geht um die Wiederkunft Jesu und wie die Jünger sich darauf vorbereiten sollen.** Dabei werden vor allem **zwei Stichworte** genannt: **Wachsamkeit und Treue.**

● **Mit zwei Bildworten wird die Wachsamkeit verdeutlicht.** Man raffte das lange und weite Gewand hoch und band es über der Hüfte zusammen, wenn man arbeitete oder wenn man bei drohender Gefahr schnell laufen musste. Die brennende Öllampe ermöglichte es, auch in der Nacht aufzustehen und plötzlich anfallende Aufgaben zu erledigen.

● **Das Gleichnis von dem Hausherrn,** der spät zurückkommt, macht deutlich, warum diese Vorbereitung und Wachsamkeit wichtig ist. Man weiß ja nicht, wann er eintrifft. Eine Hochzeit konnte mehrere Tage dauern; die Rückkehr des Herrn war also ungewiss. Wenn er dann da ist und seine Knechte bereit sind, dann wird der Hausherr sie selbst bedienen – welch unerwartete Auszeichnung!

Stimmen Sie der Meinung von J. A. Bengel (1687–1752) zu, der hier (V 37) die allergrößte Verheißung in der Schrift erkannte?

● **Das Wort von dem Dieb in der Nacht** hebt noch einmal hervor, wie wichtig es ist, wachsam zu bleiben – die Wiederkunft des Herrn kommt unerwartet und überraschend.

● Die Frage des Petrus, ob Jesus zu den Jüngern oder zu der Menschenmenge spricht, erwidert dieser mit einer Gegenfrage. Die lässt erkennen, dass Jesus zunächst seine Jünger im Blick hat.

● Neben der Wachsamkeit wird ein treuer und kluger Verwalter bis zur Wiederkunft seines Herrn **tun, was ihm aufgetragen ist.** Er wird also nicht die Hände in den Schoß legen und untätig der Dinge harren, die da kommen sollen. Damit sind die Jünger aufgefordert, verantwortungsvoll mit dem umzugehen, was ihnen anvertraut wurde.

● **Spaltungen und Trennungen** – ein schwieriges und unangenehmes Thema, das man am liebsten meiden möchte. Diese Verse, bei denen es um **Entzweiungen um Jesu willen** geht, fordern uns mit ihrer Radikalität heraus.

● Zunächst spricht Jesus über sich und seine Aufgabe. Er will das Feuer auf die Erde bringen. Bereits im AT (z. B. 5Mose 32,22; Am 5,6), aber auch in den Schriften des Frühjudentums und im NT (u. a. Lk 3,9; Offb 8,7) ist **das Feuer ein Bild für das Strafgericht Gottes.** Die Frage, ob man in diesem Gericht schuldig gesprochen wird oder nicht, hängt daran, wie man zu Jesus und seiner Botschaft stand bzw. steht.

● **Das Bild des Feuers ist aber auch mit dem Wirken Jesu und dem des Heiligen Geistes verbunden.** So kann sich der Wunsch Jesu, dieses Feuer möge schon brennen, auch auf die Zeit nach Pfingsten und das Wachsen der Gemeinde beziehen.

● Doch bevor es dazu kommt, muss Jesus noch leiden und sterben. Jesus erahnt an dieser Stelle, wie sehr dieser Weg zu einer Herausforderung und Anfechtung für ihn werden wird.

● Mit dem **Bild der Taufe** wird nicht an die Wassertaufe am Jordan erinnert. Es knüpft vielmehr an Aussagen im Alten Testament an (z. B. Ps 42,8 und 69,2f), in denen Hilfeschreie Ertrinkender zu hören sind. Sie drohen, in den Wasserfluten unterzugehen. **Jesus sieht hier auf den bevorstehenden Leidensweg.**

● An Jesus Christus scheiden sich die Geister. Das wird vor allem in dem Wort deutlich, dass durch ihn Zwietracht gekommen ist (V 51), die sogar mitten durch den engsten Familienkreis geht. Entweder hört man auf ihn, oder er wird abgelehnt. Einen dritten Weg scheint es nicht zu geben. Die Ablehnung Jesu wird auch auf seine Jünger übertragen.

✎ *Kennen Sie Menschen, die um Jesu willen den Kontakt zur eigenen Familie verloren haben? Wie können wir ihnen zur Seite stehen?*

● In Kap. 12,1 lesen wir, wie Tausende von Zuhörern sich um Jesus drängen. Dennoch hat Jesus vor allem zu seinen Jüngern gesprochen. Jetzt wendet er sich aber der Menschenmenge direkt zu und spricht sie an.

● Er schärft den Zuhörern ein, **die jetzige Zeit als eine Chance zu begreifen, endlich zu einer Entscheidung zu kommen.** Sie sollen nicht nur interessiert am Rande stehen, sondern wissen, wie es um sie steht und welche Konsequenzen es hat, Jesu Worte auszuschlagen.

● Jesus greift das Erfahrungswissen seiner Zuhörer auf. Wenn sich die Wolken vom Westen her nähern, dann ist mit Regen zu rechnen. Weht der Wind vom Süden her, so ist eine Hitze zu befürchten. Sie sind also in der Lage, Wetterphänomene zu erkennen und richtig zu deuten.

● Diese Fähigkeit fehlt ihnen aber, wenn es um **die Zeichen der Zeit** geht. Sie haben den Täufer gehört, sie haben Jesus beobachtet und seine Taten gesehen. Dass er von Gott kommt und sie zur Umkehr anleiten will, haben sie jedoch nicht erkannt.

Schon in seiner „Antrittspredigt" hatte Jesus deutlich gemacht, dass er der verheißene Messias ist (Lk 4,16-21). Wo sehen wir, dass sich diese Worte aus dem Jesajabuch bei Jesus erfüllt haben? Woran hätten auch die Juden erkennen können, dass er in besonderer Verbindung zu Gott steht?

● Mit einem Bildwort unterstreicht Jesus **die Dringlichkeit der Umkehr.** Wenn man auf dem Weg zu einem Gerichtsprozess erkennen muss, dass man diesen verlieren wird, wäre es klug, vorher noch eine Einigung zu erzielen.

● Kein Mensch wird vor Gott bestehen können, wir alle haben mit einem Schuldspruch und einer Verurteilung zu rechnen. Doch es gibt noch die Gelegenheit zu einer Umkehr, und wir können so im Glauben an Jesus Christus diesem Richterspruch entgehen.

- Man berichtet Jesus von einem **Massaker,** das wohl der römische Präfekt Pilatus veranlasst hatte. Offenbar sind im Umfeld des Jerusalemer Tempels Gläubige beim Opfern getötet worden, sodass sich ihr Blut mit dem der Opfertiere vermischt hat.
- Jesus greift diesen Vorfall auf und unterstreicht noch einmal **die Dringlichkeit der Umkehr** hin zu dem lebendigen Gott. Dabei greift er eine bekannte Vorstellung auf. Manche Juden waren der Meinung, dass die Getöteten auf diese Weise von Gott bestraft worden seien. Sie müssen etwas getan haben, was den Zorn Gottes auf sich gezogen hat, sodass er sie direkt bestraft habe. Dahinter verbirgt sich **die Meinung, dass es einen direkten unmittelbaren Zusammenhang zwischen dem Verhalten und dem persönlichen Ergehen des Einzelnen gibt.**
- **Jesus lehnt dieses Denken ab** (vgl. dazu auch Joh 9,1-5). Diejenigen, die umgebracht wurden, waren eben nicht schuldiger als die anderen, die am Leben geblieben sind. Er führt noch **ein zweites Beispiel** an. Bei dem Einsturz eines Turms beim Teich Siloah waren 18 Menschen ums Leben gekommen. Waren sie etwa schuldiger als die anderen? Nein, ihr Schicksal erinnert viel mehr daran, dass alle schuldig sind und der Umkehr bedürfen.
- Mit dem **Gleichnis von dem Feigenbaum** schließt Jesus den Ruf zur Umkehr ab. Es wird zum einen deutlich, dass **noch einmal eine Gnadenfrist** gewährt wird. Der Weingärtner bemüht sich mit ungewöhnlichen Mitteln (das Umgraben und Düngen von Bäumen war damals unüblich), dass im kommenden Jahr doch noch Früchte zu sehen sind. Zum anderen wird aber auch erkennbar, dass diese Gnadenfrist nicht beliebig verlängert wird. Sollte trotz aller guten Voraussetzungen die Frucht ausbleiben, so wird dieser Baum am Ende umgehauen. Bei aller Schärfe darf unser Blick auf Jesus, den Weingärtner gerichtet sein – er tut alles, damit Menschen zur Umkehr kommen.

● Jesus ist wieder unterwegs, wo genau, lässt sich nicht sagen. Wie er es gewohnt war, geht er auch an diesem Sabbat in die Synagoge, um dort zu lehren. **Es kommt zu einer Heilung, an die sich eine Auseinandersetzung anschließt.**

● Mit ganz wenigen Worten wird die Frau mit ihrer besonderen Situation vorgestellt. Seit 18 Jahren leidet sie an einer Krankheit, vermutlich an einer Verkrümmung der Wirbelsäule. Ob diese Zeitangabe an die Zahl der Erschlagenen im vorigen Abschnitt erinnern soll, ist möglich. Damit wäre auch deutlich, dass sie ohne Schuld an dieser Krankheit leidet.

● **Die eigentliche Heilung wird kurz und knapp beschrieben.** Dass die Frau ihre Heilung dem Eingreifen Gottes zuschreibt, wird an ihrer Reaktion deutlich. Sie gibt Gott die Ehre.

● **An diesem Ereignis entzündet sich nun ein Streit.** Der Synagogenvorsteher, der sich statt an Jesus direkt an die Zuhörer wendet, sieht in der Heilung eine Verletzung des Sabbatgebotes. Auf den ersten Blick scheint seine Reaktion verständlich, da keine akute Lebensgefahr vorhanden war. Dann wäre ein Eingreifen am Sabbat von der Tora her gerechtfertigt. So aber hätte die Frau auch später geheilt werden können.

● Jesus wiederholt seinen Vorwurf aus Kap. 12,1. Er nennt dabei nicht nur den Synagogenvorsteher einen Heuchler, **seine Kritik ist grundsätzlicher.** Er erinnert die Zuhörer dabei an Tätigkeiten, die am Sabbat erlaubt waren: Tiere konnten gefüttert und mit Wasser versorgt werden. Um wie viel mehr muss es dann möglich sein, dass einer Frau als einer Tochter Abrahams geholfen wird. Zudem wird mit dieser Heilung auch deutlich, wie **die Macht des Widersachers Gottes gebrochen wird.**

✎ *Inwieweit trifft hier die Aussage Jesu aus Mk 2,27 zu, dass der Sabbat um des Menschen willen gemacht wurde und nicht umgekehrt?*

● **Verzweiflung** liegt in der Frage zu Beginn des Psalms, die zugleich ein **Hilferuf** ist: „Gott, wo bist du? Wieso bist du nicht da, nicht erreichbar? Hast du dich versteckt?" Mit Erschrecken, Ärger und Bestürzung reagiert der Beter auf die Zerstörungswut, den Stolz und die Bosheit der Feinde. Interessanterweise scheinen sich seine Gedanken und die des Gottlosen zu gleichen: Gott nimmt keine Notiz von der Gewalt (V 11). Beim Gottlosen steigert es sich nur noch: Es gibt überhaupt keinen Gott (V 4), also brauche ich mich auch vor niemandem zu rechtfertigen. Hier wird der Psalm ganz aktuell, wenn wir mit ehrlichem Blick in unsere Welt schauen und sehen, wie gewissenlos Machthaber und Terroristen im Blut- und Gewaltrausch Leben hinschlachten. Wo ist Gott in solchen Situationen? Der Psalm kann zum eigenen Gebet in solchen Situationen werden:

→ Hier wird **nicht schöngefärbt**. Ausführlich und ehrlich beschreibt der Psalmbeter die Haltung und Gewalt der Gottlosen (V 2-11.13).

→ Die **Rache gehört Gott** (Ps 94,1; Röm 12,19). Der Psalmbeter betet um die Vergeltung Gottes und die Herstellung der Gerechtigkeit (V 12-15.18).

→ **Gott bleibt im Regiment** (V 16f). Auch in der dunkelsten Finsternis ist es angemessen und richtig, Gott dafür zu loben und seinen Sieg auszurufen. Er ist und bleibt der Herr!

● **Tatsächlich beginnt in solchen Situationen alles mit dem Gebet.** Das gilt auch für die Frage, was wir tun können, wenn die Armen und Elenden leiden müssen. So ein Gebet hilft uns, den Blick vor der Realität nicht zu verschließen und doch unser Herz rein von Bitterkeit und Hass zu halten.

✎ *Für welche Situation kann ich diesen Psalm als Gebetsvorlage verwenden? Bekomme ich einen Impuls, selbst aktiv zu werden?*

Das dritte Buch Mose

● Das kürzeste der sogenannten fünf Bücher Mose wird hier nur in Auszügen gelesen. Dennoch ist es gut, sich einen Überblick über den ganzen Text zu verschaffen. Das dritte Buch Mose enthält nur Ordnungen und Vorschriften vor allem für die Leviten, für den Priesterdienst; deshalb auch der Name „Levitikus".

→ Es beginnt in **Kap. 1–7** mit den sog. **Opfergesetzen**; in jedem Kapitel wird ein Opfer vorgestellt, z. B. Brandopfer, Speiseopfer, Dankopfer.

→ Die **Kap. 8–10** nennen **Bestimmungen für die Priester und den Opferdienst**; zu Anfang werden die Einsetzung und die ersten Opferhandlungen von Aaron und seinen Söhnen berichtet.

→ Es folgen die **Reinigungsgesetze** in **Kap. 11–15**, so die Aufteilung in reine und unreine Tiere sowie die Reinheitsvorschriften im Alltag, mit denen auch Jesus immer wieder konfrontiert wird und die den Zugang zu den Heiden erschweren, wie die Apostelgeschichte zeigt.

→ Von besonderer Bedeutung ist das sog. **Versöhnungsfest (Jom Kippur) in Kap. 16**, das besonders der Hebräerbrief aufgreift, um den Stellvertretungstod Jesu als das einmalige Opfer für uns (Hebr 9) und seine Stellung als wahrer Hohepriester (Hebr 7) zu verdeutlichen. Er sieht den ganzen jüdischen Opferkult als „Schatten" auf Christus hin (10,1; 8,5).

● Ein Drittel des Buches Levitikus nimmt das **Heiligkeitsgesetz in Kap. 17–26** ein mit dem Leitwort: „Ihr sollt heilig sein, denn ich bin heilig, Jahwe, euer Gott" (19,2 u. ö.). Das gilt sowohl für den Kult als auch für das alltägliche Leben, besonders für das Leben miteinander. Deshalb steht an zentraler Stelle des Heiligkeitsgesetzes das Gebot der Nächstenliebe: „Du sollst deinen Nächsten lieben wie dich selbst" (19,18). Und dieses Gebot schließt ausdrücklich auch den Fremdling (19,34), den Armen (19,9f), den Tagelöhner, den Blinden und Lahmen (19,13f), den Sklaven mit ein. Gottesdienst und Gottesrecht im Alltag bilden eine Einheit. Das gilt auch für das Sabbatjahr und das Halljahr (Kap. 25). Seine Einrichtung hat Signalwirkung auch für uns heute.

Gott hat im Bundesschluss am Sinai zugesagt: „Ich will unter den Israeliten wohnen" (2Mose 29,45). Der Bau der Stiftshütte, des „Zeltes der Begegnung" soll dazu dienen, „dass ich unter ihnen wohne" (2Mose 25,8). Gottes Wohnen in der Mitte Israels bedeutet aber zugleich die ständige Präsenz seiner „Heiligkeit". Nun muss alle Sorgfalt darauf verwandt werden, diese Heiligkeit zu bewahren bzw. sie wiederherzustellen, wenn sie verletzt wurde. Dazu gibt Gott selbst Regeln an die Hand, wie das geschehen kann. Alle Einzelanweisungen sind also unter dem Gesichtspunkt zu lesen, der in 22,32 besonders klar formuliert ist: „Entweiht nicht meinen heiligen Namen, damit ich geheiligt werde unter den Israeliten; ich bin der HERR, der euch heiligt."

● **„Heiligen" heißt aussondern**, für das Wichtigste halten, für Gott beschlagnahmen, Reines von Unreinem abgrenzen, sich von fremden Kulten fernhalten, Gottes Namen heiligen, also das Versprechen, das in seinem Namen liegt (Jahwe = ich bin für euch da) als das Höchste und Wichtigste ansehen, auch in Schwierigkeiten und Anfechtungen daran festhalten – und der Art Gottes im Umgang mit anderen entsprechen: **„Ihr sollt heilig sein, denn ich bin heilig, Jahwe, euer Gott"** (11,45; 19,2; 20,26; 21,8).

● Eindrücklich knüpft 3Mose mit drei Verben des Sprechens in V 1 direkt an die Errichtung des Zeltes der Begegnung (LUT „Stiftshütte") am Ende von 2Mose an. Israel muss wissen, **wie man dem heiligen Gott gegenübertreten kann**.

● 3Mose 1–7 beschreiben die verschiedenen Opfer. Das **Brandopfer** war das häufigste Opfer, wurde täglich und bei besonderen Anlässen dargebracht und war auch in der Umwelt Israels bekannt. Kap. 1 beschreibt das **Opfer einer Privatperson**.

● Allgemein gilt, dass ein Opfertier aus dem eigenen Besitz sein musste, kein Wildtier: ein Rind (V 3-9), Schaf oder Ziege (V 10-13), oder eine Taube (V 14ff). **Das Opfer kostete den Opfernden.** Beim Brandopfer wurde das ganze Tier verbrannt, außer dem Fell, das dem Priester gehörte (7,8). Dem Opfernden blieb nichts davon. Es war ein Zeichen der völligen Hingabe an Gott.

● Das Opfertier musste zudem **fehlerfrei** sein. Neben dem wirtschaftlichen Aspekt macht das deutlich: dem vollkommenen Gott bringt man kein fehlerhaftes Opfer! Über die genaue Bedeutung des **Handauflegens** in V 4 gehen die Meinungen der Ausleger auseinander. Klar ist: In eindrücklicher Weise identifiziert sich der Opfernde mit dem Opfertier. Das Opfer soll für Gott akzeptabel sein, den Opfernden vor ihm **wohlgefällig** machen und **Sühne schaffen**.

● Die Autoren des **NT beziehen sich an vielen Stellen auf die Opfer des AT**, zum Beispiel:

→ Jesus wird beschrieben als das vollkommene Opfer, der „sich selbst für uns gegeben als Gabe und Opfer, Gott zu einem lieblichen Geruch" (Eph 5,2).

→ Paulus fordert die Gläubigen auf, ihren Leib hinzugeben „als ein Opfer, das lebendig, heilig und Gott wohlgefällig sei" (Röm 12,1f).

✎ *Versuchen Sie einmal, sich gedanklich in die Rolle des Opfernden zu versetzen. Welche Aspekte des Opferns werden Ihnen wichtig?*

Welche Formen von Ordinationen kennen Sie? Welche Elemente kommen vor? Wer sind die Handelnden?

• Die Erzählung aus 2Mose wird fortgesetzt mit der **Weihe der Priester und des Heiligtums.** Das ganze Volk ist Zeuge der Zeremonie. Wiederholt wird betont, dass Mose sich genau an die Anweisungen Gottes hält (vgl. 2Mose 29).

→ **Aaron und seine Söhne werden gewaschen** – ein Ausdruck kultischer und spiritueller Reinheit.

→ **Aaron wird als Hohepriester eingekleidet**. Die prachtvolle Kleidung wird in 2Mose 28 beschrieben. Bedeutsam war die mit 12 Steinen besetzte Brusttasche mit den eingravierten Namen der Stämme Israels. Sie dienten in einem festen Rahmen der Befragung Gottes. Das Stirnblatt trug die Inschrift „Heilig dem Herrn".

→ **Das Heiligtum und die Geräte** für den Gottesdienst **werden gesalbt** und geweiht.

→ **Aaron wird gesalbt. Aarons Söhne werden als Priester eingekleidet.**

→ **Die vorgeschriebenen Opfer werden dargebracht.** Aaron und seine Söhne bleiben sieben Tage im Heiligtum (V 14ff).

• Bevor die Priester ihren Dienst aufnehmen können, muss für sie selbst Sühne geschaffen werden. Der Bericht bezeugt die **menschliche Erlösungsbedürftigkeit**.

• Im NT wird mehrfach auf die Einsetzung und den Dienst der Priester Bezug genommen, zum Beispiel:

→ Wie Mose, der in 3Mose 8 über Aaron steht, steht Jesus über den Priestern des Alten Bundes. Und anders als diese hatte Jesus „es nicht nötig wie jene Hohenpriester, täglich zuerst für die eigenen Sünden Opfer darzubringen" (Hebr 7,23-28; vgl. Offb 1,13).

→ Die Gläubigen eines „Königtums von Priestern (1Petr 2,9) sollen „angetan [sein] mit dem Panzer des Glaubens und der Liebe und mit dem Helm der Hoffnung auf das Heil" (1Thess 5,8).

Wo und unter welchen Umständen sind Sie sich der Gegenwart Gottes besonders bewusst? Was steht dem im Weg?

● Unter den Augen des Volkes bringen **Aaron und seine Söhne** am achten Tag **die ersten Opfer** dar. V 2-4 fassen zusammen, was an diesem Tag geschehen soll:
→ **Aaron und seine Söhne bringen Sünd- und Brandopfer für sich selbst** (V 7-14). In Gottes Gegenwart kann nur kommen, wer rein ist von Sünde – für jene, die Sühne für das Volk erwirken, gilt das um so mehr.
→ **Aaron und seine Söhne bringen Opfer für das Volk**: Sünd-, Brand-, Speis- und Dankopfer (V 15-21). Außer Schuldopfern (für spezifische Sünden) werden an diesem Tag alle Opfer und fast alle Arten von Opfertieren dargebracht.
→ **Die Herrlichkeit des Herrn erscheint** (V 23f). Zuvor war Aaron erstmals, zusammen mit Mose, im Heiligsten des Zeltes. Davor und danach segnete er das Volk. **Die irdische Gestalt Gottes („Herrlichkeit") zeigt sich** in Form des Feuers und verzehrt, was von den Opfern auf dem Altar noch nicht verbrannt war. Gott hat die Opfer gnädig angenommen. Das Volk erkennt dies, bricht in Jubel aus und fällt anbetend nieder.

● Seit dem Sündenfall und dem Verlust des Paradieses sehnen sich die Menschen nach der **Wiederherstellung der Gemeinschaft mit Gott** – auf dieser Erde ist das nur unvollkommen möglich. Dazu muss die Schuld weggenommen werden. Mit dem Zelt der Begegnung, seiner „Wohnung", und später dem Tempel, schafft Gott eine Möglichkeit, seine „Herrlichkeit" unter den Menschen zu zeigen – und in besonderer Weise dann in Jesus (z. B. Joh 1,14). Auch das Pfingstereignis (Apg 2) ist ein solches herausragendes Ereignis. Die völlige Wiederherstellung der Gemeinschaft von Gott und Mensch geschieht am Ende der Zeit, im neuen Jerusalem, das von der Herrlichkeit Gottes erleuchtet wird (Offb 21,22 + 23).

● Dieses Kapitel über den **Tag der Versöhnung** gilt als das Zentrum der Mosebücher. Es folgt auf die Kap. 11–15 über (kultische) Unreinheit. Anlass dessen war der Tod zweier Söhne Aarons (Kap. 10). Es beschreibt, wie **das Heiligtum von den Unreinheiten und Verfehlungen des Volkes gereinigt wird.**

● In V 1-10 wird **die Zeremonie vorbereitet**: die Opfertiere, die Kleidung des Hohenpriesters (schlichter als sonst), seine Reinigung, die Bestimmung der beiden Ziegenböcke.

● V 11-19: **Die Sündopfer** der Priester und des Volkes und die **Entsühnung des Heiligtums:** Nur an diesem einen Tag im Jahr betrat jemand das Allerheiligste, in dem Gott über der Bundeslade thronte. Das Räucherwerk war wie ein Schleier zwischen Gott und Aaron, zu seinem Schutz. Bestreichen und Besprengen mit Blut dienen der kultischen Reinigung und Entsühnung – für uns vielleicht fremd, damals aber eine naheliegende Vorstellung.

● Der **Sündenbock**, beladen mit aller Schuld der Israeliten (V 20-22), war damals wie heute eindrücklich. Unklar ist, wer oder was Asasel war. Die Wüste galt als Wohnort von Dämonen (möglicherweise war Asasel einer von ihnen). **Die Sünde wird unwiederbringlich zurückgeschickt an den Ort ihres Ursprungs**.

● Wenn man nur bis V 22 liest, wirkt es, als ob Sühne nur durch das richtige Protokoll erwirkt würde. Doch **jeder im Volk sollte sich demütigen** (V 29, bei LUT „fasten").

● Fast alles in diesem Text wird im NT auf Jesus bezogen: der Hohepriester, das Opfer (bes. Hebr 9 + 10), der Gnadenthron (Röm 3,25), der Sündenbock, der die Schuld hinausträgt (z. B. 2Kor 5,21).

Die Gegenwart des heiligen Gottes ist unvereinbar mit Sünde, Schuld und Unreinheit. Wie haben sich die Vorzeichen für Sie durch Jesus verändert? Kennen Sie Momente in Ihrem Leben, in denen die Verbindung zu Gott gestört war? Was hilft?

● 3Mose kommt nun von kultischer Reinheit zu moralischer Reinheit, von der Reinigung des Heiligtums zur **Reinhaltung des Landes**. Die Israeliten waren **geprägt von den Normen**, die sie aus Ägypten kannten. In Kanaan würden sie auf die dort lebende Bevölkerung und Kultur stoßen. Beides sollten sie nicht unreflektiert übernehmen, sondern **den von Gott gegebenen Ordnungen folgen**. Darauf liegt eine Verheißung: Das Gegenteil von **„leben"** ist „ausgerottet werden" (V 29), ein Leben außerhalb des Segens Gottes. Für die hier untersagten Praktiken wird in Kap. 20 dann auch die Todesstrafe verlangt. Verunreinigt das gesamte Volk das Land mit unethischem Verhalten, werden sie vom Land „ausgespien" (V 28), also ins Exil geführt.

● Die Regelungen dieses Kapitels berühren die Beziehungen innerhalb einer Großfamilie als Säule der Gesellschaft:

→ Eine lange Liste untersagt **Inzest** (V 6-17) sowie die Vielehe mit Schwestern (V 18). Tabu waren Verwandte ersten und zweiten Grades, wobei „Blutsverwandtschaft" auch durch Heirat entstand (vgl. Gen 2,24 „ein Fleisch werden").

→ Geschlechtsverkehr mit einer **menstruierenden Frau** wird im Kontext kultischer Reinheit bereits in Kap. 15 angesprochen.

→ **Ehebruch** ist in den Zehn Geboten untersagt (2Mose 20,14).

→ Es wird weithin angenommen, dass dem Gott **Moloch Kinderopfer** dargebracht wurden, und dass diese Praxis später auch im Volk Israel Einzug hielt. Die Verknüpfung zu den nicht erlaubten sexuellen Verbindungen ist das Wort „Same" (für „Kinder").

→ **Homosexualität** und auch **Bestialität** (V 22f) waren in der Umwelt Israels üblicherweise in einigen Konstellationen erlaubt, in anderen verboten.

● **Heiligkeit** im AT beinhaltet, dass verschiedene Arten – und soziale Rollen – **nicht vermischt** werden. Eine Blutsverwandte soll nicht Ehefrau werden, Mensch und Tier sich nicht sexuell vereinigen, auch nicht zweierlei Samen auf ein Feld gesät werden usw. (19,19).

● Unter der Überschrift **„Ihr sollt heilig sein!"** werden in diesem Kapitel Beispiele für einen geheiligten Lebensstil genannt. Der Grund ist **Gottes wesentliche Eigenschaft, seine Heiligkeit**. Israel als sein Repräsentant spiegelt seine Wesensart (unvollkommen) wider, indem es sich von Sünde trennt und sein Lebensstil Gottes Charakter entspricht.

In diesem Kapitel wird fast jedes der Zehn Gebote (2Mose 20) wiederholt oder konkretisiert. Finden Sie die Parallelen in beiden Texten!

● Die Gesetze in diesem Kapitel wirken etwas unsortiert. Sie gruppieren sich um drei Themen:
→ **Treue im Gottesdienst** schließt offensichtlich gottesdienstliche Handlungen ein, aber auch, Gottes Namen nicht für einen Meineid zu missbrauchen. Die Regeln für das freiwillige Opfer in V 5f werden in 7,16ff dargelegt.
→ **Liebe in zwischenmenschlichen Beziehungen** beinhaltet, den alt gewordenen Eltern ein würdiges Leben zu ermöglichen, Menschen ohne Land am Ertrag der Ernte teilhaben zu lassen sowie einen respektvollen Umgang mit denen, die sich nicht wehren können. Ein Teil dieser Aufgaben übernimmt bei uns der Sozialstaat, was uns aber nicht von der Pflicht entbindet, Mitmenschen mit Liebe und Respekt zu begegnen. Ein respektvoller Umgang beinhaltet auch eine klärende Aussprache, statt Groll zu hegen.
→ **Gerechtigkeit in Handel und Gericht** bedeutet unter anderem: Lohn nicht vorzuenthalten, da dies eine gesamte Familie in Not bringen konnte; vor Gericht niemandem Vorteile einzuräumen; nicht durch eine Falschaussage Menschen zu gefährden.
● Die Regeln des Miteinanders eines geheiligten Lebensstils finden ihren Höhepunkt und ihre Zusammenfassung in V 18. Auch Jesus und Paulus zitieren diesen Vers als **höchstes Gebot und Zusammenfassung des Gesetzes** (Mt 22,39f; Röm 13,9 u. a.).

David besingt in einem Lied, wie Gott ihn bisher geführt hat, und gewinnt daraus Zuversicht für die Zukunft. Im Hebräischen beginnt jeder Vers mit einem anderen Buchstaben des Alphabets.

• **1-3: Beten heißt, sich auszuliefern.** Diese völlige Hingabe zeigt sich in umfassendem Vertrauen. David gewinnt die Gewissheit, dass Gott eingreifen wird, wenn ihm Feinde drohen.

• **4+5: Wer sich Gott ausliefert, möchte ihm mit seinem ganzen Lebenswandel gefallen.** Gottes Willen, seine Gebote, seine Wege sind für ihn die Wahrheit. Darum will David sie gerne erforschen und hofft, dass sein Gott ihm dabei immer neue Erkenntnis schenkt. Diesen Weg will er dann im täglichen Gehorsam umsetzen, ein gottgemäßes Leben führen.

• **6-11: Mitten beim Nachdenken entdeckt David aber auch die Schattenseiten seines Lebens.** Da sind viel Sünde und Schuld. An was er konkret denkt, benennt er nicht – vielleicht sexuelle Lust (vgl. Bathseba), vielleicht Zweifel, ob Gott wirklich helfen kann, oder Ungehorsam gegenüber einem Gebot. Doch es gilt: Wer Sünde bekennt, dem ist Gott gnädig (vgl. 1Joh 1,9). Seine Barmherzigkeit ist immer größer! Was er vergibt, ist definitiv vergeben. Die Sünde, derer er nicht mehr gedenkt, existiert nicht mehr.

• **12-15: Aus dieser erlebten Gnade zieht David Konsequenzen**: Wer gottesfürchtig lebt, d. h. einen ehrfürchtigen und dennoch vertrauten Umgang mit Gott pflegt, der kann und wird damit rechnen, dass Gott ihm grundsätzlich Gutes will. Er wird Gott als wohlmeinenden Freund erleben, der gute Wege führt, der gerne vergibt, der rettet. Und dabei merken: Der Blick nach oben befreit, wenn die Not unten das Sichtfeld einschränken will.

• **16-22: Gerade in der Freude und Gewissheit, dass Gott da ist, wird Anfechtung oft umso existenzieller erlebt**. Einsamkeit, Angst, Leid, Sündenbewusstsein bleiben auch für Christen herausfordernd. Wohl dem, der glauben kann: Mein Erlöser lebt!

● Wie bereits in der ersten Hälfte des Kapitels begegnen uns unterschiedliche Kennzeichen eines geheiligten Lebens:

→ Das Volk Gottes soll sich **nicht an Totengeister oder Totenbeschwörer wenden und keinen Ahnenkult betreiben**. Die hier verwendeten Wörter können entweder die Geister selbst bezeichnen oder Personen, die mit ihnen Kontakt aufnahmen, um verborgenes Wissen zu erlangen. Saul machte sich dessen schuldig (1Sam 28). Israels Gott ist ein Gott des Lebens, und Kontakt mit dem Reich des Todes hat in seinem Herrschaftsbereich keinen Platz.

→ **Senioren werden geehrt.** Dies wird direkt mit Gottesfurcht verknüpft. Hiob 29,7-10 beschreibt, wie die hier angesprochene Ehrerbietung Ausdruck fand, und Jes 3,5 nennt fehlende Ehrfurcht vor Älteren als Zeichen einer verfallenden Gesellschaft.

→ **Nichtisraeliten**, die dauerhaft im Land wohnten, **sollen nicht unterdrückt werden**. Mehr noch: Für den Fremden gilt dasselbe wie für den Nächsten (V 18): „Du sollst ihn lieben wie dich selbst". Motivation ist die Erfahrung eigener Knechtschaft. Rechte und Pflichten der Fremden werden an verschiedenen Stellen im mosaischen Gesetz geregelt. Manche der Gesetze mussten sie halten, manche galten nur für Israeliten (z. B. 18,26 u. 23,42).

→ Zu einem heiligen Lebensstil gehört auch **Aufrichtigkeit in Gericht und Handel**. Genannt sind hier Längenmaß, Gewicht und Hohlmaß. Durch unterschiedliche Maße für Kauf und Verkauf konnten Händler ihre Gewinnspanne vergrößern. Dies traf vor allem arme Käufer besonders hart, die für den gesetzten Preis weniger Ware erhielten.

Die Vorzeichen sind andere in unserer Gesellschaft. Beispielsweise sind Maße und Gewichte genormt. Welche Entsprechungen für die genannten Kennzeichen eines geheiligten Lebensstils finden Sie?

Würden Sie ein „Sabbatjahr" nehmen, eine längere beruflichen Auszeit, oder kennen Sie jemanden, der das gemacht hat? Welche Herausforderungen sehen Sie?

● So wie die wöchentliche Sabbatruhe der Menschen sollte das Land alle sieben Jahre ruhen und ein **Sabbatjahr** halten. Die Begründung ist nicht das Wohl der Menschen oder landwirtschaftlicher Nutzen. Das Land gehört Gott und ruht deshalb. Es ist eine Ruhe **„zu Ehren des HERRN"** (BasisBibel), und die Zahl sieben bestimmt den Turnus.

● In jedem siebten Jahr, beginnend im Herbst, sollten für ein landwirtschaftliches Jahr **Saat und Ernte ruhen**. Dies erforderte Vertrauen, dass Gott einen auch bei ausbleibender Ernte versorgen würde. Gott sagt für das sechste Jahr besonderen Segen zu, sodass genug da ist für mehrere Jahre (V 21f, vgl. das Manna 2Mose 16,5). Zudem würde im Sabbatjahr manches „von selbst" wachsen, das zwar nicht als Ernte eingebracht werden (V 5), aber zur täglichen Nahrung dienen durfte (V 6f). Nach 2Chr 36,21 hielt Israel das Sabbatjahr wohl nicht regelmäßig ein.

● Jeder siebte Sabbatjahr-Zyklus war darüber hinaus besonders. Nach siebenmal sieben Jahren wurde ein **Erlassjahr** ausgerufen. Es wurde angekündigt mit dem Schall der „Posaune" (vermutlich dem Widderhorn). Es wurden Schulden erlassen und Grundbesitz zurückgegeben. Das NT nimmt mehrfach darauf Bezug als Beginn der messianischen Zeit oder der Wiederkunft Jesu (z. B. Lk 4,16-21; 1Thess 4,16).

● Die Ausleger sind geteilter Meinung, ob das Erlassjahr das siebte Sabbatjahr war oder das darauffolgende. Im zweiten Fall kämen zwei Brachjahre nacheinander. Wahrscheinlich ist das siebte Sabbatjahr gemeint. Es wird als das fünfzigste bezeichnet (V 11) durch damalige Kalenderrechnung (ähnlich wie Jesu Auferstehung „nach drei Tagen").

Mittwoch, 19. März — 3. Mose 25,35-43

● **Nie wieder Sklave!** Das Land gehört Gott (V 23). Er hatte es Israel zur Verwaltung gegeben, damit es seinen Lebensunterhalt erwirtschaften konnte. Geriet jemand in Not, sollten seine Mitmenschen solidarisch handeln, damit er und seine Familie überleben konnten. Keiner sollte den anderen ausbeuten. Auch im Volk Gottes gab es Arme und Reiche, aber es sollte nie dazu kommen, dass einer der Sklave eines anderen wurde.

● **Geriet jemand in Not, konnte er:**

→ **Geld leihen** (V 35ff). Dabei sollte der Gläubiger die Not seines Nächsten nicht vergrößern, also keine Zinsen nehmen oder Nahrung zu Wucherpreisen verkaufen.

→ **Land verkaufen** (V 14ff.25ff). Tatsächlich verkaufte er nicht Grund und Boden, sondern die Ernteerträge, bis jemand aus der Familie die Schuld ablösen konnte oder bis zum Erlassjahr.

→ **seine Arbeitskraft verkaufen** (V 39ff). Dabei sollte er nicht durch niedere Sklavenarbeit erniedrigt werden. Gott hatte Israel aus der Sklaverei befreit, nun sollten sie nicht wieder Sklaven werden.

● Diese Abhängigkeit war **nicht endgültig**.

→ Kam er wieder zu Geld, konnte er den Kredit zurückzahlen, das Land zurückkaufen, sich freikaufen.

→ Hatte ein Verwandter die Möglichkeit, sollte er ihn „lösen", also den Kredit zurückzahlen, das Land zurückkaufen oder ihn freikaufen. Dies ist beschrieben im Buch Ruth.

→ War beides nicht gegeben, wurden im Erlassjahr Schulden erlassen, Land zurückgegeben und Schuldknechte freigelassen. Durchschnittlich einmal im Leben eines jeden Israeliten wurde alles „auf Null gesetzt".

> *Dieses Kapitel stellt Anfragen an einen Lebensstil, der auf Vermehrung des Besitzes ausgerichtet ist. Wo sehen Sie sich in der Gefahr, Ihren Besitz nicht zum Wohl Ihrer Mitmenschen einzusetzen? Wo sehen Sie aber auch Unterschiede zu einer sozialistischen Gesellschaftsordnung?*

● V 31: **„Hinauf nach Jerusalem"** ist einerseits topografisch gemeint, da Jerusalem im judäischen Bergland liegt, aber es ist natürlich mehr als das: Es ist seit langer Zeit der Weg der Pilger zum Tempel und zum Ort von Gottes Gegenwart. Hier ist es aber nicht irgendein Pilger, der in Jerusalem eine Gottesbegegnung sucht, sondern es ist Jesus, der weiß, dass sich in Jerusalem sein Weg und damit die Befreiung von der Schuld für die vielen vollenden wird. **Ab jetzt läuft es auf den entscheidenden Höhepunkt der Passion, Kreuzigung und Auferstehung zu.**

● V 34: Es wird bis nach Ostern dauern, bis die Jünger halbwegs verstehen, wovon Jesus hier spricht. Was mit ihm geschehen wird, ist für sie jetzt noch jenseits aller Vorstellung.

● V 35: Auf dem Weg nach Jerusalem ist **die Gegend von Jericho die nächste Station.** Der Blinde hat eine Hoffnung, dass Jesus, den er als Nachfahre Davids erkennt, ihm helfen kann.

● V 39: Die in der Menge vorweggehen – sind sie nur zufällig da, oder sind das auch die, die für sich Leitungsautorität beanspruchen? –, sehen in dem Blinden nur den Störer. Vermutlich gehen sie davon aus, dass er selbst an seiner Erblindung schuldig und daher unwürdig ist. **Jedenfalls halten sie seinen Hilferuf für eine Störung und weisen den Mann scharf zurecht,** woraufhin der noch lauter schreit.

● V 40: **Jesus** unterbricht das Schreien. Er **ist ja genau für die Verlorenen gekommen** und lässt den Mann zu sich bringen.

● V 41: Obwohl man denken könnte, dass es klar ist, was der Mann will, fragt Jesus ihn. **Er wird als Person angesprochen und gewürdigt** und nicht nur als passives „Objekt" für ein Heilungswunder behandelt.

● V 42: Wie oft bei Heilungsgeschichten, weist Jesus auf den Glauben des Blinden hin. Worin besteht der? **Mindestens erkennt der Blinde Jesus als Nachfahre Davids und traut ihm Wunder zu. Mindestens das ist sein Glaube.** Und das ist hier genug.

● Über **Zachäus** erfahren wir dreierlei: Er war sehr reich, er war klein und er wollte Jesus sehen. Hängen diese drei Momente zusammen? Hatte er wegen seiner Größe Minderwertigkeitskomplexe und auf den Reichtum gesetzt, um das auszugleichen? **Offensichtlich hat sein Reichtum seine Seele jedenfalls nicht satt gemacht, und er fragt nach Jesus.**

● V 4: **Das Versteck auf dem Maulbeerbaum** scheint perfekt zu sein: Zachäus kann alles überschauen und wird zugleich selbst nicht gesehen. **Es ist die Position eines Skeptikers,** der eine gewisse Neugierde hat, das Objekt seines Interesses beobachten will, ohne persönlich betroffen zu sein.

● V 5: Genau diese Position gönnt **Jesus** Zachäus nicht. Er bleibt inmitten der Menschenmenge am Straßenrand stehen, **holt ihn aus seinem Versteck und spricht ihn ganz persönlich an.** Zachäus soll von dem Baum herunterkommen. Allerdings dient diese Aufforderung nicht dazu, Zachäus vorzuführen oder zu beschämen, im Gegenteil: **Jesus lädt sich bei ihm ein. In der damaligen Kultur bedeutete es eine Ehrung, besucht zu werden.** Menschen mit zweifelhaftem Ruf besuchte man nicht, denn der Ruf konnte auf den Besucher abfärben (vgl. V 7). Jesus geht diesen Schritt aber ganz bewusst in aller Öffentlichkeit. Das erfreut Zachäus, und er nimmt Jesus gerne zu Hause auf.

● V 8: Es wird nicht einmal berichtet, dass Jesus Zachäus direkt zur Umkehr aufgefordert hat. Aber das Ergebnis der Begegnung ist klar: Zachäus macht seinen Betrug wieder gut und gibt sehr großzügig für die Armen. Er hat gelernt: Den Besitz braucht er nicht, um im Leben Erfüllung zu finden: **Jesus gibt ihm einen viel tieferen Lebenssinn, als materieller Wohlstand es jemals könnte.**

● V 10: Die Erzählungen vom blinden Bettler (Lk 18,35-43) und dem reichen Wirtschaftsbetrüger Zachäus stehen direkt hintereinander und illustrieren den Satz in V 10: **Jesus ist für alle Verlorenen da, ob arm oder reich, krank oder gesund.**

• V 11: Je näher sie Jerusalem kommen, desto mehr steigen die Erwartungen **und Jesus bremst die Naherwartung mit dem folgenden Gleichnis.** Noch steht die Vollendung von Gottes Reich aus.

• V 12-25: **Das Gleichnis** hat die klassische Struktur eines Textes mit drei Elementen, bei dem die ersten beiden ähnlich sind, das dritte aber abweicht. Damit liegt die Betonung auf dem dritten Teil.

• Die ersten beiden Knechte folgen der Anweisung des Herrn, handeln mit dem Kapital, verzehnfachen bzw. verfünffachen es und werden dafür gelobt und befördert. Der dritte aber hat es nur weggelegt. Als Grund führt er Furcht an. Sein Herr sei ein „harter Mann", der mehr gewinnen will, als er gegeben hat. Im Gespräch beweist ihm der Herr aber, dass das vorgeschoben ist: Hätte der Knecht das wirklich gedacht, dann hätte er das Geld wenigstens für Zinsen zur Bank gebracht. Ob der Herr wirklich ein „harter Mann" ist, bleibt dabei offen, denn das Zitat übernimmt er nur, um die Lüge des Knechts aufzudecken: **In Wahrheit war der Knecht einfach nur passiv bzw. faul und sucht dafür jetzt eine Rechtfertigung. Die wird nicht akzeptiert.** Der Herr erwartet den Einsatz des anvertrauten Kapitals. Zu den Fragen, was passiert wäre, wenn der Knecht die Pfunde investiert, aber dabei Verlust gemacht oder wenn er den Herrn um Vergebung gebeten hätte, sagt das Gleichnis nichts. **Hier geht es nur um das eine: Die Pfunde nicht einzusetzen, ist immer falsch. Und mit unwahren Rechtfertigungen lässt der Herr niemanden durchkommen.**

• Gott erwartet auch heute von uns, dass wir die von ihm anvertrauten Gaben für seine Sache einsetzen. Das gilt für Begabungen genauso wie für materielle Güter. Geschieht das nicht, ist es eine Verweigerung gegenüber dem Auftraggeber. Dafür werden wir dann einmal von Gott zur Rechenschaft gezogen werden. Erst recht wird die Ablehnung Jesu keine Zukunft haben (V 14.27).

● Dieser Psalm ist ein **persönliches Danklied**, dargebracht aufgrund der Erfahrung von Gebetserhörung und Rettung (zu V 1 vgl. 1Sam 21,11ff). Es führt aber über die persönliche Erfahrung hinaus, weitet sich ins Allgemeine und wird zur weisheitlichen Belehrung an die zuhörende Gemeinde über das rechte, ehrfürchtige Verhalten gegenüber dem Herrn. Im Psalmenbuch schließt dieser Psalm die Gruppe der Psalmen 25–34 ab. Wie bei Psalm 25 (16. März) beginnt jeder Vers mit einem weiteren der 22 Buchstaben des hebräischen Alphabets. Damit wird ein Abschluss gemacht und das Gesagte der Gruppe als Einheit und Ganzheit der Lehre unterstrichen.

● **In der ersten Psalmhälfte** (V 2-11) **stimmt der Psalmist das Lob Gottes vor versammelter Gemeinde an** und ruft diese zum Einstimmen auf. Er schildert die erfahrene Rettung, die alle einschließt, die sich ihm zuwenden. Es sind großartige Worte, die zum Mit- und Nachbeten einladen.

Nehmen Sie sich Zeit, Psalmverse, die Sie berühren, für sich nachzusprechen, zu beten und mit Ihrem eigenen Leben vor Gott zu verbinden!

● **Mit der Einladung „Kommt her, ihr Kinder, höret mir zu!" beginnt der zweite Teil** (V 12-23). Aus den mit Lob und Dank verbundenen Gotteserfahrungen werden vom Lehrer der Weisheit nun Lebenslehren gezogen und den Hörenden als Unterweisung mitgegeben. Es sind Lektionen zur Ehrfurcht Gottes, über rechtes Reden und Schweigen, über das Vermeiden von Bösem und das Tun des Guten zum Frieden. Ab V 16 wird das Verhalten des Herrn stärker in den Vordergrund gerückt. Dabei werden die zwei grundsätzlichen Wege, der Weg des Gerechten und des Frevlers, dargestellt und gezeigt, wie Gott damit umgeht und welchen Ausgang die beiden Wege nehmen.

- V 28: Das „hinauf nach Jerusalem" vollendet sich: Jesus ist unmittelbar vor der Stadt.
- V 29-34: Die Episode mit den Eseln zeigt, dass Jesus ein übernatürliches Vorauswissen hat. Er bleibt der souveräne Herr des Geschehens. **Zwar wird sein Weg schwer, aber es ist kein Weg, den ihm ein fremdes Schicksal aufzwingt, sondern einer, bei dem er der Akteur bleibt.**
- V 35-38: Die Menschen jubeln Jesus zu und zitieren dabei Ps 118,26 („Gelobt sei, der da kommt in dem Namen des Herrn"), der als Abschluss etwa beim Passafest gebetet wird. Das Zitat wird hier aber markant um die Worte „der König" erweitert. Jesus wird hier als messianische Persönlichkeit geehrt: **Der König im Namen des Herrn ist der verheißene Nachkomme Davids, der Gottes Herrschaft aufrichtet.** Dazu ist das Ausbreiten der Kleider auf dem Weg vor Jesus ein passendes Verehrungszeichen. Dazu fügen sie ein Wort, das sich eng an den Lobpreis der Engel aus der Weihnachtsgeschichte anlehnt (Lk 2,14).
- In höchsten Tönen wird Jesu Ankunft in Jerusalem als Einzug des Messias gepriesen – und damit als Ereignis, das Himmel und Erde angeht und einem in mehrfacher Bedeutung himmlischen Plan entspringt.
- V 39: Für einige der Pharisäer geht das Lob viel zu weit. Sie fordern Jesus dazu auf, seine Jünger darin zu stoppen. Aber er bestätigt das Lob: Sogar die unbelebte Natur würde es fortsetzen, wenn die Menschen schwiegen. **Was die Menschen hier tun, ist keine überschwängliche Übertreibung, sondern die vor der ganzen Schöpfung und der sichtbaren und unsichtbaren Welt angemessene Reaktion auf den Einzug des Messias in Jerusalem.**

Ist das Lob Gottes bzw. Jesu fester Bestandteil Ihres persönlichen Gebetslebens? Orientieren Sie sich dabei an vorgegebenen Texten (z. B. Lobpsalmen) oder wählen Sie lieber eigene Worte?

- 41-44: Noch beinahe in den Jubel des Einzugs hinein ändert sich die Stimmung: **Beim Anblick Jerusalems wird Jesus erschüttert:** Er sieht die Pracht dieser Stadt, empfindet ihre Bedeutung in Gottes Verheißungen und sieht zugleich ihre Zerstörung voraus. Hätten die Menschen sich für Gottes Weg geöffnet, wäre es anders gekommen. **Die Kritik Jesu an seinem Volk ist eine innerjüdische in der Tradition der Propheten im AT und daher kein Antisemitismus.** Der droht aber, wenn Menschen von außen das einfach nachsprechen.
- In Jesus löst das Wissen um die kommende Zerstörung tiefe Trauer aus. Er greift nicht auf theologische Erklärungen zurück („die Juden sind selbst schuld" oder „das muss aus irgendeinem Grund so sein"), um sich davon zu distanzieren. Im Gegenteil, **er distanziert sich gerade nicht, sondern lässt das Geschehen ganz an sich heran, und es bricht ihm das Herz.** Wie bald darauf am Kreuz distanziert sich Jesus nicht von der Dunkelheit der Welt, sondern stellt sich mitten in sie hinein und erleidet sie.
- V 45: Jetzt ist Jesus ganz in Jerusalem im Zentrum im Tempel angekommen. Dort gibt es Unruhe: **Er treibt die Händler aus und wird dabei von einer „heiligen Empörung" angetrieben.** Bei Gottes Heiligkeit und der seines Hauses darf es keine Kompromisse geben. Jede Vermischung des heiligen Raumes mit menschlichem Geltungsstreben oder finanziellen Geschäften ist auszuschließen. Das gilt für das Gebäude, aber auch für Ideen, Lehren und schon für die Verwendung von Gottes Namen (vgl. das 3. Gebot).
- **Beide Texte erzählen von tiefen Emotionen Jesu. Es gibt bei ihm echte Erschütterung und heiligen Zorn.** Der biblische Jesus ist weder nur sanft, noch steht er gleichmütig „über" den Dingen. Er lässt sich von dem Ergehen seiner Menschen tief berühren. Die Lehre, dass Gott unbewegt und leidensunfähig sei, gibt es in der griechischen Philosophie, aber nicht in der Bibel.

Es lohnt sich, sich in diesen **Wortwechsel zwischen Jesus und den führenden Vertretern des Volkes Israel** zu vertiefen.

● Hier sind Menschen, die bei den Reden Jesu staunten und sich zugleich gedrängt fühlten, Jesus infrage zu stellen. So fragen sie ihn: **„Aus welcher Vollmacht tust du das?"**

● Jesus geht darauf mit einer **Gegenfrage** ein: „Die Taufe des Johannes – war sie vom Himmel oder von Menschen?"

● Die hoch angesehenen Männer in Israel müssen sich zunächst untereinander verständigen. Aus ihren Überlegungen zu einer möglichen Antwort wird deutlich, dass sie berechnen, welche Reaktion ihre Antwort auslösen könnte. **Es geht ihnen also gar nicht um eine ehrliche Klärung.** Darum geben sie vor, „sie wüssten nicht, wo sie her wäre".

● Der Wortwechsel endet damit, dass Jesus die Priester, Gelehrten und Ältesten durchschaut und sie daher mit dem Satz abspeist: „So sage ich euch auch nicht, aus welcher Vollmacht ich das tue." **Damit endet die Auseinandersetzung zwischen ihnen und Jesus –** kaum, dass sie begonnen hat.

● Weil es seinem Gegenüber nicht um eine ehrliche Klärung nach dem Grund der Vollmacht Jesu geht, verschweigt er, was er hätte bekennen können. Er erklärt nicht, warum auch er zu Johannes in die Wüste hinausgegangen ist. Dass er sich von ihm taufen ließ, hatte für ihn höchste Bedeutung. Er wurde dabei von dem Geist Gottes erfüllt, und er hörte sehr persönlich vom Himmel her den Satz: „Du bist mein lieber Sohn" (Lk 3,21f). Hier in Lk 20 lässt Jesus die Männer, die ihm „auf den Zahn fühlen" wollen, einfach stehen.

✎ *Natürlich lohnt es sich auch heute z. B. zu fragen: War mein Tauf- oder mein Konfirmationstag ein Geschenk des Himmels oder einfach nur Tradition, von Menschen organisiert? Hat Gott zu mir geredet, als andere mir Worte der Bibel zugesprochen haben?*

Bei der Auslegung des Gleichnisses **„Von den bösen Weingärtnern"** möchte ich nur auf einen Punkt hinweisen. Sicher: Jesus greift auf das Lied „Vom unfruchtbaren Weinberg" in Jes 5,1ff zurück. Er hat dabei die Führer im Volk Israel im Blick. Und er denkt an sein persönliches Geschick, das ihm sein eigenes Volk zufügen wird.

● Aber dann horcht man auf, wenn es heißt: **Gott wird „seinen Weinberg andern geben"** (V 16). **Meint Jesus damit: Gott wird sich endgültig von seinem auserwählten Volk abwenden!?** Bricht hier seine Beziehung zu Israel ab? Deutet Jesus hier an, dass das jüdische Volk von all dem, was Gott ihm geschenkt und verheißen hat, quasi enteignet wird?

● **Dem widersprechen eindeutig Aussagen von Jesus, Paulus und Johannes.** In Mt 15 bekennt Jesus: „Ich bin nur gesandt zu den verlorenen Schafen des Hauses Israel" (V 24). Er will sie trotz ihres Unglaubens und ihrer Ablehnung retten.

● Paulus kommt in Röm 9-11 zu dem Ergebnis: Auch wenn Gott aufgrund der Verstockung Israels zunächst den „Umweg" über die Heidenmission wählt, so wird am Ende „ganz Israel gerettet werden" (Röm 11,26). Und in der Offenbarung des Johannes tauchen ganz überraschend die 144.000 aus den zwölf Stämmen Israels wieder auf (Offb 7,4-8). Die meisten der Stämme Israels galten seit den vielen Eroberungen des Landes Israel als verschollen. Auf einmal ist wieder von dem 12-Stämme-Volk Israel die Rede.

● **Gott wendet sich nicht für immer und ewig von seinem Volk Israel ab.** In dem Gleichnis von den Weingärtnern rüttelt Jesus die führende Schicht Israels auf. Deutlich ermahnt er, den Weg mitzugehen, den Gott selbst in ihm als seinem Sohn eröffnet hat. So wie er auch uns vielfältig zu ermahnen hat.

● Ganz gleich, wie wir die aktuelle Politik des Staates Israel einschätzen, **sollten wir Gottes besonderen Weg mit Israel achten, für dieses Volk beten und es „als Gottes Augapfel"** (5Mose 32,10) **lieben.**

Es geht hier nicht um eine ehrliche Klärung der Frage, wie weit der Gehorsam bzw. die Loyalität gegenüber der Macht des Staates reicht. **Vielmehr soll Jesus aufs Glatteis geführt werden, um gegen ihn vorgehen zu können.**

● Dabei legt Jesus hier nicht den Grund für eine umfassende Zusammenarbeit von Staat und Kirche. **Er ruft nicht zu einer reibungslosen Zusammenarbeit mit der staatlichen Macht auf.** Die Verantwortung der Bürger im Staat und die Verantwortung der Mitglieder der Gemeinde Jesu Christi für ihr gemeinsames Zeugnis sind nicht von gleichem Gewicht. Karl Barth schreibt in seiner Auslegung von Röm 13,1-7: Diejenigen, die an Gott, den Vater Jesu Christi, glauben, sollen den Staat „sang- und klanglos" gelten lassen.

● Worum geht es hier? **Der Konflikt** zwischen Jesus und denjenigen, die damals im jüdischen Volk das Sagen hatten, **spitzt sich zu.** Jesus soll den Römern zur Aburteilung ausgeliefert werden. Nur sucht man noch Gründe dafür. So tut man so, als habe man große Achtung vor Jesus. Und dann stellt man ihm eine **Fangfrage:** „Ist's recht, dass wir dem Kaiser Steuern zahlen?"

● Es ist höchst erstaunlich, wie klar und geschickt Jesus antwortet: „So gebt dem Kaiser, was des Kaisers ist, und Gott, was Gottes ist" (V 25). **Alle Pflichten dem Staat gegenüber soll man aufmerksam prüfen, sie dann – wo man kann – erfüllen und so den Staat achten.** Heute sind diejenigen, die sich dazu berufen wissen, aufgerufen, im Staat mitzuarbeiten. Sogar eine Zusammenarbeit zwischen dem Staat und den Kirchen ist möglich. **Die Loyalität bzw. der Gehorsam dem Staat gegenüber findet aber da seine Grenze, wo er sich über die Gebote und Ordnungen Gottes hinwegsetzt** (vgl. Apg 5,29).

✎ *Wo sehen Sie heute Konfliktfelder zwischen Staat und Kirche bzw. staatlichen Gesetzen und christlichem Glauben?*

Bereits bei der Frage der Pharisäer, ob im Volk Gottes eine Scheidung erlaubt sei (Mk 10,2), lenkt Jesus die Aufmerksamkeit seiner Zuhörer auf den Willen Gottes in der Schöpfungsgeschichte (1Mose 2,24). **Gott will, dass ein Mann und eine Frau, die die Ehe eingegangen sind, ihr Leben lang beieinanderbleiben.**

● Hier in Lk 20 treten Vertreter der Partei der **Sadduzäer,** die den Glauben an die Auferstehung ablehnen, mit einer künstlich-konstruierten Geschichte an Jesus heran: Was wird bei der Auferweckung der Toten eine Frau erleben, die sieben Männer gehabt hat? **Sie wollen damit den Gedanken an die Auferstehung ad absurdum führen.**

● Kraftvoll richtet Jesus hier den **Blick auf die zukünftige Welt nach der Auferstehung. Dann wird es die Zweigeschlechtlichkeit von Mann und Frau und damit auch die Ehe nicht mehr geben. „Denn sie sind den Engeln gleich"** (V 36). Man mag hier an den Satz des Paulus denken: „Wir werden verwandelt in sein Bild von einer Herrlichkeit zur andern" (2Kor 3,18). Was für einen wundervollen Ausblick eröffnet Jesus hier!

● Menschen erlebten damals und erleben heute im Miteinander der Geschlechter Schönes. „Die Ehe ist der Liebe nicht aufgezwängt, sondern abgelauscht", hat einmal jemand gesagt. Sie haben Zärtlichkeiten genossen – und sich dann doch böse verletzt. Manche sind an den Konflikten in der Ehe gereift – und andere wiederum stießen in ihren Gesprächen über diese Konflikte an bittere Grenzen. Sie hatten das „Ja" zueinander bei der Trauung ernst gemeint – „bis der Tod uns scheidet" – und dann zerbrach irgendwann ihre Ehe doch.

● **Wenn wir uns an Jesus halten,** der für unsere Schuld gekreuzigt und von den Toten auferweckt wurde, **werden wir in der neuen Welt Gottes sein wie die Engel.** Ganz gleich, was wir als Eheleute an einzigartig Schönem erlebt oder uns an Verletzungen hier auf der Erde zugefügt haben!

Dieser Psalm erzählt von Sehnsucht und großem Glück.

- **V 1-5:** Den Beter erfüllt **Sehnsucht, wenn er an den Tempel denkt.** Sein Gebet ist eine Art Liebeserklärung. Doch nicht die äußere Gestalt des Tempels verzückt ihn, sondern er weiß: Im Tempel ist Gott gegenwärtig. Darum versammeln sich die vielen Menschen und fühlen sich zu Hause wie die Vögel, die dort in den Mauernischen ihre Nester haben. Sie erleben das Haus des Herrn als Ort der Geborgenheit und Heimat. Darum beglückwünscht er all diejenigen, die dort dauerhaft oder zumindest sehr oft sein können: Tempelangestellte und die Bewohner Jerusalems. Der Beter will seinem Gott nahe sein, ihn loben.
- **V 6-8:** Nun ändert sich die Sprechrichtung: Nicht mehr Rede mit Gott, sondern **Beschreibung derer, die sich zum Tempel aufgemacht haben.** Die Vorfreude, Gott zu begegnen, spornt sie an, selbst in unwirtlichen Gegenden durchzuhalten. In solchen Regionen des Todes erleben sie sogar einen Vorgeschmack auf die Kraft ihres Gottes, wenn aus Wüste bewässertes Paradies wird. So nimmt ihre Kraft nicht ab, sondern die Sehnsucht nach Gott setzt ungeahnte Kräfte frei (vgl. Jes 40,31).
- **V 9-13:** Jetzt kehrt der Beter wieder zurück zur direkten Anrede seines Gottes (zweimaliges „Herr Zebaoth" (V 9.13) wie schon im ersten Abschnitt (V 2.4)). **Im Fokus steht nun, was dieser Gott ihm bedeutet.** Zweimal nennt er ihn „Schild", d. h. er gibt Schutz vor feindlicher Bedrohung. Daneben ist Gott seine „Sonne", d. h. er kennt ihn als das immer neu aufgehende Licht und damit als die Quelle des Lebens. Kein Wunder, dass er diese Lebensfülle gegen nichts eintauschen möchte. Diesem Gott nahe zu sein, bedeutet ihm größtes Glück (vgl. Ps 73,28).

> *Was fällt Ihnen auf, wenn Sie diese Seligpreisungen (V 5.6.13) mit den Seligpreisungen Jesu in Mt 5,3-12 vergleichen?*

Hier verweigert sich Jesus gegenüber den Schriftgelehrten im Volk Israel nicht, wie in Lk 20,1-7. Er lässt sie nicht einfach stehen, ohne ihnen eine Antwort auf ihre Fragen zu geben. **Er sagt ihnen frei heraus, wer er ist.** Allerdings **schließt er unmittelbar daran eine Warnung** vor dem Protz, der Ehrsucht, der materiellen Ausnutzung von Witwen und einer geheuchelten Frömmigkeit an.

● **Hier spricht Jesus klar aus, dass er von Gott aufgefordert wird, sich zur Rechten seines Vaters im Himmel zu setzen.** Noch einmal wiederholt Jesus dies in seinem Prozess vor dem Hohen Rat in Jerusalem: „Von nun an wird der Menschensohn sitzen zur Rechten der Kraft Gottes!" (Lk 22,69). In unserm Glaubensbekenntnis bezeichnen wir Christen **Gott als den „Allmächtigen".** Gerade in unserer Zeit erfahren wir, dass wir Menschen – egal ob Politiker, Wissenschaftler oder andere kluge Köpfe – immer mehr an unsere Grenzen stoßen, wenn es um die Bewältigung von globalen Herausforderungen und Krisen in unseren Tagen geht. **Es ist an der Zeit zu erkennen, dass Gott im Regimente sitzt und ihm allein der Titel „der Allmächtige" zukommt.** Er lenkt die Geschichte und führt sie zu dem von ihm gesetzten Ziel. Und Jesus sitzt heute und an jedem neuen Tag an der Seite Gottes. Hier in Lk 20,43 bekennt Jesus sich als Davids Sohn ausdrücklich dazu. **Dabei gehört Psalm 110,1 zu den am häufigsten zitierten alttestamentlichen Schriftstellen im NT** (neben den synoptischen Parallelstellen in Mt 22,43f und Mk 12,36f z. B. in Apg 2,34f; 1Kor 15,25; Hebr 1,13; 10,13).

● **Jesus ist auch der vorbildliche Ausleger der Heiligen Schrift, ein Schriftgelehrter wie kein anderer.** Er hat von Kindheit an gehört, was in ihr geschrieben steht. Er hat in der „Hebräischen Bibel" der Juden gelebt. Und er hat sie in seiner eigenen Souveränität zitiert und ausgelegt. Ohne sich dabei etwas anzumaßen, was ihm nicht zukommt!

Gott hat der Welt seine Liebe dadurch gezeigt, dass er seinen einzigen Sohn für sie hergab, nach Joh 3,16. **Gott gibt sein Liebstes hin, damit wir Menschen heil werden.**

● Jesus, Gottes Sohn, sagt von sich selbst: Auch der Menschensohn ist gekommen, um „sein Leben als Lösegeld für viele hinzugeben" (Mk 10,45; beide Stellen nach der NGÜ). **Durch sein Reden, Wirken und Sterben gab Jesus sein Äußerstes für uns – ein unüberbietbares Zeichen seiner Liebe.**

● Seine Jünger erlebten dies mit und ließen sich von Jesus in die weite Welt senden. Auch sie setzten ihr Äußerstes ein. **Die hingebungsvolle Liebe Gottes zu uns Menschen wartet darauf, dass wir darauf antworten und ihn von ganzem Herzen und mit aller Kraft wieder lieben** (Lk 10,27).

● So viele Menschen damals und heute ahnen gar nicht, in welcher Weise Gott sie liebt und darauf wartet, wieder geliebt zu werden. **Maria in Bethanien** aber war dazu bereit. Sie nahm „ein Pfund Salböl von unverfälschter, kostbarer Narde", was ein kleines Vermögen wert war, salbte damit Jesu Füße und trocknete sie mit ihrem eigenen Haar (Joh 12,3). So zeigte sie ihm ihre Liebe.

● Und dann entdeckt Jesus ganz überraschend mitten in Jerusalem eine andere Frau. Im Hof des Tempels gibt es Opferstöcke, mit denen Geld für den Tempel gesammelt wird. Ein Priester nimmt die Gaben in Empfang. Viele spenden viel. Da tritt eine ärmlich gekleidete Witwe herzu. **Sie legt einen Pfennigbetrag in den Opferstock. Es ist alles, was ihr noch zur Verfügung steht.** Sie gibt es hin, und rechnet damit, dass Gott sie in allem behütet und versorgt, was ihre Zukunft betrifft. Jesus sieht diese Frau und liebt sie. **Hier ist ein Mensch, der sich jetzt völlig von Gott abhängig macht. Deswegen lobt Jesus sie.** Ein echtes Vorbild für jeden, dem es aufgegangen ist, wie sehr Gott ihn liebt!

Was für eine kalte Dusche! Die Jünger sind begeistert von der Pracht des Tempels, wo ihr Gott wohnt. Und Jesus sagt, dass hier nicht ein Stein auf dem anderen bleibt.

● Vermutlich sind sie ziemlich schockiert, als sie sich erkundigen, wann das denn geschehen wird und **welche Vorzeichen** es dafür gibt. Aber Jesus skizziert lediglich eine allgemeine, furchterregende Perspektive:

→ **Bedrohung** – Es wird Kriege, Aufstände, Naturkatastrophen, Seuchen und rätselhafte Phänomene am Himmel geben. Doch das ist nicht die eigentliche Gefahr. Die besteht vielmehr in der Deutung dieser Ereignisse.

→ **Verführung** – Bei der Zeit, die Jesus beschreibt, könnte man meinen, das Ende der Welt sei da. Doch das Ende ist noch nicht so bald da (V 9). Aber die Verunsicherung und die Angst machen anfällig für Personen, die das Gegenteil behaupten und sich selbst als Messias anbieten.

→ **Verfolgung** – Zusätzlich zu diesem Chaos, unter dem alle Menschen leiden, gibt es für die Jünger noch eine Verfolgung aus dem einen Grund, dass sie sich zu Jesus halten (V 12).

→ **Verrat** – Als wäre das alles nicht schon genug, sollen sich die Jünger auch auf Verrat aus dem engsten Umfeld, der Familie und dem Freundeskreis einstellen. Und wieder geschieht dies „um meines Namens willen".

● Wir begegnen hier **in extremer Zuspitzung** einem Phänomen, das es auch sonst immer wieder einmal gibt, vielleicht auch in unserem eigenen Leben: der **Gleichzeitigkeit von empfundener Abwesenheit und verborgener Anwesenheit Gottes.**

→ Die Jünger werden verfolgt und gehasst, weil sie zu Jesus gehören. Mitten in dieser extremen Belastung machen sie die erstaunliche Glaubenserfahrung, dass **der Heilige Geist ihre Verteidigung vor Gericht übernimmt.**

→ Noch krasser ist die zweite paradoxe Aussage im Text: **Man wird einige von ihnen töten** (V 16), **und gleichzeitig werden sie ihr Leben gewinnen** (V 19). Das ist das wunderbare Durchtragen Gottes.

Im Blick auf die Vorzeichen des Endes und der seelsorglichen Vorbereitung auf Verfolgungen wird Jesus nun konkreter, vielleicht um die Jünger auf die nahe Zerstörung Jerusalems und des Tempels im Jahr 70 vorzubereiten. Klar ist aber, dass sich die endzeitlichen Prophezeiungen darin nicht erschöpfen. **Ähnliche Verfolgung sowohl Israels als auch der Gemeinde wird es immer wieder geben, und auch die furchterregenden Naturereignisse und sozialen Katastrophen werden uns bis zuletzt begleiten.**

● Im parallelen Text bei Mt wird in 24,8 ein Bild überliefert, das Jesus zum Verständnis der Ereignisse gebraucht: **Wehen.** Wehen sind schmerzhaft; sie treten wiederholt auf, es gibt Pausen dazwischen, aber insgesamt steigern sie sich bis zu ihrem **Ziel: der Geburt von etwas Neuem, nämlich der neuen Welt Gottes.**

→ Der Weg dahin führt notwendigerweise über das Gericht Gottes, die „Tage der Vergeltung (V 22).

→ Die große Herausforderung wird darin bestehen, dass **Gottes Volk vom Leid solcher Zeiten nicht verschont bleibt** (V 24). Gleichzeitig sieht Gott sehr wohl den und die Einzelnen in ihrer Not, etwa die Schwangeren und die stillenden Mütter (V 23).

→ Gott erspart also seinen Leuten nicht die Not, indem er sie aus allem heraushält. Aber er begleitet sie in geheimnisvoller Weise und gibt ihnen Frieden und Kraft, die sie sich nicht selbst geben können.

● **Die letzte Eskalationsphase** vor der machtvollen Wiederkunft Jesu ist ohne diese übernatürliche Ausrüstung niemals zu bewältigen. Selbst wir Menschen heute, die mit Naturkatastrophen, Seuchen und Kriegen vertraut sind, haben so etwas noch nie erlebt, weil **die Ereignisse eine endgültige und kosmische Dimension haben werden.**

✎ *Was löst die Einladung und Aufforderung am Ende des Textes in Ihnen aus, den Kopf zu erheben, weil sich unsere Erlösung naht?*

● Das **Gleichnis vom Feigenbaum** versteht jeder sofort. Aber bei der Auslegung wird es schwierig: **Geht es um ein Bild aus der Natur?**

→ Eine einfache Berechnung des Endes hat Jesus ausgeschlossen. **Vielleicht geht es auch um den jährlichen Zyklus in der Natur.** Dann würde das Bild Ähnliches aussagen, wie das von den Wehen: Es wird immer wieder Früchte bzw. Schmerzhaftes/Böses, aber auch „Vegetationspausen" geben.

→ Andere verstehen den **Feigenbaum als Bild für Israel.** Dann wäre Israels Geschichte eine Art Anzeigetafel für das Voranschreiten der Heilsgeschichte.

● Das hätte insbesondere dann Bedeutung, wenn mit dem Geschlecht, das nicht vergehen wird (V 32), ebenfalls Israel gemeint ist. Die meisten Ausleger denken bei der Formulierung allerdings an die Menschheit.

● Wichtiger als solche Erwägungen ist jedoch **der Abschluss der Endzeitrede.** Hier wird noch einmal das Ziel beschrieben, aber auch der Weg dahin und die Gefährdung, das Ziel zu verpassen:

→ **Das Ziel ist es, einmal vor dem Menschensohn zu stehen und vor ihm zu bestehen** (V 36).

→ **Die Bedrohung besteht** nicht in besonderen Ereignissen, sondern **in einem unbekümmerten Alltagsleben**, das sich nur noch um materielle Lebensbedürfnisse dreht. Wer so lebt, wird von den Ereignissen kalt erwischt werden (V 34).

✎ *Ist es nicht erstaunlich, dass es selbst in der allerletzten Zeit Menschen gibt, die bei den weltweiten Krisen, Nöten und Bedrohungen unbekümmert in den Tag leben (Mt 24,38f)? – Wie erklären Sie sich das?*

→ Die Hilfe dagegen besteht in **Wachen und Beten** (V 36). Also in einem Lebensstil gelebter Nachfolge und Jüngerschaft. Oder wie man früher gesagt hätte: **in der Heiligung**.

Totaler Szenenwechsel. **Die Passionsgeschichte beginnt.** Bei den Schriftgelehrten und Hohepriestern ist inzwischen die Überzeugung gereift: Der Mann muss weg! Und das noch vor den Passafeierlichkeiten, zu denen wie jedes Jahr zahllose Pilger aus der jüdischen Welt erwartet werden. Das Kapitel 21 hatte nicht umsonst für seine Gegner mit der bedrohlichen Feststellung geschlossen: „Und alles Volk machte sich früh auf zu ihm, ihn im Tempel zu hören" (V 38).

● Nicht nur beim jüdischen Klerus hat es eine Zuspitzung gegeben. Auch bei **Judas** muss etwas Ähnliches geschehen sein. Aus einem von Jesus persönlich in die Nachfolge gerufenen Mann ist **ein Verräter** geworden. Er war ein Mitarbeiter und Freund Jesu, der seine Worte gehört und seine Taten gesehen hatte. Ein Jünger, der voll integriert und akzeptiert war, sodass man ihm sogar die Kasse anvertraut hatte. Ein Mann, den Jesus ohne Frage genauso kannte und durchschaute wie Petrus, und den er dennoch gewähren ließ. **Wie kann so etwas sein?** Auch die biblischen Aussagen geben uns letztlich keine befriedigende Antwort darauf.

→ **Ein Deutungsversuch** setzt bei der Kassenführung und **möglicher Habgier des Judas** an.

→ Andere betonen **die Fixierung** aller Jünger, nicht nur des Judas, **auf die Wiedererrichtung eines messianischen Großreiches.** Jesus scheint so gar nicht in diese Richtung gehen zu wollen. **Vielleicht kann der Verrat ihn endlich dazu bringen, zu zeigen, wer er ist?**

→ Letztlich ist es **der Teufel,** der Judas auf das falsche Gleis lockt.

→ Aber auch **Gott** greift nicht ein, sondern **baut den Fortgang der Ereignisse in seinen Plan zur Erlösung der Welt ein.**

● Die beiden Handlungsstränge verknüpfen sich. Der Verrat des Judas scheint genau die Chance zu eröffnen, den Fall Jesus sehr schnell und ohne öffentliches Aufsehen zu Ende zu bringen. Was für ein Irrtum, wo doch bis auf diesen Tag die Geschichte Jesu und sein Wirken weitergeht!

● Ps 22 ist zweiteilig: **Der erste, längere Teil** (V 2-22), dem wir uns heute zuwenden, besteht aus einem **Klage- und Bittgebet**. Dieses fängt an mit dem Schreien aus der Not zu Gott und endet mit dem Bekenntnis „du hast mich erhört!". **Der zweite Teil** (V 23-32) **enthält ein Danklied nach erfolgter Rettung**.

● In diesem Psalm wird, wie in kaum einem anderen, die **tiefe Verlassenheit von Gott** beklagt. Damit nicht genug, auch Spott und Verachtung durch die Leute wird den Leidenden zuteil. Sie erleben Angst und Einsamkeit („es ist hier kein Helfer", V 12). Sein großes Elend findet Ausdruck in grellen Bildern aus der Tierwelt: Er ist „ein Wurm und kein Mensch" (V 7), umzingelt von mächtigen Stieren, Löwen und Hunden.

● Die Schilderung der Not mündet in ein **Gebet um Rettung** (V 20-22, vgl. auch 12). Dazwischen finden sich, trotz des Übermaßes an Leid, immer wieder an Gott gerichtete Aussagen der Zuversicht und das Anknüpfen an frühere Erfahrungen der Hilfe (V 4-6.10).

● Menschen in der Nachfolge von David (V 1), die sich mitten in großer Not befinden, finden in diesem Psalm Gebetsworte. In der **Leidenszeit Jesu**, an die wir gedenken, war dieser Psalm für den Kreuzestod Jesu ein wichtiges Gebets- und Schriftwort. Mit den Anfangsworten dieses Psalms hat Jesus am Karfreitag zu seinem Vater gebetet (Mt 27,46; Mk 15,34). Es ist denkbar, dass er nicht nur das anfängliche „Warum?", sondern den ganzen Klageteil oder sogar Ps 22 insgesamt gebetet oder mitgemeint hat. Darüber hinaus weist Ps 22 auch hin auf das Spotten der Vorübergehenden (V 8f), das Durchbohren von Jesu Händen und Füßen (V 17) sowie das Losen um sein Gewand (V 19).

✎ *Lesen Sie dankend und betend Stationen des Todes Jesu anhand von Ps 22 in Mt 27,27-50 – für unsere Sünde, uns zur Erlösung!*

Ohne dass die Jünger die Ereignisse bereits in ihrer Tiefe begreifen, begegnet uns hier **der Übergang vom Judentum zum Christentum.** Jesu Jünger sollen künftig nicht länger das alte Passa feiern, sondern das „Abendmahl", wie wir es in der Regel nennen.

● Das Fest beginnt zunächst gemäß der jüdischen Tradition als Erinnerungsfeier an den Auszug aus Ägypten. **Doch dann wird deutlich, dass es in Zukunft eine noch viel größere Befreiung zu feiern gibt als die aus der Sklaverei in Ägypten.** Nämlich die Befreiung von der Macht der Sünde und des Todes sowie von der Angst vor dem Gericht Gottes.

● **An zwei Stellen deutet Jesus die Symbolspeisen beim Passamahl neu.** Es gäbe noch weitere, auf die er hätte zurückgreifen können. Etwa auf den Lammbraten oder die bitteren Kräuter. Jesus aber wählt **Brot und Wein** aus – oder **richtiger noch: den Kelch, in dem sich der Wein befindet.**

● Es fällt nämlich auf, dass Jesus bei seiner Neudeutung nicht einfach parallel vorgeht. Dann hätte er das Brot als seinen Leib und den Wein als sein Blut gedeutet. Darin gehen seine Worte aber keineswegs auf. Vielmehr berichten sämtliche Abendmahlstexte davon, dass Jesus **den Kelch als Zeichen des Neuen Bundes** hervorhebt.

● Er hat also **zwei zentrale Anliegen**, die er seinen Jüngern und uns im Abendmahl deutlich machen will.

→ **Das Brot** steht für sein Sterben für uns, für die **individuelle Befreiung jedes Glaubenden von der Macht der Sünde.**

→ **Der Kelch** aber ist umfassender, denn schließlich hat der Alte und wie auch der Neue Bund nicht den Einzelnen im Blick, sondern das Volk Gottes. Also Israel in seiner Berufung, Beauftragung und Erwählung, aber ebenso **die Gemeinde, das Volk des Neuen Bundes.**

→ **Im Abendmahl kommen also der individuelle Erlösungsaspekt und die Sendung der weltweiten Gemeinde zusammen,** und beides gilt es zu feiern und ernst zu nehmen.

● Auch Judas ist dabei. Als eine letzte Chance zur Umkehr?

Nicht zu fassen! Ein heiliger Moment wie die Einsetzung des Abendmahls und unmittelbar daneben **peinlicher Egoismus und banale Kleinkariertheit.** Die anderen Evangelien berichten den Streit, wer von den Jüngern der Größte sei, in anderen Zusammenhängen. Aber auch Lukas berichtet über eine vergleichbare Situation bereits früher (Lk 9,46). Es scheint sich um ein **tiefsitzendes Dauerthema** der Jünger zu handeln, das sie mehr als einmal beschäftigt hat.

Wo und wie erleben Sie Konkurrenzdenken und Machtstreben in Ihrer Kirche oder Gemeinde? Wie offen oder geschickt getarnt bringen Sie womöglich Ihren eigenen Anspruch zur Geltung? Oder berührt Sie das Thema selbst gar nicht?

- Anstatt seine Jünger mit deutlichen Worten zurechtzuweisen, erinnert sie Jesus an **sein eigenes Beispiel**, an dem sie sich orientieren sollen und können. In Joh 13 erfahren wir über unseren Text hinaus, dass Jesus kurz vor dem Abendmahl seinen Jüngern die Füße gewaschen hat. Was gibt es da noch zu rätseln, wie wir miteinander umgehen sollen?
- Als Faustregel kann für uns gelten: **Je ähnlicher unser Verhalten und Bestreben dem von Jesus wird, desto mehr Anerkennung dürfen wir von ihm erwarten.** Nur: Wer Jesus wirklich ähnlich wird, für den ist Anerkennung dann auch gar kein Thema mehr!
- Tatsächlich verheißt Jesus seinen Jüngern auch **Lohn,** sogar so etwas wie Macht und Ehre. Aber nicht in dieser Welt, sondern erst in seinem jenseitigen Reich. Die Verheißung ist natürlich zunächst einmal ein diesseitiges Bild, auf dessen konkrete Umsetzung im Jenseits wir gespannt sein dürfen. Aber immerhin steht sie so da: dass die Jünger in seinem Reich an seinem Tisch essen, auf Thronen sitzen (Offb 3,21) und die Stämme Israels richten werden. **Damit lenkt Jesus jede Hoffnung auf Lohn vom Diesseits ins Jenseits um.**

Der Wind dreht sich – auch für die Jünger. Die Zeit ihrer Begleitung und Zurüstung durch Jesus geht zu Ende. **Das Kreuz wird nicht nur für Jesus die maximale Herausforderung bedeuten. Auch die Jünger werden betroffen sein,** denn der Teufel wird versuchen, auch sie „aufs Kreuz zu legen". Ganz besonders gilt das für Simon, den Jesus hier bewusst mit seinem alten Namen anspricht.

• Zuvor aber zieht Jesus noch einmal Bilanz und fragt die Jünger, wie sie die Zeit mit ihm erlebt haben. Sie, die alles verlassen haben und Jesus radikal nachgefolgt sind, können nur staunend feststellen, dass es ihnen letztlich an nichts gefehlt hat.

Sie können das zum Anlass nehmen, für sich selbst einmal Bilanz zu ziehen. Was haben Sie um Jesu willen zurückgelassen? Worauf haben Sie verzichtet? Welchen Preis hat die Nachfolge für Sie gehabt? – Und: Haben Sie deshalb jemals Mangel gelitten?

• Petrus unterschätzt das Ausmaß der Herausforderung total und meint allen Ernstes, ihr gewachsen zu sein. Jesus hingegen verweist auf eine Hilfe, die völlig außerhalb seiner Möglichkeiten liegt: **die Fürbitte Jesu.** Das wirft die Frage auf, ob das Gebet Jesu denn beim Verrat des Petrus geholfen hat. Hat sein Glaube dort aufgehört oder nicht? Wir werden auf die Frage zurückkommen (siehe Auslegung vom 12. April).

• Jesus kündigt eine **„zweite Bekehrung"** des Simon an. Wir erfahren von ihr in Joh 21,15ff bei einer nachösterlichen Begegnung am See Tiberias. Welche Auswirkungen sie hatte, wird in seinem **völlig veränderten Leitungsverständnis** in 1Petr 5,2f und seinem **mutigen Bekenntnis vor dem Hohen Rat** (Apg 4,12; 5,29) deutlich.

• Mit der Frage nach den Schwertern bereitet Jesus die Jünger auf künftige Auseinandersetzungen vor. Dass er sie nicht zum gewalttätigen Kampf für sich selbst aufruft, wird in V 49ff deutlich.

Das Ringen in Gethsemane gibt uns wie keine andere Stelle Einblicke in das Wesen Jesu. Wir lesen hier nicht etwa von einem Halbgott oder einem Übermenschen, der angesichts des Todes eben auch an seine Grenzen stößt. Vielmehr wird deutlich, dass **Jesus ganz Gott und gleichzeitig ganz Mensch** ist. Das ist ohne jede Parallele auf der Welt und für uns deshalb nicht annäherungsweise zu begreifen.

● Dass uns in Jesus Gott selbst begegnet, hat sein Leben immer wieder deutlich gemacht. Man denke etwa an das Bekenntnis der Jünger, wie Petrus es für sie zusammenfasst (Mt 16,16; Joh 6,69). Zugleich hat er aber auch tatsächlich die himmlische Welt verlassen und ist ganz Mensch geworden (Phil 2,7f) und hat unter Tränen mit Gott gerungen (Hebr 5,7).

● Als Zweites erfahren wir **Wesentliches über die Beziehung von Jesus zum Vater.** Immer wieder hat er betont, in völliger Übereinstimmung mit dem Vater zu handeln. In Gethsemane wird deutlich, dass das nicht unter Zwang geschieht, sondern eine bewusste und an dieser Stelle auch für Jesus unfassbar schwere Entscheidung ist. **Am Ende des Ringens legt er sich fest: „Doch nicht mein, sondern dein Wille geschehe."**

● All dies geht an den Jüngern völlig vorbei. Gerade noch mit peinlichen Randthemen wie ihrer Rangfolge beschäftigt und nach dem Passamahl vermutlich müde geworden, scheinen sie den Ernst der Lage nicht annähernd zu begreifen.

● **Jesus in dieser schweren Stunde seelsorgerlich beistehen und beten sollen sie.** Die nächsten Stunden werden sie trotz mehrfacher Ankündigungen der Hinrichtung Jesu total begriffsstutzig sein. Dass es noch schwieriger wird als bisher, wird ihnen vermutlich deutlich sein. Doch wie wenig sie die Ereignisse rund um Karfreitag und Ostern einordnen können, lässt sich an dem resignierten Satz der „Emmausjünger" ablesen: „Wir aber hofften, er sei es, der Israel erlösen werde" (Lk 24,21).

Was hier berichtet wird, mutet an wie die Jagd nach einem lange gesuchten Schwerverbrecher. **Der ganze Aufwand ist eigentlich völlig überflüssig** – wie auch der Verrat des Judas. Schließlich hat Jesus sich nicht versteckt, sondern hat täglich öffentlich gepredigt. Seine Identifizierung war also nicht wirklich das Problem, das die verantwortlichen Juden zu lösen hatten. Sondern?

● **Das Problem bestand in ihrer Feigheit.** Es durfte kein Aufsehen erregt werden; **alles musste heimlich und im Verborgenen geschehen.** Das Ziel war, keinen Ärger mit der eigenen Bevölkerung zu bekommen, die sich zunehmend Jesus zuwandte. Und erst recht keinen Ärger mit der römischen Besatzungsmacht. Die erwartete, dass die jüdische Eigenverwaltung religiöse Streitereien kompetent, und das heißt geräuschlos, regelte.

● Letztlich geht es den Priestern und Schriftgelehrten um die Niederschlagung jeder Infragestellung ihres religiösen Systems und damit um den **Erhalt der eigenen Macht**.

● Die Charakterlosigkeit der Mächtigen, die Verhinderung der weiteren Verkündigung des Evangeliums, die Verführung des Judas zum Verrat, die Behandlung von Jesus als Schwerverbrecher – all dies bezeichnet Jesus als **„Finsternis".** Und er lässt es geschehen, weil er diese dunkle Stunde als gekommen sieht und sie als Teil des Planes Gottes versteht.

● **Die Jünger sind von dieser Souveränität Jesu weit entfernt.** Vielleicht haben sie seine Aussage, Schwerter mitzunehmen (V 36), auch als Aufforderung zum Kampf missverstanden. Die Situation ist so chaotisch und aufgeladen, dass Petrus – um ihn geht es laut Joh 18,10 – Jesu Antwort auf die Frage nach dem Einsatz des Schwertes gar nicht mehr abwartet. Jetzt will er auf seine Weise beweisen, dass er es ernst meint mit der totalen Hingabe an Jesus.

● **Ein letztes Mal wirkt Jesus ein Heilungswunder – ausgerechnet an einem seiner Feinde** (Mt 5,44). Was für ein Finale!

Zunächst einmal: Respekt Petrus! Das ist ganz schön mutig, sich nach allem, was geschehen ist, als einziger der Jünger in die Höhle des Löwen zu wagen. Anfangs folgt er vorsichtig nur von ferne, doch bald findet er sich mitten unter den anderen Schaulustigen am Feuer vor. So nah am Geschehen, dass Jesus Blickkontakt zu ihm aufnehmen kann.

● Die erste Frage ergibt sich ganz nebenbei. Nur eine unbedeutende Magd macht eine Bemerkung. Kurze Zeit später wiederholt jemand die Behauptung, Petrus sei einer der Jünger von Jesus. Eine ganze Stunde vergeht, bis schließlich ein dritter an die ersten beiden Aussagen anknüpft und sie bekräftigt. Vielleicht gab es ein Getuschel rings um Petrus, das die Bedrohung zusehends eskalieren ließ. Auf jeden Fall gerät er zunehmend unter Druck. **Schließlich steigert sich Petrus durch einen Schwur und eine Selbstverfluchung immer mehr in die Verleugnung Jesu hinein** (so Mt 26,69-75).

● Wie lässt sich das Ganze erklären? Wie läuft die Verführung durch den Teufel ab (V 31)? – Vielleicht so: **Petrus wird offenbar auf dem falschen Fuß erwischt.** Mag sein, er rechnet mit einem großen Auftritt durch ein mutiges Bekenntnis zu Jesus vor dem Hohen Rat. Aber auf die schnippischen Bemerkungen einfacher Dienstmädchen und von unbedeutenden Leuten, die da herumstehen, ist er nicht gefasst. Und so gerät er ins Stolpern und kommt schließlich zu Fall.

● Erst als der Hahn kräht, erinnert er sich an das Wort Jesu – und vergießt bittere Tränen über sein Versagen. Doch wer von uns wollte sich darüber erheben und beanspruchen, es besser gemacht zu haben?

● Was ist aber mit der **Fürbitte von Jesus** (V 32)? Hat sie getragen oder nicht? Hat der Glaube des Petrus in der Versuchung aufgehört oder nicht? – Sein Glaube hat **versagt,** sofern wir unter Glauben **sein Treueversprechen** verstehen. Aber er hat **getragen**, weil er erkennt, dass **Gottes Treue** auch hier nicht aufgehört hat.

Der 2. Teil dieses Psalms ist die **Reaktion Davids darauf, dass Gott seine Bitten erhört und ihn gerettet hat** (vgl. den 1. Teil des Ps 22 am 6. April).

● **V 23-27:** Zuvor hat die Klage Davids Gebet bestimmt. **Jetzt aber hat Gott eingegriffen**, darum will er ihm nur noch danken und ihn loben. Er will Gottes Namen und seine große Tat allen weitererzählen. Dazu fordert er alle auf, die ihn hören, selbst auch in das Gotteslob mit einzustimmen. Anrede an Gott und Anrede an Menschen vermischen sich hier. **Wie in konzentrischen Kreisen wird der Kreis der Mitlobenden immer größer.** Zuerst ist da **Gottes Volk**. Für sie ist Davids Rettungserfahrung ein weiterer Beweis für die Treue Gottes und reiht sich ein in die Geschichten, die durch die Jahrhunderte erzählt werden: Gott erhört Gebet und greift ein! Davids Herz ist neu erfüllt von der Liebe zu seinem Gott, was er auch nach außen durch das Halten von Gelübden zum Ausdruck bringen will. Das Gotteslob der Gemeinde mündet in ein rauschendes Fest mit gemeinsamem Essen und Trinken, bei dem alle, auch Arme, mitfeiern.

● **V 28-29:** Nun sieht David die **Hinwendung der Völker** zu dem Gott voraus, dessen Macht er gerade gelobt hat. Sie bilden den zweiten Kreis derer, die anbeten. Der Bericht über die Rettung des Einen bewegt die Völker zur Umkehr. Darin ist David ein Vorausverweis auf das, was die Botschaft von Jesu Tod und Auferstehung bewirken wird: **Das Geschick des Einen bewirkt Anbetung weltweit.**

● **V 30-32:** Doch David wird noch umfassender: Vor diesem Gott fallen **nicht nur die Lebenden nieder, sondern auch die Toten.** Dazu auch die **Generationen durch alle Zeiten hindurch**. David prophezeit hier **universale Anbetung**, was durch die Wiederkunft Jesu Wirklichkeit werden wird und an die Weissagungen der Offenbarung erinnert (z. B. 7,9ff; 15,4).

● V 63f: Nach seiner Verhaftung ist Jesus dem Spott und der Verachtung der Wachleute ausgeliefert, die ihr menschenverachtendes „Blinde-Kuh-Spiel" mit ihm treiben. In den Evangelien von Markus und Matthäus wird darüber hinaus berichtet, dass die Wachleute bzw. die römische Soldateska Jesus ins Gesicht spucken, ihm auf den Kopf schlagen und eine Dornenkrone aufsetzen, um ihn so als König der Juden zu verspotten (Mt 27,27-30; Mk 15,16-20). **Ohne sich dagegen zu wehren, lässt Jesus diese Grausamkeit an sich geschehen** – so, wie es schon im Lied vom leidenden Gottesknecht vorausgesagt wurde: „Als er gemartert ward, litt er doch willig und tat seinen Mund nicht auf, wie ein Lamm, das zur Schlachtbank geführt wird" (Jes 53,7).

● V 66-69: Doch als bei Tagesbeginn der Hohe Rat zusammentritt, um Jesus im Schnellverfahren zum Tod zu verurteilen, **ergibt sich der Angeklagte keineswegs still und kleinlaut seinem Schicksal.** Mit seiner Reaktion auf die Frage des Hohen Rats **zeigt Jesus seine Souveränität und macht klar, dass das ganze Verfahren ein abgekartetes Spiel ist** und kein ehrliches Bemühen darstellt, die Wahrheit über ihn herauszufinden. Von wegen „Im Zweifel für den Angeklagten", wie es unsere Rechtsprechung vorsieht! Jesus bekennt sich dazu, **der Menschensohn** zu sein; also die endzeitliche Retter- und Richter-Gestalt, die zur Rechten Gottes erhöht wird – und die auf den Wolken des Himmels zur Erde zurückkehren wird, wie Markus im Anschluss an Dan 7,14 ergänzt (Mk 14,62).

● V 70f: Noch einmal wiederholt der Hohe Rat seine Frage an Jesus und spitzt sie dabei zu: „Bist du denn **Gottes Sohn** (V 67: „Bist du **der Christus**?"). Als Jesus die Frage bejaht, steht damit die Sache für seine Ankläger fest, und sie werden ihn ohne weitere Zeugenvernehmungen, die sowieso nur eine Farce gewesen wären (siehe Mt 26, 59-61), als Gotteslästerer zum Tode verurteilen.

● V 1-5: Da der Hohe Rat kein Recht hat, Todesurteile zu fällen und zu vollstrecken, sondern dies der römischen Besatzungsmacht vorbehalten ist, muss man **Jesus vor dem Statthalter Pilatus** als todeswürdigen Verbrecher präsentieren. Dabei ist den jüdischen Würdenträgern bewusst, dass Pilatus einem Todesurteil aus religiösen Gründen nie zustimmen würde. **So fahren sie gleich schwere Geschütze auf und scheuen dabei auch nicht vor offensichtlichen Lügen zurück.** Sie klagen Jesus als Volksaufwiegler an, bezichtigen ihn des Aufrufs zum Steuerstreik und werfen ihm vor, sich für den jüdischen König zu halten und damit die Herrschaft der Römer über Israel nicht anzuerkennen. **Doch Pilatus „riecht den Braten", erklärt Jesus für unschuldig** und lässt sich auch durch ungestümere und lautstarke Attacken der Hohepriester und des sie begleitenden Volks zunächst nicht beeindrucken.

● V 6-12: Als Pilatus hört, dass Jesus auch in Galiläa seine Lehren verbreitet, kommt er auf den Gedanken, ihn zu dem **Vierfürsten Herodes** zu schicken, weil der von den Römern mit der Verwaltung Galiläas betraut ist. Doch die Hoffnung von Herodes auf ein Wunder von Jesus, von dem er schon viel gehört hat, erfüllt sich nicht, denn **Jesus verweigert jede Antwort** – wohl auch aus Verachtung, weil Herodes einige Zeit zuvor Johannes den Täufer hinrichten ließ. Von Herodes und seiner Leibwache verspottet, wird er ohne weiteren Kommentar zu Pilatus zurückgeschickt.

● Es überrascht, dass durch diesen Zwischenfall, den übrigens nur Lukas in seiner Passionsgeschichte erwähnt, aus den verfeindeten Männern Freunde werden.

✎ Aus der gemeinsamen Gegnerschaft zu Jesus und den Christen entstehen bis heute manche Bündnisse von Menschen oder Gruppen, die ansonsten eher feindlich gegeneinander gesinnt sind. Kennen Sie Beispiele?

● V 13-18: Da Herodes den Fall Jesus nicht entschieden hat, **muss nun Pilatus schließlich ein Urteil fällen.** Vor der versammelten Volksmenge, dem Hohepriester und Mitgliedern des Hohen Rates bekräftigt Pilatus ein weiteres Mal, dass er keine Schuld bei Jesus findet. Um ihrem Drängen ein wenig entgegenzukommen, will er Jesus auspeitschen lassen, um ihn dann aber freizulassen.
● V 19-25: Doch wenn er hofft, dass mit diesem faulen Kompromiss die Sache ihr Bewenden hat und die Ankläger Jesu sich damit zufriedengeben, so hat er sich gewaltig getäuscht. Denn der aufgebrachte Mob fordert nun umso lauter, Jesus kreuzigen zu lassen und stattdessen den politischen Aufrührer und vermutlichen Anführer der Zeloten und Mörder Barabbas freizugeben. **Welch eine totale Umkehr der Wirklichkeit: Der unschuldige Jesus soll als Aufrührer hingerichtet werden, während der wahre Aufrührer und Mörder Barabbas frei sein soll.**

Aber eben in dieser völligen Verdrehung der wirklichen Situation geschieht das, was ja auch in unserm Leben die entscheidende Grundlage unseres Glaubens ist: Wir, die vor Gott und zugleich auch vor Menschen Schuldigen, die – auch wenn wir keine Aufrührer und Mörder sind – genug „Dreck am Stecken" haben, werden von unserer Schuld freigesprochen, weil der unschuldige Jesus unsere Schuld am Kreuz getragen hat. – Stimmen Sie mit ein in das Passionslied: „Nun was du Herr erduldet, ist alles meine Last. Ich hab es selbst verschuldet, was du getragen hast" … (EG 85,4)

● Obwohl Pilatus noch zwei weitere Male die Unschuld Jesu bekräftigt und seine Freilassung anordnen möchte, fordert die aufgestachelte Menge umso heftiger seinen Tod. **Da knickt Pilatus ein, weil ihm offensichtlich die Sympathie der Juden wichtiger ist als der Wahrheit zum Recht zu verhelfen.**

● V 26: Direkt nach der Verurteilung Jesu soll die Strafe vollstreckt werden, wie es das römische Recht vorsieht. Dabei hatte ein zum Tode Verurteilter sein Kreuz selbst zur Hinrichtungsstätte zu schleppen. „Die kleine Szene lässt **die völlige Verlassenheit Jesu** erkennen. Keiner der Jünger ist da, um ihm den letzten Dienst zu tun, obwohl sie sogar für ihn hatten sterben wollen" (Karl Heinrich Rengstorf). So wird der zufällig des Wegs kommende Simon von Kyrene (im heutigen Libyen gelegen) gezwungen, für den vermutlich entkräfteten Jesus das Kreuz zu tragen.

✎ *Auch wir sind gefragt, ob wir auch dann treu zu Jesus stehen oder uns wie die Jünger „aus dem Staub machen", wenn er von anderen Menschen verachtet oder verspottet wird.*

● V 27-30: **Die Einzigen, die mit innerer Anteilnahme und ihren Klagen und Tränen den Weg Jesu nach Golgatha begleiten, sind Frauen,** was übrigens nur Lukas berichtet. Aber es ist typisch für ihn, denn in seinem Evangelium hebt er immer wieder die Frauen in ihrer Nähe zu Jesus und der Anteilnahme an seinem Schicksal hervor (Lk 7,36-38; 8,1-3; 10,38-42; 21,1-4). Mit seinen Worten an die Frauen offenbart Jesus den Ernst der Stunde, so wie er schon zuvor mehrfach (Lk 13,34f; 19,41ff; 21,20ff) wegen des Unglaubens der Juden auf das bevorstehende, beklagenswerte Schicksal Jerusalems hingewiesen hat.

● V 31: Mit dem im Judentum sprichwörtlichen **Bild vom feuchten und trockenen Holz** will Jesus sagen: Wie schon auf ihn als dem Gerechten (im Bild: feuchtes Holz) das Kreuz wartet, wie schlimm wird es erst denen gehen, die ihr Leben als Ungerechte bzw. Ungläubige (im Bild: trockenes Holz) zugebracht haben. Es ist vermutlich der Hinweis auf die Zerstörung Jerusalems und des Tempels im Jahr 70 n.Chr.

- V 32-34: Zusammen mit zwei „Übeltätern" (wohl Anhänger der gewaltsam die Herrschaft der Römer bekämpfenden Zeloten) wird Jesus zu dem Hinrichtungsort geführt. Es konnte bisher nicht befriedigend geklärt werden, wie es zu dem Namen „Schädelstätte" (aramäisch „Golgotha") gekommen ist. Es gibt Vermutungen, dass es sich bei diesem Platz außerhalb der Stadtmauern um einen Ort handelte, an dem die Jerusalemer u.a. ihren Müll entsorgten. **So könnte man Golgatha damit auch so deuten, dass Jesus unsern ganzen Müll, all die Schuld unseres Leben, am Kreuz getragen und beseitigt hat.**
- **Die Kreuzigung selbst ist wohl die grausamste Hinrichtungsart, die sich denken lässt.** Nackt ans Kreuz genagelt (oder auch mit Seilen gebunden), zog sich der qualvolle Sterbeprozess bis zu 24 Stunden hin. Der Tod trat dann entweder durch Kreislaufversagen oder Ersticken ein.
- V 35-39: Während das Volk das grausame Schauspiel begafft, ist Jesus dem geballten Spott und der Verachtung der hohen jüdischen Geistlichkeit („die Oberen"), der römischen Soldaten und einem der Übeltäter an seiner Seite ausgeliefert. **Erstaunlich, dass er selbst jetzt noch die Kraft findet, ihnen zu vergeben.**
- V 40-46: Während der zweite Übeltäter zu seiner Schuld steht, sie bekennt und Jesus als Messias vertraut, fleht er ihn an, seiner in seinem Reich zu gedenken. Jesus sagt ihm darauf zu, dass er noch heute mit ihm im Paradies sein werde. **Wie ist dieses *„heute"* zu verstehen?** Vielleicht so, dass wir mit dem Beginn unseres Glaubens ja bereits Anteil am ewigen Leben haben (Joh 6,47) bzw. „aus dem Machtbereich der Finsternis errettet und in das Reich Jesu Christi versetzt" werden (Kol 1,13), auch wenn wir den Tod noch vor uns haben.
- V 47-49: Überraschend ist, dass **ein römischer Offizier** erkennt, dass dieser Jesus zu Unrecht gekreuzigt wurde, denn **„dieser Mensch ist ein Gerechter gewesen".**

● V 50-53: Die Geschichte von der Grablegung Jesu zeigt, dass die jüdischen Verantwortungsträger keineswegs einstimmig für die Hinrichtung Jesu gestimmt haben. **Joseph von Arimathäa – ein Ratsherr**, d.h. entweder ein Mitglied des Hohen Rates oder des Rates der Stadt Jerusalem – hat das Todesurteil nicht gebilligt. Nach der Überlieferung von Matthäus und Johannes war er **nicht nur „ein guter und gerechter Mann", sondern sogar ein heimlicher Jünger Jesu** (Mt 27,57; Joh 19,39). Dass er wohlhabend war, zeigt sich schon daran, dass er sich eine in den Felsen gehauene Grabstätte leisten konnte. Unterstützt wird er nach Johannes bei der Grablegung von einem prominenten Pharisäer, nämlich **Nikodemus**, den man nach dem nächtlichen Gespräch mit Jesus zumindest als **„Sympathisanten Jesu"** bezeichnen könnte (Joh 19,39).

● V 54: Im Blick auf die Grablegung Jesu ist Eile geboten, denn der Anbruch des Passa-Sabbats stand unmittelbar bevor, und die Bestattung muss daher vor Anbruch des Sabbats – d.h. am Freitag „vor dem Aufleuchten des ersten Sternes" – erfolgt sein. „Im Übrigen darf nicht übersehen werden, dass sich Joseph durch das, was er für Jesus tat, verunreinigte (4Mose 19,11ff) und sich so selbst vom Genuss des Passalamms ausschloss. **Sein Handeln an Jesus offenbart somit die ganze Größe der Liebe und des Glaubens, in denen er Jesus verbunden war"** (Karl Heinrich Rengstorf).

Auch wenn uns Jesus dazu ermuntert, uns offen zu ihm zu bekennen (Mt 10,32), wird es immer wieder Menschen geben, die sich als Sympathisanten oder heimliche Jünger Jesu verstehen. Sollte ihnen das als Mangel an Glauben vorgehalten werden? Wie sehen Sie das?

● V 55f: Wieder einmal sind es **die Frauen**, die Jesus bis zu seiner Bestattung begleiten und dann auch zu den ersten Zeuginnen seiner Auferstehung werden.

Gibt es für die Kreuzigung Jesu eine größere Zahl von Augenzeugen, so geschieht seine Auferstehung, ohne dass dies ein Mensch konkret miterlebt hätte. **Das Ereignis der Auferweckung Jesu ist und bleibt ein göttliches Geheimnis.** Bemerkenswert an den Berichten aller vier Evangelien sind vor allem zwei Dinge:

→ **Die ersten,** die am frühen Morgen des dritten Tages das leere Grab entdecken, dabei von zwei geheimnisvollen Männern die Botschaft von der Auferstehung Jesu hören und Maria von Magdala, die dann auch dem Auferstandenen selbst begegnet (Mk 16,9; Joh 20,14-18), **sind ausschließlich Frauen.** Das ist deswegen bemerkenswert, weil **das Zeugnis von Frauen in der damaligen Gesellschaft nichts galt**, weshalb die Jünger die Nachricht der Frauen vom leeren Grab zunächst für typisches Weiber-„Geschwätz" (V 11) halten und sie auch später in der offiziellen Zeugenliste der Begegnungen mit dem Auferstandenen nicht erwähnt werden (1Kor 15,5-8). Mir kommt es so vor, als ob Gott auf diese Weise die Jesus nahestehenden Frauen einer besonderen Wertschätzung würdigen wollte.

→ **Es ist keineswegs so, dass das leere Grab die Frauen wie die Jünger überzeugt hat, dass Jesus auferstanden ist. Im Gegenteil!** Die Männer im Felsengrab müssen die Frauen daran erinnern, dass Jesus selbst von der Notwendigkeit seines Todes und seiner Auferstehung gesprochen hat (V 6f), und auch die Jünger können an eine Auferstehung Jesu nicht glauben, weshalb der auferstandene Jesus „ihren Unglauben und ihre Herzenshärte" schelten muss (Mk 16,14).

● Hätten die Jünger „die Mär" von seiner Auferstehung in die Welt gesetzt, nachdem sie den Leichnam heimlich gestohlen hatten – so der Vorwurf der Juden (Mt 28,13-15) –, dann hätten sie sicher nicht berichtet, dass die Frauen die Ersten am leeren Grab waren und sie selbst nicht an die Auferstehung von Jesus geglaubt haben.

• V 13-16: „Zwei von ihnen", d. h. den Jüngern, die den Bericht der Frauen über das leere Grab und die Botschaft der Engel von seiner Auferstehung für Geschwätz gehalten hatten, machen sich auf den Weg in ihr Heimatdorf Emmaus, das etwa 11–12 km von Jerusalem entfernt liegt. **Unerwartet gesellt sich der Auferstandene zu ihnen, den sie in seiner neuen Leiblichkeit aber nicht erkennen** – so wie schon zuvor Maria Magdalena, die ihn zunächst für den Gärtner hält (Joh 20,15).

• V 17-29: Auf seine Frage hin berichten die beiden ihrem unerkannten Begleiter, was sie seit Tagen bewegt. Sie sind verzweifelt, weil sie mit der Kreuzigung Jesu ihre Hoffnung auf die Erlösung Israels beerdigen mussten. Es ist erneut überraschend, dass die Jünger vom Tod Jesu so überrascht waren, obwohl er ihnen diesen Tod doch zuvor mehrmals als göttliche Notwendigkeit angekündigt hatte. **Offensichtlich war das Wunschdenken** über **eine machtvolle Erlösungstat durch Jesus lebendiger in ihren Köpfen und Herzen als das, was Jesus ihnen vorhergesagt hatte.** So gibt Jesus ihnen eine **„Nachhilfestunde"**, indem er ihnen den göttlichen Heilsplan mit Worten aus der Heiligen Schrift erläutert. Offensichtlich berühren seine Worte die beiden Jünger so sehr, dass sie ihn bitten, doch bei ihnen zu übernachten.

• V 30-35: **Beim Abendessen übernimmt Jesus die Rolle des Gastgebers und reicht ihnen das Brot, als ob sie seine Gäste wären.** In diesem Moment, nachdem ihnen Jesus zuvor mit seinen Worten das Ohr geöffnet und ihr Herz bewegt hat, erkennen sie in dem bisher Unbekannten ihren gekreuzigten und auferstandenen Herrn.

✎ *Unser Glaube gründet auf dem Wort Gottes, wie es uns in der Bibel bezeugt ist. Da braucht es manchmal noch etliche „Nachhilfestunden", bis wir Jesus und sein Heil erkennen und annehmen. Wie war das bei Ihnen?*

● V 36-43: Während die Emmausjünger nach ihrer Rückkehr nach Jerusalem den Jüngern über ihre Begegnung mit dem Auferstandenen berichten, **tritt Jesus überraschend selbst unter sie. Doch nicht Freude und Jubel erfüllt daraufhin die Jünger, sondern Angst und Schrecken,** weil sie meinen, es sei ihnen ein Geist erschienen.

● **Es ist je ein typisches Kennzeichen der Begegnungen mit dem auferstandenen Jesus, dass er nicht sogleich erkannt wird.** Die neue Existenz Jesu – Paulus nennt ihn in 1Kor 15,20 „Erstling"; sozusagen den „Prototyp" der Auferstehung – ist einerseits durch Kontinuität gekennzeichnet (d. h. sie erkennen ihn an seiner Stimme, an den Nägelmalen oder der Geste des Brotbrechens); andererseits aber ist er der seltsam Fremde, der mal für den Gärtner, für einen fremden Wanderer oder – wie hier – für einen Geist gehalten wird. **Kontinuität und Transformation kennzeichnen also die neue Wirklichkeit der Auferstehung.**

● **Dabei ist den biblischen Zeugen wichtig, an der Leiblichkeit als Signum der Auferstehung festzuhalten.** Es geht nicht allein darum, dass Seele und Geist an der künftigen Herrlichkeit bei Gott teilhaben, sondern dass auch unsere „sterblichen Leiber lebendig gemacht werden" (Röm 8,11). In unserm Text wird das dadurch deutlich, dass Jesus die Jünger auffordert, ihn anzufassen und mit ihnen isst, weil er hungrig ist (vgl. dazu auch Joh 20,27; 21,5.10-12). Allerdings wird diese neue Leiblichkeit nicht wie in der ersten Schöpfung durch das Spannungsverhältnis der Geschlechter von Mann und Frau bestimmt sein (Lk 20,34-36).

● V 37-49: Da die Jünger trotz der intensiven Unterweisung durch Jesus wohl immer noch begriffsstutzig sind, gibt es noch einmal eine „Wiederholungsstunde", damit sie endlich verstehen, warum Jesus leiden musste und von den Toten auferstanden ist. **Schließlich sollen sie künftig für diese lebensnotwendige Botschaft seine Zeugen sein.**

● V 50f: Während Lukas zu Beginn des 2. Teils seines Geschichtswerkes ausführlich über die Himmelfahrt Jesu berichtet (vgl. Auslegung am 19. Mai zu Apg 1,1-14), fasst er am Ende des Evangeliums den Abschied des Auferstandenen von seinen Jüngern nur mit knappen Worten zusammen. **Entscheidend ist dabei der Hinweis, dass Jesus beim Abschied seine Jünger segnet**. Für ihren künftigen Zeugendienst verheißt er ihnen den Heiligen Geist (V 48f; Apg 1,8) und stellt sie unter Gottes Schutz.

Wir feiern als Christen keinen Gottesdienst, ohne am Ende mit der Bitte um Gottes Segen entlassen zu werden. Was bedeutet Ihnen der Segen Gottes für Ihr persönliches Leben?

● V 52: Während Jesus in seinen Abschiedsreden noch davon spricht, dass sein Weggang bei den Jüngern auch Trauer und Tränen auslösen wird (Joh 16,22), ist **hier der Ton nun ganz auf Freude gestimmt. Die Jünger sind darin gewiss, dass ihr künftiger Weg ein Weg mit Jesus bleibt.** Seine Himmelfahrt wird daher nicht zu einer schmerzlichen Verlusterfahrung, denn keine Macht der Welt wird sie künftig von ihrem Herrn trennen können.
● V 53: **Der Weg mit Jesus bedeutet nicht die Trennung vom Tempel und den dort gefeierten Gottesdiensten und Gebetszeiten.** Dass die Jünger weiter in den Tempel gehen und dort Gott loben, wird auch in der Apg erwähnt: Apg 2,46; 3,1; 5,42.

Wenn heute Juden zum Glauben an Jesus kommen, nennen sie sich nicht Christen, sondern „messianische Juden". Sie wollen auf diese Weise ihre bleibende Verbundenheit mit ihrem Volk unterstreichen. Das geschieht auch mit der Übernahme einiger jüdischer Symbole und Riten wie z. B. der Verwendung des Chanukka-Leuchters, der Feier des Sabbats und der Übernahme der Beschneidung.

Der Kolosserbrief

Die Gemeinde in Kolossä, die überwiegend aus Heidenchristen (2,13) besteht, wurde nicht von Paulus, sondern wahrscheinlich von seinem Mitarbeiter Epaphras gegründet (1,7; 4,12f). Paulus wird gefangen gehalten – vermutlich in Ephesus (4,18: „Gedenkt meiner Fesseln"). Acht Namen von Paulusmitarbeitern werden genannt, die wir auch im Philemonbrief finden. Das spricht für eine gewisse zeitliche Nähe beider Briefe.

Anlass für den Brief ist eine Irrlehre, die in die Gemeinde eingedrungen ist oder eindringen will. Sie gibt sich aus als „Philosophie" (2,8) und fordert dazu auf, überirdische Naturmächte und Gewalten, auch als „Engel" (2,18) bezeichnet, zu verehren, um teilzuhaben an der ganzen Fülle der Gottheit. Das kann angeblich geschehen durch eine äußerst strenge Askese (Verbot bestimmter Speisen und Getränke), durch das Einhalten fester Tage, Neumonde und Sabbate (2,16.20-23). Diese Irrlehre versucht also, den Christusglauben zu ergänzen, zu überhöhen, umzugestalten: „Jesus und die Naturmächte", „Jesus und die Gestirne".

Paulus zeigt demgegenüber die Größe und Überlegenheit Jesu Christi auf. Er ist der „Schöpfungsmittler" und der „Versöhner der Welt" (1,15-23). In Christus haben wir den ganzen Reichtum Gottes. „In ihm liegen verborgen alle Schätze der Weisheit und der Erkenntnis" (2,3); in ihm wohnt die ganze Fülle der Gottheit leibhaftig, er ist das Haupt aller Mächte und Gewalten" (2,9.10). Er hat über alle triumphiert. Wer auf Christus getauft und so mit ihm gestorben und auferstanden ist, der ist auch den Weltelementen und Schicksalsgewalten gestorben. Sie haben keine Macht mehr über die Glaubenden, und sie haben kein Recht, keine Ansprüche mehr an sie (2,12-15).

Im zweiten Teil des Briefes finden sich Hinweise und Ermutigungen zu einem wahren christlichen Leben (3,1-4,6) und zuletzt viele Informationen und Grüße (4,7-18).

● Am Anfang steht **keine formale** Anrede an Adressaten. Es ist ein **Segenszuspruch** an die von Gott berufenen „Heiligen in Kolossä". **Gnade, Friede und die Gegenwart Gottes, des ewigen Vaters** wird der Gemeinde zugesprochen.

● Neben **Paulus** tritt **Timotheus**. Beide stellen sich vor als die Bevollmächtigten Christi. Sie schreiben den Brief gemeinsam, weil nach jüdischem Gesetz die Legitimation einer wichtigen Botschaft durch zwei Zeugen gewährleistet ist. Deshalb sandte Jesus seine Jünger auch jeweils zu zweit aus (Mk 6,7).

● Die Gebete der beiden für die Gemeinde beinhalten **Dank** für das Handeln Gottes in Vergangenheit und Gegenwart. Ihre **Fürbitte** gilt der Zukunft der Gemeinde (V 3).

● Der **Dank** am Anfang des Briefes für die Gemeinde ist für Paulus wichtiger als seine spätere Kritik hinsichtlich philosophischer Irrlehren in der Gemeinde.

● In der Gemeinde findet Paulus, was in ihr durch die **Wahrheit des Evangeliums** erkannt wurde: der **Glaube** an Christus, die **Liebe** zu allen Heiligen und die **Hoffnung**, die hier schon auf Erden ergriffen wird, aber im Himmel ihren Ursprung und Ziel hat (V 4f). Glaube, Liebe, Hoffnung umfassen alle Zeiten und sind untrennbar (vgl. 1Kor 13,13).

● **Glaube** und **Liebe** stellen eine Beziehung untereinander und zu Gott auf dieser Erde dar. Die **Hoffnung** hat ihre Quelle im Himmel. Das Heil des Menschen wird von außen, vom Himmel, bestimmt.

● Deshalb ist die **Wahrheit des Evangeliums keine abstrakte Theorie** wie im griechischen Denken, das uns weithin heute noch bestimmt. Es geht bei der **Wahrheit Gottes** nicht zuerst um richtig oder falsch, sondern um **Vertrauen oder Nichtvertrauen**. Nur in diesem Sinne wird im Kolosserbrief eine **falsche Lehre** von der **richtigen Lehre** abgegrenzt und verworfen.

✎ *Welches Bild haben Sie von Ihrer Gemeinde? Wofür sind Sie dankbar?*

• Weil Paulus so viel Gutes über die Gemeinde von seinem Mitarbeiter **Epaphras** (V 7) gehört hat und gleichzeitig durch ihn um die Probleme mit den **Irrlehren** weiß, hört er nicht auf, für sie zu beten, die Gemeinde möge zur rechten Erkenntnis Gottes und seines Willens durch **geistliche Weisheit** und **Verständnis** kommen. Das meint hier den richtigen Umgang und Einsatz mit der geschenkten Weisheit. Im Gegensatz dazu bieten die **Irrlehrer** nur einen **Schein von Weisheit** (Kol 2,23).
• Die **Erfahrung** der richtigen Erkenntnis des Willens Gottes führt durch **Gehorsam** in allen Lebensbereichen, zum **inneren Wachstum** der Gläubigen. Die Glaubenskraft durch Gottes herrliche Macht wie auch Geduld und Langmut (V 11) müssen erbeten sein.
• Aus dieser geschenkten Erkenntnis Gottes kommt dann das **missionarische Leben und Handeln** der Gläubigen. Sie sollen die Macht und Herrlichkeit Gottes zu den Menschen bringen und so **Früchte** zur Ehre Gottes bringen.
• All dies geschieht zum **Wohlgefallen Gottes** und zur Verherrlichung seiner Macht (V 10f). Die Gläubigen empfangen dabei innere Kraft, Trost und Freude, die nach außen strahlt.
• Dem ewigen Vater gebührt freudiger Dank. Er ist der **Erlöser aus der Macht der Finsternis** (vgl. Apg 26,18). Nun dürfen sie im **Schutzbereich seines lieben Sohnes** leben. Gott hat sie tüchtig gemacht, als **Erben Gottes** aus seiner Gnade zu leben (Eph 1,7).

Für uns Menschen gibt es nach V 13 keinen Raum der Neutralität: Entweder stehen wir unter der Macht der Finsternis – oder wir sind Bürger im Reich Christi. Teilen Sie diese Aussage?

• **Erlösung** bedeutet **„durch ein Lösegeld freikaufen" – z. B. Menschen auf dem Sklavenmarkt. Vergebung** ist **„der Erlass der Strafe"** durch sein Blut (Eph 1,7). Beides geschieht durch Christus (V 14). Er verkörpert die Liebe Gottes zu uns Menschen.

● Im heutigen Abschnitt spricht Paulus von den **sieben einzigartigen Wesenszügen Jesu Christi,** die ihn in allem zum **Ersten** machen (V 18).

→ Christus ist das **Ebenbild des unsichtbaren Gottes** (V 15). Jesus sagt selbst über sich: „Wer mich sieht, der sieht den Vater" (Joh 14,9). Ebenbild bedeutet hier nicht nur Ähnlichkeit, sondern vollkommene Gleichheit, Abglanz und Repräsentanz des unsichtbaren Gottes. Durch Christus offenbart der unsichtbare Gott eine vollkommene Widerspiegelung seines Wesens.

→ Christus ist der **Erstgeborene vor aller Schöpfung.** Das bedeutet zweierlei: Er ging zeitlich der Schöpfung voraus, und er ist der Herr, der Souverän über die Schöpfung.

→ **In Christus ist alles geschaffen.** Es ist alles durch ihn und zu ihm geschaffen und es besteht alles in ihm (V 16). Das umfasst die sichtbare und die unsichtbare Welt mit allen Herrschaften, Mächten und Gewalten (vgl. Eph 1,20f; Phil 2,9-11).

→ Christus ist das **Haupt seines Leibes, d. h. der Gemeinde** (vgl. Eph 1,22f). Damit ist die unsichtbare und universale Kirche gemeint, zu der alle Gläubigen gehören, die sich zu Jesus Christus als ihren Herrn bekennen und durch den Heiligen Geist in die Gemeinde hineingetauft wurden (1Kor 12,13).

→ Christus ist der **Anfang, der Erstgeborene von den Toten** (1Kor 15,20; Offb 1,5). Sozusagen als „Prototyp" ist Christus als Erster mit einem unsterblichen Körper auferstanden. Damit ist er Sieger über Tod und Teufel.

→ In dem erhöhten Christus wohnt die **Fülle Gottes leibhaftig.** „Fülle" als ein Schlüsselwort im Kol bedeutet Vollständigkeit.

→ So geschieht Versöhnung: Nicht die Menschen versöhnen sich mit Gott, sondern **Gott versöhnt sich mit den Menschen durch Christus.**

✎ *Was ist für Sie entscheidend an dem Bild, das Sie von dem unsichtbaren Gott durch Christus bekommen haben?*

Ein Einzelner dankt seinem Gott für Rettung aus Todesnot.

- **V 1-2:** Ein **emotionales Bekenntnis** steht am Anfang: Die Liebe zu dem Gott, der Gebet erhört. Und es folgt eine Selbstverpflichtung: lebenslanger Dank und Anbetung, egal was noch kommen mag.
- **V 3-9:** Im **Rückblick** erfahren wir: Es ging dem Psalmbeter so schlecht, dass sein Tod unmittelbar bevorstand. Den Tod beschreibt er dabei als personale Macht, die handelt. Doch Gott ist stärker! Er hat dem Psalmbeter Gutes getan, indem er seine Lebensfrist verlängert hat. Darum hat der jetzt wieder Augen, die klar sehen, und Füße, die sicher stehen. Denn er lebt! Er ermutigt sich selbst (V 7): Atme auf! Werde wieder ruhig!
- **V 10-12:** Kurz hält der Psalmbeter in seinem Rückblick inne und **reflektiert den für ihn entscheidenden Punkt:** In seiner existenziellen Not hat er seine **Zweifel und Wut Gott gegenüber überwunden und sich zum Vertrauen durchgerungen**. Selbst die (krankheitsbedingte?) Isolation von allen Menschen, die ihm etwas vorgaukelten (was?), hat ihn nicht davon abgehalten. Jetzt fragt er sich, wie er seinem Gott für die Rettung danken kann.
- **Seine Antwort, V 13-19: rückhaltlose Hingabe!** Den „Kelch des Heils" (bildhafter Ausdruck für Gottes Geschenk der Lebensverlängerung) erhebt er voller Freude und widmet Gott im Gegenzug sein ganzes Leben. Ihn will er anbeten, ihm opfern, sich ihm durch Gelübde erkenntlich erweisen. Er will sein „Knecht" sein (V 16) – eine Beziehung, die von Aufopferungsbereitschaft geprägt ist. Und das dürfen und sollen alle wissen – zweimal erwähnt er die Öffentlichkeit (V 14.18f). Die Dankbarkeit dieses Psalmbeters kennt keine Grenzen! Er hat gelernt, sich mit allem auf seinen Gott zu werfen.

Aus welcher (Todes-)Not hat Gott Sie schon herausgerettet? Wie zeigen Sie ihm Ihre Dankbarkeit?

- In diesem Abschnitt geht es um die **Versöhnung** Gottes mit den Menschen, die erst durch Christus verwirklicht wurde.
- Die **Versöhnung** Gottes mit den Menschen ist **nötig,** weil sie sich **von Gott abgewandt** haben und er ihnen **fremd** geworden ist (V 21). Durch ihre innere Haltung und Lebensweise wurden sie **zu Feinden Gottes**, auch wenn sie sich vielleicht selbst nicht so gesehen haben.
- Paulus betont den Tod des „sterblichen Leibes" Christi, weil in der Gemeinde die Irrlehre verbreitet wurde, dass Christus nicht wahrer Mensch und auch nicht wahrer Gott gewesen sei. In Anlehnung an Vorstellungen der griechischen Philosophie hielten Christen in Kolossä **Christus** für eine Art **Geistwesen**.
- Jesus Christus aber ist in menschliches Fleisch gekommen (1Joh 4,2). Nur als **wahrer Mensch** konnte er den Menschen das Heil und die Versöhnung mit Gott bringen. Voraussetzung dafür war **Christi Leiblichkeit und Sündlosigkeit**.
- Allein durch die **Makellosigkeit Christi** ist Sündenvergebung möglich. Wer mit Gott versöhnt ist, gehört zu ihm, ist **heilig** und damit auch vor Gott untadelig und makellos (Eph 5,27; Phil 2,15). Die Versöhnung mit Gott durch Christus ist das feste **Fundament** des Glaubens.
- Die Christen sollen **nicht abweichen von der Hoffnung**, der sicheren Erwartung, dass die frohe Botschaft von der Versöhnung allen Menschen auf Erden gilt und ihnen gepredigt wird. Paulus sieht sich dabei in seiner Missionsarbeit als **demütiger Diener Christi**.
- Mit der Formulierung „gepredigt allen Geschöpfen unter dem Himmel" (V 23) soll wohl **die Universalität der Verkündigung des Evangeliums** ausgedrückt werden. Denn „das Evangelium ist eine öffentliche Wahrheit, die alle angeht" (L. Newbigin).

✎ *Jesus Christus ist wahrer Mensch und wahrer Gott. Worin ist er für Sie wahrer Mensch und wahrer Gott?*

- Wenn Versöhnung von Gott mit den Menschen durch Christus möglich ist, dann ist auch **Versöhnung zwischen Juden und Heiden** möglich. Das ist das große **Geheimnis**, dass Paulus hier **lüftet**. Die frohe **Botschaft Christi** von der Versöhnung und der Liebe Gottes **gilt allen Menschen**, nicht nur dem auserwählten Volk der Juden (V 26f). Doch die **Juden** lehnen diese Vorstellung ab. Es erscheint ihnen geradezu gotteslästerlich, dass Heiden Anteil am Heil Gottes haben könnten, ohne zuvor durch Beschneidung und Befolgung der Tora Juden geworden zu sein. Doch eben das war die Botschaft von Paulus, dass Christus Heiden wie Juden mit Gott versöhnt. Aber nicht alle Menschen nehmen diese Botschaft bereitwillig auf. Unter ihrem Widerstand leidet Paulus.
- **Paulus leidet** auch unter den Schwierigkeiten und Verirrungen im Glauben der Gemeinde, auf die er im nächsten Abschnitt näher eingeht. Mit all seiner Kraft setzt er sich dafür ein, den Glauben in der Gemeinde **allein** auf **Christus** auszurichten und so zu festigen. Durch Unterweisung und Ermahnungen führt er der Gemeinde die **Herrlichkeit des Wortes Gottes und seinen Geschichtsplan** für sein auserwähltes Volk und alle Menschen vor Augen (V 28f).
- Der mit viel Mühe und ganzer Kraft verbundene Einsatz verursacht im Leben von Paulus viele **Bedrängnisse** (Leiden; inneres Ringen; V 24.29). Das führt ihn dennoch zu einer besonderen **Freude**. Er darf Bedrängnisse für die Gemeinde (den Leib Christi) **mit Christus ertragen** (vgl. 1Petr 4,13). Die Formulierung „was an den Leiden Christi noch fehlt" will so verstanden werden, dass **zur Nachfolge das Leiden um Christi willen dazugehört** (Mt 16,24; 2Kor 1,5).

Können Sie die Freude, die Paulus trotz unterschiedlicher Bedrängnisse in der Gemeinde Jesu hatte, nachvollziehen?

- Die Informationen, die Epaphras zu Paulus ins Gefängnis über die Gemeinde in Kolossä überbracht hat, haben Paulus in die Fürbitte für die Gemeinde getrieben. Persönlich hat er weder die in der Nähe liegende Gemeinde in Laodizea noch die Gemeinde in Kolossä besucht (V 1). In der **Fürbitte** aber ist er ihr selbst im Gefängnis nah.
- Diese Fürbitte ist für Paulus ein **Kampf**, denn mit dem Gebet bricht er in den **Wirkungsbereich widergöttlicher Mächte** ein.
- Um in Zukunft bestehen zu können, müssen die Christen sich nur an **Christus allein** hängen und an ihm ausrichten. In ihm finden Sie **alle Weisheit, Erkenntnis, Liebe und Festigkeit** für ihren Glauben (V 2).
- Sowohl in Laodizea als auch in Kolossä sind **Irrlehrer** unterwegs, die sich mit dem Schein der Frömmigkeit umgeben (vgl. V 23). In Wirklichkeit aber lösen sie das „Christus allein" und „Christus genügt" auf und setzen ihre **Sondererkenntnisse** dagegen. Das tun sie durch **verführerisches Reden** mit einleuchtend und überzeugend erscheinenden Argumenten (V 4). Zwar können die Irrlehrer noch keine großen Erfolge vorweisen. Vorsorglich **warnt** Paulus aber **rechtzeitig und deutlich** die gefährdete Gemeinde vor ihnen.
- Dabei steht aber nicht die Warnung im Vordergrund, sondern das **Lob Christi. Einen größeren Schatz an Weisheit, Verständnis und Erkenntnis gibt es auf dieser Welt nicht** (V 3). Deshalb **lohnt** es sich, nur auf Christus zu hören und ihm zu folgen.
- Paulus **ringt** in seinen Gebeten auch darum, dass der **Glaube** bei den Christen sich weiterhin in **Gewissheit und Festigkeit** auszeichnet. In der **Liebe** untereinander finden die Christen auch den **Halt**, den sie in den Auseinandersetzungen mit den Irrlehrern brauchen.

✎ *Wo sehen Sie heute die Gemeinde durch „verführerische Lehren", die die Einzigartigkeit Christi infrage stellen, gefährdet?*

● Paulus **erinnert** die Gemeinden **an ihren Anfang,** als sie Christus angenommen haben. Nun geht es darum, den **Glauben** zu **vertiefen** und als Fundament für das Leben zu **festigen,** entsprechend der von Paulus und anderen empfangenen Lehre.

● Diesem wichtigen Schritt des Glaubens müssen die **Schritte ins praktische, alltägliche Leben** folgen.

● Für all das sind die im Glauben jungen Christen dankbar und sollen es in Zukunft auch sein!

Danken schützt vor Wanken!

● In die Gemeinden haben sich **Sonderlehrer** eingeschlichen und umschmeicheln die Christen. Ihre **Irrlehren** gründen sich allein auf Menschen-Meinung und **nicht auf Christus allein**. In Christus konnten sie die Weisheit nicht entdecken, die sie suchten. So waren ihre Vertreter der Auffassung, dass **Zusätze** zum Glauben an Christus **nötig** wären. Sie lehrten u. a., dass Jesus nur teilweise göttliche Züge trage, und daher durch engelhafte Mächte ergänzt werden müsse.

● Einige Philosophen sahen **die materielle Welt** einschließlich des menschlichen Körpers als **böse** an (vgl. dagegen Paulus in 1Kor 6,19). Andere sahen sich auf dem Weg der geistigen Vollkommenheit und Einheit.

● **Philosophische Erkenntnisse** und Prinzipien können auch heute **nicht das Leben, bei dem Christus allein im Zentrum steht,** ergänzen oder gar ersetzen.

● Gott schenkt durch Christus den Christen einen unfassbaren Reichtum an Kraft, an Weisheit und Erkenntnis. In Christus „wohnt die Fülle der Gottheit leibhaftig" (V 9).

● Auch öffentlich brauchen wir Christen uns vor nichts zu verstecken und haben nichts zu fürchten. **Christus** ist der mächtigste **Herr über alle Mächte und Gewalten dieser Welt** (V 10).

✎ *Welcher Reichtum in Christus fasziniert Sie am meisten?*

• Nach den philosophischen Irrtümern geht Paulus über zu den **Irrtümern im praktischen Glaubensleben.** Es ist u. a. **die Gesetzlichkeit,** an der sie kranken. Das zeigt sich insbesondere daran, ob Heidenchristen jüdische Gebote wie die Beschneidung einhalten müssen oder nicht (V 11). Nicht auf das körperliche Zeichen der Beschneidung kommt es an, sondern auf die innere Einstellung der Herzen gegenüber Gott. Dieses **Bild der geistlichen Beschneidung des Herzens durch Christus** hilft, unser selbstbezogenes, egoistisches Wesen wie einen Mantel abzulegen, um allein für und mit Christus zu leben. Das muss **allerdings täglich** eingeübt werden.

• Ähnlich ist es mit dem **zweiten Bild,** dem unserer **Taufe**. Egal wann und wie sie vollzogen wurde, gehören Glaube und Taufe zusammen (V 12). Ursprünglich – und in manchen Kirchen bis heute – wird der Täufling ganz untergetaucht und dann aus dem Wasser wieder hervorgeholt. Dieses Bild benutzt Paulus für **die geistliche Neugeburt.** Gott, der Schöpfer allen Lebens, schafft durch seinen Sohn Jesus Christus für uns neues Leben.

• Da wir in einer sündigen Welt leben und stets Gerettete und Sünder zugleich sind, mahnt uns Martin Luther sinnbildlich **täglich unter unsere Taufe zu kriechen und den alten Adam – d. h. den Sünder in uns – zu ersäufen.**

• Ein **drittes Bild** für das Erbarmen Gottes ist der **Schuldbrief,** der durch Christus ungültig gemacht wird. Natürlich konnte nur der, in dessen Schuld wir Menschen stehen, den Schuldbrief zerreißen. Eben das geschah durch den Tod Jesu am Kreuz.

• Mit diesen Bildern von neuem Leben und Schuldvergebung macht uns Paulus **das riesengroße Geschenk Gottes und gleichzeitig den Ernst unserer Situation** deutlich.

> ✎ *Wie gehen Sie mit Ihrer täglichen Schuld um? Wann haben Sie sich zum letzten Mal Vergebung zusprechen lassen?*

- Das **Alltagsleben** der ersten Christen war verständlicherweise noch sehr stark von den Lebensweisen der heidnischen Umwelt beeinflusst. Auch gegenüber der **jüdischen Tradition** waren sie unsicher. Welche **Feiertage, Fastenzeiten oder Speiseregeln** sollten Sie einhalten und welche nicht?
- In diesem Abschnitt werden besonders die Auseinandersetzungen mit den **Gnostikern,** die sich ihrer besonderen Erkenntnisse (griech. „gnosis" = „Erkenntnis") rühmen, und **Juden** deutlich. Wer die Gläubigen **von der Wahrheit Christi** auch nur ein Stück **abbringt**, beraubt sie des Siegespreises (V 18), der himmlischen Belohnung.
- Auf folgenden **vier Gebieten** sind Christen **gefährdet:**

→ Für die **Askese** gab es lange Listen mit vielen Vorschriften von dem, was rein und unrein ist. Das betraf besonders die **Speisen, Getränke und Fastenzeiten.** Für Jesus spielte es für den Glauben keine Rolle, was wir essen und trinken (vgl. Mt 15,10-20; Apg 10). Die Gnostiker dagegen bestanden auf der **strikten Einhaltung asketischer Vorschriften**. Auch heute gibt es Vergleichbares unter Christen, z. B. wenn eine vegane Lebensweise ideologisch überhöht wird.

→ Es gab auch **Listen von besonderen Fest- und Feier-Tagen**, die unbedingt eingehalten werden müssen (V 16), um Gott zu gefallen, letztlich aber zum Fallstrick frommer Selbstversklavung werden.

→ **Gnostiker** rühmten sich **besonderer Erkenntnisse und Visionen.** Sie glaubten damit einen **höheren Grad der Frömmigkeit** erreicht zu haben als die meisten Gläubigen.

→ Bei **Juden und Gnostikern** gab es hoch entwickelte **Engelslehren.** Dahinter stand der Glaube, dass die Heiligkeit Gottes so groß sei, dass die Menschen nur **über die Engel Kontakt zu Gott** aufnehmen könnten. Ähnliches lässt sich heute in der Heiligenverehrung der katholischen Kirche finden. Überaus populär ist heute aber auch ein weitverbreiteter Engel-Kult, wobei in diesem Kult Gott entbehrlich wird.

Ein Schaf kommt ins Schwärmen über seinen Hirten

● David beginnt seinen Psalm mit einem Bekenntnis: „**Mein Gott gleicht einem Hirten, der sich aufopfernd um mich Schaf kümmert und dem mein Wohlergehen am Herzen liegt.**" Das ist der Charakter Gottes. David weiß: „**Aufgrund seiner Fürsorge bin ich rundum geborgen und es fehlt mir an nichts!**"

● Diesem Versorger liegt nicht nur an Sattheit, sondern er sucht nach dem besten Futter, das schmack- und nahrhaft ist, und nach kühlem Wasser, das neu belebt. Er investiert und verausgabt sich.

● Unterwegs leitet dieser Hirte mit Weitsicht und steht mit der Ehre seines Namens für eine wohlbehaltene Ankunft am Ziel ein. Wenn der Weg durch eine düstere Schlucht führt, verbreitet er ein Gefühl der Sicherheit, damit das Schaf sich nicht sorgen muss, sondern in allem ihm vertrauen kann.

● Das Schaf weiß, dass es mit diesem Hirten auf Du und Du ist und er immer nur auf Rufweite entfernt ist. Droht Gefahr durch Absturz, so ist er da, um es mit seinem Rundstab herauszuholen. Sollte Gefahr durch ein wildes Tier drohen, ist er da, um es mit seinem Knüppel zu beschützen.

● Wenn ein Feind anrückt und Schrecken verbreitet, lässt er seinen Schützling am gedeckten Tisch Platz nehmen. Währenddessen darf er zuschauen, wie der Hirte für ihn kämpft und siegt.

● Wenn lästige Plagegeister Juckreiz verursachen, lindert er den Schmerz durch Balsam auf Wunden. Den Becher füllt er übervoll mit Fürsorge, Liebe und Zuneigung, sodass er überläuft. So großzügig und spendabel ist dieser Hirte!

● David schließt seinen Psalm mit dem Resümee: „**Von diesem Gott habe ich nichts anderes, als das Beste zu erwarten. Darum gebührt auch ihm mein Bestes: meine Anbetung, meine Hingabe, mein ganzes Leben.**"

✎ *Wie würde sich Ihr Lied anhören, wenn Sie eines für Ihren Gott schreiben würden?*

Montag, 5. Mai — Kolosser 3,1-4

● Das kleine Wörtchen **„mit"** eröffnet uns zu Anfang dieses Kapitels ein großes Geheimnis. **Es besagt, dass an Ostern nicht nur Jesus auferstanden ist, sondern gleichzeitig alle, die an ihn glauben werden.** Hier gibt es keinen Unterschied. Es gilt nicht: Jesus jetzt und wir später, er ganz und wir ein bisschen. Nein, so wie das Leben von Jesus neu geschaffen und unvergänglich ist, so ist unser Leben in Christus neu und unantastbar. Denn wir sind gleichzeitig und gleichwertig mit ihm auferstanden, auch wenn dies erst mit der Wiederkunft Jesu offenbar werden wird (1Kor 15,23).

„Mit" und „in" sind für Paulus wichtige Ortsbestimmungen. Wunderbar beschreibt es Epheser 1,3-10. Lesen Sie den Abschnitt und unterstreichen Sie alle Aussagen, die mit „in" beginnen. Sie werden staunen!

● Paulus sagt: Mit Jesus ein neues Leben zu haben, das hat Folgen. Unser Tun („suchen") und unser Denken („trachten") soll so ausgerichtet sein, dass **unsere Gemeinschaft mit Christus gestärkt** wird. Dorthin, wo er ist, sollen wir uns orientieren.
● Dabei meint die Ortsbestimmung **„droben"** gerade keinen bestimmten geografischen Ort. **Sie beschreibt die Welt Gottes.** Diese aber ist überall dort, wo Gott gegenwärtig ist, im Himmel und auf Erden. **Weltflucht ist also nicht angesagt.**
● Die tägliche Erfahrung zeigt allerdings, dass wir nach wie vor unter den irdischen Bedingungen leben. Wir tragen den alten Menschen an uns, obwohl er längst kein Recht mehr an uns hat (vgl. Röm 6,2-4). **Das Neue** ist nach wie vor unsichtbar. Aber **es ist gut aufbewahrt, nicht nur *ver*borgen, sondern auch *ge*borgen mit Christus in Gott.**
● Allerdings wird es nicht immer geheim bleiben. Die Wahrheit über ihn wird einmal sichtbar werden und dann auch alles, was er über uns gesagt hat, z. B. „Ich lebe und ihr sollt auch leben" (Joh 14,19).

- Auf eine himmlische Ouvertüre folgt die **harte Realität**. Wie es Ihnen wohl geht, wenn Sie einen dieser **Lasterkataloge** lesen?
- Mich bewegt Verschiedenes. **Ich staune darüber,** dass sich Jesus Menschen erwählt, deren Leben so wenig in die scheinbar perfekte Welt einer Gemeinde passt. **Ich erschrecke darüber,** dass mit der Jesus-Nachfolge nicht alles anders ist, sondern das Alte einfach mitkommt. **Und schließlich frage ich mich,** ob es heute besser ist.

Was würde Paulus bei Ihnen ankreiden? Was würde er an die Gemeinde schreiben, zu der Sie sich halten?

- V 8 macht deutlich, dass es bereits um **die Gefühle** geht, die wir gegenüber einem anderen empfinden. So hatte auch Jesus in der Bergpredigt die Gebote Gottes radikalisiert: **Im Kopf und Herz fängt es an.** Und dann muss es nicht einmal eine Handlung sein, die uns am anderen schuldig werden lässt, Worte, die sich aus den Emotionen ergeben, reichen schon aus, um eine Atmosphäre zu vergiften.
- Das Gute ist nur, dass es dabei nicht bleiben muss. Das letzte Wort haben nicht Kritik, Tadel oder gar Gericht, sondern **das befreiende Angebot, dass wir schlechte Gewohnheiten ablegen und ein neues Verhalten einüben können.**
- Aber ist das nicht eine Überforderung? Schließlich sehen wir es deutlich an der Gemeinde in Kolossä: So einfach ist das mit dem neuen Lebensstil nicht. Schaffen wir dann die Wende?
- Wen solche berechtigten Fragen umtreiben, der sollte nochmal bei V 9f innehalten. In unübertroffener, typisch paulinischer Widersprüchlichkeit leuchtet auf, **was uns zu Christen macht:**

→ Das, was Christus getan hat, denn der alte Mensch ist schon ausgezogen und der neue geschaffen.

→ Dabei sind wir gefordert, alles zu geben. Denn hineinwachsen müssen wir noch.

● **Das Bild vom An- und Ausziehen** ist anschaulich. Ich stelle mir den Beginn eines Tages vor, an dem ich mich vor dem offenen Kleiderschrank für ein Outfit entscheide. Denn ob ich im Garten arbeite oder am Schreibtisch sitze macht einen Unterschied. Kleidung muss praktisch und angemessen sein.

● Paulus meint, dass wir uns auch für unser Verhalten entscheiden können. Sowohl Aktion als auch Reaktion ist kein Schicksal. Bevor ich jemandem begegne oder mit einer Arbeit beginne, kann ich mich vorbereiten: **Was soll mein Denken, Reden und Tun heute bestimmen?** Wie will ich meinem Ehepartner, meinen Kindern oder der Kollegin begegnen?

● Und so eröffnet er den Lesern einen ganzen Schrank der wunderbarsten Kleider. Fällt Ihnen etwas auf? Die Stoffe, aus denen sie sind, entsprechen denen, die Jesus getragen hat. Unübersehbar kommt er uns in **Sanftmut, Geduld, Barmherzigkeit und Liebe** entgegen. Er (er)trägt alles und ist bereit zu vergeben (V 13).

● **Das Band der Liebe** (V 14) meint den Gürtel, mit dem zu Paulus' Zeiten die weiten Gewänder hochgebunden wurden, bevor man an die Arbeit ging. Er steht für Bereitschaft und Aufbruch (vgl. Lk 12,35).

● In V 15 ist der Schiedsrichter gemeint, kein Herrscher. Wenn es hoch hergeht, dann ist **der Friede Christi** der beste Maßstab. Welche Richtung schlagen wir ein, wie gehen wir miteinander um, damit jeder aus dem Frieden leben kann, den Christus schenkt?

● V 16f verstehen sich von selbst. Wer wie Jesus leben will, der muss ihn kennenlernen. Das geht am besten, wenn man auf ihn hört. Deshalb soll **das Wort von Christus** auch nicht nur ein gelegentlicher Gast sein, sondern in der Gemeinde zu Hause sein.

✎ *Der Musik traut Paulus einiges zu. Auch Lieder bauen die Gemeinde auf, alte (Psalmen) und neue (geistliche Lieder). Welche Erfahrungen machen Sie?*

● Könnten wir mit einer Zeitmaschine in das 1. Jahrhundert n.Chr. eintauchen, wären wir sicher entsetzt. Da lag viel im Argen. Oft wurden Menschenrechte mit Füßen getreten, die für uns heute selbstverständlich sind.

● Kaum vorstellbar z. B., was es hieß, ein **Sklave** zu sein. Auf Leben und Tod waren sie ihren Herren ausgeliefert, **ohne Rechte oder Schutz.** Demgegenüber waren **Frauen** etwas bessergestellt, aber auch **sie galten vor dem Gesetz als Besitz ihres Mannes** und hatten keine Möglichkeit, eigene Entscheidungen zu treffen. Und **Kinder** galten als Noch-nicht-Erwachsene. Oft wurden sie von strengen Aufsehern bewacht, bis sie gelernt hatten, **sich in die Gepflogenheiten zu fügen.** Ein kindgerechtes Leben war das nicht.

● **Paulus ist kein Revolutionär. Er stellt die gesellschaftliche Ordnung seiner Zeit nicht infrage.** Er bittet die Empfänger seines Briefes nur darum, zur Ehre Gottes und im Geist von Jesus zu leben. Fast in jedem Satz nennt er **die Bezugsgröße für den Umgang miteinander: für den Herrn, im Herrn, in der Ehrfurcht vor dem Herrn.**

● Einfacher war das sicher, wenn beide Seiten, Mann und Frau, Sklave und Herr, Christen waren und zur Gemeinde gehörten. Aber ein Leben, das Jesus Ehre macht, kann davon nicht abhängig sein.

● Paulus erinnert an **die Verantwortung,** die wir für unser Handeln tragen. Das letzte Wort über Recht oder Unrecht fällen nicht wir Menschen, sondern Christus, dem sich einmal alle beugen werden, ob sie nun frei sind oder nicht.

V 23 erinnert an den Anfang des Kapitels: Unser Denken und Tun soll sich an Jesus orientieren. Wo lassen Sie sich noch von der Meinung Ihrer Mitmenschen bestimmen, obwohl Jesus Sie ermutigt, anders zu handeln? Wo wünschen Sie sich die innere Freiheit, sich nicht dem Diktat der Gesellschaft oder dem Zeitgeist zu beugen?

● **Vom Reden ist hier die Rede.**

→ **Das Reden mit Gott.** Die Paulusbriefe zeigen, dass er selbst ein beharrlicher Beter war. Paulus hat also Erfahrung und weiß, dass Beten nicht umsonst ist. Jedes Schreiben beginnt er mit einem **Dankgebet für die Christen**, an die er sich wendet – oder auch mit einem **Lob Gottes**. In den Kapiteln, die dann folgen, streut der Apostel immer wieder ein, worum er für die Gemeinden bittet. Er benennt Konkretes. – Hier nun schreibt er, dass er auch umgekehrt auf die Gebets-Unterstützung der Geschwister angewiesen ist. Seinen Einsatz für die Ausbreitung des Evangeliums sieht er nicht als Einbahnstraße. Im Gegenteil: **Paulus vertraut darauf, dass die Fürbitte der Geschwister seiner Mission den Weg ebnet.** Obwohl er gerade im Gefängnis sitzt (V 3d), ist bei ihm von Resignation keine Spur.

→ **Das Reden mit Menschen.** V 5f bieten wichtige Hinweise, worauf man im Gespräch mit Menschen, die Jesus noch nicht kennen („die draußen sind"), achten soll. Mit unseren Worten heute: **Die Worte sollen klug und achtsam sein, freundlich, ansprechend und auskunftsfähig.**

● **Das Bild vom Salz,** das eine Rede würzt, lädt ein, darüber nachzudenken, was damit wohl gemeint ist. Wir kennen ja durchaus „scharfe Worte" oder eine „gesalzene Rede". Das klingt negativ. Paulus denkt dabei aber wohl an positive Aspekte.

✎ *Wenn möglich, dann tauschen Sie sich mit jemandem darüber aus, was schmackhafte, verdauliche Worte sind und was eine scharfe oder eine heilsame Rede ausmacht.*

● Salz hat ja verschiedene Eigenschaften. Es würzt, brennt, heilt und es bewahrt. Vor allem aber macht es das Essen schmackhaft. Worte können also Unterschiedliches bewirken. Jesus bezeichnet seine **Jünger als Salz der Erde** (Mt 5,13). Offensichtlich können wir mit der Wahl unserer Worte direkt anfangen.

● Aus den ersten Jahren der jungen Christus-Bewegung berichtet uns die Apg. Ihr Verfasser Lukas hat sorgfältig recherchiert. In seinem Bericht wechselt er unvermittelt in den Wir-Stil (Apg 16,10) und deutet damit an, dass er – zumindest zeitweise – Paulus auf seinen Missionsreisen begleitet hat. Doch der Fokus in der Apg liegt auf ganz wenigen Akteuren. Abschnitte wie dieser am Ende des Kol (oder auch in Röm 16) lassen uns erahnen, wie viel mehr Akteure daran beteiligt waren, dass sich der Glaube an Jesus so schnell durch den gesamten Mittelmeerraum ausbreitete.

● Von manchen kennen wir tatsächlich nur die Namen, andere begegnen uns an anderer Stelle wieder. Wie z. B. **Onesimus** (V 9), der entlaufene Sklave, der mit Tychikus mitreisen wird. Von Onesimus handelt ein eigener Brief, den Paulus an dessen Herrn Philemon schreibt. Darin bittet er seinen Freund, Onesimus nicht zu bestrafen, sondern ihn wie einen „lieben Bruder" aufzunehmen.

● Ein anderer Bekannter ist **Markus** (V 10), der Vetter des Barnabas. Seinetwegen hatten sich Paulus und Barnabas einst gestritten und schließlich getrennt (Apg 15,37-39). Markus hatte nämlich auf einer früheren Reise die beiden Missionare im Stich gelassen. Barnabas wollte dem jungen Mann eine zweite Chance geben. Paulus war strikt dagegen. Doch inzwischen hatte sich Markus offensichtlich bewährt, denn Paulus nennt ihn zusammen mit anderen seinen „Mitarbeiter" und seinen „Trost".

● Und dann wird tatsächlich **Lukas** erwähnt (V 14), der Arzt, Freund und Autor der Reiseberichte. **Mission kennt nicht nur große Namen. Jeder ist wichtig, der treu die Aufgabe übernimmt, zu der er berufen ist.**

● Und noch ein Geheimnis erfahren wir: In V 16 wird ein **Brief an die Gemeinde in Laodicea** erwähnt, den wir aber in unserer Bibel nicht finden, ein klares Zeichen dafür, dass mehr Schriften von Paulus im Umlauf waren als später in den Kanon des NT aufgenommen wurden.

Dieser Psalm ist ein **Hochzeitslied für und ein Lobgesang auf den König Israels**. Doch wir können diesen Psalm **zugleich als Prophetie auf den messianischen König** hin lesen. Nach V 2 fließen Herz und Mund des Autors über, was als inspirierte Rede verstanden werden kann.

- V 3-9: **Der König sticht unter allen heraus.** Doch ist es weniger seine äußere Gestalt, vielmehr macht **sein Wort** seine Herrlichkeit aus. Daneben stehen seine Taten, wenn er im Krieg siegt. Wahrheit und Recht (V 5) verweisen darauf, dass der König vor allem als Helfer der Entrechteten verstanden wird. Wenn er über Völker siegt, breitet sich die Königsherrschaft Gottes aus. Als Gottes Gesalbter (V 8) ist er Gottes Repräsentant. **Erfüllt wird diese Weissagung letztlich in Jesus Christus. Er ist der königliche Messias** (= Christus, Gesalbter) **und sein Thron steht für immer und ewig** (V 7; vgl. 2Sam 7,16; Jes 9,6; Mt 19,28).
- V 10-16: Herrlichkeit und Pracht des Königs werden unterstrichen durch seine opulent geschmückte Braut (V 11.13.14) und deren kostbar ausgestattete Brautjungfern (V 15). Dieses Bild wird neutestamentlich aufgenommen. Auch die neutestamentliche Gemeinde bereitet sich für ihre Hochzeit mit Jesus als Bräutigam vor (vgl. Offb 19,7-9). Zu ihr gehört ein großes Gefolge aus der Völkerwelt, die alle zum Zion kommen werden (vgl. Jes 2).
- V 17-18: Hier ist wieder der König angesprochen, denn nur er kann Fürsten, d. h. Verwalter, einsetzen. Zusammen mit seinen Söhnen wird er ewig herrschen. Der König der Herrlichkeit, dem alle Herrlichkeit der Welt durch die „Braut" zugeführt wird, wird einmal der Zielpunkt der Anbetung durch die Völker sein.

Wenn Sie Teil dieser Völkerwelt sind, die anbetend den Gott-König Jesus verehrt, welche Worte fließen Ihnen aus Herz und Mund (V 2)?

Der Prophet Joel

Über Joel wissen wir wenig. Es fehlen Namen oder Ereignisse, die Rückschlüsse auf die Zeit seines Wirkens zulassen. Weil das Buch gottesdienstliches Leben, priesterliche Themen und den Zion betont, spricht einiges für die nachexilische Zeit: nach dem Bau des zweiten Tempels, der Neuordnung des kultischen Lebens und der Vollendung der befestigten Stadtmauer (2,7.9). Wahrscheinlich ist Joel in die Zeit nach Nehemia zu datieren: nach 420 v.Chr.
Das Joelbuch besteht aus zwei Teilen (Kap. 1f und 3f). Durchgehend wird der Tag des HERRN betont (1,15; 2,1; 2,11; 3,4; 4,14). Beide Teile enden mit einer Erkenntnisaussage: Ihr sollt's erfahren, dass ich mitten unter Israel bin (2,27; ähnlich 4,17). Das Buch beginnt mit Klagen (1,4-20; 2,1-7), dann folgen Heilszusagen (2,19ff; 3,1-4,21). Erwartet wird das Gericht über die Völker und Segen für Jerusalem.
Beklagt werden Heuschreckenplage und Dürre, die alles vernichten; Opfer sind nicht mehr möglich. Joel sieht in dieser Notlage Vorboten des Endgerichts: Der Tag des HERRN ist nahe (1,15; 2,1.11). Schon Amos hatte davor gewarnt, den „Tag Jahwes" als Freudentag zu erwarten (Am 5,18-20). Ähnlich Joel: „Der Tag des HERRN ist groß und voller Schrecken" (2,11). Ein Fasten für alle wird ausgerufen (2,15). Man hofft auf Rettung durch tiefgreifende Buße („Zerreißt eure Herzen und nicht eure Kleider"; 2,13) und auf Gottes Gnade und Barmherzigkeit.
Gottes Gnaden- und Segenszusage (Fruchtbarkeit des Landes) zeigt, dass er der alleinige Herr Israels ist und bleibt (2,18-27). Durch die Ausgießung seines Geistes über alle (!) – nicht nur über besondere Personen – wird eine neue, intensivere Gottesbeziehung ermöglicht (3,1-5), eine Verheißung, die Petrus im Pfingstgeschehen erfüllt sieht (Apg 2,14-21).
In Jerusalem werden die Völker gerichtet, die sich an Israel vergangen haben (4,2). Für Israel wird Gott selbst die Zuflucht und die Burg sein (4,16).

● Der Name **Joel** ist ein Bekenntnis: **„Jahwe ist (einziger) Gott"**. Das wird sich am **„Tag des HERRN"** (V 15) als wahr erweisen, wenn er alle Feinde überwindet (4,2ff.19), rettet, wer seinen Namen anruft (3,5), und sein Volk mit seinen guten Gaben überreich beschenkt (2,25; 4,18). Zuvor jedoch ist dieser Tag der Gerichtstag (4,12). Joel deutet Heuschreckenplage und Dürre (V 17-20) als dessen Vorboten bzw. Modell: Wie diese alles vernichteten (V 4.6f), so wird an jenem Tag alles verwüstet werden (V 15). Wie keiner ihnen entkommen konnte, so gibt es an diesem Tag kein Entkommen (2,3).

● Anschaulich beschreibt Joel die Heuschrecken, welche die gesamte Ernte fressen (1,4.7.10). Das Volk kann nur klagen (V 5.8). Die Priester trifft es besonders hart: Sie können nicht einmal mehr opfern (V 13). Gottes Gericht reicht so weit, dass das Volk keine Möglichkeit hat, sich durch Opfer Gott zu nahen und Versöhnung zu erwirken. Sie sind dem Tod und Verderben ausgeliefert. Ihnen bleibt nur noch, sich im Tempel zu versammeln, ein Fasten auszurufen und zum HERRN zu schreien (V 14).

● **Dabei kann Israel einzig auf Gottes Mitleid und Ehre hoffen** (2,17). Das Fasten zeigt, wie ernsthaft die Israeliten sich (wieder) dem HERRN zuwenden wollen.

Lesen Sie bitte 2Mose 34,6-7. In V 7b kündigt Gott an, die nachfolgenden Generationen zu prüfen, ob sie dieselben Sünden begehen wie ihre Väter. Wie verstehen Sie das auf diesem Hintergrund von Joel 1,3? Was bedeutet das für Sie im Blick auf den Tag des HERRN?

● **Die Kreuzigungsberichte der Evangelien deuten den Tod Jesu auf dem Hintergrund des Tages des HERRN** (vgl. 2,2 mit Mt 27,45): **Jesus erleidet das Gericht. Jeder, der sich ihm anvertraut, braucht Gottes Gericht nicht zu fürchten, sondern kann ihm wachsam und nüchtern entgegengehen** (1Thess 5,1ff; 2Petr 3,1ff).

● **Diese Verse sind eine Steigerung von Kap. 1**. Judäa hat bereits unter einer außergewöhnlichen Heuschreckenplage gelitten, doch der „Tag des HERRN" (V 1) wird noch weit verheerender sein. Die Menschen bringen die Plage mit dem Tag des HERRN in Verbindung, der von früheren Propheten angekündigt wurde (Am 5,18-20; Jes 13,9ff). Joel macht klar: Die erlebte Katastrophe ist nur ein Vorbote (vgl. 1,15). Die weit schlimmere Katastrophe steht noch aus. Ihr kann niemand entrinnen. Dann sind alle ohne Ausnahme bedroht (V 11). Joel schildert den Tag des HERRN mit Bildern des Krieges und mit kosmischen Katastrophen (V 10). Dabei warnt der Herr sein Volk vor sich selbst – ein (versteckter) Hinweis auf Gottes letztendliche Güte und Liebe!

● Das **NT greift den Tag des HERRN an verschiedenen Stellen auf**: Es spricht von „jenem Tag" (2Thess 1,10), „dem Tag" (1Thess 5,4) oder auch vom „Tag des Zorns" (Röm 2,5; Offb 6,17) bzw. „Tag des Gerichts" (2Petr 2,9; 3,7). Es identifiziert ihn mit dem „Tag Christi" (Phil 1,6.10; 2,16) – HERR bezieht sich also auf den Kyrios (Herrn) Jesus. Jesus selbst spricht vom „Tag des Menschensohnes" (Lk 17,22.24.30), an dem er als Richter (2Kor 5,10) wiederkommt und die Gerechten erlöst (Eph 1,14). An diesem Tag werden die Toten auferstehen (1Thess 4,16). Sowohl im AT wie im NT wird angekündigt, dass mit dem Gericht Gerechtigkeit wiederhergestellt wird (Jes 32,16ff; 2Petr 3,13). **Dementsprechend ist er für alle, die zum HERRN gehören, letztlich – trotz des Gerichts – der Tag der Rettung und des Heils.**

✎ *Lesen Sie bitte 1Thess 5,4-11. Achten Sie darauf, wie Paulus einerseits vor dem Tag des HERRN warnt und andererseits den Gläubigen die Erlösung zuspricht.*

● Die Konsequenzen aus dem „nahen Tag des HERRN" (1,15) ziehen V 12ff.

● In V 12-17 **zeigt Gott einen Ausweg, dem Tag des HERRN zu entkommen: aufrichtige „Umkehr", d. h. Hinwendung (!) mit „ganzem Herzen" zum HERRN** (V 12). **Dennoch hängt alles (!) von Gottes Erbarmen ab: Die einzige Hoffnung für Israel besteht darin, dass Gott sich als „gnädig, barmherzig, geduldig und von großer Güte" erweist**, so wie er sich beim Bundesschluss am Sinai vorstellte (vgl. V 13 mit 2Mose 34,6). Aufseiten des Menschen entspricht dem die aufrichtige Hinkehr zum HERRN. Opfer, Fasten, Weinen und Klagen bringen dies sichtbar zum Ausdruck (V 14ff). **Entscheidender jedoch als diese äußeren Zeichen und Riten ist die Bekehrung der Herzen**: „Zerreißt eure Herzen und nicht eure Kleider" (V 13). Das aber kann der Mensch nicht, so wenig er sich ein neues Herz schaffen kann. Allein Gott kann durch seine Kraft bzw. seinen Geist die Herzen erneuern (Ps 51,12). Deshalb wird der Geist Gottes *vor* dem „Tag des HERRN" über alle Menschen ausgegossen (3,1).

Welche Bedeutung hat Umkehr für Ihre Beziehung zu Jesus Christus? Was verstehen Sie unter „aufrichtig" umkehren? Lesen Sie dazu bitte Ps 51.

● Auch im NT folgt der Heilige Geist nicht dem Glauben, sondern der Glaube dem Heiligen Geist (vgl. 1Kor 12,3). Martin Luther erklärt zum Glaubensbekenntnis: „Ich glaube, dass ich nicht aus eigener Vernunft noch Kraft an Jesus Christus meinen Herrn glauben oder zu Ihm kommen kann, sondern der Heilige Geist hat mich durchs Evangelium berufen, mit seinen Gaben erleuchtet, im rechten Glauben geheiligt und erhalten".

● Anders als bei den großen Propheten führt Joel keine Sünden als Grund für das gegenwärtige Elend des Volkes an. Warum bleibt offen. Das Volk Israel muss lernen, dass der HERR ihr Gott ist, unter ihnen wohnt und sein Volk nicht zugrunde gehen lässt (vgl. V 17 mit V 27).

• Mit V 18 beginnt der **zweite Hauptteil** des Joelbuches (2,18-4,21a). V 18-27 beschreiben Gottes Reaktion auf das Bußgebet: **Gott erbarmt sich über Israel und richtet die Völker. Israels Reue wird bei Weitem durch Gottes Wiedergutmachung übertroffen:** Die Felder sind wieder fruchtbar (V 19.22), Schädlinge (vgl. 1,4) zerstören nicht länger die Ernte (V 25) und die Dürre hat ein Ende (V 20.23). Gott ersetzt, was die Menschen durch die Hungerjahre verloren haben (V 25).

• Grund für Gottes erbarmendes Eingreifen (V 18: „eiferte") ist nicht (allein) die Reue Israels. Im Hintergrund steht **Gottes Mitleid** (V 18; LUT: „verschonen"). Israel soll „erfahren" (= erkennen): Allein der HERR ist der Gott Israels und wohnt unter seinem Volk (V 27). Israel soll zu Gott zurückfinden und ihn loben (V 21.23.26).

• **Wir entdecken Gottes Mitleid und Nahesein nicht in irdischem Wohlergehen** (vgl. 2Kor 11,25ff), **sondern in Jesus Christus** (Mt 1,23; 28,20). Am Kreuz erbarmt sich Gott über uns; hier teilt Jesus unser tiefstes Leid. Das, was am Kreuz für uns geschah, können wir nicht ermessen noch begreifen. Unsere Reaktion darauf ist das Lob und der Dank. „Der Glaube ist ein Vogel, der singt, auch wenn die Nacht noch dunkel ist."

> ✎ *Wie verbinden sich Klage und Lob, wenn Sie singen und beten? Können Sie Gott loben, wenn die Umstände nicht so sind, wie Sie es erbeten oder erhofft haben?*

• Wann gehen diese Verse in Erfüllung? Joel ruft Israel zur Umkehr (2,13); V 18ff beschreiben Gottes unmittelbare Reaktion. Zugleich weisen sie auf Gottes Handeln am Ende der Zeit hin. Die umfassende Erfüllung dieser Verse steht noch aus. Letztlich blickt Joel auf die Wiederkunft Jesu voraus. Erst dann wird Gottes Volk (Israel und die zum Glauben gekommenen Völker) „nicht" bzw. nie mehr „zuschanden werden" (V 26.27).

● Um diesen Abschnitt besser zu verstehen, ein kurzer Rückblick auf die Geschichte Israels: Gott schließt mit dem Volk einen Bund. Doch das Volk geht eigene Wege und bricht diesen. Immer wieder ruft Gott das Volk zur Umkehr auf, doch die Rückkehr zu Gott hält nie lange an. **Deshalb kündigt Gott einen neuen Weg an: die Ausgießung seines Geistes über alle Menschen** (und nicht wie bisher nur besondere; V 1). Gottes Geist ermöglicht, zu Gott umzukehren und seinen Namen anzurufen (vgl. die Auslegung vom 14. Mai). Nur so ist Rettung aus dem Gericht (vgl. 2,1-11; 4,1-21) möglich.

● **Gottes Geist führt auch zur Erneuerung der Beziehung zu Gott** (vgl. Hes 36,26f). „Weissagen" (wörtl.: „Prophet sein"), „Träume haben" und „Gesichte sehen" (V 1) sind Gaben, die ursprünglich den Propheten vorbehalten waren, weil sie direkt mit Gott in Verbindung standen.

● **In seiner Pfingstpredigt zitiert Petrus Joel 3**. Petrus zeigt die Erfüllung dieser Prophetie: **Die Endzeit hat begonnen. Jesus ist dabei, sein Reich aufzurichten**. Nicht nur Israel, sondern allen Völkern (Mt 28,19) muss deshalb bekannt gemacht werden: „Wer des HERRN Namen anrufen wird, der soll errettet werden" (V 5). Dabei ist für Petrus und die Apostel eindeutig: Der HERR wird in Jesus angerufen (Apg 2,21ff; Röm 10,13). **Wo Jesus bekannt, angebetet und gepriesen wird, da ist der Heilige Geist am Werk** (vgl. 1Kor 12,3). **Wer zu Jesus Christus gehört, muss sich darum auch nicht vor dem Tag des HERRN fürchten**, denn „wenn wir mit Gott versöhnt worden sind durch den Tod seines Sohnes, als wir noch Feinde waren, um wie viel mehr werden wir (im Gericht am Tag des HERRN) gerettet (LUT: selig) werden durch sein Leben" (Röm 5,10).

✎ *Woran machen Sie fest, dass Sie den Heiligen Geist haben?*

● **Gott gebraucht die Völker** (vgl. Jes 7,18), um sein Volk, das den Bund mit ihm bricht, zu strafen (V 2). Doch sie führen das Gericht maßlos und menschenverachtend aus (V 3-8). So ruft Gott sie zur Verantwortung, d. h. vor sein Gericht. „Tal Joschafat" bezieht sich nicht auf einen konkreten Ort, sondern ist im übertragenen Sinn zu verstehen; Joschafat bedeutet: „Jahwe richtet". Das Tal ist der Ort der „Entscheidung" (V 14), an dem Gott mit den Völkern ins „Gericht gehen wird" (so wörtlich für „rechten"; V 2).

● Joel beschreibt den Vollzug des Gerichts in typisch alttestamentlichen Bildern: Ernte und Kelter (V 13; vgl. Jer 51,33f), Zerfall des Weltalls (vgl. V 15; 2,10; 3,4 mit Jes 13,10) und „heiliger Krieg" (V 9). Der Herr selbst (vgl. V 8) treibt die Völker in einen Krieg, der für sie den Untergang bedeutet (V 9-16; vgl. V 10 mit Jes 2,4; Mi 4,3), und er selbst trifft die Entscheidung (V 16). „Vor der letzten Entscheidung steht der Bankrott der Menschen, die unfähig sind, von sich aus den Endfrieden und das Endreich herbeizuführen und zu gestalten; aber wo ohne Gott nur der Wahnsinn des Menschlichen sichtbar wird, da sieht der Glaube die Hand Gottes am Werk, der seinen Plan unbeirrt durch menschliche Verwirrung zum Sieg führt" (A. Weiser).

● **Gottes Handeln zielt** erneut (vgl. 2,27) **darauf, dass Israel seinen Gott erkennt** (V 17). Rettung (V 16d-17) erfährt, wer „des HERRN Namen anrufen wird" (3,5). Gemeint sind damit zunächst Juda und Israel, doch vom NT her sind auch die Völker mit einbezogen.

● Joel 4 bietet keine „leichte Kost". Dennoch lassen sich zentrale Themen erkennen: Einerseits die Ankündigung des Tages des HERRN als Tag des Gerichts (Offb 20,11ff). Andererseits der Ruf zur Umkehr als einziger Weg der Rettung (Apg 2,37f; 2Kor 5,20). Dabei ist es Gottes Geist (3,2), der führt und leitet. Damit baut Joel mit seiner Botschaft eine Brücke zum NT.

Psalm 30 ist ein sog. **Danklied**. Ob David den Psalm vorausschauend auf den ersehnten und ja erst von Salomo erbauten Tempel geschrieben hat oder die Überschrift erst im Gebrauch des Psalms ergänzt wurde, darf offenbleiben. Entscheidend ist die Offenheit des Psalms für die bis heute vielfältigen Erfahrungen von Not und Errettung.

● Der Psalm gliedert sich in **zwei Hauptteile**, in **ein Danklied** (V 2-6) **und einen ausführlichen Rückblick auf die erlittene Not sowie Gottes wunderbares Eingreifen** (V 7-13).

● Beides können wir von ihm lernen:

→ **Lob muss man wollen.** Entsprechend beginnt und beendet David den ersten Teil mit einer Lobaufforderung an sich selbst und an seine Mitmenschen.

→ Jeder Dank sollte **konkret** sein. Aus diesem Grund geht David in V 7-13 ausführlicher zurück in die Geschichte.

● Einige spannende Einzelbeobachtungen:

→ Was meint David, wenn er bekennt, Gott habe ihn „emporgezogen" (V 2) oder „aus dem Scheol heraufgeholt" (V 4)? Für die Menschen des AT grenzt schweres Leid an Todeserfahrung. Tot ist nicht erst, wer seine Augen nicht mehr öffnet. Auch gesellschaftliche Ausgrenzung oder erfahrenes, schweres Unrecht sind „Todeserfahrungen". Gleich einer Hand aus der Unterwelt (hebräisch Scheol) greift der Tod ins Leben und zieht den Menschen zu sich hinab. **Wenn Gott rettet, dann rettet er deshalb nicht nur aus einer Notsituation heraus, sondern aus dem Machtbereich des Todes** und hinein in seine Gegenwart, sinnbildlich im Tempel (V 1).

→ V 10: David verhandelte in seiner Not geradezu mit Gott: „Wenn ich in der Sphäre des Todes verbleibe, dann hast du einen Anbeter weniger, denn im Tod gibt es keinen Lobpreis und keine Verkündigung deiner Treue. Du handelst also in deinem eigenen Interesse, Gott, wenn du mich rettest."

→ V 13: Entsprechend schließt David mit einem **Versprechen**. Was Gott getan hat, will er nie vergessen: „HERR, mein Gott, ich will dir danken in Ewigkeit."

Die Apostelgeschichte

Die Apostelgeschichte ist der zweite Teil des lukanischen Gesamtwerkes. Lukas zeigt den Weg der Christusbotschaft von Jerusalem nach Rom, bis ins Zentrum der römischen Weltmacht. Jesu letztes Wort vor seiner Himmelfahrt (Apg 1,8) ist zugleich „Gliederung" der Apostelgeschichte: „Ihr werdet die Kraft des Heiligen Geistes empfangen ... und werdet meine Zeugen sein in Jerusalem (Apg 1–7), in ganz Judäa und Samaria (Apg 8–12) und bis an das Ende der Erde" (Apg 13–21: drei Missionsreisen; Apg 21–28: drei Gefangenschaften, zuletzt in Rom). Am Schluss heißt es: „Paulus aber blieb zwei volle Jahre in seiner eigenen Wohnung (in Rom) und nahm alle auf, die zu ihm kamen, predigte das Reich Gottes und lehrte von dem Herrn Jesus Christus mit allem Freimut ungehindert" (28,30.31).

1. Alles Wirken der Apostel ist nicht denkbar ohne die Kraft des Heiligen Geistes. Der Geist bevollmächtigt und sendet, lässt Gemeinden entstehen und wachsen, durchkreuzt menschliche Pläne und öffnet Türen in neue Landstriche. Jemand schrieb zu Recht: „Der Heilige Geist ist der Missionsdirektor."

2. Lukas zeigt durch viele Reden, dass die Ausbreitung des Evangeliums vor allem eine Wirkung von „Predigten" ist. Neues wird durch Reden markiert: der Beginn der Heidenmission (7,1ff und 10,34ff), der Höhepunkt der Mission unter Heiden (17,22ff), der Abschluss der Mission des Paulus im Osten (20,18ff).

3. Petrus ist in der ersten Hälfte (Apg 1–12), Paulus in der zweiten Hälfte (Apg 13–28) die dominierende Gestalt. Lukas bemüht sich um eine gewisse Parallelität zwischen Petrus und Paulus: Von beiden werden je acht Reden überliefert, beide heilen einen Lahmen (3,2ff; 14,8ff); beide wecken einen Toten auf (9,40f; 20,10); beide überwinden einen Magier (8,18ff; 13,8ff); von beiden geht eine magische Heilwirkung aus (5,15; 19,12); beide werden wunderbar aus der Haft befreit (5,17ff; 12,2ff; 16,23ff).

4. Lukas berichtet von drei Missionsreisen und drei Gefangenschaften des Paulus (jeweils sieben Kapitel). So wird deutlich: Mission und Leiden gehören zusammen; ja, das Leiden der Gemeinde bzw. einzelner Apostel kann zum „Missionsmittel" Gottes werden. Im Gefängnis erfahren Menschen von Jesus, die sonst nie erreicht würden. Missionarisches Wirken – verbunden mit Verfolgung – durchzieht die ganze Apostelgeschichte.

5. Der Titel „Apostel"geschichte verleitet dazu, nur das Wirken der Apostel als „Mission" zu sehen. Lukas zeigt jedoch gleich zu Beginn, dass das „Leben der Gemeinde" ebenfalls missionarisch ist. Seine zusammenfassenden Berichte über die ersten Christen machen in den Schlusssätzen deutlich (2,47b; 5,14; 6,7): Ihr Zusammenleben, ihr Zusammenstehen hat anziehende Wirkung.

6. Von großer Bedeutung für den Weg der Mission sind die Griechisch sprechenden Judenchristen, der Kreis um Stephanus und Philippus, auch „Hellenisten" genannt. Sie werden häufig übersehen, siehe auch 6,1-7; 11,19-26. Nicht die Apostel, sondern Stephanus bekennt als Erster, dass seit Jesu Tod und Auferstehung der Tempel und das Gesetz nicht mehr heilsentscheidend sind (6,11-14). Er wird deshalb der erste christliche Märtyrer (7,54ff). Die Stephanusgruppe wird verfolgt, muss Jerusalem verlassen, nicht die Apostel (8,1). Die Verfolgten beginnen in Antiochia mit der Heidenmission (11,19-26). In diese Gemeinde kommt Paulus und erlebt hier das „gesetzesfreie Evangelium". Antiochia wird seine „Missionsgemeinde", die ihn und Barnabas aussendet (13,1-3) und die sein Missionswerk kräftig unterstützt.

Montag, 19. Mai — Apostelgeschichte 1,1-14

● V 1-3: Nach seiner Auferstehung schenkt Jesus den Jüngern noch **40 Tage gemeinsame Zeit**, um sie, wie ein Trainer seine Mannschaft, „einzuschwören" auf ihren Auftrag (V 2) und das Ziel der Heilszeit: das **Reich Gottes (also den Bereich, in dem Gott als König regiert).**

● V 6ff: Die Jünger warten wohl noch immer auf den großen Paukenschlag. Aber Jesus gibt ihnen eine **neue Perspektive: Gott wird mit *ihnen* das Neue beginnen** (V 8):

→ Eine neue **Kraft** wird sie bewegen: der Heilige Geist.

→ Er wird sie mit einem neuen **Lebensinhalt** erfüllen: Jesu Zeuge zu sein.

→ So wird sich Gottes Reich **ausbreiten** wie ein weltumspannendes Netzwerk.

Jesus zeigt damit:

→ **Gottes Reich kommt** nicht **durch Schaffung** neuer Strukturen, sondern **neuer Menschen.**

→ **Gottes Reich beginnt** nicht mit dem Appell, etwas zu tun, sondern **mit der Befähigung, etwas zu sein: Jesu Zeuge.**

→ **Die Ausgießung des Geistes ist Gottes Königsweg,** sein Reich, seinen Einflussbereich auszubreiten.

Jesu Zeuge sein – was könnte das für Sie heute bedeuten?

● V 9-11: Nochmals wird den Jüngern eine neue Perspektive eröffnet (V 10f): Nur „von den Augen" (V 9) ist Jesus weggenommen.

● V 12-14: Die Namensliste zeigt, mit welch kleinem „Haufen" Jesus sein Reich beginnt: Jesu Mutter und seine einst kritischen Brüder sind nun mit dabei. Einmütig befolgen sie Jesu Auftrag, in Jerusalem auf das Verheißene zu **warten** (V 4f). Dabei ist ihr Warten kein passives Ausharren, sondern **höchst aktiv**: V 14!

● **Wer betet, streckt seine Hände erwartend Gott und seinen Verheißungen entgegen und wird so bereit zu empfangen.**

● Wie tief muss für die Jünger der Schmerz über den **Fall des Judas** sein? Was tun? Petrus ergreift – wie schon oft – die Initiative. In knappen Worten umreißt er noch einmal das schreckliche Ende des Verräters (V 18f und Mt 27,3-5 berichten aus verschiedenen Blickwinkeln dasselbe Geschehen). Er versucht, die Situation zu deuten im Licht von Psalmversen, die allen vertraut sind. **Sein Fazit: Es muss jemand anderes das Apostelamt empfangen, und zwar ein treuer Jünger und Zeuge der Auferstehung.** Die Jünger stellen zwei Kandidaten auf und beten um Klarheit, welchen „aus diesen beiden" der Herr auserwählt habe (V 24), man wirft das Los, und das Los fällt auf Matthias.

● Alles verständlich. Und doch **bleiben Fragen.** Warum „musste" es gerade *jetzt* sein? **Entscheidungsdruck erhöht die Gefahr, Gott vor falsche Alternativen zu stellen.** (übrigens wurde das Losverfahren später – nach Pfingsten (!) – in der Urgemeinde nicht mehr praktiziert). So verständlich die Nachberufung war: War sie auch geistlich legitimiert? Der Geist, der in alle Wahrheit leitet, war ihnen ja noch nicht gegeben; auf ihn sollten sie warten (V 4). Warum konnten sie nicht warten mit dieser wichtigen Entscheidung?

Kennen Sie diesen Zwiespalt? Wann „muss" ohne Zaudern und Zögern etwas angepackt werden, und wann gilt: „Wer glaubt, wird nicht ängstlich eilen" (Jes 28,16 ELB)? Welche Rolle spielt hier der Heilige Geist? Ohne ihn ist vieles gut gemeint und schlecht gemacht.

● Auch zu Matthias bleiben Fragen offen. Warum wird er in der Apg nicht mehr erwähnt? **Hatte Gott vielleicht gar nicht ihn auserwählt, sondern einen andern vorgesehen?**

● Aber tröstlich bei allen Unwägbarkeiten: **Die Apostel bleiben beharrlich im Gebet, und der Herr bleibt beharrlich bei seiner Verheißung!**

● Pfingsten ist **Erfüllung.** Dreimal findet sich hier dieses Wort:
→ V 1: „Als der Tag des Pfingstfestes zur Erfüllung kam" (so wörtlich). Das wunderbare Geschehen ist die Erfüllung dessen, was Gott oftmals verheißen hat – den Neuanfang durch seinen Geist: Schon im AT (Hes 36,26f; Joel 3 und vor allem durch Jesus Joh 14-16; Apg 1,5).
→ V 2: Es beginnt mit einem gewaltigen Windbrausen. Es erfüllt das „ganze" Haus, in dem die Jünger sind. **Gottes Geist ist nicht mehr nur ein begrenztes Geschenk an einzelne Auserwählte.** Der Geist kommt über die ganze Gemeinschaft, die in Jesu Namen versammelt ist. **Gott bewirkt einen neuen Geist der Gemeinschaft.**
→ V 3f: „Wie Feuerzungen sich zerteilen", so „verteilt" sich dann dieser eine Geist auf jeden Einzelnen. Jeder wird erfüllt. **Gottes Geist bewirkt** nun nicht nur besondere, befristete Erfahrungen, sondern **prägt das ganze Leben.**

● V 4b-6: Das hat Auswirkungen bei den Jüngern: Aus verunsicherten, zurückgezogenen Menschen werden begeisterte Bekenner. Sie können es nicht lassen (vgl. Apg 4,20), vor der Menge die großen Taten Gottes zu preisen (V 11). Sogar in fremden Sprachen, wie es ihnen der Geist eingibt. **Der Heilige Geist bewirkt Gottes-Begeisterung und ein neues Bekennen.**

● V 7: Das hat Auswirkungen in der Umgebung: Die Zuhörer sind außer sich – aber vor allem staunen sie: Wir „hören" von Gottes großen Taten „in unseren Sprachen"! **Jeder ist persönlich angesprochen. Der Heilige Geist bewirkt Betroffenheit und ein neues Hören.**

● V 8ff: Die Nennung der 16 Volksgruppen zeigt, wie sich der Radius der Jesusbotschaft ausweitet. **Der Heilige Geist öffnet neue Horizonte.**

● V 13: Aber es gibt auch die **ganz andere Reaktion:** Manche spotten über das Erfahrene und halten die Jünger für betrunken.

● Pfingsten war ein einmaliges Geschehen. Aber **darin zeigen sich typische Wesensmerkmale des Heiligen Geistes und seines Wirkens bis in unsere Gegenwart.**

● **Das Pfingstwunder hat bei der Volksmenge noch keinen Glauben gewirkt.** Die Vorgänge sind für sie ein Problem: Ihnen ist nicht klar, woher das kommt und wohin das führt. Und die Jünger? **Petrus geht in die Offensive** und spricht die Juden geradeheraus an. Ihren Spott übergeht er nicht, sondern entkräftet ihn mit einem einleuchtenden Argument. Dann aber argumentiert er nicht mehr, sondern bezeugt die Bedeutung des Geschehens anhand der Heiligen Schrift. Ob ihm selber durch Gottes Geist dies Wort aufgegangen ist und Klarheit gebracht hat, sodass er „weissagen" kann? **Denn das wirkt der Heilige Geist – auch heute:**
→ **Er „aktualisiert" das Wort** (vgl. Joh 14,26) und
→ **gibt Vollmacht, es recht auszulegen und zu verkündigen** (1Kor 2,13f; 2Petr 1,20f).

Leben Sie im Alltag eher problemorientiert oder verheißungsorientiert? Welchen Stellenwert haben Gottes Verheißungen für Sie?

● Petrus verkündet **die Geist-Ausgießung als endzeitliche Erfüllung der Verheißung aus Joel 3.** Mit Pfingsten ist die Endzeit angebrochen. Die Verheißung gilt nun nicht mehr nur Israel, sondern „allem Fleisch". Was das faktisch bedeutet, wird Petrus erst später erkennen (Apg 10,34f.44-47).
● Der zweite Teil der Verheißungen Joels (V 19f) ist allerdings bis heute nicht eingetroffen. Wie ist das zu verstehen? **Prophetenworte sind wie Fernblicke in der Bergwelt.** Die Gipfel scheinen direkt hintereinander zu stehen, und doch können zwischen ihnen tiefe Täler und weite (Zeit-)Strecken liegen. Viele Propheten- und Jesusworte zeigen das gesamte Zukunfts-Panorama, ohne die „Phasen" der Heilszeit zu unterscheiden. Einen „Endzeitfahrplan" können wir so nicht aufstellen – und sollen es auch nicht. Denn: **„Jetzt ist die Zeit der Gnade."** Seit Pfingsten gilt V 21 ohne Ausnahme, für alle Zeit!

● Im heutigen Abschnitt sehen wir, wie der Heilige Geist durch Petrus und seine Rede weiterwirkt. **Typisch für den Heiligen Geist ist:**

→ **Jesus wird in den Mittelpunkt gerückt** (vgl. Joh 16,14): Petrus hält eine Jesus-Predigt. Er erinnert die Israeliten an das, was sie mit Jesus erlebt haben: Wunder, Kreuzigung, Auferweckung (das Grab war leer); und er bezeugt: Das hat Gott gewirkt. Mit großer Eindringlichkeit bekennt er am Ende: Jesus ist der Christus, der versprochene Erlöser (V 36).

→ **Die Heilige Schrift wird aktuell und lebendig, damit Menschen die Geschichte verstehen und Glaubensgewissheit erlangen:** Mit den Schriftzitaten will Petrus die Juden abholen und zeigen, dass schon in der jüdischen Bibel auf den kommenden Messias und seine Auferweckung und Erhöhung zur Rechten Gottes hingewiesen wurde (vgl. das Zitat Ps 110,1 in V 34f). Durch die Bibel, die der Heilige Geist ins Herz übersetzt, gewinnen Menschen Gewissheit, **dass Jesus der verheißene Messias ist.** Die Deutung mancher AT-Verse auf den Messias hin ist heute nicht immer leicht nachvollziehbar. Aber die Verse enthalten Details, die in der damaligen Geschichte nicht aufgingen und prophetisch über sie hinausweisen (z. B. V 29ff; Jes 53). Sie zeigen, wie Gott die Erlösung von langer Hand vorbereitet und angekündigt hat.

→ **Die Sünde wird ohne jede Beschönigung aufgedeckt** (V 23.36; vgl. Joh 16,8f): Ihre Sünde ist, dass sie nicht an Jesus glauben. Sie haben ihn ans Kreuz geschlagen. Das bleibt ihre Schuld, obwohl es zu Gottes Plan gehört. Gott ist so souverän, dass er sogar das sündhafte Verhalten Israels in seinen Plan zur Erlösung von ihrer Sünde einbezieht.

✎ *Die Messias-Hinweise im AT laden uns dazu ein, neu zu staunen über Gottes Erlösungsplan. Lesen Sie z. B. Jes 53 – all das geschah wegen uns und für uns!*

● Die Wirkung der Verkündigung ist gewaltig. **Der Heilige Geist schafft,**

→ **dass Menschen zutiefst im Herzen getroffen werden** (V 37 wörtlich: „durchbohrt") und sie erkennen: Wir können nicht mehr so weiterleben.

→ **dass Menschen gerettet werden** (V 40), indem sie „das Wort annehmen".

● Die kritische Distanz der Zuhörer ist weg. Betroffen fragen sie die „Brüder" (!), was sie tun sollen. Petrus nennt **drei Schritte** (V 38):

→ **Tut Buße!** Buße ist kein zerknirschtes Eingeständnis von Fehlern, sondern ein fröhlicher Konkurs vor Gott: Über mein falsches, zielverfehltes Leben erteile ich ihm die Verfügungsgewalt, damit er es neu ausrichtet.

→ **Lasst euch taufen!** Diese Missions-Taufe (durch Untertauchen) ist keine magisch wirkende Handlung, sondern bewirkt, was das Wort zuspricht: das Abwaschen der Sünden und die Überschreibung des Lebens „auf den Namen Jesu".

→ **Ihr werdet den Heiligen Geist empfangen!** Dies ist die direkte Folge der Lebensübergabe: Ab sofort sitzt der Heilige Geist am Schaltpult des Lebens. Dieses Angebot gilt Juden wie Nichtjuden (V 39, „die fern sind").

● V 40 fasst zusammen. Die Worte des Petrus waren keine Verteidigungsrede. Keine trockene Lehrpredigt. Kein zweckfreier Diskussionsbeitrag. Lukas nennt es vielmehr (V 40):

→ **„bezeugen":** Wie z. B. ein Unfallzeuge berichtet Petrus als Beteiligter und Betroffener Tatsachen, die er selber erlebt hat. Er ist das geworden, was Jesus in Apg 1,8 vorausgesagt hatte: **Jesu Zeuge!**

→ **„ermahnen und ermutigen"** (das Wort kann beides bedeuten; die Grundbedeutung ist: „herbeirufen"): Eine Mutter ruft ihr Kind herbei, um es zu ermahnen oder zu ermutigen. Genau das tut Petrus. Es ist ein dringliches „Herbeirufen" zu Jesus, getrieben von der Sehnsucht, dass Menschen gerettet werden und zur Jesus-Gemeinde finden. Gott schenke und erhalte uns auch heute solche Retterliebe!

In diesem Psalm geht es um erfahrenen und erhofften Segen.

- V 1-4: **Der Psalm ist gerahmt von Bitten. Am Anfang steht die Bitte um Gnade und Segen.** Wie im aaronitischen Segen (4Mose 6,24ff) wird das Bild vom wohlwollenden Aufleuchten des Angesichts gebraucht. Ein Vergleich: Wenn Eltern zu ihrem schreienden Kind in den Kinderwagen schauen, d. h. ihm ihr Gesicht aufleuchten lassen, wird das Kind oftmals wieder still, weil es sich der Gegenwart der Eltern wieder gewiss ist.
- **Gottes Segnen lässt sich darin erkennen, wie er sein Volk durch die Geschichte geführt hat**: Er hat aus Ägypten gerettet, und, von Wundern durchzogen, durch das Schilfmeer, in der Wüste und im verheißenen Land begleitet. Sein Weg ist eine Heilsgeschichte. Wer diesen Segensweg erkennt, wird zuversichtlich, dass Gott auch weiter heilvoll handeln wird – das gilt selbst für die Völker. Er will auch sie segnen, was er von Anfang an geplant hatte (1Mose 12,3): „In dir sollen gesegnet werden alle Geschlechter auf Erden." Dies erfüllt sich durch Jesus Christus (vgl. Gal 3,14). „Heil" erfahren sie, indem sie an Jesus glauben, und damit Gottes Weg anerkennen, den er mit Israel und mit ihnen geht. Darum Lobpreis!
- V 5-6: Die Völker sind voller Dank und Freude. Denn Gottes Richten und Regieren beinhaltet, dass auch sie in sein heilvolles Handeln einbezogen sind. Darum fließt ihr Herz über.
- V 7-8: Nach Gottes Handeln in der Geschichte kommt nun Gottes Segnen in Form einer reichen Ernte in den Blick. Der Dank für die Heilsgeschichte ist verschränkt mit dem Dank für den Segen auf dem Acker. Gott macht satt – im Herzen durch seinen Geschichtssegen, im Magen durch seinen Erntesegen.

So steht am Ende die zuversichtliche Bitte um erneuten Segen, um erneute Zuwendung, um erneutes Aufleuchten seines wohlwollenden Angesichtes. Die Reaktion wird sein, dass alle Völker und alle Schöpfung ihn voller Ehrfurcht anbeten.

● **Pfingsten ist die Geburtsstunde der Gemeinde Jesu**. Wie ein Neugeborenes hat die erste Gemeinde bereits **die charakteristischen „Anlagen"**. Zu allen Zeiten werden sie sich in der Kirche als wirksam erweisen. Lukas nennt **vier Kennzeichen:**

→ **Gottes Wort:** Durch die Predigt kamen die Menschen zum Glauben. Nun halten sie sich weiter an die „Lehre" der Apostel. Denn sie sind Lernende, die die Predigten als wirksames Wort Gottes aufnehmen (1Thess 2,13), wie Neugeborene „begierig nach der lauteren Milch", die sie zum Wachstum brauchen (1Petr 2,2).

→ **Gemeinschaft:** Nicht bloß nettes Beisammensein. Eher schon Fortsetzung der drei Jünger-Jahre mit Jesus. Aber vor allem zeigt sich hier eine ganz neue **Einmütigkeit** (V 46), von einem Geist bestimmt, ein Leib (1Kor 12,4.12.27); zugleich eine sehr handfeste Liebe, die nicht am Geldbeutel aufhört (V 44f).

→ **Abendmahl und Gebet:** Praktisch wird die Gemeinschaft auch, wenn sie in „Kleingruppen" zusammen essen, das Mahl feiern und mit ihren Anliegen eins werden vor dem Herrn.

● **Die vier Kennzeichen sind** nicht bloß Veranstaltungen, die man mal besucht, sondern **Beziehungen, die permanent gelebt werden**. Über allem steht: „Sie blieben beständig in …". Wie im Tempel (V 46), so leben sie **beständig in diesen Krafträumen**, ja in Jesus selbst – gemäß seiner Verheißung: „Wer in mir bleibt" … (Joh 15,5).

● Zugleich lebt die Gemeinde nicht im frommen Winkel; sie hat **Ausstrahlung in die Umgebung** (V 46f). Gott ist spürbar am Werk (V 43b). Der Grundton der Gläubigen ist Freude und Lob Gottes (V 46f). Und: **Die Gemeinde wächst.** Es ist der Herr, der täglich hinzufügt.

✎ *Wie nehmen Sie diese Praxis wahr? Als Ideal aus goldener Vorzeit? Oder als Herausforderung, den Erwartungshorizont Ihres eigenen Glaubens- und des Gemeindelebens zu überschreiten?*

● Die ersten Christen nehmen weiterhin ganz selbstverständlich an den geistlichen Traditionen des Judentums ihrer Zeit teil. **Petrus und Johannes unterbrechen ihren Alltag, um an den täglichen Gebetszeiten im Tempel teilzunehmen.** Nun, lassen sie sich von der Bitte des Gelähmten zunächst vom Tempelbesuch abhalten.

● Der Kontrast zwischen Bettler und Tempeltür ist besonders extrem. Der Bettler ist von Geburt an gelähmt, sodass er von anderen an den Eingang des Tempels getragen werden muss (V 2). Dieser Mann sitzt zu Füßen des schönsten aller Tempeltore; das Nikanortor besticht durch seine kunstvollen Holzschnitzereien und Messingbeschläge.

● **Die beiden Jünger lassen sich von dem Schicksal des Mannes berühren.** Petrus nimmt Blickkontakt mit dem Bettler auf, es soll zu einer Begegnung auf Augenhöhe kommen. Allerdings muss er die Bitte des Gelähmten um ein Almosen abschlagen, da sie selbst von der Hand in den Mund leben und auf die Gaben anderer angewiesen sind.

Fallen Ihnen Beispiele ein, wo es Ihnen unmöglich war, unmittelbar dem Wunsch eines Menschen nach Hilfe zu entsprechen? Fanden Sie trotzdem Möglichkeiten zur Hilfe? Spielte der Glaube an Jesus dabei eine Rolle?

● **Petrus weist den Bettler auf Jesus hin. Jesus kann helfen.** Die Hilfe von Jesus geht sogar weit über die erbetene materielle Hilfe hinaus. Jesus löst das Lebensproblem seiner Behinderung auf wunderbare Weise.

● Schließlich können die beiden Jünger doch noch am Gottesdienst im Tempel teilnehmen – zusammen mit dem gerade Geheilten. **Vor der schönen Pforte hatte der Gelähmte ganz handfest Gottes Hilfe erfahren, hinter der Tür begegnet er Gott** und verstärkt den Chor derer, die Gott loben und bekennen, dass Jesus ihre Hilfe geworden ist.

● Die Rede des Petrus hat Ähnlichkeiten mit seiner Rede an Pfingsten. Wie an Pfingsten, als den Jüngern Trunkenheit vorgeworfen wurde, muss er sich auch hier **gegen ein Missverständnis zur Wehr setzen: Er hat nicht aus eigener Kraft gehandelt, sondern in der Kraft von Jesus.**

● Er hält die Rede in der **Halle Salomos,** die im östlichen Teil des Tempelgebiets und zum Vorhof der Heiden gehörte. Sie war 490 m lang und 321 m breit, von hohen Mauern umgeben und hatte doppelte oder vierfache Säulenhallen. **Diese Halle wurde offenbar zum Treffpunkt der ersten Christen** (vgl. Apg 5,12).

● Auffällig in der Rede sind **die unterschiedlichen Titel,** mit denen Petrus Jesus charakterisiert:

→ **Knecht:** Gott hat seinen Knecht Jesus verherrlicht (V 13). Jesus hat sich selbst als „Diener" verstanden (z. B. Mt 20,28) und nach dem Christus-Hymnus in Phil 2,7 nahm er mit seiner Menschwerdung „Knechtsgestalt" an.

→ **Heiliger und Gerechter** (V 14): Jesus ist in absolutem Sinn wie Gott selbst heilig und gerecht. Es handelt sich also nicht nur um Eigenschaften, sondern um Bezeichnungen seines vollkommenen Wesens.

→ **Fürst des Lebens** (V 15): Der Begriff ist mehrdeutig: Jesus ist als bereits vor der Schöpfung existenter Gottessohn der Ursprung allen Lebens. Er ist der Herrscher im Reich des Lebens und der, der den Menschen das Leben verspricht (Joh 14,19).

→ **Christus** (V 18): griech. für „Messias", d. h. „Gesalbter", also der im AT vorhergesagte Retter.

→ **Prophet** (V 22): Normalerweise werden Propheten als Vorläufer von Jesus verstanden, wie z. B. Johannes der Täufer. Doch hier bezieht Petrus die Verheißung von 5Mose 18,15 auf Jesus. Er ist der endgültige Prophet.

● Jesus wurde zuallererst zum Volk Israel gesandt (V 26). Wer an ihn glaubt, bekommt den größten Segen, das ewige Leben. Aber auch die Nichtjuden werden diesen Segen erben. Ob die ersten Christen sich auch deshalb im Vorhof der Heiden getroffen haben?

Psalm 47 gehört zur Gruppe jener Psalmen, die **Jahwe als König** preisen (vgl. Psalm 93 und 96–99).

● Der Psalm gliedert sich in **zwei Hymnen** (2-6.7-10). Beide beginnen mit der Aufforderung, Gott zuzujubeln und ihn als König zu feiern. Auf die beiden Lobaufforderungen folgt jeweils die Begründung, weshalb Gott als König zu loben ist (3-6.8-10).

→ V 3 überträgt die Titel zweier Götter aus Israels Umwelt auf Jahwe. „Der Höchste" (hebräisch Eljon) ist eben nicht der ugaritische Gott Eljon, sondern Jahwe. Als „gefürchtet" oder „furchtbar" wird in der kanaanäischen Religion der Gott Baal verehrt. Mit V 3 ist nun aber Jahwe zu fürchten. Durch diesen doppelten Übertrag bezeugt V 3: Jahwe ist König über alle Götter. Zum Beginn des zweiten Teils besingt V 8 Jahwe dagegen als „König der ganzen Erde". **Jahwes Königtum ist umfassend.** Er ist sowohl **Gottkönig** als auch **Weltkönig**.

→ V 10 nennt die Herrscher der Völker nicht „Könige", sondern bezeichnet sie im hebräischen Text als „Schilde". Das ist zwar auch ein Hoheitstitel, doch bleibt die Königswürde so alleine Jahwe vorbehalten.

→ V 4f und parallel V 9f führen Gottes Königsherrschaft aus. V 4f bejubelt die Unterwerfung der Völker und die Erwählung Israels. V 9f geht noch weiter. Gott hat die Völker nicht nur unterworfen. Sie versammeln sich „als Volk des Gottes Abrahams".

✎ *Wie ist das zu verstehen, dass die Völker sich als Volk des Gottes Abrahams versammeln? Weiter hilft uns Josua 24,2f.*

● Auch die Völker werden zum Volk des Gottes Abrahams, wenn sie sich wie Abraham von ihren falschen Göttern abkehren und alleine Jahwe dienen. In Erinnerung an diese Aussicht von Ps 47 singen wir als Christen heute: „**Jesus Christus herrscht als König**, alles sei ihm untertänig; ehret, liebet, lobet ihn!" (EG 123,11)

- Die Heilung des Gelähmten ist nicht der Grund der Gefangennahme der Apostel, sondern die Verkündigung der Auferstehung von Jesus Christus. Dass der als Verbrecher hingerichtete Jesus auferstanden sein soll, bestreiten die Pharisäer vehement.
- In V 2 wird das Verb **„lehren"** verwendet. Die Apostel wollen ihre jüdischen Glaubensgenossen davon überzeugen, dass Gott in Jesus seine Verheißungen an Israel erfüllt hat. Der Erfolg ihrer Unterweisung ist kolossal (V 4). Auch das wird die Feindseligkeit des Hohen Rates gegenüber den Aposteln hervorgerufen haben.
- **Die Mitglieder des Hohen Rats** können die Heilung des Gelähmten nicht bestreiten, sie **wollen wissen, in welchem Namen, d. h. in welcher Autorität, der Mann geheilt wurde.** Schon Jesus hatte man vorgeworfen, bei der Dämonenaustreibung im Bund mit dem Teufel zu stehen (Mt 12,24). Das steht auch jetzt wieder im Raum. In ihren Augen haben die Apostel den Gelähmten im Namen eines Gotteslästerers geheilt.
- Petrus ist **„voll des Heiligen Geistes".** Der Heilige Geist bewirkt also nicht in erster Linie ekstatische Phänomene wie die Zungenrede, sondern auch, **dass ein Christ seinen Glauben mit guten Argumenten verteidigen kann** (vgl. Lk 12,11f).

✎ *In welchen Situationen haben Sie die Hilfe des Heiligen Geistes schon erlebt?*

- Wie Jesus lehrt hier ein Mann aus dem Volk die Schriftgelehrten. Das Verhältnis von Anklägern und Angeklagtem wird auf den Kopf gestellt. **Petrus bekennt sich mutig und kompromisslos zu Jesus und hebt die Einzigartigkeit des von ihm bewirkten Heils für alle Menschen hervor.** Es geht nicht – wie oft gesagt wird – um den Absolutheitsanspruch des Christentums, sondern um das klare Zeugnis, dass allein Jesus die Menschen aus der Verlorenheit retten kann. Dafür hat Jesus auf einzigartige Weise sein Leben geopfert.

● Die Reaktion des Hohen Rats auf die Verteidigungsrede des Petrus entspricht ganz der Reaktion auf Jesus (vgl. schon Joh 7,15): **Die führenden Gelehrten sind ratlos und wundern sich.** Ratlos sind sie vor allem deshalb, weil hier ungelehrte Menschen ohne formale Bildung und zudem aus dem als heidnisch geltenden Galiläa so gut argumentieren und mit einer umfassenden Schriftkenntnis aufwarten können.

Was bedeutet das für unsere Sicht auf die kirchlichen Ämter? Welche Bedeutung hat theologische Bildung? Worauf gründet sie und welcher Ergänzung bedarf sie?

● Weil der Hohe Rat keine Angriffsfläche bei Petrus erkennen kann, **wird die Verhandlung nicht** öffentlich weitergeführt (V 15-17). Im Rat gibt es mit Nikodemus, Josef von Arimathäa und Gamaliel Sympathisanten der Christen; möglicherweise berichteten sie später von den Verhandlungen, sodass wir keine Zweifel am wahrheitsgemäßen Bericht von Lukas hegen müssen.

● **In der Apg wird immer wieder betont, dass Gottes Sicht immer über menschlichen Sichtweisen steht.** Diesen Gedankengang kennen wir auch von Jesus: Gottes Gebote stehen über allen menschlichen Überlieferungen (Mt 15,3). Die Apostel sind davon überzeugt, dass Gottes Wille dem Beschluss des Hohen Rates widerspricht. **Daher verweigern sie gegenüber der Auflage, künftig von Jesus zu schweigen, den Gehorsam.** Sie sehen sich innerlich genötigt zum Zeugnis von Jesus – und das ist für sie stärker als jedes menschliche Verbot. Man belässt es daher im Hohen Rat zunächst bei verbalen Drohungen.

● Der Bericht vom ersten Verhör endet mit der Information, dass der Gelähmte über 40 Jahre alt war. Nach jüdischer Vorstellung konnte eine Krankheit immer schlechter geheilt werden, je länger sie andauerte. Deshalb handelte es sich um ein besonders großes Wunder.

Psalm 27 ermutigt uns zur Klage und lässt uns doch nicht bei ihr stehen. **Er übt geradezu neues Vertrauen mit uns ein.**

- Gerahmt von einem zweifachen Vertrauensbekenntnis (V 1-3.13f), gliedert sich der Psalm in zwei Hauptteile: den Wunsch nach Gottes Nähe im Tempel (4-6) und die Bitte um Gottes Eingreifen angesichts einer konkreten Not (7-12).
- David beginnt und schließt sein Gebet nicht mit der Klage oder einer Bitte um Gottes Eingreifen. **An erster und letzter Stelle betet er Gott an.** Auf diese Weise wird nicht nur Gott geehrt und uns neu groß, sondern rückt auch die Not im wahrsten Sinn des Wortes „ins rechte Licht": Der Herr ist mein Licht und mein Heil (V 1).
- Unsere Gebete bestehen oft aus einer Auflistung von Sorgen oder anstehenden Aufgaben. David ist sich der Fürsorge Gottes gewiss. Deshalb finden wir im ersten Teil nichts davon, sondern nur den **Blick auf Gott** verbunden mit der Bitte, „zu wohnen im Haus des Herrn alle Tage meines Lebens, um anzuschauen die Freundlichkeit des Herrn" (V 4). Ganz ähnlich bringt es uns Jesus bei, wenn er uns im Vaterunser vor jeglicher Bitte zuerst Gottes Vaterliebe und seine Größe bestaunen lässt: „Vater unser im Himmel …" (Mt 6,9ff).
- Dann aber ermutigt uns David, **mit Gott** zu **ringen**.

→ V 8 bringt uns bei, Gott **sein Wort „unter die Nase** zu **reiben".** Entscheidend ist dafür aber auch, dass wir sein Wort kennen – durch den Gottesdienst und die persönliche Bibellese.

→ V 9 verbindet die Bitte mit der **Anbetung**. Er beschreibt Gott als den, der er ist, und formuliert deshalb konsequent (mittig) seine Bitte: „Du bist meine Hilfe / verlass mich nicht und tu die Hand nicht von mir ab / Gott, mein Heil!"

- Das erste und letzte Wort des Psalms ist der Gottesname Jahwe oder, übertragen, die Bezeichnung HERR. Er steht am Anfang und am Ende. Das verdeutlicht: **Jede Bitte ist vom vertrauensvollen Blick auf Jahwe getragen.**

● Petrus und Johannes suchen nach ihrer Freilassung sofort den Kontakt zu den anderen Christen (V 23). **Als Apostel sehen sie sich** nicht als Einzelkämpfer, sondern **als Teil einer Gemeinschaft, als Teil der Familie Gottes.**

● Anstatt sich nun über das weitere Vorgehen zu beraten, gehen die Christen zuallererst miteinander ins Gebet. Für unsere Gebetspraxis könnte es gewinnbringend sein, sich den **Inhalt des gemeinsamen Gebets** anzuschauen:

→ Das Gebet beginnt mit dem **Lob des Schöpfergottes** (V 24). Damit geben Christen zu erkennen, dass sie an einen universal wirksamen Gott glauben.

→ Sie versuchen vor Gott **ihre Situation im Licht der Aussagen der Heiligen Schrift zu deuten** (V 25f). Besonders häufig werden im NT Stellen aus den Psalmen zitiert. Die ersten Christen leben mit dem „Gebetbuch Israels".

→ Die Gemeinde bekennt, dass **mächtige Personen und Nationen nur handeln können als Teil des großen Masterplans Gottes** (V 27f). Gott hat alles im Griff – das war und ist zu allen Zeiten der große Trost der christlichen Gemeinde.

→ Erst in V 30f werden **die konkreten Bitten** formuliert. Die Christen beten dabei nicht um Bewahrung vor Verfolgung und Leiden. Sie beten vielmehr, dass sie **trotz Bedrohung den Mut bekommen, das Evangelium zu verkündigen**. Außerdem bitten sie darum, dass (Heilungs-)Wunder geschehen, damit vor den Menschen Gottes Macht bezeugt und dem Evangelium Glauben geschenkt wird.

● Eine der wichtigsten Wirkungen des Heiligen Geistes ist, dass Christen **mit Freimut reden** können (V 31). Das gemeinsame Gebet ist sicherlich auch ein Schlüssel dazu, dass Christen freimütig werden.

Das Wort „Freimut" wird heute fast nicht mehr verwendet. In der BasisBibel wird es mit „unerschrocken" (V 13) bzw. „mutig und offen" (V 31) übersetzt. Was gibt Ihnen persönlich „Freimut"?

● In V 32 wird das starke Zusammengehörigkeitsgefühl der ersten Christen hervorgehoben, sie waren **„ein Herz und eine Seele".** Es bedeutet, dass die Christen eine Einheit bilden, die bis in die Tiefe der menschlichen Persönlichkeit reicht. Allerdings handelt es sich dabei wohl eher um eine „Momentaufnahme" und keinen idealen Dauerzustand, wie bereits der folgende Text (Apg 5,1ff) zeigt.

● Manchmal wird in Zusammenhang mit diesem Text **vom „urchristlichen Kommunismus"** gesprochen, als ob von einer prinzipiellen Eigentumslosigkeit in der Urgemeinde die Rede wäre. Das ist trotz der Aussage V 32.34 nicht der Fall, denn **Eigentum wurde nicht grundsätzlich verkauft oder vergemeinschaftet** (vgl. Apg 5,4). Entscheidend ist, dass die Christen Verantwortung füreinander übernahmen und auch bereit waren, Eigentum dafür zu verkaufen. Der konkrete Bericht von einem Verkauf in V 36 lässt erkennen, dass es nicht Tag für Tag geschah, aber dass Haus- und Land-Eigentümer bereit waren, sich vom Besitz zu trennen, um Not leidende Gemeindeglieder zu versorgen.

● In der ersten Gemeinde gab es nicht wenige, die materielle Not litten. So gab es die Tradition, dass alte, fromme Juden nach Jerusalem zogen, um dort zu sterben und begraben zu werden. Die zurückgebliebenen Witwen lebten dann oft in ärmlichen Verhältnissen (vgl. Apg 6,1).

Später wird Paulus in den von ihm gegründeten Gemeinden zu einer Kollektensammlung für die Jerusalemer Gemeinde aufrufen (2Kor 8.9).

● In der ersten Zeit sahen sich die Apostel nicht nur für die Verkündigung **verantwortlich**, sondern **auch für die persönlichen Bedürfnisse der Gemeindemitglieder.** So wurde ihnen der Verkaufserlös übergeben, damit sie die Verteilung übernehmen konnten. Die Geste, das Geld „zu Füßen zu legen" soll die Übertragung der Eigentumsrechte symbolisieren.

Dass Lukas es mit seiner Absichtserklärung als Historiker in Lk 1,1-4 ernst meint, stellt er unter Beweis, indem er nach strahlendem Anfang (Kap. 1-4) peinliche Ereignisse in der frühen Christenheit nicht übergeht. Das macht seinen Bericht noch glaubwürdiger. Die Sache mit dem Betrug von Hananias („Gott ist gnädig") und Saphira („Saphir", ein Edelstein, manchmal einfach „die Schöne") zeigt: **Von Beginn an spielten auch in der Gemeinde Jesu typisch menschliche Schwächen eine Rolle** – die Paulus-Briefe sind voll davon. Hier ist es Habgier und der Wunsch nach besonderem Ansehen, wie es dem großzügigen Barnabas (Apg 4,36f) zuteilwurde.

Was sind die größten Einfallstore des Versuchers im Leben von Christen? Wie erleben Sie das?

- **Gottes Wort hält uns in dieser Episode den Spiegel vor:** Mit möglichst geringem Einsatz an Zeit, Kraft, Geld möchten wir optimalen Erfolg erzielen. Für das Verhalten von Hananias und Saphira heißt das: Sie möchten wichtig sein in der Gemeinde, geschätzt werden für ihr Verhalten, Ansehen gewinnen.
- **Fragen bleiben offen:**

→ Woher wusste Petrus von dem Betrug? Es ist unglaublich, wie unsere Heimlichkeiten irgendwie doch an den Tag kommen!

→ Warum die rasche Beerdigung? Vermutlich wurden wegen der Hitze im Orient Tote noch am Sterbetag bestattet.

→ Ist Achans Diebstahl (Jos 7,16-26) eine frühe Parallelgeschichte? Auch dort geht es um Habgier im Blick auf das, was Gott gehört, und um die Wiederherstellung der Heiligkeit der Gemeinde.

→ Wie kann es sein, dass die Gemeinde, von der es kurz zuvor noch heißt, dass sie „ein Herz und eine Seele" ist (Apg 4,32), nun durch einen solch schwerwiegenden Betrug belastet wird?

- **Was wir aus der Geschichte lernen können:** Wenn wir aus unserm Besitz spenden, sollten wir es ehrlich und diskret tun (Mt 6,3f).

● Der erste Fall von „Gemeindezucht" wird viele beeindruckt, ja erschüttert haben. So etwas spricht sich schnell herum.

Kennen Sie weitere Beispiele in der Apg, die zeigen, dass es auch dort trotz zunächst erfreulicher geistlicher Einheit „menschelt"?

● Das mag der Grund sein, warum das Gemeindewachstum trotz mancher Zeichen und Wunder und der Anerkennung durch das Volk zunächst stagniert (V 12f): Es galt wohl als gefährlich, sich einer Gruppe anzuschließen, in der so etwas passieren konnte. **Immerhin zeigt sich daran, dass das Leben mit Jesus auch eine sehr ernste Seite hat, und das Gericht am Hause des Herrn beginnt** (nach 1Petr 4,17).

● Die Einheit der Jesus-Nachfolger, um die ihr Herr in Joh 17,20-23 gebeten hatte, bleibt trotz des Vorfalls zunächst erhalten. Die „Halle Salomos" war eine lange Säulenhalle an der Ostseite des Tempels. Offensichtlich stand den Christen dieser Tempelbezirk mit dem Vorhof für Heiden noch zur Verfügung. Sie waren noch Teil der jüdischen Gemeinde (vgl. dazu auch noch einmal die Auslegung am 27. Mai).

● **Die geistliche Ausstattung der Jesus-Nachfolger** war schon an Pfingsten ein Thema. Sie befähigte sie zu sonst nicht gekannten „Zeichen und Wundern" (Apg 2,19; Mk 16,17-20). „Zeichen" verstärkten die Wirkung der Botschaft. „Wunder" erregten Aufmerksamkeit und Erschrecken, weil sie in unsere Lebenswelt schwer einzuordnen sind. Auch wenn sie ohne die Öffentlichkeit in christlichen Gemeinden geschehen, unterstützen sie doch die Verkündigung in missionarischem Neuland (etwa bei Muslimen).

● **Wo der Glaube sichtbare Spuren hinterlässt, sind Aberglaube** (V 15b; 19,11f) **und Magie** (Apg 19,13-16) **nicht fern.** Nachhaltig und ohne „Nebenwirkungen" heilen können sie freilich nicht.

● Die neue Jesus-Bewegung bringt im Judentum manches durcheinander: Als Erste reagieren die Würdenträger aus der **Partei der Sadduzäer**. Ihnen waren die Jesus-Anhänger besonders ein Dorn im Auge, ließen sie doch in ihrem Glauben nur die 5 Bücher Mose gelten. Das Wirken von Gottes Geist durch Propheten, aber auch Engel, Wunder, ein Leben nach dem Tod kamen für sie nicht infrage. Die Konsequenz war: **Gott wurde zum bestaunten Museumsstück** – eine durchaus aktuelle Gefahr! Dafür beherrschten sie politisch-religiöse Machtspiele perfekt. Das Ergebnis: Man musste die Jesus-Bewegung mit aller Macht unterdrücken. Also wurden Petrus und Johannes erst mal inhaftiert.

● V 21b-24: Der Mensch plant und denkt, aber **Gott hat schon längst anders gelenkt!** Gegen alle Vernunft begeben sich die Jünger nach ihrer wunderbaren Befreiung nicht dahin, wo sie sicher sind. Sie tun, was der Engel ihnen gesagt hat, gehen wie in den Tagen zuvor in den Tempel und sagen dem Volk noch einmal „alle Worte dieses Lebens", d. h. die Gute Nachricht von Jesus (V 20f.28).

● Vor dem Hohen Rat müssen sie sich verantworten. **Petrus ist wieder Wortführer:**

→ Auf Gott zu hören und zu tun, was ER will, ist wichtiger als auf Menschen zu hören (V 29).

Die Loyalität gegenüber dem Staat und seinen Gesetzen, die Paulus in Röm 13 betont, findet ihre Grenze da, wo Gottes Gebote außer Kraft gesetzt werden. Wo sehen Sie sich heute zum Widerspruch bzw. Ungehorsam herausgefordert?

→ Menschlicher Irrtum bzw. Schuld können Gottes souveränes Handeln nicht verhindern (V 30f).

→ Das persönliche Bekenntnis, das auch eigene leidvolle Konsequenzen bereitwillig in Kauf nimmt, gehört dazu. **„Zeuge" heißt auf griechisch „martys" = „Märtyrer"** (V 32). Es beeindruckt oft mehr als theologische Argumente.

● Deeskalation ist angesagt. Jemand muss die politischen und religiösen Repräsentanten zu Ordnung und Ruhe rufen, bevor es zum Pogrom kommt. **Gamaliel** der Ältere, der den Ehrennamen „Rabban" („Rabbi-Fürst") erhielt, war zwischen 20 und 50 n.Chr. ein geschätzter, auf Ausgleich bedachter Pharisäer. Einer seiner Schüler war Paulus (Apg 22,3). Zwei Argumente gibt er zu bedenken:

● **Er erinnert an die Geschichte** und vergleichbare Bewegungen im jüdischen Volk:

→ Ein gewisser **Theudas** habe mit der Behauptung, er sei „etwas" (nämlich der erwartete Befreier), 400 Anhänger um sich geschart, sei aber mit ihnen untergegangen. Theudas historisch einzuordnen ist schwierig, weil der jüdische Historiker Josephus seine Aktion Mitte der 40er-Jahre – also später – ansiedelt. Ob Gamaliel einen anderen Theudas meinte?

→ **Judas** aus Gamala, vielleicht der Gründer der „Zeloten" („Eiferer"), hatte zur Zeit der Geburt Jesu gegen die römische Steuerschätzung gekämpft – ebenfalls ohne Erfolg.

● **Er erinnert an Gottes Macht**, die am Ende doch Gottes Plan durchsetzen wird – auch gegen menschliche Widerstände. V 38b.39 klingen wie eine „goldene Regel", die wir uns merken sollten! Manchmal schießen wir uns spontan politisch oder auch geistlich auf etwas ein und verbeißen uns dann in eine Haltung, die wir mit allen Mitteln meinen, durchsetzen zu müssen. Da ist Gamaliels Gottvertrauen beeindruckend. Man muss manche Dinge und Entwicklungen einfach mal ihren Lauf nehmen lassen können. **Es ist besser auf Gott zu vertrauen, als sich von Angst beherrschen zu lassen oder seine Überzeugung mit allen Mitteln durchsetzen zu müssen.**

● Leichter gesagt als getan! Ermahnt worden waren die Apostel ja schon (Apg 4,18). Jetzt kommt eine Prügelstrafe hinzu. Mit solchen Maßnahmen war man damals nicht sehr zimperlich. Trotzdem lassen sich die Apostel auch dadurch nicht beirren, weiter öffentlich das Evangelium zu predigen.

Psalm 118 steht am Schluss des Hallel (Lobpreis), wie die Psalmengruppe Ps 113–118 im Judentum genannt wird. Bis heute haben sie ihren Platz an großen Feiertagen im Synagogengottesdienst. Für Christen ist diese Sammlung bedeutsam, weil Jesus selbst sie vermutlich beim letzten Abendmahl, dem jüdischen Sederabend, mit seinen Jüngern gebetet hat (vgl. Mt 26,30).

● **Die bleibende Güte Gottes:** V 1-4 sind in liturgischer Form gehalten und lassen auf einen Wechselgesang der Gemeinde schließen. Gefeiert wird nicht eine einzelne Tat Gottes, sondern sein Wesen, das sich immer neu im Leben der Glaubenden zeigt: Jahwes Güte!

● **Unterwegs mit Gott:** V 5-18 wurden zur Zeit des Jerusalemer Tempels auf dem Prozessionsweg beim Einzug gesungen. Die Gemeinde vergegenwärtigt sich, wie sie die ewige Güte Gottes in ihrer Geschichte konkret erfahren hat. Gott war ihnen in mancher Not Zuflucht und Schutz gewesen. Das Muster Not – Rettung – Vertrauensbekenntnis wiederholt sich zweimal (V 5-9 und 10-16). Für das Volk Israel hat die Erfahrung der Güte Gottes viel mit dem Durchzug durch das Schilfmeer zu tun (vgl. 2Mose 15).

Wir als Christen können dieses „Muster" auf unseren persönlichen Weg der Nachfolge beziehen. Vergegenwärtigen Sie sich Ihre Erfahrungen, die Sie mit Gott gemacht haben.

● **Als Zeuge der Gnade leben:** Das Leben des Glaubenden ist ein Zeugnis der Gnade Gottes. Diese erweist sich nicht im irdischen Wohlergehen. Der Apostel Paulus schreibt von Schmähung und Fremdheit in dieser Welt, die uns hart treffen können (dazu 2Kor 6,9). Aber er betont auch unsere unverlierbare himmlische Berufung: Wir sind Mitbürger der Heiligen und Gottes Hausgenossen (Eph 2,19). Gott bleibt verlässlich und treu. In diesem Glauben stärkt und bewahrt uns der Heilige Geist!

Wir kommen heute zum zweiten Teil des Lobpsalms 118, der das Hallel der Psalmgruppe Ps 113–118 abschließt.

- **Das Fest des Lebens feiern (V 19f):** Nach der Danksagung zieht die Gemeinde mit Jubel in den Tempel ein („Tore der Gerechtigkeit"), um Gott am Brandopferaltar zu dienen, ihm zu danken und ihn zu feiern.

Pfingsten als das Fest der Ausgießung des Heiligen Geistes erinnert uns daran, dass Gott durch seinen Heiligen Geist in unserem Leben gegenwärtig ist. Was kann das für uns persönlich heißen? Wie erfahren wir die Nähe Gottes?

- **Das Dankgebet (V 21-25):** Dank an Gott beginnt mit der Erinnerung an sein konkretes Handeln. V 5 und V 13f werden hier wieder aufgenommen. Vieles aus der Geschichte Israels mag hier zum Tragen kommen: der Bezug zum Auszug aus Ägypten (2Mose 15,1-8) ebenso wie die Erinnerung an die Todesdrohungen der Propheten (Hos 13,1; Hes 18,31). Immer hat Gott sein Volk errettet, weil seine Bundestreue unverbrüchlich ist.
- **Der Eckstein:** Die Metapher des Ecksteins zeigt, dass es sich hier um den Grundstein eines Gebäudes handelt. Gott selbst hat das Fundament bewahrt, auch wenn sein Volk es verworfen hat. In seiner Treue und Gerechtigkeit baut er auf diesem Fundament weiter, bis der Neue Bund errichtet und damit diese Verheißungen des AT erfüllt sind. So kann Jesus diese Textstelle auf sich selbst als den verworfenen Eckstein beziehen (Mt 21,42) und Paulus kann daran anknüpfen, wenn er ihn als das Fundament christlichen Lebens betont (Eph 2,19f und 1Kor 3,11).
- **Die Hoffnung auf Vollendung:** Der Jubel der Glaubenden über die Heilstaten Gottes wird mit einem Segenswort (V 26f) beantwortet. Der Segen schließt die Hoffnung auf den Kommenden ein. Für die Juden ist es der Messias, auf den sie warten – für Christen ist es die Wiederkunft des auferstandenen Herrn.

● Das vor der Himmelfahrt von Jesus in Apg 1,8 ausgegebene **„Unternehmensziel"** beginnt sich zu erfüllen. Lukas verfolgt in der Apg neben dem geografischen auch sein theologisches Ziel: Er will zeigen, wie das Evangelium zu den Heiden kommt:
Juden → Diasporajuden → Samaritaner → „echte" Heiden – so breitet sich das Evangelium aus.

● Spätestens seit Pfingsten gab es auch unter den Juden rund ums Mittelmeer Christen (Apg 2,9-11). Viele waren dort geboren, ihre Muttersprache war großenteils Griechisch. Man nannte sie „Hellenisten". Aber die uralte Sehnsucht nach Jerusalem und dem Tempel mit seinen großartigen Festen steckte in ihnen! Deshalb verbrachten viele ihren „Ruhestand" dort. Manche brachten ihre von Geburt heidnischen Ehefrauen mit, und die wurden nun nach dem Tod ihrer Männer zum Problem: Die jüdische Sozialfürsorge unterstützte sie nicht. In der christlichen Gemeinde gab es zwar einen „Mittagstisch" für Bedürftige, doch übergingen manche Mitarbeitende diese hellenistischen Witwen. Nach ihrer Meinung musste man erst Jüdin/Jude werden, bevor man vollgültig Christin/Christ sein konnte. Es ging ums Prinzip: Erstmals kam eine theologische Grundsatzfrage auf den Tisch, die noch Jahre bis zum Apostelkonzil in Apg 15 die Christen beschäftigen sollte.

✎ *Sehen Sie auch heute die Gefahr, dass in der Gemeinde bestimmte Gruppen mit ihren Bedürfnissen übersehen oder vernachlässigt werden?*

● **Konzentration, Delegation** und **Beteiligung** sind die Stichworte, die die Lösung beschreiben:
→ Die Apostel bleiben trotz diakonischer Herausforderungen bei ihrem speziellen geistlichen Auftrag (V 2.4).
→ Deshalb geben sie die neue diakonische Aufgabe an verantwortliche Mitarbeiter ab (V 3.5) und
→ binden die „Hellenisten" dadurch in die Gemeinde ein.

Der Schriftsteller Lukas wendet seine „Lupen-Methode" an: Er greift ein Beispiel heraus, um daran exemplarisch Wichtiges zu zeigen, hier: wie das Evangelium zu Menschen aus der jüdischen Diaspora kommt.

● **Stephanus** („der mit dem Siegeskranz Gekrönte"), wie die Apostel reich mit Gaben ausgestattet, macht von sich reden. Er beschränkt sich nicht einfach auf seinen diakonischen Auftrag, der Versorgung der hellenistischen Witwen, sondern nimmt die Gelegenheit wahr, unter den aus der Diaspora heimgekehrten Juden in den Synagogen über Jesus zu reden und dabei keine Auseinandersetzung zu scheuen. Das führt zu seiner Verhaftung und Vorladung vor dem Hohen Rat.

● Unschwer finden sich Gründe, die zur **Anklage** führen (V 11.13): „Lästerworte gegen Mose und gegen Gott", „gegen diese heilige Stätte und das Gesetz" soll er gesagt haben. Ein gefährlicher Vorwurf! Der Tempel war der Stolz der Jerusalemer, das Gesetz machte den Unterschied zu den oft verachteten Nichtjuden aus. Auf Lästerung stand die Todesstrafe. Wie schon im Prozess gegen Jesus müssen „falsche Zeugen" aufgefahren werden (vgl. Mt 26,60), um die gegen Stephanus erhobene Anklage zu erhärten. In einer Zeit der um sich greifenden Falschnachrichten wissen wir, wie leicht es ist, jemand zu verunglimpfen oder anders gemeinte Aussagen zu verdrehen und gegen ihn zu verwenden. Das muss nicht einmal platt gelogen sein.

Diakonie ist stille, aber nicht wortlose Mission.
Nach Ernst Fuhr

● Tatsächlich hatte Stephanus sich ja auf Jesus bezogen. **Zwei Anklagepunkte** bleiben am Ende vor der höchsten Instanz für religiöse Fragen: dass Jesus (!) den Tempel zerstören und die mosaischen Ordnungen ändern werde. Dabei strahlt das Gesicht des Stephanus die Ruhe und den Frieden eines Engels aus, was selbst seinen Anklägern nicht verborgen bleibt.

● Die Rede ist nicht nur Verteidigungs-, sondern **missionarische Rede.** Stephanus beschreibt, wie eng die Botschaft Jesu mit der Heilsgeschichte des Alten Testaments übereinstimmt.

● **Sein Leitgedanke: Gott hat sich immer bemüht um Israel, immer wieder Menschen gerufen, um durch sie das Volk zu erreichen, und immer wieder hat das Volk nicht gehört.**

● „Brüder und Väter". Er steht damit auf Augenhöhe mit den Hörern und er zeigt Respekt gegenüber den Oberen: „Wir haben Gemeinsamkeiten". **Stephanus holt sie da ab, wo er mit ihnen übereinstimmt – bei der Heilsgeschichte des Alten Bundes.** Er biedert sich nicht an, will sie vielmehr für das Evangelium gewinnen.

● Ein Nachkomme Abrahams zu sein, ist im Volk ein hohes Gut. Jeder legte großen Wert auf diese Abstammung (vgl. Joh 8,33). Abraham ist ein Vorbild für die Glaubenden. Doch das ist Stephanus nicht wichtig. **Vielmehr war es die Gnade Gottes, die Abrahams Leben prägte.**

● Gott beruft Abraham. Er war ein Fremder in Mesopotamien (Land zwischen den Strömen Euphrat und Tigris), **der außer einer Zusage Gottes nichts bei seinem Aufbruch in ein fremdes Land vorweisen konnte.** Ihn hatte Gott berufen und zu dem gemacht, was er war. Das gilt bis heute im Blick auf die Berufungen durch Gott.

> ✎ *Was wir sind, was wir haben, was wir leisten – nichts als Gnade. Wo ist das konkret in Ihrem Leben erfahrbar?*

● **Die Hauptlinie im Leben Josephs lautet, „durch Leiden zur Herrlichkeit" zu kommen.** Will Stephanus mit dem Leben von Joseph die Bedeutung Jesu dem Volk deutlich machen? Obwohl Stephanus die Linie nicht namentlich auf Jesus zieht, sind die Parallelen doch erkennbar.

● **„Aber Gott war mit Joseph"** (V 9b). **Damit ist das Entscheidende über sein Leben gesagt.**

● **Das Volk war stolz auf Mose.** Er hat ihre Väter aus Ägypten gerettet und ihnen das Gesetz gegeben. **Mose war für sie „der Lehrer".** Stephanus zeigt die dunklen Punkte der Väter, die Mose nicht anerkennen wollten, sondern ablehnten – sowohl als Retter als auch als Führer und Gesetzgeber. Es fehlt der namentliche Bezug auf Jesus. Doch Stephanus zieht deutlich eine Linie von Mose zu Jesus. Mit gutem Grund. Jesus selbst hat sich selbst mit Mose verglichen und gezeigt, dass er mehr als Mose ist (z. B. Joh 3,14).

● Die „Zeit der Verheißung" nahte (V 17). Das Volk wuchs. Doch der neue Pharao **wusste nichts von Joseph** (V 18b). Die Formulierung ist sprichwörtlich geworden für das Vergessen einer früheren heilvollen Geschichte – in diesem Fall der Verdienste, die Joseph in und für Ägypten erworben hatte. Die neugeborenen israelitischen Jungen sollten gleich bei ihrer Geburt getötet werden. Das Ziel – die Ausrottung des Volkes. Heute heißt das **„ethnische Säuberung".** Diese Form des Antisemitismus hat eine lange Geschichte bis heute.

● **„Mose war ein schönes Kind vor Gott"** (V 20). Interessanterweise fehlt dieser Hinweis im Bericht in 2Mose 1. Er bekommt eine gute Bildung, wird ein weiser und mächtiger Mann. Doch die 30-jährige (Um-)Erziehung hatte die Verbundenheit mit seinen Brüdern aus dem eigenen Volk nicht erschüttern können.

● **Stephanus zeigt, dass die Israeliten Mose ablehnten.** Sie verstanden seine guten Absichten nicht und fühlten sich eher von ihm bedroht. Der Vorwurf, dass Mose sich zum Obersten und Richter aufspielte, wird von Stephanus zweimal erwähnt. Er macht es deutlich: So wie Mose von seinen eigenen Volksgenossen abgelehnt wird, ergeht es später auch Jesus. Auch er wird abgelehnt und am Ende gekreuzigt (Joh 1,11). Darin liegt die ganze Tragik, die Stephanus seinen Zuhörern vor Augen malt.

- Stephanus setzt seinen Bericht über **die Geschichte Israels** fort. Sie ist ja **alles andere als eine Erfolgsgeschichte,** sondern eine des ständigen Ungehorsams und Versagens der Israeliten. Zu einer „Heilsgeschichte" wurde sie nur, weil **Gott sich nie davon abbringen ließ, sein Volk zu retten** und seine Verheißung ihm gegenüber zu erfüllen.
- **Der Dornbusch.** Er zeigt die Wertlosigkeit Israels (ein Dornbusch trägt keine Früchte), die Not Israels (der Busch brennt), Doch Gott verlässt sein Volk nicht (der Busch verbrennt nicht, weil Gott in dem Busch ist).
- Wieder lehnt Israel Mose ab. Doch Gott steht ihm bei und beruft ihn. **Durch Mose führt Gott das Volk aus Ägypten.** Durch Mose tut Gott Zeichen und Wunder. Stephanus spricht fünfmal von „diesem" oder „dieser." Auch auf diese Weise wird **die Parallele zu der Mittler-Rolle verdeutlicht,** die später ja ebenso Jesus wahrnehmen wird.
- Mose sagt voraus, dass Gott einen Propheten aus ihrer Mitte erwecken werde (V 37). Ein direkter Hinweis auf den Messias. **Stephanus zieht die Linie von Mose zu Christus.** Aus jüdischem Blut kommt der Messias, aus jüdischen Brüdern – aber es sind die *Väter*, die ihm – nämlich Mose wie Christus – nicht gehorsam sein wollen.
- **Mose empfängt das Gesetz und überbringt es dem Volk.** Doch Israel hört nicht, sondern zieht es vor, sich an Götzen zu hängen. Warum spricht Stephanus so ausführlich über den **Götzendienst Israels?** Die Ankläger von Stephanus waren stolz auf das Gesetz und hatten ihm vorgeworfen, gegen das Gesetz verstoßen zu haben. Anhand ihrer Geschichte macht er ihnen nun klar, dass bereits die Väter das Gesetz durch ihren Götzendienst gebrochen haben.
- Das Kalb war das Wahrzeichen eines ägyptischen Gottes.
- **Gott gab sie dahin. Er ließ sie machen. Es ist eine grobe Verleugnung des Schöpfers, wenn Menschen das Geschaffene ehren und nicht den, der alles geschaffen hat.**

Psalm 13 gehört zu den Psalmen Davids. Man reiht ihn ein in die Gattung der „Klagepsalmen eines Einzelnen". Dort wird persönliche Krankheit, Not und Bedrängnis im Gebet vor Gott gebracht.

- **Die Kraft des Gebets:** Denken Sie beim Lesen an die Geschichte Davids. Es gab in seinem Leben viele Momente großer menschlicher und geistlicher Not. An der Geschichte Davids wird sehr konkret, wie wir Menschen beides erfahren: Not und Anfechtung, die wir betend vor Gott bringen, und die Erfahrung, in Gottes Nähe bewahrt und getröstet zu sein (1Sam 16-30; 2Sam 1-23).
- **Der Schrei der Seele:** „Wie lange?" Dieser Schrei kommt aus tiefster Not. Viermal wiederholt ihn der Beter. Er fühlt sich vergessen, er fürchtet, dass Gott ihn nicht wahrnimmt, er spürt, wie Sorge und Angst übermächtig werden, und ahnt, dass in dieser tiefsten Not ein Angriff des Bösen verborgen sein kann. Seine Not steigert sich zu einer gefühlten Gottverlassenheit, die bei den Mystikern auch als Nacht- oder Wüstenerfahrung beschrieben wird. Die Vierzahl der Aufzählung (Ausdruck für die vier Himmelsrichtungen) mag einen Hinweis auf diese Tiefe des Leidens geben, die Martin Luther in seiner Auslegung zu diesen Versen so beschrieben hat: „Dieser Psalm ist das Exempel des großen Kampfes, den die christlichen Heiligen mit dem Teufel kämpfen." Für Luther ist dieser Psalm daher ein „Betpsalm wider die Traurigkeit oder Schwermut des Geistes, welche zuweilen vom Teufel selbst, zuweilen auch von Menschen kommt, die wider uns handeln mit bösen Tücken und Praktiken."
- **Die lebendige Zuversicht erwächst aus dem Glauben:** Der Betende lässt seinen Gott nicht los: Schau doch, antworte mir, erleuchte mich (V 4). Daher ermutigt Luther: „Das Gebet ist stärker als alles Unglück, wovon dieser Psalm hier ein Exempel gibt." Nach allem Unglück hat der Psalmist die Erfahrung gemacht: „Ich will dem HERRN singen, dass er so wohl an mir tut" (V 6).

● **Wo wohnt Gott als Ort seiner Anbetung?** Der „Mischkan", die „Stiftshütte; das Zelt der Begegnung, des Zeugnisses." Der Bau war von Gott angeordnet (2Mose 26).

● Stephanus greift **die Skepsis gegenüber dem Tempelbau,** die auch in Teilen der Prophetie deutlich war, auf (Jes 66,1). Wie groß ist Gott? Der Himmel ist für uns unendlich und doch „nur" Gottes Thron. Die Erde, für uns der Mittelpunkt des menschlichen Lebens, ist „nur" der Schemel seiner Füße. Welches Haus können Menschen überhaupt für Gott bauen? Selbst Salomo stellt diese Frage in seinem Tempelweihgebet (1Kön 8,27). **Es ist unmöglich, den unendlichen Gott auf ein irdisches Gebäude zu beschränken.** Wenn man das macht, zieht man Gott auf unsere menschliche Ebene herab.

● Das „hartnäckige Volk." Der „harte Nacken" – der Mensch ist nicht bereit, sich vor Gott zu beugen. Das AT spricht mehrfach vom „unbeschnittenen Herz" (z. B. 3Mose 26,41). Man ist nicht bereit, auf Gott zu hören, und verweigert ihm den Gehorsam. Mit dem Ohr hört man, was Gott sagt, und mit dem Herzen entscheidet man, den Willen Gottes zu tun. **Herz und Ohr gehören deshalb zusammen** (Spr 2,2).

● **Stephanus verbindet seine Kultkritik mit einer Kritik an der Verfolgung der Propheten.** An entscheidenden Punkten in der Heilsgeschichte wurden sie, die den Finger in die Wunde legten, abgelehnt. Je mehr sie von Gott und seinem Anspruch auf Anbetung und Gehorsam predigten, desto brutaler wurden sie verfolgt.

● Am Ende seiner langen Rede **wirft Stephanus seinen Verfolgern vor,** dass sie – so wie ihre Väter die Propheten verfolgt und getötet haben – **nun auch dem Heiligen Geist widerstreben und das Gesetz übertreten.** Es sind harte Worte, die ins Schwarze treffen.

✎ *Gibt es für Sie Orte, an denen Sie sich Gott besonders nahe fühlen?*

● Angesichts der klaren Gerichtsworte von Stephanus kann die Reaktion bei seinen Zuhörern nicht überraschen. **Die „durchbohrten Herzen und knirschenden Zähne" drücken ihre Wut aus.** Durchbohrte Herzen können aber auch Ausdruck dafür sein, dass Menschen zutiefst von der Botschaft Gottes getroffen zur Umkehr bereit sind (so z. B. Apg 2,37).

● Stephanus richtete den Blick nach oben. Er ist erfüllt vom Heiligen Geist, der ihn die Herrlichkeit Gottes schauen lässt. **Er sieht den Himmel offen** (vgl. Joh 1,51).

● **Jesus der „Menschensohn".** Er wird als Menschensohn bei seiner Wiederkunft die Herrschaft über die ganze Welt antreten (Mk 14,62 in Anschluss an Dan 7,13).

● Zeugen, die gegen den Verurteilten aussagten, mussten mit der **Steinigung** beginnen. Sie legten dazu ihr Obergewand „zu den Füßen eines Jünglings, genannt Saulus". Der hätte wohl nie gedacht, dass dieser Tag ein Schlüsselerlebnis wird und ihn auf seine Bekehrung vor Damaskus vorbereitet, wo sich für ihn der Himmel auftut.

● Stephanus stirbt, wie Jesus gestorben ist: Er befiehlt seinen Geist in Gottes Hand wie Jesus mit **dem Wort aus Ps 31,6.** Mit dem Unterschied, dass Jesus zu Gott, den Vater betet. Stephanus aber zu Jesus. Und er bittet um Vergebung für seine Mörder. So wie es auch Jesus tat.

● Mit dem Tag seines Todes beginnt **eine große Verfolgung.** Die Gemeinde wird zwar zerstreut, aber das Evangelium breitet sich weiter aus. Saulus geht von Haus zu Haus, um die sich dort zu Gebet und Gottesdienst versammelnden Christen aufzustöbern und der jüdischen Gerichtsbarkeit zu übergeben.

✎ *Erinnern Sie sich an Gelegenheiten, wo Gottes Wort Sie mitten ins Herz getroffen hat? Was hat diese Betroffenheit bewirkt?*

● **Trotz der Verfolgung werden die Christen in ihrer Leidenschaft für Jesus zu Zeugen und verkündigen zum ersten Mal außerhalb von Jerusalem das Evangelium.** Nicht von den Aposteln geplant, entwickelt sich die Mission aus den besonderen Herausforderungen, mit denen die Christen konfrontiert sind.

● Diakonische Arbeit war in dieser Situation wohl nicht mehr möglich. So wird Philippus jetzt zum Missionar.

Wo sich eine Tür schließt, öffnet Gott oft eine andere Tür. Haben Sie das auch schon erfahren?

● Halb jüdisch – halb heidnisch waren **die Samariter von Juden oft verachtet.** Sie hielten sich nur an die fünf Bücher Mose. Ihr Heiligtum war auf dem Berg Garizim.

● Die Predigt von Philippus löst Zustimmung bei den Samaritern aus, wobei sie durch Zeichen und Wunder bekräftigt wird.

● Mission führt immer zur **Auseinandersetzung** des verkündigten Christus mit alten Götzen. Simon der Zauberer gehört dazu. Als der jedoch merkt, welche Kraft vom Heiligen Geist ausgeht, möchte er diese Kraft als neues „Geschäftsmodell" anwenden. Doch Petrus greift ihn deswegen mit scharfen Worten an und fordert ihn auf, Buße zu tun.

● Die Predigt hat Folgen. **Was ist größer? Die Macht der Magie oder der auferstandene Christus?** Das entdecken die Menschen, die Philippus aufmerksam zuhören. Echtes und Nachahmung haben nichts miteinander zu tun. „Was hat das Stroh mit dem Korn gemeinsam?" (Jer 23,28).

● Petrus und Johannes kommen zur Visite nach Samaria und merken rasch, dass Gott hier am Werk ist. Sie legen den frisch Getauften die Hände auf, damit sie den Heiligen Geistes empfangen. **Damit wird die innere Verbindung zwischen Jerusalem und Samaria besiegelt** und verhindert das Auseinanderfallen in zwei getrennt existierende Gemeinden.

● Das Evangelium breitet sich aus und kommt über die Juden und die Samaritaner zu den Heiden. Der Impuls geht dabei von Gott aus – so wie es Jesus bei seiner Himmelfahrt den Jüngern prophezeit hat: Apg 1,8. **Es kommt durch einen Engel des Herrn zu einer konkreten „Regieanweisung" an Philippus, sich auf eine menschenleere Straße von Jerusalem nach Gaza zu begeben.** Mag sein, dass Philippus gedacht hat: „Was soll ich denn da?" Doch er gehorcht, auch wenn es in Samaria für ihn noch viel zu tun gäbe. **Gelebter Glaube beinhaltet Hören auf Gottes Wort und Gehorsam.** „Steh auf und geh" – „Und er stand auf und ging".

● **Drei Merkmale trennen** den weit gereisten Pilger aus jüdischer Sicht von Gott. Er war Äthiopier und war dunkelhäutig. Er war Eunuch, d. h. durch Kastration zeugungsunfähig gemacht (5Mose 23,2). Er war reich und mächtig als Finanzminister am Hof, durfte aber als Heide den Tempel nicht betreten.

● **„Verstehst du auch, was du liest?"** So darf nur jemand fragen, der auch eine Antwort hat. Philippus bietet dem fremden Pilger Begleitung an. Weil er nicht in den Tempel durfte, hatte der sich – vielleicht als Ersatz – eine Schriftrolle gekauft und las nun darin. **Das Jesaja-Zitat aus dem Gottesknechtlied** (Jes 53,10) **ist Dreh- und Angelpunkt für das Verständnis des Leidens und Sterbens Jesu,** das Philippus dem Äthiopier nun nahebringt.

● **Der Äthiopier macht ohne Zögern ernst,** als er durch das Zeugnis von Philippus im Glauben erfasst, das Jesus um unseres Heils willen gestorben ist. **Auf seinen Wunsch tauft ihn Philippus** und wird danach sogleich an einen neuen Ort entrückt. In dem neu gewonnenen Glauben kann der Kämmerer nun „seine Straße fröhlich ziehen".

Was können wir aus dieser Geschichte für unsere missionarischen Bemühungen um den Glauben anderer lernen?

● Lukas beschreibt **Saulus** hier als **mordlustigen Gegner der Nachfolger Jesu.** Er ist uns bereits als Zuschauer bei der Steinigung von Stephanus bekannt (Apg 8,1). **Dieses mörderische Programm der Christenverfolgung vertritt Saulus jetzt mit Vehemenz.**

● **Nachfolger Jesu** werden hier noch nicht „Christen" genannt, diese Bezeichnung gab es erst später (Apg 11,26). Hier werden sie als **„Anhänger des Weges"** bezeichnet.

Wie sehen Sie sich als Christ bzw. Christin? Sind Sie unterwegs in der Nachfolge Jesu? Oder beschränkt sich Ihr Glaube darauf, christliche „Standpunkte" zu vertreten?

● Gott erweist sich als stärker als die gemeinsten menschlichen Pläne. **Er erscheint Saulus und verändert damit radikal sein Leben.** Lukas zieht hier alle „Register", um seinen Lesern das Geschehen als **Theophanie** (d. h. Gotteserscheinung) vor Augen zu führen: Der auferstandene Herr erscheint tatsächlich und spricht Saulus persönlich an. Paulus wird sich aufgrund dieser Erfahrung später **als „unzeitige Geburt" bezeichnen, weil Jesus ihm als Letztem der Apostel nach seiner Auferstehung erschienen ist** (1Kor 15,8). Im weiteren Verlauf der Apg erscheint Jesus dem Paulus mehrmals in einer Vision oder einem Traum (z. B. Apg 9,12; 18,9f; 23,11), was aber von einer Theophanie zu unterscheiden ist, weil dabei z. B. die dramatischen Begleitumstände fehlen.

● Saulus erkennt als gelehrter Jude, dass er den „Herrn" vor sich hat – erkennt aber Jesus nicht und fragt nach. **Jesus beschreibt sich selbst als den, den Saulus verfolgt. Er identifiziert sich so mit seinen Nachfolgern** und sagt damit: Was du einem meiner Nachfolger antust, das tust du mir persönlich an.

● Mit dem Eingreifen Gottes legt er den Grundstein für die erstaunliche Ausbreitung des christlichen Glaubens im gesamten Römischen Reich.

● Lukas erzählt uns hier, wie Gott zeitgleich, unabhängig und übereinstimmend zu verschiedenen Menschen spricht und sie so zueinander leitet: Nachdem Jesus Paulus erschienen ist, zeigt er sich Hananias in einer Vision und berichtet davon, dass Paulus wiederum in einer Schau einen Mann Hananias gesehen habe. Was an Pfingsten begann (Apg 2,17), sehen wir hier in Wirkung: **Gott spricht auf unterschiedliche Weise zu seinen Kindern.** Die Berufung des Paulus zum Heidenapostel wird so nachdrücklich und exklusiv Gottes Eingreifen zugeschrieben.

● **Die Doppelvision zeigt: Gott regiert das Geschehen.** Der Beitrag des Hananias zum Fortgang des Geschehens wäre nicht notwendig gewesen. Gott aber entscheidet sich wie durch die ganze Apg hindurch dafür, seinen Plan in Zusammenarbeit mit seinen Nachfolgern zu verwirklichen. Das begrenzt sich auch nicht auf die Apostel, hier ist es ein bis dahin unbekannter Jünger, der die Berufung des Paulus bestätigt.

● Die **Reaktion des Hananias** unterscheidet sich von der des Paulus im vorangehenden Kapitel. **Hananias erkennt Jesus unmittelbar,** reagiert mit der Haltung eines rechtgläubigen Menschen: „Hier bin ich, Herr" (so auch Jes 6,8). Bevor er dem dann folgenden Auftrag Folge leistet, hat er **jedoch einen verständlichen Einwand.** Der Herr geht auf den Protest des Hananias ein und zeigt ihm auf, dass Paulus jetzt ein „auserwähltes Werkzeug" ist, um seinen Namen in aller Welt zu verkündigen (V 15). **So kann Hananias seine Ablehnung des bis dahin verhassten Christenverfolgers überwinden und ihn unvoreingenommen als „lieben Bruder Saul"** (V 17) **ansprechen.**

✎ *Kennen Sie eine Erfahrung aus Ihrem eigenen Leben, bei der Ihnen Gott geholfen hat, einen Menschen in völlig neuem Licht zu sehen und Ihre Voreingenommenheit zu überwinden?*

Psalm 28 gehört in die Gattung der Klagepsalmen Davids. Ein Klagegebet drückt das innere Befinden des Beters ehrlich und offen vor Gott aus. Gott hält solche Klage aus. Das Anliegen findet die richtige Adresse: den lebendigen Gott und Hörer des Gebets. Die Not bleibt in diesem Psalm nur angedeutet, damit der Einzelne sich mit seinem persönlichen Leid in diesen Worten wiederfinden und sie auf seine Situation beziehen kann.

- **Gott, der Fels:** „Er [Gott] ist ein Fels", so konnte Mose in seinem Lied singen (5Mose 32,4f). Dieses Bild für Gottes Treue und Beständigkeit ist im Alten Testament verbreitet (vgl. 1Sam 2,2; Ps 18,3; 31,3; 42,10; 62,3; Jes 51,1). Das NT nimmt dieses Bildwort auf und sieht im Felsen Christus, auf dem die Kirche gebaut und unser Leben fest gegründet wurde (Mt 16,18; 7,24). Damit ist dem Glaubenden auch in schweren Zeiten ein lebendiger Bezugspunkt gegeben.
- **Gott, der lebendige Gott:** Gott ist keine Idee, sondern lebendige Person. Er ist der Vater Jesu Christi, unseres Erlösers. Wäre er stumm wie die Götzen, so würde sich nichts in unserem Leben ändern. Aber Gott tritt in Beziehung zu uns. Als der Dreieinige bewegt er unser Herz, belebt uns mit seinem Heiligen Geist, sodass wir seine Gegenwart in unserem Leben spüren.
- **Gott, der Gerechte:** Das alttestamentliche Denken ist geprägt vom Bemühen um eine gerechte Vergeltung, damit Sünde getilgt und ein Neubeginn möglich wird. Im NT ist dieser Neubeginn zusammengefasst in Reue, Buße und Umkehr.
- **Gott, der Segnende:** Der Betende erfährt: Gott hat mich gehört. Er hat sich meiner Not angenommen und ich erfahre ihn als meinen Schutz.

Was ist Ihre persönliche Not, die Sie vor Gott bringen möchten? Drücken Sie ihm dabei auch Ihr Vertrauen aus. Er ist der Fels, der lebendige Gott, der Gerechte und der Segnende.

● **Von der ersten Zeit nach der Bekehrung des Paulus lässt Lukas Details und Perioden aus, die ihm für seinen Bericht weniger wichtig erschienen.** Vergleicht man diesen Bericht z. B. mit den Aussagen des Paulus in Gal 1,12 bis 2,10, dann zeigt sich, dass der erste Besuch von Paulus in Jerusalem (V 26) erst drei Jahre nach seiner Bekehrung erfolgte (Gal 1,17f) und er sich bis dahin vordringlich in Arabien aufhielt. In Gal 2,1 ist Paulus dann erst 14 Jahre später abermals in Jerusalem gewesen – und zwar nach der ersten Missionsreise mit Barnabas, um sich von den dortigen Leitungspersönlichkeiten die Legitimation zur gesetzesfreien Heidenmission geben zu lassen (Apg 15). Vermutlich hat diese erste Missionsreise aber auch keine 14 Jahre gedauert. Vielleicht muss man davon ausgehen, dass sich Paulus und Barnabas längere Zeit an einem der Orte aufgehalten haben, ohne dass dies in der Apg ausdrücklich vermerkt worden wäre. Trotz dieser Unterschiede in der Zielrichtung und Stoffauswahl geben die beiden Berichte insgesamt **ein stimmiges Bild vom Lebenslauf des Paulus.**

● Auch inhaltlich deckt sich die Darstellung des Lukas mit der Selbstdarstellung des Paulus: **Die Verkündigung von Paulus dreht sich ganz um Jesus.** An die Korinther schreibt Paulus, dass er über nichts anders als Jesus Christus, den Gekreuzigten gepredigt habe (1Kor 2,2). Dass er nach Lukas in Damaskus Jesus als „Sohn Gottes" (V 20) verkündet, deckt sich damit, dass Paulus in seinen Briefen diesen Hoheitstitel für Jesus verwendet (vgl. z. B. Röm 1,9; 5,10; 8,3; 1Kor 1,9).

● Was Jesus dem Hananias vorhergesagt hat, trifft schon bald ein. **Weil Paulus Jesus verkündigt, werden Pläne geschmiedet, ihn zu töten. In Damaskus sowie in Jerusalem sind es die Glaubensgeschwister, die ihn in Sicherheit bringen.** Derjenige, der sie noch kurz zuvor gefangen nehmen und töten lassen wollte, wird jetzt von ihnen in Schutz genommen.

Dienstag, 24. Juni — Apostelgeschichte 9,32-43

● Wie bisher in der Apostelgeschichte (Apg 4,30; 5,12-16) **dienen die Wunder auch diesmal dazu, dass mehr Menschen dem Evangelium Beachtung schenken.** Die Wunder haben keinen Wert allein in sich, sondern dienen dem höheren Ziel, dass Gott die Ehre bekommt, die ihm zusteht, und dass Menschen zum Glauben an Jesus kommen.

● Lukas zeigt, dass die Wunder nicht an einen Ort gebunden sind (Jerusalem oder der Tempel), sondern dass Gott durch die Nachfolger Jesu handelt. **Wo Menschen ihm dienen, da wirkt Gott durch sie Wunder.** In beiden Wundergeschichten fällt auf, dass Petrus Gott nicht um ein Wunder bittet, sondern – wie Jesus – gebietet.

● Dass laut Lukas **„alle Bewohner" von Lydda und Scharon sich zum Herrn bekehrten** (V 35), kann im Licht antiker literarischer Gepflogenheiten als Übertreibung gedeutet werden – **eine Aussage, die wohl nicht buchstäblich zu verstehen ist.** Aus späteren Berichten jüdischer Kritiker des Christentums lässt sich jedoch ableiten, dass das Christentum Lydda nachhaltig stark geprägt und beeinflusst hat. **Es hat als Reaktion auf das Heilungswunder wohl wirklich eine umfassende Bekehrung der Bewohner stattgefunden.**

Auch heute gibt es viele Berichte von vergleichbaren Wundern – überwiegend außerhalb des Westens. Wie reagieren Sie auf solche Berichte?

● Der Westen war lange Zeit **vom Denken der Aufklärung geprägt, Wunder könne es nicht geben – wie die Naturwissenschaft bewiesen habe.** Persönlich treffe ich immer mehr Naturwissenschaftler (auch Menschen, die nicht an Christus glauben), die **diese Behauptung als überholt** bezeichnen. Gerade in der Naturwissenschaft müsse man immer mehr erkennen, dass wir lange nicht alles rational erklären können. So gibt es von jener Seite weniger Skepsis gegenüber Wunderberichten als von manchem aufgeklärten Christen.

● Wieder berichtet Lukas von einer **Doppelvision:** Während der Auftrag des Engels an Kornelius noch ausgeführt wird, hört Petrus vom Heiligen Geist, dass er der Bitte der Gesandten des Kornelius Folge leisten solle. **Lukas erzählt hier, wie Gott dafür sorgt, dass Heiden in sein neues Bundesvolk aufgenommen werden, ohne durch Beschneidung und Befolgung des jüdischen Gesetzes erst Juden werden zu müssen.**

● Es fällt auf, dass Lukas darauf hinweist, dass Petrus Hunger hatte, als er in eine Art Ekstase geriet und die Vision von den unreinen Tieren hatte. In seiner Reaktion auf die himmlische Stimme bleibt er trotz des Hungers seiner bisherigen Überzeugung treu: **Unreines isst er nicht**. Die Ablehnung der himmlischen Aufforderung zum Essen wird von Lukas nicht trotz der klaren Aussage in V 15 als Ungehorsam beschrieben oder getadelt. Petrus ist ratlos gegenüber der Erscheinung und denkt darüber nach. Erst später wird er im Rückblick die richtigen Schlussfolgerungen daraus ziehen (V 28), verstehen, was Gott ihm sagt, und dementsprechend handeln (V 29).

● Was für Petrus dagegen verständlich ist (der Auftrag des Heiligen Geistes), dem gehorcht er unmittelbar ohne Zögern (V 21). Uns wirft es Fragen auf, die Lukas nicht beantwortet: **Wie nahm Petrus das Reden des Heiligen Geistes wahr? Woher kam die Gewissheit, dass es der Heilige Geist und nicht irgendeine andere Stimme war, die zu ihm gesprochen hatte?** Lukas erzählt in der Apg ganz selbstverständlich vom Reden des Heiligen Geistes (z. B. auch in Apg 13,2), ohne das Phänomen aber im Detail zu beschreiben bzw. zu erklären. Setzt er bei seinen Lesern vielleicht ein entsprechendes Erfahrungswissen voraus? In der ganzen Apg wird ja auch davon ausgegangen, dass Gläubige erkennen konnten, ob sie geisterfüllt sind (Apg 6,3; 13,52; 19,2). Hier erklärt und erläutert Lukas ebenfalls keine Einzelheiten, er beschreibt nur.

Donnerstag, 26. Juni Apostelgeschichte 10,23b-33

● Die auf so besonderen Wegen von Gott eingefädelte Begegnung findet jetzt statt und Petrus begegnet Kornelius in seinem Haus. Dieser begrüßt Petrus und begeht dabei einen großen religiösen Irrtum. Luther übersetzt hier richtig: **Kornelius behandelt seinen Gast wie eine Gottheit, „fällt ihm zu Füßen und betet ihn an"** (V 25). Erzählerisch führt Lukas seinen Lesern so vor Augen, dass Petrus es hier mit einem echten Heiden zu tun hat, obwohl er ihn zuvor auch als „fromm und gottesfürchtig" beschrieben hat (V 2).

● Das Verhalten des Kornelius wird aber nicht als Verstoß gegen das erste Gebot geahndet oder als Sünde bestraft. **Petrus korrigiert seinen Gastgeber schlicht mit den Worten „ich bin auch nur ein Mensch"** (V 26; vgl. Apg 14,15). Es kommt in der Apg auf die richtige innere Haltung an, und die zeigte Kornelius (etwa durch die Aussagen: er betete immer; gehorchte dem Auftrag des Engels unmittelbar; zeigte eine große Sehnsucht danach, Gottes Botschaft zu hören, und lud dazu viele Bekannte und Freunde ein). Ganz anders wird auf religiöses Fehlverhalten reagiert, wenn die Haltung bzw. Motivation nicht stimmt (vgl. Apg 5,1-11; 8,18-24; 12,20-23). **Kornelius dahingegen ist in dieser Geschichte trotz seines Fehltritts ein positives Vorbild.**

● Auch mit der Anrede des Petrus wird betont, dass der Leser es hier mit Heiden zu tun hat: Eigentlich darf er als frommer Jude keinen Umgang mit ihnen pflegen. Aber Gott habe ihm etwas anderes gezeigt. Das Nachdenken über die Bedeutung der Vision hat Petrus mit den darauffolgenden Ereignissen inzwischen offensichtlich erkennen lassen, was Gott ihm zeigen wollte: **Er darf keinen Menschen – egal ob Jude oder Heide – „meiden oder als unrein" behandeln** (V 28).

Wovon lassen Sie sich in Ihrer Einschätzung von Menschen bestimmen?

● Die Geschichte der vergangenen Tage gipfelt in dem heutigen Text: **Der Heide Kornelius bekehrt sich und empfängt wie die übrigen Zuhörer den Heiligen Geist.** Die Wichtigkeit dieses Ereignisses wird dadurch unterstrichen, dass es (wie die Bekehrung des Paulus) **in der Apg dreimal berichtet** wird (Apg 10,1-48; 11,5-16; 15,7-11). Es ist nicht die allererste Bekehrung eines Heiden, von der Lukas berichtet (Apg 8,26-39), aber **sie begründet, wie es zu einer grundsätzlichen Akzeptanz von Heiden als gleichberechtigte Glieder im Volk Gottes kam.** Es ist die Bekehrung der judenchristlichen Gemeinde zum Plan Gottes: der Annahme von Heiden, die an Jesus glauben.

✎ *Dass Petrus der neuen Überzeugung nicht immer treu geblieben ist, zeigt die Kritik von Paulus in Gal 2,11ff.*

● Dass Kornelius und seine Freunde auf die Botschaft mit Glauben reagieren, erkennen Petrus und seine Reisebegleiter sogleich daran, dass diese den Heiligen Geist empfangen. **Das Entsetzen** der jüdischen Begleiter hierüber ist nicht abwertend gemeint. Mit demselben Wort wird **die Reaktion auf Wunder** (Apg 8,13) **und wunderbares Heilshandeln Gottes** (Apg 9,21; 12,16) beschrieben.

● Der Geist, der die Botschafter des Kornelius gesandt (V 20) und Petrus beauftragt (V 19) hatte, bestätigt jetzt eindrücklich, dass **Gott auch die Heiden annimmt.** Das tut er, indem er die Heiden mit derselben Gabe des Heiligen Geistes auszeichnet, die an Pfingsten zunächst den Aposteln gegeben wurde (Apg 2,4). In der darauffolgenden Predigt hatte Petrus dies all denen verheißen, die Buße tun und sich auf den Namen Jesu taufen lassen würden (Apg 2,38). Das in V 45 verwendete Verb „ausgegossen" verweist zurück auf die Verheißung aus Joel 3,1-5, wie sie in Apg 2,17f zitiert wird. Damit deutet Lukas an, dass „alles Fleisch" auch die Heiden umfasst.

● Anders als die Bekehrung des Äthiopiers haben die Ereignisse im Hause des Kornelius **grundlegende Bedeutung:** „dass auch die Heiden das Wort Gottes angenommen haben". Nicht dagegen, aber gegen die Tischgemeinschaft mit den Heiden richtete sich der Vorwurf derer, „die an der Beschneidung festhielten".

● Petrus bügelt das Problem nicht einfach mit seiner apostolischen Autorität nieder, sondern will durch den Bericht von Gottes eindeutiger Führung überzeugen. Dieser ist nicht einfach Wiederholung von Kap. 10: Petrus ändert die Reihenfolge, weil er aus seiner Perspektive berichtet. Eine zentrale Rolle spielt die erstaunliche Vorbereitung durch **eine doppelte Offenbarung,** wie schon bei der Begegnung des Saulus mit Hananias (Apg 9,10ff). Petrus und Kornelius haben unabhängig voneinander eine Erscheinung. Diese synchrone **Vorbereitung mit göttlichem „Timing"** sahen wir schon in Apg 8, wie Philippus gerade dann zu dem Äthiopier geführt wird, als dieser Jes 53 laut liest.

Wo haben Sie solche göttliche Führung erlebt und wofür wollen Sie sie in Ihrem Leben erwarten?

● V 16f: Die Erinnerung an das Jesuswort zeigt, dass die „Taufe mit dem Heiligen Geist" mit der Bekehrung geschieht und nicht ein zweites Ereignis ist. Es gibt aber (Neu-)Erfüllungen mit dem Geist (vgl. Apg 4,31). „Zum Glauben kommen" (V 17) und (Gabe der) „Umkehr" (V 18) sind identisch, wie die parallelen Ausdrücke zeigen.

● Das zweifache „hindern, verbieten" im Blick auf die Taufe in Apg 10,47; 11,17 erinnert an die Frage des Äthiopiers in Apg 8,36. **Die Geistesgabe ist eine Entscheidung Gottes, „gegen die kein Mensch ein Veto einlegen kann"** (K. Haacker).

● Auch wenn heute Menschen aus der Nähe oder anderen Kulturen und Religionen unübersehbar zu Jesus umkehren, sind Staunen und Lob(lieder) statt Bedenken angesagt.

Psalm 12 gehört zu den Klagepsalmen. Er ist orientiert am Ablauf prophetischer Klageliturgien, in denen die Notleidenden aus dem Mund des leitenden Propheten am Tempel ein befreiendes Gotteswort erflehen.

- **Die Klage hat einen Ort:** Das kollektive und persönliche Leid wird konkret benannt (V 2-3): Nur noch wenige folgen Gott mit ungeteiltem Herzen und der soziale Umgang miteinander ist in ernsthafte Schieflage geraten. Der Beter bringt diese Anliegen vor Gott, damit er es verwandelt. Gott soll die Angefochtenen retten (hebr. *jaschah* = „herausreißen").
- **Wer ist betroffen?** Es handelt sich hier um Menschen, die sich in der Minderheit fühlen und sich schutzlos denen ausgeliefert sehen, die sich nicht an Gottes Gebote halten und massiv ihr Lebensumfeld und ihre Lebensbedingungen prägen. Es mag sich hier im historischen Kontext um eine Sozialkritik handeln, die ähnlich der prophetischen Kritik von Amos Gewalt, Unterdrückung und finanzielle Benachteiligung meint. Die Worte des Psalmbeters öffnen sich aber zugleich für jede Erfahrung geistlichen Leidens an dieser Welt (vgl. dazu auch Hiob 21,11-15 oder Ps 73,8f).
- **Gottes Hilfe:** Sehr ehrlich wird zusammengefasst (V 4f), wie Menschen sich Gottes Hilfe konkret vorstellen. Jedoch bleibt Gott der Souverän seines Handelns. Er wird den Leidenden Hilfe schaffen und für sie „aufstehen" – aber so, wie es seiner Weisheit entspricht. Darauf vertraut der Betende. Und: Inmitten des bestehenden Leidens erfährt der Bittende den Zuspruch Gottes. Er wird bewahrt und behütet bleiben.

Ich bringe im Gebet vor Gott meine Klage. Ich benenne ihm die Not dieser Welt, in der Gottes Gebote immer weniger gelten und sich viele Christen bedrängt fühlen. Ich bitte um Gottes Hilfe und Erbarmen – für diese Welt, für andere Menschen und für mich.

● Tiefster Grund aller Ereignisse: „Die Hand des Herrn war mit ihnen" (V 21) steht für dynamisches Wirken von Gottes Geist (vgl. Lk 11,20). Wortspiel V 23: „Als er die Gnade (griech. „charin") sah, freute er sich" (griech. „echare"). Es geht um **„sichtbare Gnade":**
→ **Die Gnade des Anfangs** (V 19b-21). V 19 knüpft an Apg 8,14 an: Die „Zerstreuung" mit Vernichtungsabsicht dient der Ausbreitung (siehe Apg 5,39)! Vor- und Nachgeschichte: Israel wächst in Ägypten (2Mose 1,7.9f.12.20). „Die Christen werden dadurch, dass sie gestraft werden, täglich mehr an Zahl ... das ist Gottes Krafterweis!" (Diognetschrift 6,9; 7,9). Heute z. B. in China und dem Iran.

✎ *Wo haben Sie erlebt, dass sich nach durchkreuzten Plänen andernorts neue Türen auftaten?*

Unbekannte Jesusnachfolger (wie heute oft) betreten missionarisches Neuland. In Antiochia, der drittgrößten Stadt des Römischen Reiches, bekommt die Jesusbewegung weltstädtischen Charakter. Neben vielen Juden bietet auch „Multikulti", d. h. der Markt religiöser Sinnanbieter, Chancen: Jesus „der Herr", der gelebt hat, gestorben, auferweckt ist, gibt allein das, was man vergeblich in diesen Kulten sucht.
→ **Die Gnade der Festigung** (V 22-24). Die Urgemeinde schickt Barnabas zur „Visitation", einen „bewährten Mann". Er nörgelt nicht am ungeplanten Gemeindeaufbau herum, sondern kommt, sieht und freut sich. Ermutigende Nacharbeit führt zu weiterem Wachstum (V 24b).
→ **Die Gnade guter Zusammenarbeit** (V 25-26). Barnabas erkennt: Die wachsende Gemeinde braucht Verstärkung, gewinnt Paulus nach mühevoller Reise, und – welche Gnade – zwei so begabte Mitarbeiter können ein Jahr lang lehrend zusammenwirken (vgl. Apg 18,11; 19,10.22). – Zum ersten Mal werden **die Jesusjünger in Antiochia „Christen", griech. „christianoi", „Anhänger des Christus", genannt.**

Auf die ständige Ausbreitung des Evangeliums folgt jetzt **eine erneute Verfolgung,** nun der Leiter der Urgemeinde. Wer heute biblisch orientiert leben oder Gemeinde bauen will, sollte mit Widerstand von innerhalb und außerhalb der Kirche rechnen.

● Herodes Agrippa I., durch Kaiser Claudius, seinen ehemaligen Mitschüler, König über ganz Judäa und unbeliebt bei den Juden, sucht deren Gunst, indem er die missliebigen Führer der Jesusbewegung beseitigen will. Er lässt den Jünger Jakobus enthaupten (vgl. Mk 10,38f) und Petrus ins Gefängnis werfen (für einen Schauprozess nach dem Fest).

● Es bleibt **Gottes Geheimnis,** warum der eine Nachfolger Jesu getötet und der andere gerettet wird – das darf die Freude über heutige Berichte wunderbarer Bewahrung nicht beeinträchtigen.

● **Es ist für alle Zeiten vorbildlich, dass die Gemeinde „inständig", „ohne Aufhören" für Petrus und seine Befreiung betet. Und es ist typisch, dass sie es dann doch (oft) nicht glauben kann, wenn tatsächlich ein Wunder geschieht** (vgl. V 5 mit V 15).

● Petrus selbst ist bei der Befreiungsaktion wie benommen, meint, dass sie nur ein Traumgesicht sei. Dass **der Zweifel bei ihm und der Gemeinde erst durch die Wirklichkeit überwunden werden muss,** spricht gegen die manchmal vertretene These, dass Wunder nur für den Glauben erkennbar seien. „Engel" hat hier nicht die Bedeutung (menschlicher) „Bote", wie der häufige Hinweis des Lukas auf übernatürliche Engelwesen und das Aufleuchten des Lichtes zeigt.

● Petrus geht zu dem großen Haus der Maria, der Mutter des Johannes Markus. **Die Freude der Magd hebt sich von dem Unglauben der Gemeinde ab,** die sie erst für „verrückt" hält, dann eher an einen himmlischen Doppelgänger glaubt.

● Dass Petrus sich nun „an einen anderen Ort" begibt, ist Teil der göttlichen Befreiung. Jakobus, der Bruder Jesu, erscheint schon als sein Nachfolger in der Leitung der Jerusalemer Gemeinde.

Auch der jüdische Historiker Josephus (ca. 37–100 n.Chr.) berichtet von diesem Ereignis, das im Frühjahr 44 bei Festspielen zu Ehren des Kaisers stattfand.

- Bei Lukas ist es die Stimme des **Herodes,** die das Volk als „die eines Gottes" (V 22) preist, bei Josephus erklären die Schmeichler Herodes zu einem Unsterblichen wegen des Glanzes seines Silbergewandes. In Apg wird Herodes sofort von einem Engel mit Wurmfraß geschlagen, bei Josephus foltern ihn heftige Leibschmerzen: „noch fünf Tage ertrug er die Qual in seinen Eingeweiden, bis ihn dann endlich der Tod erlöste."
- Josephus und Lukas stimmen aber im Wesentlichen überein: dass Herodes mit dem Tod bestraft wird, weil er „die gotteslästerlichen Schmeicheleien nicht zurückwies" (vgl. die entgegengesetzte Reaktion der Apostel in Apg 14,14-17).
- Die für Lukas typische Wachstumsnotiz **„und das Wort wuchs und breitete sich aus"** (V 24, vgl. Apg 6,7; 19,20) kennzeichnet nicht nur den Hauptinhalt der ganzen Apg. Sie stellt das Wachstum des Wortes Gottes und der Gemeinde auch in einen großen gesamtbiblischen Rahmen: **„Das Wort wuchs"** ist einerseits **Erfüllung der Wachstumsgleichnisse Jesu** (vgl. Lk 8,4-8.11-15; 13,18-21). Andererseits beschreibt der Ausdruck **im AT das Anwachsen des Volkes Gottes** (1Mose 17,20; 28,3; 35,11; 2Mose 1,7.12.20).

Worin besteht die Parallele von 2Mose 1,7.12.20 zu unserem Text?

- V 24 stellt fest: **Auch Unterdrückung und Verfolgung können die Wachstumskraft des Evangeliums nicht stoppen.** Dabei werden die schweren Leiden der Christen nicht verschwiegen (vgl. Apg 5,40; 7,58-60, 14,19.22; 16,22f), aber Gott schenkt trotz aller Widerstände Wachstum, auch heute.
- V 25: Nach Abschluss der Mission kehren Barnabas und Saulus zurück nach Antiochia, dem neuen Missionszentrum.

Unterwegs mit Hindernissen – doch Gott macht den Weg frei

● **Propheten und Lehrer** gab es in der ersten Gemeinde in Antiochia – eine gabenorientierte Gemeindeleitung sozusagen. Nicht eine Person ist für alles da, sondern jede nach den gottgegebenen Gaben: **Die Propheten** können die Welt in Gottes Licht deuten und sagen, was Sache und für die Gemeinde dran ist. **Die Lehrer** sorgen dafür, dass Glaube nicht eine vage Haltung bleibt oder sich in frommen Gefühlen erschöpft, sondern inhaltlich gefüllt ist. **Beides ist wichtig: das prophetische Wächteramt der Kirche** – nicht von oben herab, aber „von oben" her –, Gemeinde bleibt nicht bei sich selbst, sondern wirkt in die Gesellschaft hinein. **Und die Lehre, damit Gottvertrauen keine leere Hülle bleibt**, sondern von Gottes Wort verantwortet und bestimmt wird.

● **Die Aussendung** zeigt: Schon die ersten Christen waren „Global Player". Nicht nur der eigenen kleinen Welt galt ihre Sorge, sondern auch der weiten Welt. Völlig selbstverständlich wird berichtet, wie die Ausgesandten – lateinisch: Missionare – in den damaligen jüdischen Gotteshäusern predigten – ganz wie Jesus zu seiner Zeit.

● Und doch läuft nicht alles glatt. **Ein falscher Prophet,** Barjesus – auf deutsch: Sohn Jesu – tritt auf den Plan. Seine „Zauberei" bzw. „Weisheit" (so die Bedeutung von „Elymas") bestand wohl darin, Träume zu deuten. Seine Religionszugehörigkeit deckt sich mit den drei „Weisen" aus der Weihnachtsgeschichte (Mt 2,1). Sie begegnen Jesus– im Gegensatz zu Barjesus – ehrfurchtsvoll.

● Doch **die Falschheit wird entlarvt:** Wer bewusst davon abhalten will, dem Evangelium von Jesus zu begegnen, ist innerlich bereits blind. Dies macht den entscheidenden Unterschied zwischen wahrer und falscher Prophetie. Die Verwunderung des Statthalters ist verständlich – das Wunder der Blindheit wird für ihn zum Wunder des Glaubens.

Nahe bei den Menschen – deren „Geschichte" ernst nehmen

● Wieder tritt Paulus in einer Synagoge auf – diesmal in Perge. Doch diesmal ergreift er nicht von selbst das Wort, sondern nimmt voller Wertschätzung am Synagogengottesdienst teil. Schon allein damit setzt er ein deutliches Zeichen. Erst nachdem er ausdrücklich darum gebeten wird, beginnt er seine Ansprache – und wie! „Ansprechend" bezeichnet er die Versammelten als **„Gottesfürchtige"** und **„Israeliten" – eine ausdrückliche Ehrenbezeichnung** (vgl. Joh 1,47). Und er knüpft dort an, wo die Zuhörerschaft „zu Hause" ist, Teil ihrer Geschichte und ihres Selbstverständnisses:

→ **Sie gehören zu Gottes erwähltem Volk:** Was für eine Ehre!

→ **Sie haben die frei machende Kraft Gottes erlebt:** ein wichtiger Teil der Geschichte, an den jedes Jahr beim Passafest erinnert wird!

→ **Sie haben Gottes Fürsorge in langer Wüstenzeit erlebt,** auch gegen schlimmste Bedrohungen: was für ein Zeichen Gottes!

→ **Sie haben von Gott selbst als Erbe das versprochene Land erhalten:** was für eine Lebensgrundlage – Gottes Geschenk!

→ **Ihnen wurden Menschen zur Seite gestellt,** die dafür sorgen sollten, dass „Frieden und Gerechtigkeit sich küssen", die in Gottes Sinn für Recht und Ordnung sorgten und das Erbe Gottes gottgemäß verwalten sollten: Was für eine Fürsorge Gottes für sein Volk!

● **Paulus nimmt die Glaubenstradition der Versammelten wertschätzend ernst.** Er fällt nicht mit der Tür ins Haus, wertet auch die Glaubensüberzeugungen nicht ab, sondern knüpft bewusst daran an. Denn spätestens mit der Erwähnung von König David und dessen angesagtem Nachfolger wird deutlich, wer dieser **Jesus** für ihn ist: **Teil der Geschichte Gottes mit seinem Volk,** verdeutlicht in Johannes dem Täufer mit dem bezeichnenden Namen: „Gott ist gnädig!"

Gott ist und bleibt der Retter – damals und heute!

Fortsetzung erwünscht – was ist das Geheimnis?

● Paulus setzt seine Geschichte fort und kommt nun auf den Punkt: **Jesus ist Ziel und Erfüllung aller bisherigen Tradition.** Dies sagt die Überlieferung selbst.

● Erneut werden die Versammelten ehrfürchtig als „Söhne aus dem Geschlecht Abrahams" und „Gottesfürchtige" angeredet. Wieder knüpft Paulus an Vertrautem an und belegt die Jesusgeschichte mit Zitaten aus den Psalmen und Propheten. **Aber was macht diesen Retter („Heiland"** V 23) **aus?**

→ **Er ist der Nachkomme Davids** (Ps 2,7) und damit der Messias, Gottes Gesalbter.

→ **Er wurde zwar hingerichtet, aber als „Heiliger" im Tod nicht der Verwesung überlassen** (Ps 16,10), sondern zu neuem Leben auferweckt.

→ **Er bringt zurecht, was Unrecht ist vor Gott,** und dies allein schon dadurch, dass man an ihn glaubt.

● Weil dies so unglaublich ist – welcher Gott wird schon Mensch und liefert sich Menschen bis ans Letzte aus –, deshalb die Abwehrreaktion von Anfang an. Auch wenn es keinen Grund gab, ihm gegenüber misstrauisch zu sein. Gerade aber dies zeigt, was Sünde heißt: „Sich selbst genug sein wollen wie ein Gott!" Deshalb der Versuch, Jesus aus der Welt zu schaffen. Doch seine Auferweckung hat aufgedeckt, dass er wirklich der Gottgesandte ist. Die Sünde ist damit als Sünde entlarvt, auch wenn sie unter vermeintlich frommer Maske schlummert. **Für dieses Wunder der Auferstehung gibt es Zeugen –** die Worte des Paulus geben davon Zeugnis.

● Das Evangelium, die frohe Botschaft in eingängigen Worten erzählt: verständlich, in der Sprachwelt und Kultur der Zuhörerschaft – eine Aufgabe, die sich bis heute stellt! Kein Wunder, dass sich einige darauf mit Wunsch nach Fortsetzung einlassen.

✎ *Wie würden Sie den Kern Ihres Glaubens und Ihrer Hoffnung einem Nichtchristen gegenüber in anschauliche Worte fassen?*

Das Hohelied der Liebe Gottes.

● Psalm 103 ist ein Bekenntnis zur allumfassenden Liebe Gottes. Wir finden hier keine direkte Anrede Gottes. Dieser Psalm ist anbetendes Bekenntnis des glaubenden Menschen. Mit eigenen Worten versucht er die Größe und Güte Gottes tiefer zu erfassen.

● **Die Gnade Gottes persönlich annehmen (V 1-5):** Am Beginn stehen Lob und Dank – nicht die konkrete menschliche Befindlichkeit. Das Ganze des Lebens wird im Licht der Gegenwart Gottes gesehen. Von Gott kommen Vergebung, Heilung, Wiederherstellung, Rettung, Gnade und Barmherzigkeit. Dafür gebühren ihm das Lob und der Dank. Hier ist die gläubige Lebenshaltung angesprochen: Gib Gott die Ehre und du wirst die Wunder Gottes in deinem Leben sehen können!

Dieser Psalmabschnitt kann als persönlicher geistlicher Lebensspiegel betrachtet werden. Vergleichen Sie als christliche Lebenshaltung dazu Eph 5,19-20. Was möchten Sie daraus lernen?

● **Gott zeigt sein Wesen in der Geschichte (V 6-19):** Gottes Heiligkeit, Güte und Barmherzigkeit sind nicht abstrakt. Wir erkennen sie in seinem Handeln am Volk Israel. Indem Gott in der Geschichte handelt, zeigt er seine Macht und seine Zuwendung. Das können wir auch in unserem eigenen Leben erkennen. Der Alltag hat seine Herausforderungen, aber er entgleitet nicht der segnenden Liebe und Fürsorge Gottes. Gott regiert und führt unser Leben und diese Welt zu ihrem Ziel. Den Spitzensatz dieses Textes, der die liebevolle Zuwendung Gottes in wunderbarer Weise ausdrückt, finden wir in V 13.

● **Das Lob Gottes bleibt in Ewigkeit (V 19-21):** Der Psalm beginnt und endet mit dem anbetenden Lob, anfangs als Selbstaufforderung des Beters an sich, am Ende als Aufforderung an die ganze Gemeinde. Zum Schluss wird der Blick auf den himmlischen Thronsaal geöffnet (vgl. Offb 21,1-5).

Die Gemeinde Jesu wächst – Rückschläge inbegriffen

● Was für ein Wechsel der Szenerie nur eine Woche später! Weshalb? Ganz menschlich: **Neid!** Der Zulauf an Menschen, die Paulus hören wollen (V 44), zeigt: Seine Botschaft hatte sich wie ein Lauffeuer herumgesprochen. Das war einigen zu viel. Die **Wurzel des Neids ist der Vergleich, und seine Wirkung ist bösartiger Widerspruch,** die andere in den Dreck zieht, um selbst in besserem Licht zu erscheinen.

● Doch das Evangelium nimmt seinen Lauf und zieht weiter. Menschen, die als unfromme Heiden galten, lassen sich darauf ein. Auch dies, so Paulus, entspricht der bekannten Tradition: **Der Messias Jesus ist auch das Licht der Heiden** (Jes 49,6).
Kein böses Wort kommt Paulus dabei über die Lippen. Auch hier folgt nur der Hinweis auf die bekannte Überlieferung und den Vorzug für das Volk Israel. Die letzte Konsequenz ist, dass Paulus und seine Begleiter „den Staub von ihren Schuhen schütteln", wie Jesus dies einst seinen Jüngern mitgegeben hatte (Lk 9,5f) als sichtbares Zeichen der Ablehnung nicht nur der Zeugen Jesu, sondern von Jesus selbst, und der damit gegebenen Trennung.

● Der Vorgang zeigt wie schon zu Lebzeiten Jesu: **Die Botschaft von Jesus scheidet die Geister.** Die einen loben und preisen Gott, sind von Freude und von Gottes Geist erfüllt – ausgerechnet diejenigen, die eigentlich nicht dazu gehörten –; die anderen sind sich selbst genug, ihrem eigenen Tun und Treiben überlassen. Da sie nur sich selbst achten, achten sie sich „des ewigen Lebens nicht wert". Für Paulus eine bedauerliche Folge, die Mitleid weckt, ohne erhobenen Zeigefinger.

Trotz des Entschlusses (V 46) bleibt Paulus seinem Volk verbunden, und sein Weg auf den weiteren Missionsreisen führt ihn immer wieder zunächst in die Synagoge (Apg 17,1.2.10; 18,4.19; 19,8).

Haltung hat mit Halt zu tun – in doppeltem Sinn

● Wie sich die Vorgänge gleichen: Die Predigt in einer Synagoge führt zu einem klaren Ja und Nein! Immerhin: **Paulus gibt nicht auf.** Dabei gilt doch: Aus Erfahrung wird man klug – oder?

→ Doch erstens kann Paulus es nicht lassen, anderen davon zu berichten, was sein Leben grundlegend verändert hat. **Er will nicht spalten, sondern gewinnen** (vgl. 1Kor 9,19-22, wo Paulus allein fünfmal schreibt, dass er Menschen gewinnen will). Er weiß darum, wie wertvoll die Botschaft des Evangeliums ist: Gottes Liebe gilt – bedingungslos, d. h. ohne jede Vor- und Gegenleistung. Und sie gilt unbedingt, weil sie stärker ist als alle Macht der Welt (vgl. Röm 8,31ff). Was für eine Ruhe inmitten seiner aufgebrachten Gegnerschaft!

→ **Und zweitens weiß er sich trotz aller Anfeindung in der Liebe Gottes geborgen,** auch wenn die Anfeindungen zunehmen: von der Anstiftung einer Verfolgung in Pisidien, inklusive Vertreibung, bis hin zu Misshandlung und versuchter Steinigung in Ikonion. Doch auch wenn er schon wieder die Flucht ergreifen muss: Nicht die Erfahrung der lebensgefährdenden Anfeindungen macht ihn „klug", sondern **die Erfahrung, dass Gottes Wort Wunder wirken kann.** Immer mehr Menschen fassen Vertrauen in Gottes Liebe, die in Jesus und seinem Wirken sichtbar wird.

● Paulus wird nicht müde, diese frohe Botschaft weiterzusagen, weil er von Gottes Liebe angesteckt ist, – eine Haltung, die nur gottgeschenkt sein kann. Eine solche Haltung gibt Halt – auch gegen Widerstände. Und sie sagt: „Halt!" – deshalb ergreift Paulus wiederholt die Flucht. Mögen seine Widersacher das als Schwäche deuten, für ihn ist es **eine Flucht nach vorn:** Es gilt, anderen Menschen von Gottes Liebe zu berichten. Mag sein Wirken auch noch so beschwerlich und gefährlich sein. **Er weiß, was ihn trägt, hält und motiviert:** Es ist dieser Jesus, dessen Name bereits sagt, dass Gott hilft!

Mittwoch, 9. Juli — Apostelgeschichte 14,8-20a

Wunder können verführerisch sein – aber auch Chance

● Merk-würdig! Gott gibt Paulus die Vollmacht, einen Menschen zu heilen. Aber anstatt den eigentlichen Wundertäter verehrt das Publikum den Menschen, durch den Gott gewirkt hat. Ja, noch mehr: **Sie „vergöttern" Paulus und Barnabas im wahrsten Sinn des Wortes.** Spannend ist, welche beiden Götternamen ihnen gewidmet werden: Zeus, der oberste Gott im Götterolymp, und Hermes, der Götterbote. Nicht viel hätte gefehlt und man hätte den beiden „geopfert". **Eine typische Verkehrung, für Paulus grundlegend für Menschen, die den wahren Gott zugunsten anderer Götter opfern** (Röm 1,18ff). Sie vergöttern von Gott Geschaffenes, anstatt Gott zu ehren.

Wo sehen Sie heute die Gefahr, Menschen – auch in der Kirche – unangemessen zu verehren?

● Doch auch hier verlieren Paulus und Barnabas kein einziges böses Wort. Im Gegenteil: Indem sie öffentlich ihre Kleider zerreißen und sich unter die Menge mischen, machen sie deutlich: Sie sind keine Götter und wollen auch nicht vergöttert sein, sondern Geschöpfe des Gottes, auf den ihr Reden und Tun verweist. **Es gibt nur den einen wahren Gott, der alles geschaffen hat.** Er ist der lebendige Gott, alle anderen Götter sind Nichtse. Und obwohl die Menschen nichts von dem wahren Gott wissen wollen, hat er sie reich beschenkt und wirbt darum, allein ihm das Vertrauen zu schenken.

● Doch auch wenn Paulus mit Engelszungen versucht, für diesen Gott zu werben, ist die Hörerschaft nicht von ihren festgefahrenen Vorstellungen abzubringen, die ihnen den freien Blick verstellen. Aufgehetzt von Gegnern aus den vorigen Predigtorten wird Paulus gesteinigt. Doch er überlebt – dank Gottes Hilfe! Unvorstellbar: Was für eine wundersame Wendung eines Wunders! **Gott steht zu seinen Zeugen – trotz schmerzlicher Erfahrungen.**

Donnerstag, 10. Juli Apostelgeschichte 14,20b-28

Christsein ist kein Ruhekissen – doch Gott hält (an) uns fest

● Kaum dem Tod entgangen, geht die Reise von Paulus und Barnabas weiter. Trotz allem: **Sie bleiben dabei, Gottes gute Nachricht muss unter die Menschen**. Es geht dabei nicht nur darum, Begeisterung zu entfachen. Das zeigt das Wort **„unterweisen"** (V 21), das denselben Wortstamm wie „Jünger" hat (V 22). **Das Evangelium ist inhaltlich nicht vage und unbestimmt.** Inhalt und Mitte der Botschaft ist die in Jesus sichtbar gewordene Liebe Gottes zu allen Menschen.

● Dass das Vertrauen darauf sich nicht von selbst versteht, zeigt die Rückkehr nach Lystra, Ikonion und Antiochien. Ziel der Rückkehr ist es, die dortige Gemeinde zu bestärken, genauer: deren Seelen. **Seelsorge ist angesagt mit einem doppelten Ziel: Das griech. Wort für „ermahnen" hat auch die Bedeutung „trösten"**. Auch der Geist Gottes wird so benannt (griech. „Paraklet"). Wer nicht (mehr) recht bei Trost ist, braucht nicht nur Tröstung, sondern auch Wegweisung.

● Denn das Vertrauen in Gottes Liebe ist und bleibt herausgefordert – nicht nur in Situationen wie bei Paulus und Barnabas. Das mit Jesus angebrochene Reich Gottes war schon während seines irdischen Wirkens umstritten. **Auch mit Jesus herrscht nicht eitel Sonnenschein**. Das zeigt sein Leben und Leiden überdeutlich.

● Der Glaube lebt in der Spannung, dass durch Jesu Tod und Auferstehung die Übermacht des Reiches Gottes deutlich geworden ist und wir schon jetzt daran teilhaben. Zugleich aber leben wir in einer Welt, die nach wie vor von der Eigenmächtigkeit des Menschen bestimmt ist und dem Reich Gottes widerstreitet. **Dabei ist gewiss: Christen sind nicht dem Spiel irgendwelcher Mächte überlassen. Sie gehen in das Reich Gottes ein** (V 22).

● So bleibt bei der Rückkehr an den Ort ihrer Sendung auch nur eines: Das Lob Gottes für sein Wirken. **Gott selbst ist und bleibt der Türöffner des Glaubens.**

- V 1: **Schauplatz Antiochia**. Gerade hatte die Gemeinde gehört, wie Menschen außerhalb des jüdischen Volks („Heiden") zum Glauben gekommen waren, da behaupten Männer aus Jerusalem: So geht das nicht! Ohne Beschneidung und ohne Befolgung des Mose-Gesetzes gibt es kein Heil!
- V 2: **Paulus und Barnabas** hatten eine heftige Auseinandersetzung mit diesen Leuten, die den Pharisäern nahestanden (vgl. V 5).
- Weil Meinung gegen Meinung steht, braucht es eine Klärung auf höherer Ebene. Also auf nach Jerusalem!
- V 3: Auf der Reise dorthin besuchen sie Gemeinden, die von Griechisch sprechenden Judenchristen gegründet waren (vgl. 8,4-25; 11,20f). Von ihrer Prägung her waren sie den Heiden verbunden. Ihre Mitfreude über deren Bekehrung liegt daher nahe.
- V 4f: **Schauplatz Jerusalem.** Dort berichten Paulus und Barnabas mit ihren Begleitern von der Bekehrung der Heiden, ernten aber denselben Widerspruch wie in Antiochien.
- V 6-12: Im Lauf der Beratungen ergreift **Petrus** das Wort (V 7). Seine **Schlüsselerfahrung** dazu fand er in der Bekehrung des Kornelius (Apg 10,1-48). Das **Schlüsselwort** lautet **„durch den Glauben".**
- Die Gnade des Herrn Jesus brauchen alle, Heiden und Juden (V 11). **Selig werden geht nur durch den Glauben**. Es ist das letzte uns in der Apg überlieferte Wort von Petrus.
- Das Schweigen der Versammlung ermöglicht Paulus und Barnabas von den durch Gott gewirkten Zeichen und Wundern zu berichten (vgl. Mk 16,17ff).
- V 13-21: **Jakobus**, der Bruder Jesu und die entscheidende „Säule" der Gemeinde, macht den entscheidenden Lösungsvorschlag. An die Schlüsselerfahrung des Petrus knüpft er mit einem Schriftbeweis an, der **den Zugang der Heiden durch das gesetzesfreie Evangelium rechtfertigt.**

Was zeichnet einen weisen Lösungsvorschlag aus? Orientieren Sie sich an dem Vorgehen von Jakobus.

● V 22-29: Der **Vorschlag des Jakobus** mit den vier Verzichtsklauseln (V 20) ist ein **Minimalkonsens**. Alle Forderungen finden sich bereits in 3Mose 17-18. Was dort Fremden auferlegt wurde, wird auch von den Heidenchristen erwartet. Auf die Judenchristen wird Rücksicht genommen, was vor allem in den gemischten Gemeinden wichtig war.

● **Den judaistischen Hardlinern, wie sie in** Apg 15,1 beschrieben werden, wird so der Boden für ihren Übereifer entzogen.

● Der Vorschlag wird von der Gemeindeversammlung und den Leitern beschlossen und über Paulus, Barnabas, Judas und Silas aus Jerusalem der Gemeinde in Antiochia übermittelt.

● Im Brief distanziert sich die Gemeindeleitung von den übereifrigen Unruhestiftern, die nicht im Auftrag der Gemeinde gehandelt und für Verwirrung gesorgt hatten (V 24).

● V 30-35: In Antiochia wird das Schreiben mit Erleichterung aufgenommen. Judas und Silas erklären mündlich den Beschluss, ermutigen und stärken die Christen vor Ort.

● **Das Apostelkonzil ist das wichtigste Ereignis in der Geschichte der Urkirche.** Lukas hat es genau in die Mitte seines Werks gestellt. **Die Einheit der Gemeinde aus Juden und Heiden wurde durch den Beschluss zur gesetzesfreien Heidenmission gewahrt.**

● **Im Brief an die Galater** (lesen Sie dazu Gal 2,1-14) **schaut Paulus anders auf das Treffen in Jerusalem zurück.** Er bestreitet entschieden, dass ihm für seine missionarische Arbeit irgendwelche Auflagen gemacht wurden (Gal 2,6). Wie lässt sich dieser **Widerspruch** lösen? Möglich ist, dass die vier Klauseln erst bei einer späteren Zusammenkunft in Jerusalem beschlossen wurden, bei der Paulus nicht mehr anwesend war. Bei dieser Zusammenkunft könnten die konkreten Schwierigkeiten des Zusammenlebens von Juden und Heiden verhandelt worden sein, die infolge der Grundsatzentscheidung beim Apostelkonzil aufgetreten waren. Die zwei Versammlungen wurden später als eine überliefert.

Den Herrn Kusch aus Benjamin kennen wir nicht, auch seine Beschuldigungen sind nicht überliefert (V 1). So ist es meist in den Psalmen: **Der konkrete Anlass für die Entstehung eines Gebets tritt zurück, und der Text wird zur Gebets-Vorlage für alle, die sich in einer solchen Lebenssituation befinden.** Man kann dadurch die Worte des Psalms leichter zu seinen eigenen Worten im Gebet für das je persönliche Anliegen machen.

● Der Beter sieht sich in seiner Existenz bedroht (V 3), üble Anklagen drohen, seine Zukunft zu zerstören. Wie in einer eidesstattlichen Erklärung beteuert er seine Unschuld (V 4-6) und ruft das Zorngericht Jahwes an, das ihm Recht schaffen möge (V 7f). 1Kön 8,31f beschreibt den Rechtsvorgang, wie ein unschuldig Beschuldigter im Tempel freigesprochen wird. Ein Bekenntnis mit einer bedingten „Selbstverfluchung" (für den Fall, dass er doch schuldig ist) sind Voraussetzung dafür, Jahwe als Richter anrufen zu können. Der Beter wartet darauf, dass er zu seinem Recht kommt und dass seine Gegner entlarvt werden. Es ist sodann Aufgabe des Priesters, dem Schutzsuchenden den Rechtsspruch Jahwes zu übermitteln.

● **Großes Gottvertrauen** (V 2.9-12) **ermutigt den Beter, für seine Sache zu kämpfen. Er weiß: Jahwe, der alle Welt im Blick hat** (V 9)**, wird sich auch seiner persönlichen Geschichte annehmen** (V 11).

● „Katechismuswissen" (V 13-17) bestätigt den Beter in seiner Zuversicht. Der Tun-Ergehen-Zusammenhang ist in Kraft, die Übeltäter schaden sich selbst, Jahwe sorgt dafür, dass jede böse Tat auf den Täter zurückfällt (Spr 26,27)! So ist für den Beter die Welt in Ordnung, Lob und Dank stehen am Ende des Psalms.

● Doch die Welt ist nicht so in Ordnung, wie schon Hiob erkennen und erleiden musste. **Die Welt braucht den, von dem es heißt: „Die Strafe liegt auf ihm, auf dass wir Frieden hätten, und durch seine Wunden sind wir geheilt"** (Jes 53,5).

- V 36: Die Initiative zur zweiten Missionsreise geht diesmal von Paulus aus, wobei Barnabas bereits in der ersten Reise sein Begleiter war.
- V 37: Doch bevor es losgeht, kracht es zwischen den beiden. Barnabas besteht darauf, dass Johannes Markus mitkommt. Darauf will sich Paulus nicht einlassen.
- V 38: **Johannes Markus** war ihnen bei der ersten Reise „von der Fahne" gegangen (Apg 13,13). Gründe dafür werden nicht genannt. Aber **für Paulus** schien Johannes Markus im Blick auf das wichtige Werk der Mission **unzuverlässig zu sein. Später hat er allerdings seine Haltung revidiert und ihn als „nützlich zum Dienst" positiv erwähnt** (2Tim 4,11).
- V 40: Fortan konzentriert sich Lukas auf **Paulus, der als neue Begleiter Silas und Judas mitnimmt** (Apg 15,22.27.32).
- Kap. 16,1: Derbe, die Endstation der letzten Reise, ist diesmal Ausgangspunkt. Von dort aus geht es nach Lystra, wo Paulus auf **Timotheus** aufmerksam gemacht wird. Mit ihm gewinnt er **einen seiner wichtigsten Mitarbeiter.**
- Timotheus stammt aus einer nach jüdischen Maßstäben ungesetzlichen Mischehe. Er war zwar als Sohn einer jüdischen Mutter (2Tim 1,5) Jude, aber als Unbeschnittener Christ geworden.
- V 3: Paulus beschnitt ihn aus Rücksicht auf die Juden in den Gegenden, die schon zuvor die Missionare verfolgt hatten (vgl. 14,1f.4-6.19f). **Die Beschneidung war nicht heilsnotwendig, sondern Teil seiner Missionsstrategie.** Er will „auf alle Weise etliche retten um des Evangeliums willen" (1Kor 9,20-23). **Nicht ängstliche Anpassung, sondern kluge Prioritätensetzung leitet ihn dabei.**
- V 4f: Der Konflikt ist gelöst, die Beschlüsse aus Jerusalem werden beachtet, die Gemeinden wachsen.

✎ *Harmonie ist nicht alles. Manchmal muss Streit sein, damit es gut geklärt weitergeht. Fällt Ihnen dazu ein Beispiel ein?*

- V 6f: Es geht weiter, aber nicht wie geplant. Zweimal müssen Paulus, Silas und Timotheus ihre Reisepläne aufgeben. **Doch nicht die Missionare, sondern der Heilige Geist führt die Regie** (vgl. Apg 13,2.4). Damit wird deutlich, dass sie nicht eigenmächtig handeln.

> ✎ *Erinnern Sie sich an Situationen in Ihrem Leben, in denen Ihnen der Heilige Geist einen Strich durch Ihre Pläne gemacht hat? Wie sind Sie damit umgegangen?*

- V 8ff: Sie werden nach Troas geführt. In der Nacht erscheint Paulus ein Mann in mazedonischer Kleidung, der ihn um Hilfe bittet. **Eine klare Ansage, kein Traumgespinst!**
- Erstmals wird im **„Wir"-Stil** berichtet. Offenbar hat sich Lukas als Begleiter dem Team um Paulus angeschlossen.
- V 11-13: Von Neapolis, der Hafenstadt Philippis, geht es in die Stadt selbst. Die ersten Tage nützt das Team für die Stadterkundung. Der Sabbat ist die Gelegenheit, das Evangelium unter die Leute zu bringen. Vermutlich existierte in der Stadt – ein beliebter Ruhesitz römischer Veteranen – keine Synagoge, daher suchen Paulus und seine Begleiter den Ort am Fluss auf, wo sich vermeintlich die Juden zum Gebet trafen. Sie stoßen dort auf eine Gruppe von Frauen.
- V 14f: Unter ihnen fällt eine besonders auf. Es ist **Lydia**, die reiche Geschäftsfrau aus Lydien (daher der Name), aus der Stadt Thyatira (vgl. Offb 1,11; 2,18.24). Als Gottesfürchtige sympathisiert sie mit dem jüdischen Glauben.
- **Lydia hört zu. Der Grund: Gott selbst hat ihr das Herz aufgetan.** Sie hält sich an die Worte des Paulus und bekehrt sich. Sie selbst und die ganze Hausgemeinschaft (vgl. Apg 16,33; 18,8) lassen sich taufen. Ihr Haus wird zum **Ausgangspunkt der Mission in Europa.** Indem Paulus und sein Team ihrer Einladung folgen, zeigen sie ihre Anerkennung für Lydia als neu gewonnene Christin.

Mittwoch, 16. Juli — Apostelgeschichte 16,16-24

● V 16ff: Auf dem Weg von Lydias Haus zur Gebetsstätte, wo Paulus und sein Team unter Gottesfürchtigen und Juden missionieren wollen, passiert tagelang immer dasselbe. Eine Sklavin läuft ihnen hinterher und nennt sie **„Diener des Höchsten, die den Weg der Rettung verkündigen".**

● Sie handelt dabei nicht als vom Geist Gottes Inspirierte, sondern als von einem „Wahrsagegeist", d. h. einem Dämon, Getriebene. **Nicht aus Liebe zur Wahrheit, sondern von Hass und Angst getrieben sagt sie Wahres.** Vermutlich wird sie dabei von ihren Besitzern kommerziell ausgebeutet. Paulus kann es mit der Zeit nicht mehr hören: Wahrheit aus Lügenmund. In der Vollmacht Jesu befiehlt er dem Dämon, aus ihr zu fahren, was im selben Moment auch geschieht.

● V 19-22: Die Ruhe währt nicht lang. **Die Sklavin ist zwar ihren Dämon los, ihre Besitzer aber ihre Einnahmequelle.** Sie zerren Paulus und Silas vor die Stadtrichter, heizen die Stimmung gegen sie auf und hetzen gegen sie. Dabei nutzen sie die Ressentiments der zahlreichen römischen Veteranen in Philippi gegen die Juden. Nicht als Christen, sondern als Juden werden die Missionare von ihnen gesehen, die mit ihrer besonderen Lebensweise (z. B. Sabbat, Speisegesetze, Ablehnung des Militärdienstes) als Gefahr für die römische Lebensart hingestellt werden. Die Masse ist gegen sie. Ohne Verhör und Urteil lassen sie die Stadtrichter schlagen (vgl. 2Kor 11,25).

● V 23f: Der Chef des Gefängnisses erhält Befehl, sie im Sicherheitstrakt, also im innersten Kerkerloch, zu verwahren und zusätzlich ihre Füße in einem Holzblock zu fixieren, damit ihre Flucht unmöglich wird.

Geld und Geist, Kommerz gegen Wahrheit und Freiheit. Wie oft ging und geht es nach dieser Melodie! Der Ablasshandel zu Luthers Zeit ist nur ein Beispiel dafür. Fallen Ihnen weitere Beispiele ein?

● Die Mitternacht (V 25-34) und der Morgen (V 35-40) gliedern die letzte Begebenheit, die Lukas uns aus Philippi erzählt.

● V 25-34: „Zur Mitternacht stehe ich auf, dir zu danken für die Ordnungen deiner Gerechtigkeit" (Ps 119,62). Aufstehen konnten die Missionare nicht. **Aber ihr Lob führt zum Aufstand.** Der Gott, der Bande zerreißt, eherne Türen zerbricht und eiserne Riegel zerschlägt (Ps 107,14-16), ist am Werk.

✎ *Wie können Paulus und Silas in ihrem erbärmlichen Zustand Gott noch loben?*

● Alle Türen gehen auf, alle Fesseln lösen sich. Für den Aufseher ist es der Supergau. Für jeden Gefangenen haftet er persönlich. Weil er meint, alle Gefangenen seien entlaufen, will er sich umbringen. Paulus kann ihn mit einem lauten Zwischenruf gerade noch davon abbringen.

● Der Aufseher folgt dem Ruf. **Es wird der Ruf zum Leben.** Aus der Finsternis seines Heiden-Glaubens – ehrfürchtig redet er Paulus und Silas als „liebe Herren" an – kommt er ins Licht.

Der Glaube an Jesus den Herrn ist der Schlüssel in die Freiheit.

● **Ein ganzheitlicher Glaubenskurs schließt sich an. Unterweisung, Pflege und Gastlichkeit gehen dabei Hand in Hand.** Alles mündet in die Taufe der ganzen Hausgemeinschaft und ein Freudenmahl.

● V 35-40: In der Morgendämmerung dämmert es auch den Stadtrichtern: Die Missionare sind zu Unrecht im Gefängnis. Durch ihre Helfershelfer wollen sie sie ohne großes Aufsehen abschieben. Aber so billig kommen sie nicht davon. Paulus pocht auf ihr Recht als römische Bürger. Als Römer hätten sie nicht geschlagen und ohne Prozess inhaftiert werden dürfen. Mit der **öffentlichen Rehabilitierung durch die Verantwortlichen** wird auch die junge Gemeinde im Haus der Lydia gestärkt (V 40).

Der Philipperbrief

Paulus schreibt aus dem Gefängnis (1,13f). Zu dieser ersten Gemeinde auf europäischem Boden hatte er von Anfang an ein besonderes Verhältnis (4,15). Sie hat ihm durch Epaphroditus Hilfe zum Unterhalt überbringen lassen (2,25; 4,16). Dieser war bei Paulus „todkrank" geworden – sehr zum Kummer der Gemeinde (2,26.28). Nun geht es ihm besser, er kann zurückkehren und soll diesen Brief mitnehmen.

Wo Paulus gefangen gehalten wird, ist unklar. Einiges spricht für Ephesus. Als Abfassungszeit käme dann die Zeit um das Jahr 54 n.Chr. infrage. Von der Gemeinde in Philippi erfahren wir, dass sie missionseifrig ist (1,14), wenn auch bei einigen Mitarbeitern selbstsüchtige Motive eine Rolle spielen (1,15.17). Paulus sieht das, aber ihn bestimmt die Freude, dass das Evangelium auch ohne ihn ausgebreitet wird (1,18), ja durch seine Gefangenschaft die Verantwortung der Gemeinden für die Mission wächst.

Die Situation im Gefängnis ist äußerst kritisch, sodass Paulus auf beides vorbereitet ist, auf Tod wie auf Entlassung (1,20ff). Doch auch ein möglicher Tod kann seine Freude nicht beeinträchtigen, denn „Christus ist sein Leben" (1,21).

Neben diesen vielen persönlichen Notizen bestimmen drei Themen den Brief:

(1) Die Ermahnung zur selbstlosen Einheit (2,1-4) mit dem Hinweis auf das Beispiel Jesu (2,5), wobei Paulus zur Unterstreichung einen in der Urchristenheit bekannten Christushymnus zitiert (2,6-11).

(2) Die Warnung vor judenchristlichen Scharfmachern, die zusätzlich zum Glauben an Jesus eine jüdische Beschneidung und damit das Halten des jüdischen Gesetzes fordern (3,2). An seiner eigenen Bekehrung und an seinem Leben zeigt Paulus, wie Jesus für den Glaubenden ein und alles ist (3,3-21).

(3) Der eindringliche Ruf zur Freude in Christus (3,1; 4,4), d. h. zu einer Freude, die nur der kennt, der ganz in und mit Christus lebt. Wie Paulus selbst aus dieser Freude auch in den kritischsten Momenten lebt (1,18; 2,27f), so sollen es alle Christen halten.

● **Nicht allein!**

● Paulus schreibt an „seine" **mit ihm besonders verbundene Gemeinde.** Er hatte sie als erste auf europäischem Boden gegründet (Apg 19). Nur von ihr ließ sich Paulus finanziell unterstützen (Phil 4,10.15f). Von anderen nahm er nur Geld für „die Heiligen in Jerusalem" an (Röm 15,25f).

● Seine Situation war im Augenblick nicht rosig: Zwar im Gefängnis, hoffte er dennoch auf einen guten Ausgang (Phil 2,24). Jedoch nicht die Hoffnung auf Freilassung gibt ihm Kraft, sondern **drei besondere Kraftquellen.** Neben Jesus Christus als Erstes sind es auch

→ sein **Begleiter Timotheus**. Mit ihm bezeichnet er sich als „Knecht" Jesu Christi. Dies ist der Ehrentitel: Wir gehören Jesus. Er ist unser Herr und Besitzer.

→ die **Erinnerung an die Gemeinde** in Philippi. Dabei sieht er die „normalen Christen", aber auch die aus der Gemeindeleitung: Bischöfe (Gemeindeleiter) und Diakone (für Verkündigung und Dienst am Nächsten eingesetzte Gemeindeglieder). Mit „Heilige" sind keine besonderen Christen gemeint, die wie ein Heiliger in der katholischen Kirche sich durch besondere Leistungen oder Frömmigkeit ausgezeichnet haben. Im Sprachgebrauch des NT sind diejenigen **„Heiligen", die ganz und gar zu Gott gehören, d. h. also alle Glaubenden.**

→ das **Gebet**. Es wird ihn zur spürbaren Verbindung zwischen der Gemeinde und ihm selbst. So ist das Fürbittengebet nie nur eine Kraft, die für den anderen wirkt, sondern die einem selbst zugutekommt.

● **Gebet für jemanden heißt** so für Paulus: **zu danken** für seinen oder ihren Glauben; **Zuversicht zu haben**, dass Gott durchträgt; **Vertrauen zu haben** auf das Evangelium; **zu bitten** für wachsende Liebe durch Erkenntnis und Erfahrung.

✎ *Wer oder was gibt Ihnen Kraft? Die Familie? Ein Lob? Eine geglückte Aufgabe? – Haben Sie Menschen, für die Sie beten?*

Gottes Wirken durch Leid

- Es wird in den Versen klar: Paulus ist Gefangener, er trägt Fesseln (V 13). Ist damit sein Auftrag gewaltsam beendigt worden? Nein! Auch als Gefangener sieht er seine Aufgabe weiter in der Evangelisation, in der Verkündigung des Auferstandenen.
- Bricht damit sein Glaube zusammen? Auch hier ein klares Nein! Eigenes oder fremdes Leid kann zur Glaubenskrise führen. Paulus erlebt es – Gott sei Dank! – anders. **Seine Gefangenschaft wird zum „Türöffner" für das Evangelium.** Und zwar nicht irgendwo, sondern an ganz wichtiger Stelle, im Prätorium.
- Was das **Prätorium** ist, ist umstritten. Der Begriff wurde zu unterschiedlichen Zeiten und an unterschiedlichen Orten anders verwendet. In der Provinz (Ephesus) war das Prätorium die Zentrale für das Militär, aber auch die römische Provinzverwaltung. In Rom war es die Unterkunft für Soldaten, die für die Sicherheit des Kaisers zuständig waren. Ob Ephesus oder Rom – **wichtig ist, dass mit der Paulus-Gefangenschaft die Verkündigung ganz nah an den Staatsapparat herankam:** entweder zur persönlichen Wache des Kaisers oder aber zu den Regierungsbeamten der Verwaltung der (wichtigen!) Provinz Ephesus.
- **Paulus überrascht uns mit seiner Freude.** Insgesamt 17-mal findet sich in seinem Brief dieses Wort, weswegen der Phil auch **der „Freudenbrief" des Apostels** genannt wird. Nicht das Leid, sondern, dass trotz oder vielleicht sogar wegen des Leides das Evangelium gehört wird, führt dazu, dass er sich freuen kann (V 18a) und auch die Philipper zu solcher Freude aufrufen kann (Phil 3,1; 4,4).
- Gott nützt für die Ausbreitung des Evangeliums damals wie heute auch Hindernisse und gottfeindliche Kräfte.

Vergleichen Sie diesen Gedanken mit dem Tod von Stephanus und der daraus entstehenden Situation: Apg 7,59; 8,1.4-6.91ff.

In Ps 26 hören wir die Stimme eines unschuldig Angeklagten, der sich in den Jerusalemer Tempel begeben hat und dort den Freispruch durch ein Gottesurteil erfleht. Wie in Ps 7 ist als Hintergrund für den Rechtsvorgang 1Kön 8,31f heranzuziehen.

→ Der Angeklagte beteuert seine Unschuld vor dem Altar Jahwes (V 6). Er hat nichts zu tun mit den Machenschaften der Gottlosen (V 4f).

→ Er stellt sich vorbehaltlos einer Totalüberprüfung seiner innersten Beweggründe durch Jahwe (V 2.11).

→ Sein Gottvertrauen ist unverbrüchlich (V 1.3.8).

→ Er erwartet die Entlarvung seiner Ankläger (V 9f).

→ Er erhofft seine Rehabilitierung; Lob und Dank werden dann seine Antwort sein (V 7.12).

● **Die Glaubensgewissheit des Beters beeindruckt.** Er ist gewiss, dass er im Tempel durch das Wort des Priesters Jahwes Freispruch empfangen wird. Dann wird öffentlich ausgesprochen werden, dass Jahwe zu ihm steht. **Denn niemand und nichts kann ihn von Gottes Güte und Gnade trennen.** Hier kommt der Psalm ganz nah an das NT heran (vgl. Röm 8,33ff).

● Liest man Ps 26 jedoch, ohne die Situation des unschuldig Angeklagten zu bedenken, erscheint das Gebet in einem völlig anderen Licht. Es wirkt befremdlich, mit welcher Selbstsicherheit der Beter von seiner Unschuld spricht. Er grenzt sich massiv von unethisch handelnden Menschen ab, bestreitet, irgendetwas mit ihnen zu tun zu haben. Dies alles wirkt überheblich, sich selbst überschätzend und naiv im Blick auf die Abgründe der menschlichen Existenz. Jesu Gleichnis vom Pharisäer und Zöllner (Lk 18,9ff) würde genau dazu passen. Wer Ps 26 so liest, wird dem Beter nur noch das Gebet des Zöllners nahelegen können: **„Gott, sei mir Sünder gnädig!"**

● Beide „Lesarten" des Psalms können wir stehen lassen, indem wir den Wochenspruch des heutigen Sonntags beherzigen: **„Aus Gnade seid ihr gerettet durch Glauben, und das nicht aus euch: Gottes Gabe ist es"** (Eph 2,8).

Todessehnsucht? – Nein! Lebensziel!

- Was für eine Gewissheit des Apostels! **Er weiß, dass seine Gefangenschaft so oder so „zum Heil" ausgehen wird:** Entweder, weil er bei seinem Herrn sein wird, – dann wird ihm der mögliche Tod „zum Gewinn", oder aber, weil er weiter Christus verkündigen darf – diese Verkündigung ist sein Lebenssinn und -ziel! Interessant ist, dass Paulus bei einem früheren Brief an die Gemeinde in Thessalonich davon ausging, dass er die Wiederkunft Jesu noch zu seinen Lebzeiten miterleben werde (1Thess 4,15).
- Es ist also keine Todessehnsucht wie bei Elia (vgl. 1Kön 19,4), sondern **er ist nüchtern,** indem er erkennt, dass seine Gefangenschaft ihn auch zum Märtyrer machen kann.
- Gleichzeitig lebt Paulus gerne. Er sieht **seine Aufgabe** im Hier und Jetzt. Die besteht nach seinen Worten darin, **„mehr Frucht zu schaffen",** d. h. Menschen zu Jesus Christus einzuladen.
- Alle diese Freude ist ein Geschenk Gottes, aber er weiß sich auch geborgen durch die Gebete der Geschwister in Philippi.
- Diese Verbundenheit führt zu seiner **Überzeugung: Ich bleibe am Leben und bei euch** (V 25).
- Wenn er von **„Fleisch"** spricht (V 22), dann meint Paulus hier nicht, wie sonst so oft, das „sündhafte Sein" des Menschen (vgl. Röm 8,3), sondern **die Geschöpflichkeit, das Leben auf dieser Erde, also das irdische Leben.**
- Was aber hält Paulus für so wichtig, dass er weiterleben will? Dieses **„Frucht schaffen"** ist für ihn die Evangelisation (V 18a), die Förderung des Glaubens (V 25), die Freude im Glauben und das „Rühmen in Christus" (V 26), also der Lobpreis.

✎ *Was ist Ihr Lebensziel? Könnten Sie auch formulieren: „Christus ist mein Leben, Sterben ist mein Gewinn?" Was hält Sie im Leben? Welche Gedanken löst die Ewigkeit bei Ihnen aus?*

Einheit der Gemeinde

● „Wandelt nur würdig ..." Nur? Dieses kleine Wort signalisiert: Jetzt kommt etwas Entscheidendes. Grundsätzlich ist das Allerwichtigste, dass wir die Gnade Jesu, seine Vergebung, annehmen. Wer aber von der Vergebung her befreit lebt, der richtet sich neu aus. Und diese **neue Ausrichtung** beschreibt Paulus nun.

● „Wandelt würdig des Evangeliums Christi" – wir können auch formulieren, „Lebt so, wie es dem Evangelium von Jesus entspricht." Wie sieht das aber aus?

→ **Einheit der Gemeinde**. „In dem einen Geist Christi stehen" – dies bedeutet, dass wir Christen durch den Geist Jesu Christi zusammengeführt und zusammengehalten werden. Dazu kommt das **„einmütige Mitkämpfen"**. Es geht nicht nur ums Dabeisein, sondern Paulus fordert auf, **sich aktiv einzusetzen.** Wobei **„einmütig"** nicht bedeutet, dass man immer einer Meinung ist – aber, **dass man dasselbe Ziel hat und sich nicht trennen lässt.** Bei der Gemeinde geht es um die Gemeinde der Christen vor Ort und weltweit.

→ **Es gibt Feinde**. Jedem Menschen, der Christus nachfolgt, wird bewusst werden, dass es **Widersacher** gibt. Dazu gehören z. B. Aberglaube, Atheismus, Agnostizismus, heidnischer Glaube, Synkretismus – und noch viele weitere Widersacher. Wichtig ist, dass wir uns nicht erschrecken lassen, sondern unseren Glauben treu leben. Dieses **„Sich-nicht-erschrecken-Lassen"** wird dem Teufel zum Zeichen werden: Diese Gläubigen gehören zu Jesus.

→ **Leidensbereitschaft**. Der Glaube, den Jesus schenkt, kann uns auch ins Leiden führen. Dabei darf nicht übersehen werden: Nicht jeden Streit, nicht jeden Ärger haben wir um Jesu willen. Manchmal ist es unser eigenes Verhalten, das Leiden verursacht.

✎ *Fragen Sie sich einmal nach Phil 2,1-4: Wo stärke ich die Einheit der Gemeinde Jesu? Wo bin ich vielleicht sogar Bremsklotz der Einheit?*

Verhalte dich wie Christus!

● Die Verse 6-11 sind dem Stil nach (dichterische Form und ein für Paulus ungewöhnlicher Wortgebrauch) **ein Hymnus**, den Paulus so übernommen hat und wohl als bekannt voraussetzt. Die Gemeinden kannten diese Verse, so wie wir heute z. B. die Einsetzungsworte des Abendmahls oder das Glaubensbekenntnis kennen.

● Der Hymnus hat **zwei Auslegungsmöglichkeiten:** Zum einen wird **Jesus Christus und sein Weg theologisch gedeutet (Christologie).** Zum anderen benützt Paulus diese Verse als Appell an die Gemeinde in Philippi. So spannend die christologische Auslegung wäre, konzentrieren wir uns auf den **Appell: Verhaltet euch wie Christus!**

● Wie und inwieweit können wir uns aber wie Christus verhalten?

→ **Klammere dich nicht an dein Recht!**

● Viele Streitigkeiten entstehen, weil Menschen grundsätzlich auf ihrem „Recht bestehen". Jesus Christus ist Gottes Sohn und damit Gott selbst (vgl. Joh 20,28). Er aber verzichtet auf seine Macht (vgl. Mt 26,53) und den göttlichen „Status" und wird ein einfacher Mensch („Knechtsgestalt"). Wenn Jesus schon auf sein „Gott gleich zu sein" verzichtet – um wie viel mehr sollten wir auf unser (vermeintliches) Recht verzichten?!

→ **Sei Gott gehorsam!** Jesus geht den Weg des Gehorsams sogar bis ans Kreuz. Paulus selbst hofft zwar auf einen guten Ausgang seines Prozesses, weiß aber um die Möglichkeit der Verurteilung zum Tode. – Gehorsam gegenüber Gott heißt bei uns heute in Mitteleuropa nicht, dass wir wie Paulus mit der Todesstrafe rechnen müssen. Aber Gott kann uns auch schwere Wege zumuten. Gehorchen wir Gott dann auch noch?

→ **Gott schenkt Heil!** Nicht Jesu Tat führt dazu, dass er zum Herrn aller Herren wird und alle Knie sich ihm beugen müssen, sondern es ist Gott selbst, der Jesus Christus erhöht.

✎ *Wo fällt Ihnen der Gehorsam schwer?*

Gnade oder doch eigenes Tun?

● „Schaffet, dass ihr selig werdet, mit Furcht und Zittern" – aus dem Zusammenhang gerissen, führt uns dieser Satz in eine große seelsorgerliche Not: **Wie können wir unsere eigene Rettung schaffen?** Geht es also doch um Werke, also darum, dass wir perfekt sein müssen, damit Gott uns dann rettet?

● **Zwei Anmerkungen dazu.** Zum einen schreibt Paulus einen Brief, der im Zusammenhang gelesen werden muss. So benennt er in Phil 1,6 Gott als denjenigen, „der in euch angefangen hat das gute Werk", und führt aus, „der wird's auch vollenden ...". **Dass wir gerettet sind, ist Jesu Werk und nicht unsere Anstrengung.** Paulus hatte dann aber auch von den **Folgen** gesprochen. Wer von Jesus gerettet wird, dessen Leben wird sich ändern. Und dieser Änderung dürfen wir nicht im Wege stehen, sondern müssen sie fördern!

● Zum anderen steht für das deutsche Wort **„schaffen"** im Griechischen ein Wort, das nicht das schöpferische Schaffen aus dem Nichts meint, sondern es geht hier um das **„dran Arbeiten".** Paulus meint also **nicht**, dass wir Christen die **Voraussetzung** für unser Heil schaffen („Tu dies und das, dann bist du gerettet!"), **sondern** er spricht von der **Konsequenz** des Gerettetseins („Weil ich in Jesus Christus gerettet bin, arbeite ich an mir und lasse an mir arbeiten").

● Der folgende Vers 13 macht diesen Zusammenhang deutlich: **Sogar „Wollen und Vollbringen" ist in Gottes Hand!**

● Nur indem wir Gott in uns wirken lassen, können wir auch Licht für diese Welt werden. Und eben das ist unsere Aufgabe.

● Stutzen lässt uns Vers 16 („mir zum Ruhm"). Ist es nicht falsch, sich selbst zu rühmen? Es geht Paulus jedoch nicht um ein selbstsüchtiges Lob auf die eigenen Werke (vgl. 1Kor 3,21), sondern im Hintergrund steht die Sorge des Apostels, er könne für nichts und wieder nichts („umsonst") gelaufen sein. Sein Ruhm ist in Jesus Christus begründet (vgl. Röm 5,11 und 15,17).

Wenn man Mitarbeiter „verliert"

- Wahrscheinlich kennen wir es: Sie ist in unserer Arbeit gewachsen. Als Kind kam sie in die Kinderstunde, dann durchlief sie die einzelnen Stationen. Nach dem Abi geht sie zum Studium und ist als Mitarbeiterin (für unsere Gemeindearbeit) „verloren".

Unser Abschnitt zeigt **zwei Beispiele für das Ziehenlassen von Mitarbeitern.**

→ **Timotheus** ist eine Generation jünger als Paulus (V 22), aber es gibt eine enge geistliche Verbindung. Sie „ticken" theologisch gleich (V 20). Auf diesen Mitarbeiter verzichtet Paulus nicht leicht. Trotzdem schickt er ihn nach Philippi. Warum? Er braucht die Verbindung zur anderen Gemeinde, freut sich auf neue Informationen, die er über Timotheus bekommen wird.

→ **Epaphroditus** ist ein „entliehener" Mitarbeiter. Eigentlich stammt er aus Philippi und hatte Paulus von dort materielle Unterstützung in die Gefangenschaft gebracht (4,18). Im Vergleich zu Timotheus ist er ein „unbeschriebenes Blatt". Aber er ist für Paulus wichtig, denn er dient ihm, d. h, er unterstützt ihn auch in äußerlichen Dingen. Auch er ist ein Mitarbeiter, Mitstreiter und „Helfer in der Not".

- Epaphroditus bekommt Heimweh. Er war todkrank gewesen. Die Philipper hatten dies erfahren, und jetzt drängt er nach Hause. Paulus lässt ihn ziehen: Er sieht die Sorge der Gemeinde, und ihre Wiedersehensfreude wird ihn erfreuen (V 28).
- Wie groß ist die Sorge, wenn wir Mitarbeiter verlieren? Hochzeit, Ausbildung, Studium, Beruf, Wegzug usw. Wir sorgen uns, wie es mit der Gemeinde weitergehen wird.
- **Paulus ermutigt uns: Gebt Mitarbeitende frei, lasst sie ziehen, denn sie werden Gottes Reich an anderer Stelle bereichern.**

> ✎ *Welche Mitarbeitenden könnten Sie freigeben und für sie beten, damit sie ihren Dienst für Gott an anderer Stelle tun können?*

● **Nichts gegen Wiederholungen**, wenn es um Wichtiges geht. Die größten Reden der Geschichte sind voll davon („Ich habe einen Traum …"). Paulus wiederholt also gerne: „Freut euch in dem Herrn!" (V 1a). Umso besser für die Philipper (V 1b).

● Solche **Freude ist auch das beste Gegenmittel gegen Verdrehungen des Glaubens**. Welche das in Philippi waren, lässt sich an der scharfen Kritik von Paulus ablesen (V 2): Die Irrlehrer forderten von *allen* Christen die Beschneidung, sozusagen als Eintrittskarte oder Zusatzleistung zum Glauben.

● Dabei hatten sich die Leiter der ersten Gemeinden, inspiriert vom Geist Gottes, doch zuvor längst geeinigt (Apg 15): Nein, wer als Nichtjude zum Glauben an Jesus kommt, muss *nicht* alle rituellen Vorschriften des Alten Testamentes einhalten, muss nicht zuvor Jude werden und sich beschneiden lassen. **Der Glaube an Jesus ist das Entscheidende.**

✎ *Nehmen Sie sich die Zeit und lesen Sie noch einmal nach: Zu welchem Ergebnis waren die Apostel damals beim Konzil in Jerusalem gekommen, und mit welcher Begründung? (Apg 15,23-29).*

● **Der Glaube an Jesus reicht aus**; darauf beharrt auch Paulus. Und bemerkt nebenbei: Bei dem Spiel „Wer ist am frömmsten?" könnte er locker gewinnen (V 4b). Man denke nur an seine makellose religiöse Erziehung (V 5f). Das zählt nur jetzt alles nicht mehr (V 3). Es kann sogar, wenn es von Jesus ablenkt, hinderlich sein, ein „Schaden", oder noch drastischer, ein „Dreck" (V 7f).

● Paulus leugnet damit nicht etwa seine Herkunft oder seinen Hintergrund, beides ist ihm bleibend wichtig. Er stellt nur klar: Nichts davon, auch wenn es noch so wertvoll ist, macht vor Gott gerecht. Das kann nur der Glaube an Jesus (V 9). Genauer: der Glaube an den auferstandenen Jesus, der auch uns die Auferstehung verspricht (V 10f).

Ps 21 bietet uns einen Einblick in das Wesen des Königtums in Israel. Man kann den Psalm als Liturgie zum „Tag des Königs" (Hos 7,5), dem feierlichen Jahrestag der Krönung, verstehen.

● In einem Danklied (V 2-8) rühmt die Gemeinde die heilvolle Ausstattung des Königtums durch Jahwe:

→ Der König lebt in der Kraft Jahwes, er kann sich auf seine Hilfe verlassen (V 3.5).

→ Der König lebt in einzigartiger Nähe zu Jahwe (vgl. Jer 30,21), ihm ist das Privileg der Gebetserhörung zugesagt (V 3.5).

→ Der Segen Jahwes schenkt eine Fülle des Lebens, die über die Zeitlichkeit des Regenten hinausweist (V 4.5.7).

→ **All dies gilt, weil der König sein Königtum nur in engster Verbindung mit Jahwe ausübt** (V 8).

Der „Ewigkeitshorizont" des Königtums bezieht sich auf eine alte Verheißung. Wem wurde diese durch wen zugesprochen (2Sam 7,16.29)?

● V 9-13 enthalten Zusagen an den König, die vermutlich ein Priester ausruft. In erschütternder Grausamkeit wird das kriegerische Handeln des Königs gegen Feinde beschrieben. Altorientalische Denkmuster konnten offensichtlich nur auf diese Weise die Stärke eines Regenten aussagen. **Das AT selbst hat solche Grausamkeitsschilderungen überwunden. Nicht der Tod aller Feinde ist das Ziel, sondern dass sie sich faszinieren lassen von Jahwe und nach seiner Weisung fragen** (Jes 2,1ff). Sogar die Zerstörung aller militärischen Ausrüstung erhofft das AT (Mi 5,9; Sach 9,10).

● Die Königsliturgie endet mit einem Lobvers. Die Anwesenden vertrauen darauf, dass der König das Volk nach Jahwes Gebot führen wird. **Die geschichtliche Erfahrung, dass Israels Könige immer weniger ihrem Auftrag gerecht geworden sind, ließ die Sehnsucht nach einem König wachsen, der tatsächlich Jahwes Recht und Gerechtigkeit auf Erden vertritt** (Jes 11,1-5).

● Wir wissen nicht, wie sportlich Paulus war. Sicher zäh und ausdauernd, da er ständig auf Reisen war. Zugleich aber war er von chronischen Beschwerden geplagt (siehe 2Kor 12,7). Umso auffallender, dass er gerne **Bilder aus dem Sport** verwendet: „Ich jage nach dem vorgesteckten Ziel, dem Siegespreis der himmlischen Berufung" (V 14; vgl. auch 1Kor 9,24ff). Inzwischen hat Paulus die Ziellinie seines Lebens längst erreicht und kann dankbar zurückblicken: Der Einsatz hat sich gelohnt.

● **Christsein als Langstreckenlauf** – dieses Bild hat zwei Aspekte:
→ Gottes Gnade können wir uns nicht verdienen, auch nicht durch noch so großen Einsatz. Trotzdem heißt Christsein, **ständig in Bewegung** zu sein. Glauben kann sich also nicht darauf beschränken, einen „Standpunkt" zu vertreten. Wir geben alles, wollen ja unser ganzes Leben an Jesus ausrichten. Zugleich sehen wir im Rückblick: Wenn wir uns tatsächlich verändert haben, mehr wie Jesus geworden sind – dann waren das gar nicht nur wir selbst, sondern Gottes Kraft ist in uns am Werk.

Lesen Sie hierzu noch einmal Phil 2,12f. Kennen Sie das aus eigener Erfahrung: Sie „hängen sich rein" für Gott – und merken hinterher: ***Er*** *hat die ganze Zeit in Ihnen gewirkt?*

→ Der zweite Aspekt des Bilds: **Wir sind noch nicht da**. Das weiß Paulus selbst: Er ist vollkommen bei der Sache, aber er ist nicht vollkommen (V 12f). Er weiß, dass er weiter Vergebung braucht. Das heißt aber nicht etwa, das aktive Christsein aufzugeben. Sondern **was man verstanden hat, soll man umsetzen** – dazu fordert er auch die Philipper auf (V 15f).

● Mark Twain soll gesagt haben: „Nicht die Teile der Bibel stören mich, die ich nicht verstehe – sondern die Teile, *die* ich verstehe." Anders gesagt: Es ist schon anspruchsvoll genug, das umzusetzen, was man begriffen hat. Fangen wir doch damit an.

● Darf man sich selbst als Vorbild hinstellen? Oder wirkt das eingebildet? Wie gesehen, hält sich Paulus nicht für vollkommen (V 13). Trotzdem nennt er sich selbst als Vorbild, weil es gar nicht anders geht: Neue Christen brauchen **Vorbilder, die Christsein anschaulich machen**, ganz wörtlich. Zur Zeit der ersten Christen gab es hier wenig Auswahl. Missionare und Gemeindegründer wie Paulus waren für Neubekehrte oft die einzigen erfahrenen Christen, die sie kannten.

● Paulus fordert also auf: „Macht es wie ich – auch mir geht es nicht um mich, sondern um Jesus. Ich ahme Christus nach" (V 17). Christus imitieren, *imitatio Christi*, ist die lateinische Übersetzung von „Nachfolge Christi"; das gleichnamige Buch von Thomas von Kempen ist ein Klassiker der geistlichen Literatur.

● **Gute Vorbilder sind auch deswegen wichtig, weil sie falsche Vorbilder entlarven helfen.** Die gab es im Umfeld der jungen Gemeinde anscheinend bereits; und wieder müssen wir Näheres aus den Andeutungen von Paulus erschließen:

→ Sie sind **„Feinde des Kreuzes Christi"** (V 18b) – unklar ist, ob damit ihre Lehre (über Jesus) oder ihr Verhalten (den Christen gegenüber) gemeint ist; beides ist denkbar.

→ **Sie stehen unter Gottes Urteil** (V 19a); sie sind also nicht einfach Christen, die Fehler gemacht haben, sondern haben sich vom Glauben insgesamt weit entfernt.

→ **„Ihr Gott ist der Bauch"**, sie sind **„irdisch gesinnt"** (V 19); anscheinend geht es ihnen schlicht um Geld und Genuss, und ihr Gewissen ist abgestumpft.

● Paulus hält dagegen: **Für uns gelten andere Werte!** Wir sind schließlich „Bürger im Himmel", leben auf die Ewigkeit mit Jesus zu, sollten also auch nach den Maßstäben des Himmels leben (V 20f).

✎ *Wer ist für Sie ein Vorbild im Glauben? Was an dieser Person macht Christsein für Sie besonders gut anschaulich?*

● Da hätte man gern Mäuschen gespielt: als der Brief an die Gemeinde in Philippi zum ersten Mal im Gottesdienst vorgelesen wurde. Ich stelle mir vor, Evodia und Syntyche haben sich vorher keines Blickes gewürdigt, jetzt verstummen beide und heben den Kopf: Denn ihre Namen wurden genannt, sie sollen sich bitte schön vertragen (V 2). Paulus' **Ermahnungen sind eben alltagsnah,** sie richten sich an konkrete Menschen mit Namen und einer Geschichte (V 3).

● Nebenbei macht Paulus vor, *wie* und *warum* man andere ermahnen sollte: weil sie einem wichtig sind, also **ermahnt man sie nicht aus Besserwisserei, sondern aus Liebe und Fürsorge.** Paulus „sehnt" sich ja nach den Philippern (V 1), fast klingt es so, als sei dies – neben der Gemeinde in Thessalonich – seine Lieblingsgemeinde.

● Auf der Zielgeraden des Briefes kommt Paulus außerdem zu seinem Leitthema zurück: **Freude** (V 4). Der Brief an die Philipper ist womöglich **die Schrift mit dem höchsten „Freudenaufkommen"**. Das Wort Freude kommt als Substantiv, Verb oder Adjektiv insgesamt 16-mal vor.

● Wie zuvor meint Paulus aber nicht aufgesetzte Fröhlichkeit oder ein Weglächeln von Problemen, sondern **diese Freude hat einen stabilen Grund: „Der Herr ist nahe!"** (V 5b). Das heißt zweierlei: Jesus ist bei uns und begleitet uns. Und zugleich: Er wartet auf uns in der Zukunft, er wird eines Tages die neue Welt einläuten, auf die wir zuleben (vgl. 3,20f).

● Daraus ergeben sich **praktische Folgerungen:**

→ Wenn wir uns auf Jesus freuen, können wir auch anderen leichter mit Freundlichkeit begegnen (V 5a).

→ Wir können Gott alles anvertrauen. Sorgen und Schmerzen sind ja nicht weg, aber wir haben dafür eine Adresse (V 6).

→ Dabei erleben wir, dass „Gottes Friede uns bewahrt" (V 7), weil er stärker und verlässlicher ist als unser eigenes Denken und Fühlen (beides ist wertvoll, beides kann aber auch irreführen).

Donnerstag, 31. Juli — Philipper 4,10-23

● Auch ein Apostel muss zu essen haben, und, noch wichtiger, **auch ein Apostel braucht Ermutigung** in schwieriger Lage. Beides merkt man diesem Text an. Er beginnt mit fast überschwänglichem Dank für die Fürsorge der Philipper (V 10), auf die er später zurückkommt (V 16). Zwischen den Zeilen merkt man, der Grund seiner Freude war wohl vor allem **ein Essenspaket** (V 12), noch dazu ein duftendes (V 18).

● Das kann Paulus im Gefängnis gut gebrauchen. Er versichert zugleich: Noch mehr freut ihn, was die praktische Unterstützung über die Philipper selbst aussagt; sie ist ja **Frucht ihres eigenen Glaubens** (V 17).

● **Paulus ist eben Teamplayer**; kein evangelistischer Einzelkämpfer, sondern Teil eines missionarischen Netzwerks aus Menschen unterwegs und Menschen vor Ort bei den Gemeinden. Ohne dieses Team wäre auch der Austausch zwischen der Gemeinde und Paulus gar nicht möglich (V 18; siehe auch 2,19ff).

Wem können Sie in den nächsten Tagen mit einem Geschenk oder Hilfsangebot Ihre Wertschätzung ausdrücken? Womit könnten Sie diese Person positiv überraschen?

● Trotz aller Freude über das Geschenk: Paulus selbst kommt auch mit wenig zurecht (V 11f). Nicht weil ihm der Verzicht leichter fiele als anderen Menschen, sondern weil er **erlebt, dass Gott ihn in kritischen Zeiten mit besonderer Kraft ausstattet** (V 13). Deswegen kann er am Ende auch den Philippern zusprechen, dass Gott sie verlässlich versorgen wird (V 19); ein Grund mehr, ihn dafür zu loben (V 20).

● Der **abschließende Gruß und Segenswunsch** enthält eine kleine, fast ironische Pointe: Die „Heiligen im Haus des Kaisers" sind andere Christen als die, die mit Paulus im Gefängnis sitzen. Erstaunlich, wie Paulus gerade aus dieser Lage heraus einen Brief so voller Freude schreiben kann.

● V 1: Es geht in die Hauptstadt Makedoniens nach Thessalonich. Timotheus bleibt in Philippi, Paulus und Silas reisen weiter (Wechsel vom „wir" zum „sie"). In den Städten auf dem Weg (Via Egnatia = Verbindungsstraße nach Rom) wird wohl nicht missioniert, weil dort keine jüdische Gemeinde existiert.

● V 2-5: **Der Erfolg bei den Juden ist mäßig, bei den Proselyten und wohlhabenden Frauen dagegen groß.** Der Grund für die Anfeindungen ist weniger die theologische Lehre als vielmehr Neid und Verlust von Einfluss. Paulus wird länger als drei Wochen dortgeblieben sein (vgl. Phil 4,16).

● V 6-9: Das Haus des Juden Jason dient als Versammlungsort der neuen Gemeinde, und Paulus und Silas sind dort untergebracht. **Die Anklage ist weiter gefasst als in Philippi:** Nicht nur der Frieden in der Stadt ist gefährdet, sondern der des ganzen Imperiums („Erdkreis"). So werden auch die Oberen der Stadt hellhörig. Da die Missionare selbst nicht zu finden sind, müssen sich Jason und andere neue Christen der Anklage stellen. Nur gegen Kaution können sie sich freikaufen.

● V 10-15: Um nicht wieder im Gefängnis zu landen, brechen Paulus und Silas nach **Beröa** auf. **Auch hier beginnt die Mission in der Synagoge und kann mehr Menschen gewinnen** – bis die aus Thessalonich stammenden Juden kommen und die Weiterreise von Paulus erzwingen. Lukas zeigt, wie **der Vorwurf der Unruhestiftung** eigentlich auf die zurückfällt, die diese angeblich bekämpfen wollen.

● **Unterschiede zwischen Kap. 17 und Kap. 16:**

→ Es braucht nicht immer die wundersame Rettung und das Martyrium für eine gelingende Mission.

→ Nicht immer ist Glaube „sogleich" vorhanden, er benötigt eine Überprüfung anhand der Schrift.

● V 16: Bevor Silas und Timotheus kommen, erkundet Paulus die kulturell-geistige Metropole. Als Jude ist er mit dem Bilderverbot (2Mose 20,4) aufgewachsen und **daher erzürnen ihn die vielen Götterstatuen.**

● V 17-21: Wie gewohnt beginnt er seine Mission in der Synagoge, wo ihn aber auch Heiden hören. Die Philosophenschulen der Epikureer und Stoiker sehen in seiner Rede ein neues Götterpaar: Jesus und die Auferstehung (das griech. „Anastasis" wird als Personenname verstanden). Das Wort „Schwätzer" ist abfällig und bedeutet wörtlich „Körnerpicker" = jemand nimmt Verschiedenes auf und bringt es in einen neuen Zusammenhang. **Da die Athener aber gern Neues hören, wird Paulus auf den Areopag – wohl den Platz vor der städtischen Behörde – geführt, um dort Rechenschaft zu geben.**

● V 22-24: Paulus lobt die Athener für das, was ihn zuvor erbost hat: die Verehrung vieler Götter. Damit schafft er sich mehr Gehör, als würde er sie wegen ihres Götterkults schelten. Den **Altar für „den unbekannten Gott"** gab es, damit nicht aus Versehen ein Gott, dessen Name nicht bekannt war, durch Nichtbeachtung erzürnt würde.

● V 25-29: **Paulus knüpft an der Erfahrungswelt seiner Zuhörenden an.** Mit seiner Rede, dass wahre Götter nicht an Altäre oder Tempel gebunden sind, trifft er die Meinung der Philosophen. **Letztlich stellt er Gott als Schöpfer aller Dinge und allen Lebens vor** (vgl. 1Mose 1,1-2,4 als Gegenentwurf zur Zeit des babylonischen Exils gegenüber den Gestirngöttern der Babylonier).

● V 30-31: Nun kommt **die christliche Perspektive:** Paulus redet von notwendiger Buße, vom Gericht und dem Angebot des Glaubens durch Jesus, ohne dass sein Name ausdrücklich genannt wird.

● V 32-34: **Die Predigt der Auferstehung führt zu einer** – höflich formulierten – **Ablehnung der Lehre.** Oft wird behauptet, dass Paulus' Areopagrede keinen Erfolg hatte. Allerdings: Bei welcher Predigt heute kommen „einige" zum Glauben?

„Wer glaubt, der flieht nicht", ruft Jesaja den Leuten in Jerusalem zu (Jes 28,16). Vertraut darauf, dass Jahwe für Recht und Gerechtigkeit einsteht! Der Beter von Ps 11 hat solches Gottvertrauen. Aber seine Freunde raten ihm zur Flucht (V 1b-3). Böse, gottlose Menschen trachten ihm nach dem Leben. In der Einsamkeit der Berge soll er sich verstecken und zur Ruhe kommen.

● V 3 lässt das Ausmaß der Bedrohung erkennen: Wenn die Grundüberzeugungen zerstört werden, wird das Überleben schwer. Wenn Recht, Anstand und Moral verschwinden, dann ist das Staatswesen in Gefahr. Was kann der Ehrliche dann noch tun?

● **„Standhalten" ist die Position des Beters.** Er vertraut der Gerechtigkeit Jahwes (V 7) und lässt sich von den Angstmachern nicht beirren. Im Tempel gewinnt er die Kraft dazu (V 4). **Er bleibt bei dem, was er im Glauben erlernt hat: Jahwe ist der gerechte Richter, vor dem sich alle verantworten müssen** (V 5f).

● In V 4 stehen zwei verschiedene Aussagen über den Wohnort Jahwes nebeneinander. Damit ist eine lange Diskussion im Glauben Israels zur Ruhe gekommen, die zunächst nur ein Entweder-oder denken konnte (1Kön 8,27). Der große Jahwe kann doch nicht in einem von Menschen erbauten Haus wohnen! In Salomos Tempelweihgebet deutet sich dann die Lösung an: Aller Himmel Himmel können Jahwe nicht fassen, aber im Tempel lässt er seinen „Namen" wohnen (1Kön 8,29). Und das heißt, dass seine Macht und Herrlichkeit an diesem Ort erfahren werden kann. Dorthin flieht der Beter vor seinen Verfolgern, dort will er rehabilitiert werden. **Er ist getrost: Sein Weg der standhaften Aufrichtigkeit hat Bestand vor Gott** (V 7b; vgl. Mt 5,8).

Kennen Sie die Spannung zwischen „Flüchten und Standhalten"? Gibt es zurzeit Situationen, in denen Ihre Standhaftigkeit im Vertrauen auf Gott gefordert ist?

Montag, 4. August Apostelgeschichte 18,1-22

● V 1-2: Von Athen aus reist Paulus allein in das ca. 60 km entfernte **Korinth,** die römische Hauptstadt der Provinz Achaia mit Sitz eines Prokonsuls. Dort trifft er auch Aquila und seine Frau Priszilla (in Paulusbriefen Priska). Die Erwähnung des **Claudiusedikts** (49 n.Chr.), die auch in außerbiblischen Quellen genannt wird, ist **wichtig, um das Leben von Paulus** nach der Apg und seinen Briefen **zeitlich einzuordnen.** Grund für die Ausweisung von führenden Juden (bestimmt nicht allen) aus Rom ist ein Konflikt zwischen Juden und Judenchristen. Ein Beleg dafür, dass die Mission schon Rom erreicht hatte.

● V 3-4: **Aquila,** der schon Christ war, **und Paulus sorgen durch Ausübung ihres gemeinsamen Berufs „Zeltmacher" selbst für ihren Lebensunterhalt.** Missionieren kann Paulus darum nur am Sabbat in der Synagoge.

● V 5-8: Als Silas und Timotheus aus Makedonien kommen und wohl finanzielle Unterstützung von dort mitbringen, kann Paulus sich ganz auf die Mission konzentrieren. **„Erfolg" hat er aber nur bei gottesfürchtigen Heiden,** sodass er ab nun vor allem diese Gruppe im Blick hat und auch bei dem Proselyten Titius Justus wohnt. **Dennoch wird Krispus, der Vorsteher der Synagoge, Christ** (vgl. 1Kor 1,14).

● V 9-11: In einer **Vision** bestärkt Jesus Paulus in seinem Tun und zum ersten Mal kann er länger (18 Monate – von Beginn des Jahres 50 bis Sommer 51) an einem Ort bleiben.

● V 12-17: Möglich war dies auch, weil der Statthalter Gallio (wohl ein Bruder des Philosophen Seneca) **die Anklage des Aufruhrs** nicht als politischen, sondern religiösen Streit verstand. Sosthenes, der Nachfolger des Krispus, wurde nach 1Kor 1,1 später ebenfalls Christ.

● V 18-22: Die Verse schildern in Kürze **die Reise von Korinth über Ephesus, Cäsarea und Jerusalem nach Antiochia.** Das erwähnte Gelübde wird nicht weiter beschrieben. Evtl. markiert es den Abschluss der zweiten Missionsreise.

Dienstag, 5. August Apostelgeschichte 18,23–19,7

● 18,23 benennt den **Beginn der dritten Missionsreise.** Statt neue Gemeinden zu gründen, besucht Paulus die bestehenden Gemeinden, um sie seelsorgerlich zu stärken und im Glauben zu festigen.
● V 24-28: Vor der Ankunft des Paulus in Ephesus stellt Lukas **Apollos** vor. Ein Wanderprediger und Judenchrist aus Alexandria, in Beziehung auf die Taufe aber Schüler des Johannes. Priszilla und Aquila, die schon in Ephesus ankamen, unterweisen ihn dann genauer. So spielt Lukas die erfolgreiche Mission des Apollos hinunter und lässt ihn vor dem Eintreffen des Paulus weiter nach Achaia (Korinth) reisen. Paulus selbst hatte auch Schwierigkeiten mit ihm (vgl. 1Kor 1,12), erkennt aber durchaus seine Leistung an.

✎ *Immer wieder kann es zu Streit über das „richtige" Verständnis des Glaubens kommen. Welche Wege erscheinen sinnvoll, um zu geistlicher Einheit zurückzufinden?*

● 19,1-7: **Nun erreicht Paulus Ephesus,** die Hauptstadt der Provinz Asia, und wie Korinth ein kulturelles und religiöses Zentrum. **Die Jünger, auf die er dort trifft,** unterscheiden sich anscheinend von Christen. Darum fragt Paulus direkt nach dem Heiligen Geist, den diese nicht kennen. Sie **gehören zum Kreis der Täuferbewegung des Johannes, die noch die johanneische Taufe zur Umkehr praktizieren**. Es folgt also keine Wiedertaufe. In dieser gesamten Episode werden wichtige Momente des jungen Christentums und seiner auch unterschiedlichen Theologie festgehalten:
→ Nach einer Bekehrung/Berufung benötigen Christen weiterhin **Stärkung durch andere.**
→ Manche Theologie muss immer wieder **für Korrekturen durch andere bereit sein.**
→ **Der Heilige Geist ist das entscheidende Kriterium des Glaubens:** Es geht im Glauben um eine durch den Heiligen Geist gestiftete, gelebte Gemeinschaft, die über eine moralische Ethik (Johannestaufe) hinausgeht.

● Das Wirken in Ephesus war **mit zwei Jahren die längste durchgehende Zeit an einem Ort für Paulus.** Neben der Gründung einer Gemeinde im „klassischen Stil" lässt Lukas verschiedene theologische Themen zur Sprache kommen, wie Taufe und der Glaube der Johannesjünger.

● V 8-10: Wie gewohnt beginnt Paulus seine Tätigkeit in der Synagoge. Drei Monate lang versucht er, dort das Evangelium zu predigen, aber **wegen Widerständen verlagert er seine Tätigkeit in eine Schule.**

→ In Ephesus werden wohl mehrere Synagogen existiert haben.

→ Paulus wird nicht vertrieben wie anderswo, sondern bricht selbst den Kontakt ab.

→ Tyrannus war entweder der Besitzer oder ein Lehrer dieser Schule.

● V 11-20: **Drei kleine Episoden** verdeutlichen den schmalen Grat zwischen Wunder und Magie, Lehre und Irrlehre, Hören und Tun.

→ Dass **Glaube immer auch Tat und nicht nur Lehre** ist, unterscheidet den Missionar Paulus der Apg von dem Paulus als Autor der Briefe. Leicht kann sich aber so **ein Wunderglaube** entwickeln, **der mit dem Ursprung des Glaubens wenig zu tun hat,** selbst wenn Lukas hier von einem „Erfolg" spricht.

→ **Die Wirkmächtigkeit des Namens Jesu** (und des Paulus) wird durch Exorzisten deutlich, die selbst aber keinen Zugang zum Glauben haben, sondern nur die „magische Komponente" des Glaubens für eigensüchtige Zwecke nutzen wollen.

→ So werden **viele andere geläutert und vernichten zahlreiche wertvolle magische Schriften,** die sie trotz ihrer Bekehrung noch besaßen.

✎ *Reliquien, magische Wundermacht von Worten und Gegenständen und synkretistische bzw. heidnische Praktiken in Verbindung zum christlichen Glauben fordern heraus. Wo schleicht sich heute solcher Irrglaube in den christlichen Glauben ein?*

Donnerstag, 7. August Apostelgeschichte 19,23-40

● **Zwei historische Schauplätze** werden in dieser Episode, in der Paulus nur eine Nebenrolle einnimmt, genannt:

→ **Der Artemistempel,** der zu den sieben antiken Weltwundern zählt und verdeutlicht, warum die Stadt für ihr Artemision (Statue der Fruchtbarkeitsgöttin; V 35) berühmt ist.

→ **Das Theater** mit insgesamt 24.000 Plätzen, das auch für politische Versammlungen genutzt wurde.

● V 23-27: Ein Silberschmied namens Demetrius fürchtet um sein Gewerbe und seine Einnahmen wegen des „Weges" (Bezeichnung für den christlichen Glauben; vgl. Lk 9,2).

● V 24-34: **Im Theater steigert sich der wirtschaftliche Aufstand in einen religiösen.** Umrahmt ist die Szene mit dem Ruf: „Groß ist die Artemis der Epheser." Lukas versteht es, ironische Untertöne einzubeziehen, wie die Bemerkung, dass einige der Rufenden gar nicht wissen, worum es geht. Paulus selbst will zwar ins Theater, wird aber wegen der nicht zu kontrollierenden Masse zurückgehalten. Der Jude Alexander möchte vor allem verdeutlichen, dass nicht alle Juden dem Christentum angehören, aber er wird niedergeschrien. **Ein Zeichen für den herrschenden Antisemitismus in der Stadt.**

● V 35-40: **Der Kanzler** (wörtl. Schreiber) ist der historisch belegte Titel eines hohen Beamten in Ephesus. Dieser **versucht zum einen, die Menge zu besänftigen,** indem er ihr deutlich macht, dass niemand bestreitet, dass Ephesus die Hüterin der Artemis ist. Dann spricht er die Christen von dem Vorwurf der Gotteslästerung und Tempelschändung frei. Und zuletzt weist er auf die fragile Gefahr eines Aufruhrs im Römischen Reich hin.

● **Lukas verdeutlicht wieder einmal die Verknüpfung von Religion und Geld,** indem er am Beispiel des Artemis-Kultes zeigt, dass es Demetrius nur ums Geschäft, nicht aber um die Verehrung der Göttin geht. Gleichzeitig zeigt er, dass **das Christentum keine staatsgefährdende neue Strömung** ist.

● V 1-6: Nachdem **der Aufruhr in Ephesus beruhigt** werden konnte, **bricht Paulus nun richtig zu seiner dritten Reise auf** (vgl. Apg 19,21). Zunächst bleibt er drei Monate in Griechenland (Korinth). Dort schreibt er wahrscheinlich im Winter 55/56 n.Chr. den Römerbrief. Die Route wird aufgrund von Nachstellungen durch Juden geändert (Land- statt Seeweg), und es werden einige Mitreisende genannt, die auch zum Teil in den Briefen vorkommen. In Philippi feiern sie gemeinsam das Passafest, um danach nach Troas weiterzureisen.

● V 7-12: **In dieser Episode kommen drei Dinge zusammen. Erstens** erfahren wir, dass auch in Troas eine Gemeinde existiert haben muss. Diese Information vermissen wir in Apg 16,8. **Zweitens** haben wir hier den ersten Bericht eines christlichen Gottesdienstes an einem Sonntag. Der Tag der Auferstehung Jesu am ersten Tag der Woche wurde genutzt zum Brotbrechen (Abendmahl) und zur Predigt. Und **zum Dritten** gibt es eine Wundererzählung über die Auferweckung des Eutychus durch Paulus. Diese recht nüchtern erzählte Auferweckung erinnert zum Teil an die Heilung des Knaben durch Elia (1Kön 17,21).

→ Die Erwähnung des Fensters zeigt, dass **die christlichen Gottesdienste** frei einsehbare Veranstaltungen und **keine Geheimversammlungen** mit mysteriösen Handlungen (z. B. Essen von Menschenfleisch) waren, wie außerbiblische Zeitgenossen den Christen oft unterstellten.

→ **Eutychus** wird den Ort gewählt haben, weil die Luft im Raum durch die Lampen nach und nach schlechter wurde (V 8).

→ Es wird festgestellt, dass **der junge Mann tatsächlich tot** ist.

→ Nach dem **Ritus des „Überwerfens"** stellt Paulus fest, dass Leben in ihm ist. Er geht wieder zur Versammlung, teilt das Abendmahl aus und redet weiter.

→ **Erst am nächsten Morgen,** als Paulus schon aufgebrochen ist, **kommt es zur Bestätigung,** dass Eutychus tatsächlich lebt.

● V 13-16: Die Gruppe reist weiter, um an Pfingsten in Jerusalem zu sein.

● **Letzte Worte haben Gewicht.** Sie sind die Überleitung zu etwas Neuem: Eine neue Zeit bricht an und Menschen übernehmen neue Verantwortung. Die letzten Worte, die Paulus in Milet an die versammelten Ältesten richtet, ermutigen sie zur Achtsamkeit für die ihnen anvertrauten Gemeinden und sind zugleich eine Art Rechenschaftsbericht über seinen Dienst in den Gemeinden.

● **„Achtet auf euch selbst!"** (V 28a). Wer Verantwortung in der Gemeinde trägt, darf sich nicht selbst verlieren: in seinen Aufgaben, seinen Zweifeln, den Verführungen der Macht. Niemand ist so stark, dass er über allen Untiefen seines Amtes steht.

● **„Achtet auf die ganze Herde!"** (V 28b). Die Gemeinden sind gefährdet: Verführer werden die Gemeinden auseinanderreißen (V 29), indem sie Menschen von Christus weg an sich binden (V 30). Die Verantwortlichen müssen aufmerksam sein, denn dieser Prozess ist nicht immer offensichtlich, sondern oft schleichend und unbemerkt. Das Ganze im Blick zu behalten und zugleich für jeden Einzelnen da zu sein, ist eine anspruchsvolle, aber auch unverzichtbare Aufgabe für die Verantwortlichen in den Gemeinden.

● **„Achtet auf Gott und sein Wort!"** (V 32). Die Verantwortlichen stehen nicht allein. Sie haben Gottes Wort. Es kann die Verantwortungsträger in der Gemeinde „erbauen" (V 32), sodass sie die Kraft und Sorgfalt bekommen, die Gemeinde so zu leiten, wie es Jesus Christus von ihnen erwartet. Gottes Wort leitet auch an, „sich der Schwachen anzunehmen" (V 35). Die Verantwortlichen sollen nicht nur auf die Starken achten, von denen die Gemeinden profitieren, sondern auch auf die, die mehr Mühe machen und schwieriger zu integrieren sind.

✎ *Auf sich selbst achten – auf die Gemeinde achten – auf Gottes Wort achten. Wie können Sie diese drei Perspektiven gleichzeitig im Blick behalten?*

● **Deftig beginnt der Psalm: Atheismus ist Torheit! Und die Folgen davon sind katastrophal: Keiner tut Gutes!** Wer seine Verantwortung vor Gott nicht sieht, dem geht der ethische Kompass verloren. Trotz und Verzweiflung sprechen aus V 1. Und man könnte leicht zustimmen im Blick auf unsere Gegenwart.

● V 2f vertiefen die Analyse. Jahwe, der Weltenrichter, findet niemanden, der klug ist und Gutes tut. Ein vernichtendes Urteil über die Menschheit (1Mose 6,5), das Volk Gottes eingeschlossen (Jer 5,1). Aber sie hätten es doch besser wissen müssen, warum sind sie „abgewichen"? Paulus zitiert V 1-3 in seinem Brief an die Römer (3,10-12). **Die Diagnose zum Zustand der Menschheit drängt zu einer Lösung: Jesus Christus.**

● Der Psalmbeter vertieft seine Klage: Die Übeltäter beuten das Volk aus, leben auf Kosten der anderen und haben keinen Respekt vor Gott (V 4)! Auch im alten Israel schon frühkapitalistische Verhältnisse!

● Mit dem „Gottesschrecken" (vgl. 2Mose 23,27; 1Sam 14,15) erwartet der Beter, dass die Täter verwirrt werden und dass dann ihr Unwesen aufhört. **Jahwe wird die „törichte" Menschheit nicht alleinlassen! Er greift machtvoll ein, er ist bei den Benachteiligten und Armen zu finden** (V 5f).

● Der Psalm endet voller Sehnsucht (V 7). Jahwe möge seinem Volk doch eine heilvolle Wende schenken, er möge doch alles neu machen! Die Christenheit hat in dieser Sehnsucht einen Hinweis auf Jesus Christus erkannt. **In Christus werden alle Torheit, Sünde und Bosheit der Menschen überwunden sein. In Christus kommt Neues in die Welt hinein** (vgl. 2Kor 5,17; Offb 21,5).

✎ *Das Evangelium des heutigen Sonntags (Mt 5,13-16) liest sich wie ein totales Kontrastprogramm zu Ps 14. Wie lassen sich beide Texte als Worte der einen Bibel zusammen denken?*

● Immer wieder spricht der Geist Gottes über das Schicksal von Paulus. **Die Botschaft ist eindeutig: Er wird in Jerusalem gefangen genommen werden. Aber was hat das zu bedeuten?**

● In der Abschiedsrede an die Ältesten in Milet berichtet Paulus scheinbar ungerührt, dass der Heilige Geist „in allen Städten" „bezeugt" habe, „das Fesseln und Bedrängnisse" auf ihn warten (Apg 20,23). Also nicht nur einmal, sondern immer wieder. In Tyrus ermahnen die Jünger „durch den Geist, er sollte nicht nach Jerusalem heraufziehen" (V 4). Und der Prophet Agabus verdeutlicht durch eine Zeichenhandlung mit dem Gürtel von Paulus: „Den Mann, dem dieser Gürtel gehört, werden die Juden in Jerusalem so binden und überantworten in die Hände der Heiden" (V 11). Woraufhin alle Anwesenden Paulus inständig bitten, „dass er nicht hinauf nach Jerusalem zöge" (V 12).

● **Drei verschiedene Reaktionen mit derselben Botschaft:** Paulus hört sie – und geht seinen Weg zielstrebig weiter. Die Jünger in Tyrus hören ihre Botschaft so, dass der Heilige Geist Paulus anweist, nicht nach Jerusalem zu ziehen. Agabus übermittelt seine Botschaft, und seine Hörer reagieren, indem sie versuchen, Paulus von seinem Weg abzuhalten.

● Das Reden des Geistes ist inhaltlich klar – und muss doch gedeutet werden. **Die Botschaft ist klar, aber die Konsequenzen sind offen: der Gleichmut** des Paulus – **die Warnung** der Jünger in Tyrus – **die Angst,** die die Hörer von Agabus um Paulus haben. Drei Reaktionen. Welche ist die richtige? Vielleicht ist die Frage falsch gestellt, weil Gottes Wort nicht immer so eindeutig ist, wie wir es gerne hätten. **Gott nimmt uns die Verantwortung nicht ab – manchmal auch die Zumutung –, eine Entscheidung zu treffen.**

Sind Ihnen stets die Konsequenzen klar, die Sie aus einem klaren Wort Gottes für Ihr Leben ziehen sollten?

● Fake News! **Was die Juden in Jerusalem über Paulus verbreiten, sind eindeutig Falschmeldungen – mit einer großen Wirkung.** Paulus soll „alle Juden, die unter den Heiden wohnen", verführt haben, indem er den „Abfall von Mose" lehrt, sodass sie „ihre Kinder nicht beschneiden und auch nicht nach den Ordnungen leben" (V 21). Die Christen in Jerusalem haben ganz andere Erfahrungen gemacht. Sie berichten Paulus: „Bruder, du siehst, wie viele Tausende unter den Juden gläubig geworden sind und alle sind Eiferer für das Gesetz" (V 20). Während in Jerusalem die Juden, die Christen geworden sind, „Eiferer für das Gesetz" sind, soll Paulus die Juden, die durch ihn zum Glauben an Christus gekommen sind, zum „Abfall von Mose" bewegt haben. **Dabei war Paulus mit der Vereinbarung des Jerusalemer Apostelkonzils** (Apg 15,28f; vgl. V 25) **legitimiert worden, den *Heiden*, die sich zu Jesus bekehrten, nicht mehr die Verpflichtungen der Tora aufzuerlegen.** Das ist die gefährliche Spannung, in die die judenchristliche Gemeinde in Jerusalem durch Paulus geraten ist. Die erfolgreiche Missionsarbeit unter den Juden sollte so in Misskredit geraten.

● **Sie finden einen Kompromiss:** Paulus solle die Kosten für vier Männer übernehmen, die das sogenannte Nasiräer-Gelübde nach 4Mose 6,1-21 abgelegt haben. Das wäre ein beweiskräftiges Zeichen, dass Paulus das Gesetz immer noch ehrte. Dafür diese ganze Mühe? Doch Paulus übernimmt kommentarlos die ihm aufgetragene Aufgabe (V 26), denn es geht ihm ja nicht um das Geld, sondern um das Zeichen für die *eine* Gemeinde Jesu Christi. **Der Glaube führt zusammen, nicht die Herkunft.**

✎ *Wie gehen Sie damit um, dass lange vorbereitete Pläne am Ende doch nicht gelingen? Welche Enttäuschungen können Sie dabei ertragen?*

Mittwoch, 13. August Apostelgeschichte 21,27-40

● Paulus mittendrin. Der Stein des Anstoßes. Der Tumult entsteht so schnell und wird so heftig, dass die Tore des Tempels geschlossen werden müssen, um zu verhindern, dass die aufgebrachte Menge Paulus vor dem Tempel tötet (V 30f). **Die falsche Anschuldigung,** Paulus lehre „den Abfall von Mose" (V 21), hatte den Boden bereitet – **das falsche Gerücht,** Paulus habe einen Heiden in den Tempel geschleust (V 28), **war die Saat, die auf diesem Feld des Hasses aufging.**

● Ein Heide wird sein Retter: **Der Kommandant der römischen Kohorte in der Burg Antonia,** der Tribun Klaudius Lysias (Apg 23,26), **nimmt Paulus in Schutzhaft.** Den ganzen Weg zur Burg hinauf begleitet sie eine wütende Menge, die pausenlos schreit: „Weg mit ihm!" (V 36). **Die Prophezeiungen des Heiligen Geistes haben sich erfüllt** (V 11): An Händen und Füßen gefesselt (V 33) – die Soldaten mussten Paulus die Stufen hinauftragen (V 35) –, wird Paulus von den Heiden abgeführt.

● Waren die Warnungen des Heiligen Geistes umsonst? Hass – Chaos – Gewalt. Läuft jetzt alles aus dem Ruder? Hätte Paulus dem nicht aus dem Weg gehen können? Jetzt, mitten im Geschehen, konnte es so aussehen, dass man im Rückblick vieles hätte anders machen können, und im Ausblick auf die Zukunft war das Schlimmste zu befürchten. Weil man das Ende noch nicht sieht. Das Ziel, das Gott erreichen wird. Mittendrin ist alles noch offen – **erst von seinem Ende aus kann man Gottes Handschrift erkennen.** Urteilen wir nicht zu früh. Messen wir Gott nicht mit unseren begrenzten Möglichkeiten. **Was menschlich gesehen als Chaos erscheint, kann vor Gott Teil seines Plans sein.**

Welche Ereignisse in Ihrem Leben fallen Ihnen ein, bei denen Sie erst im Nachhinein Gottes Wirken erkennen konnten?

Donnerstag, 14. August Apostelgeschichte 22,1-22

● **Paulus versucht, der aufgebrachten Menge verständlich zu machen, was ihn bewegt – und scheitert doch.** Als er sich auf **Hebräisch** an die Menge wendet, wird sie still (V 2). Nicht Griechisch, die Verkehrssprache des östlichen Mittelmeerraums; nicht Römisch, die Sprache der Unterdrücker; **Hebräisch, die Sprache des Volkes, der Väter, der Schrift. Paulus signalisiert damit: „Ich bin einer von euch. Ich spreche eure Sprache.** Ich denke in den Bahnen, die mich mit euch verbinden: ein jüdischer Mensch; ein Schüler Gamaliels, eines der angesehensten Rabbis dieser Zeit; ja, ich war ein ‚Eiferer für Gott', so sehr, dass ich ‚diesen neuen Weg' (vgl. Apg 9,2), die Nachfolger dieses Jesus, bis zum Tod verfolgt habe. Ich war nicht nur irgendeiner von euch, sondern einer, der sich dem gemeinsamen Glauben mit Haut und Haar verschrieben hat. Kein Mitläufer, sondern ein Kämpfer für den Glauben Israels" (V 3f).

● **Eine Begegnung vor den Toren von Damaskus hat den Lebensweg von Paulus völlig verändert.** Ein gleißendes Licht, das sogar die Mittagssonne überstrahlte, und eine körperlose Stimme, die zu ihm persönlich sprach (V 6-7.9), weisen auf **eine Gottesbegegnung** hin, wie sie auch im Alten Testament geschildert wird.

● Licht, Stimme und Feuer als Teil der Gottesbegegnung: vgl. 5Mose 5,24; Stimme Gottes aus dem brennenden Busch: 2Mose 3,4. Gott erscheint dem Volk im Licht: Jes 9,1; 60,3. Der auferstandene Jesus von Nazareth (V 8) hat Paulus überzeugt, dass „der Gott unserer Väter" ihn auserwählt hat (V 14). **„Der Gott unserer Väter" verbindet Paulus mit seinen Hörern. Das ist die gemeinsame Grundlage ihres Glaubens.** Der Gott Israels selbst hat Jesus auferweckt und Paulus zu seinem Zeugen berufen: „Du wirst für ihn vor allen Menschen Zeuge sein von dem, was du gesehen und gehört hast" (V 15). **Vor allen Menschen: Juden und Heiden.**

● Der Kommandant der römischen Wache, der Paulus gefangen genommen hat, versteht immer noch nicht, warum das alles geschieht. Denn beinahe hätte er einen großen Fehler begangen, als er befahl, Paulus – um das Verhör zu beschleunigen – auszupeitschen (V 25). Römische Verhörroutine. Allerdings war Paulus römischer Bürger (V 26) – sogar von Geburt an, während sich der römische Kommandant dieses Bürgerrecht erst erkaufen musste (V 28). Bei römischen Bürgern war diese Form der Behandlung eines Verhafteten unangemessen (V 29), ja, für den Verantwortlichen sogar gefährlich. Es konnte alles auf den Kommandanten zurückfallen. **Was für eine verzwickte Situation.**

● Also gibt der römische Soldat die Klärung der Angelegenheit an den jüdischen Hohen Rat weiter. Der Kommandant konnte Paulus nicht einfach freilassen. **Das Ganze schien doch eher eine innerjüdische Angelegenheit zu sein – vielleicht konnte der Hohe Rat Licht ins Dunkel bringen.**

● Scheinbar nur eine Verfahrensfrage. Worum geht's? Wer ist zuständig? **Aber mit dem Wissen um die prophetische Vorgeschichte wird der rote Faden des Handelns Gottes mit Paulus deutlich.**

Vergegenwärtigen Sie sich noch einmal, was Gott zur Zukunft von Paulus vorhergesagt hat: der Heilige Geist (Apg 20,23); die Jünger in Tyrus (Apg 21,4); Agabus (Apg 21,11).

● Bürokratische Entscheidungen treiben die Heilsgeschichte Gottes weiter. Nicht als Geschichte eines Helden, der jede Schwierigkeit problemlos meistert, sondern als Geschichte eines Gefangenen, der hin- und hergestoßen wird. **Paulus ist nicht Herr seines Lebens – aber Gott, der Paulus berufen hat, bleibt Herr der Situation. Alles verläuft nach Gottes Plan.**

● Paulus weiß, wo die **Konfliktlinien im Hohen Rat** sind: **„Ich werde angeklagt um der Hoffnung und um der Auferstehung der Toten willen"** (V 6). Die Sadduzäer, die stärkste Partei im Hohen Rat, hielten sich ausschließlich an die 5 Bücher Mose, in denen sie nichts von der Auferstehung der Toten lasen. Daher glaubten sie auch nicht daran (vgl. Lk 20,27-40). Die Pharisäer hielten neben dem Alten Testament noch andere Bücher für maßgeblich. Jüdische Schriften, in denen eindeutig von der Auferstehung der Toten die Rede ist. **Zwei Parteien – zwei unterschiedliche Grundlagentexte – zwei Auslegungen des Glaubens – ein permanenter Streit im Hohen Rat.**

● Paulus greift diese Kontroverse auf und die Pharisäer im Rat sprechen sich für seine Unschuld aus (V 9): „Vielleicht hat ein Geist oder ein Engel mit ihm geredet" (V 9b). Sie ordnen das, was Paulus berichtet, in ihre Vorstellungswelt ein – und wenn man damit auch noch den Sadduzäern eins auswischen kann, umso besser.

● Doch auch die Pharisäer verstehen nicht, worum es Paulus geht, wenn er seine Anklage auf den Glauben an die Auferstehung zurückführt. Das ist kein rhetorischer Trick. Denn es war kein Geist oder ein Engel, der Paulus vor Damaskus berufen hatte. **Es war der auferstandene Jesus von Nazareth** (Apg 22,8), **der den Lebensweg von Paulus in eine ganz andere Richtung gelenkt hat.**

● Gibt es keine Auferstehung der Toten, gibt es auch keinen auferstandenen Jesus von Nazareth, keine Berufung von Paulus und auch keinen tragfähigen Grund für den Glauben der Christen (vgl. 1Kor 15,12-20). **Die Hoffnung auf die Auferstehung ist keine bloße Glaubensvorstellung, die Auferstehung Jesu ist die neue Realität des Glaubens. Tragfähig. Zukunftsfähig – und dabei konkurrenzlos.**

✎ *Welche Bedeutung hat die Auferstehung Jesu für Ihr Leben?*

Leidenschaftliche Sehnsucht und inniges Gottvertrauen begegnen uns in Ps 63. Ein von bösen Menschen Verfolgter (V 10) sucht nach Schutz und Vergewisserung (V 2f) und findet beides im Tempel (V 3.8f). Wir gewinnen einen tiefen Einblick in das Glaubensleben eines Einzelnen.

● **Sehr persönlich ruft der Beter: „... mein Gott"** (V 2). Er braucht Jahwes Macht zum Schutz vor den Feinden, und er braucht seine Majestät zum Trost. Beides findet er im Tempel, wo die Güte Gottes zu Hause ist (Ps 48,10). Das Wort „Güte" allein kann kaum die umfassende Menschenfreundlichkeit, Liebe, Gnade, Treue Gottes beschreiben, die hier im Blick ist. Vielleicht müsste man wieder das alte Wort „Huld" gebrauchen.

● **Die Huld Jahwes ist dem Beter mehr wert als das Leben** (V 4)! Revolutionär für das AT behauptet er, es gebe jenseits des sichtbar gesegneten Lebens noch eine andere Ebene der Gemeinschaft mit Gott. Er entdeckt das geistliche Leben, in dem der Mensch Frieden mit Gott erleben darf, auch wenn das äußere Leben zerbricht (vgl. 2Kor 4,16f).

● Im Schutzbereich des Tempels (V 8b; Ps 17,8) erlebt der Beter **das Glück der Gemeinschaft mit Gott. Sein Leben ist an Gott festgemacht, er weiß sich von ihm gehalten** (V 9; Ps 73,23). Viele berichten von der Erfahrung einer besonderen Nähe zu Gott während der Nacht (V 7; 1Sam 3,3.10).

✎ *Der Tempel als Ort der Gottesbegegnung ist für unser geistliches Leben bedeutungslos geworden. Wo ist nach Jesu Worten der rechte Ort der Anbetung (Joh 4,23f)?*

● Befremdliche Sätze folgen in V 10f. Das Böse, das Gott verschmäht, hat keine Zukunft. **Vor diesem Hintergrund sind die Dankbarkeit und Glaubensfreude des Beters umso verständlicher. Er hat den „Schatz im Acker" gefunden** (Mt 13,44 – das heutige Evangelium)! **Lassen wir uns anstecken von dieser Freude!**

● Die Lage eskaliert. Aus der spontanen Aufregung über das angebliche Fehlverhalten von Paulus wird eine **Verschwörung.** Aus Gegnern werden Feinde. Sie stellen sich selbst ein Ultimatum, indem sie „sich selbst verfluchten und schworen, weder zu essen noch zu trinken, bis sie Paulus getötet hätten" (V 12). Der Konflikt bekommt eine andere Qualität. Spontane Gefühle, wie zu Anfang, ebben mit der Zeit ab – aber **der Hass,** der sich in dem Plan, Paulus zu töten, zeigt, rührt an tiefere Schichten der Verschwörer. Sie können es nicht ertragen, dass Paulus weiter diesen neuen Glauben der Christen nicht nur verkündigt, sondern mit seiner ganzen Existenz verkörpert. So viel Hass, der Paulus entgegenschlägt! Bis zur geplanten Vernichtung seiner Existenz. **Paulus ist zum Symbol geworden für die von den Juden abgelehnte Offenheit des Gottes Israels für die Völker.**

Gott hat sein Volk, Israel, nicht verworfen, aber er hat durch Jesus Christus auch den Heiden den Zugang zum Heil eröffnet. Lesen Sie Röm 11,1.25-27.

● Doch die Verschwörung fliegt auf. Ausgerechnet der Neffe von Paulus (V 16) erfährt von dem Anschlagsplan. Der römische Kommandant reagiert zügig und professionell (V 23f), um seinen Gefangenen sicher zu seinem Vorgesetzten, dem Statthalter Felix, nach Cäsarea zu überführen. Der Begleitbrief des Kommandanten macht noch einmal deutlich, wie verwirrend sich die Situation darstellt (V 26-31): Der Gefangene wird lediglich beschuldigt „wegen Fragen ihres Gesetzes", aber es gibt keine Anhaltspunkte für eine Anklage, „auf die Tod oder Gefängnis steht" (V 29). Eigentlich geht es um eine innerjüdische Angelegenheit, kein verurteilungswürdiges Verbrechen – **aber Paulus ist jetzt in die Mühlen der römischen Justiz geraten.** Jetzt geht alles seinen – allerdings quälend langsamen – Gang.

● Obwohl der römische Oberst Klaudius Lysias in einem offiziellen Schreiben dem Angeklagten Paulus die Unschuld bescheinigt hat (Apg 23,29), wird **nach fünf Tagen Untersuchungshaft der Prozess gegen Paulus eröffnet.** Die Anklageseite besteht aus dem Hohepriester Hananias, einigen Vertretern des Hohen Rates und dem römischen Anwalt Tertullus. Der versucht, mit Schmeicheleien und Komplimenten den Statthalter Felix auf die Seite der Anklage zu ziehen. In Wahrheit gilt Felix als grausamer Despot, über den sich die Juden offiziell in Rom beschwerten.

● **Drei Anklagepunkte** führt Tertullus an: Paulus sei **erstens ein Aufrührer** unter der jüdischen Bevölkerung, was eine schwerwiegende Anklage darstellt. Er sei **zweitens der Rädelsführer der Sekte der Nazarener,** was die römische Gerichtsbarkeit wohl kaum interessieren dürfte. Außerdem habe er **drittens versucht, den Tempel zu entweihen,** was ein gefährlicher Vorwurf gegen Paulus ist. Denn die Römer hatten die jüdische Tempelbehörde ermächtigt, den Tempel eigenverantwortlich zu schützen.

● Paulus weist den ersten und dritten Anklagepunkt zurück. Sie seien haltlos. Es gäbe keinen Beweis. Den zweiten greift er geschickt auf. Dieser bietet Paulus **die Möglichkeit, über die herrliche Hoffnung der Christen, die Auferstehung, zu sprechen.** Schließlich ist der Glaube an die Auferstehung fester Bestandteil der alttestamentlichen Überlieferung (Jes 25,8; Dan 12,2f) und der pharisäischen Theologie. Wenn dies nun der einzige Anklagepunkt ist, dann werden sich die Ankläger widersprechen. Der Hohepriester Hananias, der als Sadduzäer nicht an die Auferstehung glaubt, weiß nur zu gut, dass dieser theologische Streit die Römer kaum interessieren dürfte.

✎ *Paulus möchte gegenüber Gott und den Menschen ein reines Gewissen haben. Wie kann man sich darin üben?*

Mittwoch, 20. August Apostelgeschichte 24,22-27

• **Zwei Jahre lang wurde Paulus in Cäsarea gefangen gehalten.** Wohlgemerkt, ohne dass man ihn einer Schuld überführen konnte und ohne ein Gerichtsverfahren.

Wie ist es zu erklären, dass der von Jesus berufene und von der Gemeinde ausgesandte Völkerapostel unschuldig im Gefängnis sitzt? Wie gehen Sie damit um, wenn Ihnen lange Geduldsproben von Gott auferlegt werden oder wenn Sie einmal Unrecht erleiden?

• **Felix hält Paulus hin,** obwohl, wie es scheint, die Anklage in seinen Augen haltlos war. Doch will er zunächst den Bericht des Lysias abwarten, der ja bereits die Unschuld des Paulus festgestellt hat. Der Gefangene scheint für ihn von besonderem Interesse zu sein. Er stellt Paulus sogar seiner Frau Drusilla vor. Beiden kann Paulus **sein persönliches Glaubenszeugnis** schildern. Doch dabei belässt er es nicht. Er hält den **beiden eine handfeste Predigt über Gerechtigkeit, Enthaltsamkeit und Gericht.** Die Gerechtigkeit Gottes stellt er gegen die grausame Ungerechtigkeit, mit der er sein Amt ausübt. Das Thema Enthaltsamkeit (Selbstbeherrschung) wählt er, um das ungezügelte sexuelle Verlangen des Felix aufzudecken, der ehebrecherisch mit der bereits verheirateten Drusilla seine dritte Ehe eingegangen war. Vollmächtig weist Paulus auf das Gericht hin, in dem die Ungerechtigkeit und der Ehebruch bestraft werden. **Der Angeklagte redet dem Richter ins Gewissen.** Paulus kann nicht anders. Aber er bleibt dabei nicht stehen. **Er lädt Felix und Drusilla zur Umkehr ein.** Felix scheint betroffen. Der Schreck ist ihm in die Glieder gefahren. Doch führt ihn das leider nicht zur Buße. Stattdessen schiebt er die wichtigste Entscheidung, die ihn vor Gottes Gericht retten könnte, auf. Er hält Paulus wider besseres Wissen gefangen und erwartet ein Bestechungsgeld, mit dem sich Paulus freikaufen könnte.

● Nachdem Felix nach Rom beordert wurde, um sich wegen seines barbarischen Verhaltens zu rechtfertigen – so der Geschichtsschreiber Josephus –, übernimmt **Festus die Stelle des Prokurators.** Zunächst weist Festus die Forderung der jüdischen Ankläger zurück, den Prozess gegen Paulus in Jerusalem durchzuführen. Wie korrupt, verschlagen und verlogen die Tempelbehörde in Jerusalem war, zeigt ihr Plan, Paulus zu kidnappen und ohne Prozess aus dem Weg zu räumen (vgl. Apg 23, 12ff).

Wir erleben es ja leider bis heute, dass „fromme" Menschen teuflische Pläne schmieden, wenn wir nur an den Terror radikaler Muslime denken. Mit dem Ruf „Allah ist groß!" begehen sie schlimmste Verbrechen. Wie kann es nur zu solcher Verblendung kommen?

● Entschlossen nimmt Festus den von Felix verschleppten Prozess auf. Doch er kann sich nicht zu einem Freispruch durchringen. **Auch für diesen römischen Beamten zählen weder Recht noch Gerechtigkeit.** Im Verlauf der Anhörung lässt sich Festus von sachfremden Gedanken leiten. Möglicherweise will er es nicht zu Beginn seiner Amtszeit wegen dieses einen Angeklagten mit der gesamten jüdischen Führung verderben. Er setzt sich darüber hinweg, dass in einem Prozess Gefälligkeiten gegenüber einer Partei absolut keine Rolle spielen dürfen. Dass er allerdings Paulus fragt, ob der Prozess in Jerusalem stattfinden kann, spricht für ihn. Auf diesen Vorschlag darf sich Paulus nicht einlassen. Er vermutet wohl mit Recht, dass auch dieser römische Prokurator, wider besseres Wissen und ohne dass die Anklage Beweise vorlegen kann, dem Druck der Ankläger nachgeben könnte. **Deshalb beruft er sich auf den Kaiser.** Nun wird ihm vor dem obersten Gericht im Römischen Reich der Prozess gemacht werden. Die Zusage Jesu (Apg 23,11) beginnt sich zu erfüllen.

● **Herodes Agrippa II.** war der Sohn von Herodes Agrippa I., der den Apostel Jakobus (Bruder von Johannes) hinrichten ließ (Apg 12). Er **lebte mit seiner Schwester Berenike,** die mehrere Ehen und Affären hinter sich hatte, **in einem inzestuösen Verhältnis.**

● Beide machten ihren **Antrittsbesuch bei Festus.** Der Angeklagte, Paulus, war anscheinend so interessant für Festus, dass er seinem Besuch von diesem außergewöhnlichen Fall erzählt. Das Interesse von Agrippa ist geweckt, und so kommt es am nächsten Tag zur **Begegnung zwischen Paulus, Agrippa, Berenike, Festus und anderen privilegierten Männern.**

● Die Vorstellung von Paulus übernimmt der römische Prokurator höchstpersönlich. Was er sagt, ist von außerordentlicher Bedeutung, auch für den Prozess, der später in Rom stattfinden wird. **Festus** sucht Rat bei Agrippa, denn er **„findet keine Schuld an Paulus".** Warum soll er aber einen Unschuldigen der Gerichtsbarkeit in Rom überstellen?! Das ist absurd. Vorschnell hatte er Paulus zugestimmt, dass nun das kaiserliche Gericht in Rom seinen Fall übernehmen soll. Oder war er vielleicht sogar froh, dass sich Paulus auf den Kaiser in Rom berufen hatte? So bietet sich die Gelegenheit, auf elegante Weise und rechtlich korrekt, den Unschuldigen der Jerusalemer Behörde zu entziehen und gleichzeitig den Fall weiterzureichen. Festus ist dann seine Verantwortung los. Allerdings benötigt er eine überzeugende Anklageschrift.

● Was er nicht wissen kann: **Jesus, der Herr der Welt, führt Regie.** Er wird Paulus nach Rom bringen, wie er es seinem Apostel zugesagt hat. Und Paulus wird in der Welthauptstadt als Gefangener in großer Freiheit das Evangelium verkündigen.

✎ *Glauben Sie, dass Gott einen guten Plan für Ihr Leben hat? Und hilft Ihnen dieser Glaube, auch schwere Lebenswege anzunehmen?*

● **Bereits zum fünften Mal hat Paulus Gelegenheit, sich zu verteidigen.** Jetzt steht er vor Herodes Agrippa II. Der hatte das Recht, den Hohepriester einzusetzen und die Aufsicht über den Tempel zu führen. Er war damit quasi das religiöse Oberhaupt der Juden. Für Paulus bot sich die Gelegenheit, diesem „führenden Juden" seinen Fall darzulegen. **In seinem Lebenszeugnis schildert er drei entscheidende Phasen:**

→ **Als gesetzestreuer Pharisäer,** der als solcher in Jerusalem bekannt ist. Entsprechend der Lehre der Pharisäer glaubt er an die Auferstehung von den Toten. Sein Argument: Warum sollte er wegen dieser Hoffnung verklagt werden?

● **Als fanatischer Verfolger,** der den Namen Jesus Christus auslöschen wollte. Jetzt bezeichnet er die Christen als Heilige und bedauert, dass er als Bevollmächtigter des Hohepriesters die Christen verfolgt hat. Er habe dafür gesorgt, dass vielen Jesusnachfolgern die Todesstrafe drohte und sie sich deshalb von Jesus losgesagt und Jesus sogar gelästert hätten.

● **Als Diener und Zeuge des Messias Jesus.** In der Begegnung mit dem auferstandenen Jesus hat Paulus das Wunder der Bekehrung erlebt. Der Verfolger der Christen wird Mitarbeiter von Jesus.

● Nachdem Lukas das einschneidende Ereignis der Bekehrung des Paulus in Apg 9 schildert, scheint es für ihn von größter Wichtigkeit zu sein, **die Verteidigungsreden des Paulus,** in denen der Apostel dasselbe Ereignis aus seiner Sicht schildert (Apg 22 und 26), ebenfalls in seine Apostelgeschichte aufzunehmen.

✎ *Was halten Sie von dem Vorschlag, Ihr Lebens- und Glaubenszeugnis aufzuschreiben und davon bei passender Gelegenheit gegenüber Freunden, Nachbarn, Arbeitskollegen Gebrauch zu machen? Ganz im Sinne von 1Petr 3,15. Das persönliche Zeugnis hat überzeugende, missionarische Kraft.*

Der Druck ist unerträglich. Der Beter erlebt Gewalt durch Menschen (V 9), die jegliche Humanität verloren haben (V 10). Er fühlt sich hoffnungslos unterlegen (V 11f). Zugleich fürchtet er sich davor, selbst Fehler zu machen (V 5) und gewalttätig zu werden (V 4). So schreit er seine Not zu Gott (V 1) und begibt sich zum Tempel, um dort Schutz (V 8) und Recht zu bekommen (V 2.15).

• **Es war Brauch in Israel, sich bei schwierigen Rechtssachen an die Priester im Tempel zu wenden, um deren Rechtsprechung mit der Autorität eines Gottesurteils zu erbitten** (vgl. 5Mose 17,8f). V 8b bezieht sich auf die Engelsgestalten über der Bundeslade im Allerheiligsten, die die schützende Gegenwart Jahwes symbolisieren (2Mose 37,7f; Ps 36,8). Wer sich in dieses Asyl begibt, kann keine Geheimnisse haben (1b.3). Er weiß sich vor Jahwe und den Menschen vollständig im Recht. Vermutlich wird der Beter im Tempel übernachten (V 3.15), um auf seine Rehabilitation zu warten.

• **Der Beter fleht um das direkte Eingreifen Jahwes gegen die Feinde** (V 13). In V 14 gibt es große Unterschiede bei den Übersetzungen. Die Lutherbibel beschreibt das beunruhigende Rätsel, dass Gott die Übeltäter trotz allem wunderbar versorgt. Zutreffender dürfte die Zürcher Bibel sein: „Was du gegen sie bereithältst, damit stopfe ihren Bauch." Der Urteilsspruch soll die Täter also von innen heraus zerstören, sodass auch die Nachkommen getroffen werden (V 14c; vgl. 2Mose 20,5). Die Härte dieser Aussage erschüttert uns. Doch geht es hier nicht um Hass, sondern um den verzweifelten Appell an die Gerechtigkeit Jahwes.

• Diese ersehnt der Beter für sein Erwachen am neuen Morgen, für den neuen Tag, für ein neues Leben vor Gott in seliger Vollendung (V 15). **Hier blitzt die Botschaft des NT auf, die in Jesus Christus die Herrlichkeit Gottes schaut und den Anbruch des neuen Tages feiert** (vgl. Joh 1,14; 21,4).

● Die **Reaktionen auf das Glaubenszeugnis** des Paulus könnten unterschiedlicher nicht sein. Zwar bescheinigt der römische Statthalter Festus dem Paulus großes Wissen, allerdings hält er wohl die Ausführungen über die Auferstehung schlicht für Unsinn. Herodes Agrippa II. dagegen gibt in ironischer Weise zu erkennen, dass ihn die Rede von Paulus überzeugt. Er kennt das Alte Testament. Und gerade das, was Paulus über die Erfüllung der alttestamentlichen Prophetien sagt, klingt schlüssig. **Was mag ihn abgehalten haben, Jesus als den Messias Israels anzuerkennen und Jesus nachzufolgen?** Dachte er an die Tempelbehörde in Jerusalem, der er sich verpflichtet fühlte? Versperrte ihm sein sündiger Lebensstil den Zugang zu einem uneingeschränkten Ja zu Jesus?
● Indem Paulus Agrippa II. direkt anspricht und ihn zu einem Glaubensbekenntnis herausfordert, zeigt er, dass es ihm nicht allein um seine Verteidigung und den Beweis seiner Unschuld geht. **Als leidenschaftlicher Missionar möchte er seine Zuhörer zum Glauben an Jesus einladen.**
● Festus hatte sich von Agrippa II. Argumentationshilfe erhofft für eine Anklageschrift, mit der eine Überstellung des Angeklagten zum obersten Gericht in Rom begründet werden konnte (Apg 25, 26f). Doch nun stellen alle miteinander fest: „Dieser Mensch hat nichts getan, was Tod oder Gefängnis verdient hätte."
● Obwohl sich Paulus auf den Kaiser in Rom berufen hatte, hätten Festus und Agrippa II. ihn freisprechen können. Sie hatten ja gerade **seine Unschuld festgestellt.** Allerdings wollten sie es sich nicht mit den Obersten der Juden verderben. Das scheint die Erklärung dafür zu sein, dass Paulus als Gefangener nach Rom geschickt wird.
● Paulus bezeugt: Ich habe Gottes Hilfe bis zum heutigen Tag. Es lohnt sich, sich selbst klarzumachen, wann man Gottes Hilfe und Güte erfahren hat, gerade in schwierigen Lebenssituationen.

● Nach zwei Jahren „Untersuchungshaft" soll es für Paulus per Schiff nach Rom gehen. Im Gegensatz zu den anderen Gefangenen **genießt Paulus die Vorzüge eines „offenen Vollzugs", denn gegen ihn lag keine Verurteilung vor.** Wie ist es aber zu erklären, dass sowohl **Lukas** als auch **Aristarch** Paulus begleiten dürfen? Haben sie sich als dessen Diener (Sklaven) ausgegeben? Im Kolosserbrief bezeichnet Paulus Aristarch allerdings als seinen Mitgefangenen (Kol 4,10).

● Bereits zu Beginn der Reise kommen sie nur langsam voran. Schwerfällig müssen sie gegen den Wind kreuzen. Als sie mühevoll einen Hafen an der Südküste Kretas erreichen, schaltet sich Paulus in die Reiseplanung ein. Als erfahrener Seereisender und geleitet vom Heiligen Geist **warnt er vor der Weiterfahrt.** In der Antike wurde die Schifffahrt bereits in den ersten Herbstmonaten gefährlich und ab November komplett eingestellt. Doch die Seeleute wollen verständlicherweise in diesem kleinen Hafen, der keine guten Voraussetzungen zum Überwintern bietet, die nächsten Monate möglichst nicht verbringen.

● Julius kennt anscheinend das Geheimnis des Apostel Paulus nicht. Er weiß nicht, dass sich Paulus von Jesus leiten lässt. Ihm ist nicht klar, dass dieser Gefangene im Glauben mit dem allmächtigen Gott verbunden ist. Deshalb schließt er sich der Meinung der Seeleute an. Für sie ist das Risiko der Weiterfahrt bis zu einem geeigneten Hafen kalkulierbar. **Doch es sollte genau so kommen, wie es Paulus befürchtet hatte.**

Gegenwärtig erlebt das Schiff der Kirche starken Gegenwind. Wie kommen wir zu guten Entscheidungen? Wäre es da nicht an der Zeit, innezuhalten im Gebet, eine Neuorientierung vorzunehmen und sich den Missionsbefehl mit großer Freude und ganzer Leidenschaft erneut zu eigen zu machen?!

● Die Entscheidung ist gefallen. Man wagt bei günstigen Windverhältnissen **die Weiterfahrt.** Doch im nächsten Augenblick dreht der Wind und bläst so stark, dass es nicht möglich ist, den Bug des Schiffes in den Wind zu drehen und mit Ankern das Schiff zu sichern. Sie müssen sich treiben lassen. Das Beiboot im Schlepptau wird unkontrolliert herumgewirbelt und droht zu zerschellen und dabei das Hauptschiff zu beschädigen. Es muss gesichert werden.

● In dieser **Notsituation** schickt Gott seinen Engel zu Paulus. Der Apostel bekommt direkt **die Zusage einer sicheren Ankunft** in Rom. Alle Passagiere werden bewahrt werden.

● Paulus erlebt, was in **Psalm 46** wunderbar zum Ausdruck gebracht wird: „Gott ist unsere Zuversicht und Stärke, eine Hilfe in den großen Nöten, die uns getroffen haben. Darum fürchten wir uns nicht ... wenngleich das Meer wütete und wallte." Die Umstände, in der sich die Menschen auf dem Meer befinden, sind lebensbedrohlich. Doch Gott ist da.

● **Gott greift auf unterschiedliche Weise ein, wenn seine Leute in Not geraten.** Er hat die Macht, aus Notsituationen zu retten, kraftvoll einzugreifen und die Umstände komplett zu verändern. Jesus stillt den Sturm! Oder er kommt in den Stürmen des Lebens zu uns. Jesus kommt auf dem tosenden Meer zu seinen Jüngern!

● Paulus erlebt, dass sich die Umstände nicht ändern. Der Wind flaut zunächst nicht ab. Der Wellengang bleibt dramatisch hoch. **Doch Paulus ist geborgen in der Gegenwart Gottes.**

✎ *Lesen Sie den herrlichen Psalm 46 und lernen Sie die ersten Verse auswendig. Sie bieten im Leid echten Trost. Oder schauen Sie sich die zwei großen Verse der Geborgenheit in Psalm 23 an: „Und ob ich schon wanderte im finsteren Tal, fürchte ich kein Unglück, denn du bist bei mir ..." und: „Du bereitest vor mir einen Tisch im Angesicht meiner Feinde."*

Donnerstag, 28. August Apostelgeschichte 27,27-44

● Zwei Wochen lang sind die zweihundertsechsundsiebzig Schiffspassagiere der tosenden See ausgeliefert. In der vierzehnten Nacht zeigt das Lot eine Küstenregion an. **Die Seeleute** sind mit ihren Nerven komplett am Ende. Sie **vergessen jede Seemannsregel und wollen ihr eigenes Leben retten, ohne an die Soldaten und Gefangenen zu denken.** Paulus erkennt die Gefahr. Der Hauptmann hört auf die Warnung des Apostels und verhindert die „Flucht" der Matrosen.

● **Als es Tag wird, übernimmt Paulus in besonderer Weise das Kommando.** Er ermutigt alle Männer, Nahrung zu sich zu nehmen, und dankt Gott für das Brot. **Ein Ruck geht durch die Mannschaft, die Soldaten und Gefangenen.** Gestärkt durch die Mahlzeit und eingebunden in das Gebet, fassen sie neuen Mut. Doch die Gefahr ist noch nicht vorbei, und die Schwierigkeiten sind noch nicht überwunden. Als das Schiff auseinanderbricht und die Soldaten die Gefangenen nicht mehr bewachen und kontrollieren können, sollen alle getötet werden. Denn die Soldaten hafteten mit ihrem Leben für die sichere Überführung der wohl zum Tode Verurteilten.

● **Und wieder ist es Paulus, dessen Anwesenheit zum Segen für die Gefangenen wird.** Weil er geschützt werden soll, werden auch die anderen nicht getötet. Alle Männer kommen wohlbehalten an Land.

● Ob Paulus sich fragt, warum er als Gefangener die Romreise antreten musste? **Ob er in den vielen Gefahrensituationen erkannte, dass er als Nachfolger Jesu eine besondere Verantwortung trägt und zum Segen für die Männer werden kann?**

✎ Kirchen und Gemeinden brauchen auch heute Männer und Frauen, Väter und Mütter, die sich von Jesus führen lassen, die in Krisen Jesus vertrauen und dadurch Kraft gewinnen und andere ermutigen.

● Bei der Insel, auf die sich die Schiffbrüchigen retten, handelt es sich höchstwahrscheinlich um **Malta.** Im griechischen Text trägt sie den Namen „Melite". Dort gibt es bis heute die „Paulusbucht", in der Paulus damals gestrandet sein soll. **Die Gestrandeten erfahren eine sehr freundliche und wohltuende Gastfreundschaft der Einwohner.** Völlig durchnässt dürfen sie sich an einem Lagerfeuer aufwärmen und werden später vom Gouverneur der Insel eingeladen.

● **Und es geschehen Zeichen und Wunder:** Paulus überlebt unversehrt einen Schlangenbiss (vgl. Mk 16,18) und hat die Möglichkeit, den erkrankten Vater des Gouverneurs durch Gebet und Handauflegung zu heilen. Die Nachricht davon verbreitet sich auf der Insel. Daraufhin werden viele kranke Menschen zu Paulus gebracht, der sie, von Jesus bevollmächtigt, heilen kann.

● Doch zunächst hält die Inselbevölkerung Paulus wegen des Schlangenbisses für einen Schwerverbrecher, den die Götter auf diese Weise strafen. Als jedoch die Schlange Paulus nichts anhaben kann, ändern sie schnell ihre Meinung und halten ihn für einen Gott. In Lystra (Apg 14,8-20) war es genau umgekehrt: Erst werden Paulus und Barnabas als Götter verehrt, um später von denselben Leuten gesteinigt zu werden.

● **Nach drei Monaten wird die Fahrt mit einem Schiff aus Alexandrien fortgesetzt.** Bereits nach kurzer Zeit erreicht man die italienische Küstenstadt Puteoli. Hier hat Paulus die Gelegenheit, eine christliche Gemeinde zu besuchen. Auf dem Landweg geht es weiter nach Rom, von wo ihm eine Delegation der Gemeinde entgegengeht. Paulus wird durch diese Brüder sehr ermutigt.

● **Und dann erreicht Paulus die Welthauptstadt.** Oft hat er dafür gebetet, die Gemeinde in Rom zu besuchen (Röm 1,10). Gott hat seine Gebete erhört, und Jesus hat seine Zusage wahr gemacht (Apg 23,11). Nun ist der Apostel in Rom, als Gefangener zwar, aber frei, das Evangelium von Jesus Christus zu bezeugen.

Samstag, 30. August Apostelgeschichte 28,17-31

• **Die Apostelgeschichte des Lukas schließt mit einer bemerkenswerten Aussage:** Paulus „predigte das Reich Gottes und lehrte von dem Herrn Jesus Christus mit allem Freimut ungehindert". Zwei Jahre lang kann der gefangene Apostel Menschen in seiner Wohnung empfangen und ihnen das befreiende Evangelium bezeugen.

• **Doch warum schließt Lukas hier seinen Bericht?** Hatte er vor, einen zweiten Teil zu schreiben? Ist der ursprüngliche Schluss verloren gegangen? Als Leser hätte man doch größtes Interesse sowohl am Prozessverlauf als auch an dem abschließenden Urteil. **Die plausibelste Erklärung lautet: Lukas hat seinen Bericht vor dem eigentlichen Prozess veröffentlicht.** Vielleicht wollte er seinen Bericht an Theophilus auch als entlastendes Material dem Gericht vorlegen. Gerade in den letzten Versen führt Lukas entlastendes Material an: „Diese (gemeint ist die römische Behörde) wollten mich losgeben, nachdem sie mich verhört hatten, weil nichts gegen mich vorlag, das den Tod verdient hätte" (V 18). Außerdem nimmt Lukas auf, was Paulus direkt nach seiner Ankunft seinen jüdischen Brüdern bezeugte: „Ich habe nichts getan gegen unser Volk und die Ordnungen der Väter ..." Es ist interessant, dass Lukas gerade diese Aussagen des Paulus aus seiner Rede herausfiltert.

• **Die Apostelgeschichte schließt mit einem offenen Ende.** Das Evangelium hat zwar die Welthauptstadt Rom erreicht, wurde aber noch nicht bis an das Ende der Erde bezeugt. **Der Auftrag Jesu** (Apg 1,8) **bleibt bestehen. Er gilt allen, die Jesus nachfolgen.** An den Aposteln können wir uns orientieren. Sie haben trotz großer Widerstände und in Lebensgefahr Jesus Christus als Retter und Herrn bezeugt.

• **Die Kirche** stirbt, wenn sie diesen Auftrag vernachlässigt. Doch sie **kann einen wunderbaren Aufbruch erleben, wenn sie leidenschaftlich unter der Führung des Heiligen Geistes das Evangelium von Jesus Christus bezeugt.**

Der Tora-Psalm 119 ist der längste Psalm des Psalters. Er **buchstabiert das Thema „Weisung Gottes" durch** – anhand des hebräischen Alphabets mit seinen 22 Buchstaben. Dabei reicht ihm nicht ein Vers pro Buchstaben. Nein, **er will das Thema von A bis Z umfassend behandeln** und widmet jedem Buchstaben acht Verse. 22 x 8, das ergibt ganze 176 Verse. Alle acht Verse unseres heutigen Abschnitts beginnen mit Zajin, dem siebten Buchstaben im Alphabet. Bemerkenswerterweise wird dreimal dabei das Verb *zachar* verwendet, was „gedenken, sich erinnern" bedeutet (V 50; 52; 55) – ein wichtiges alttestamentliches Thema.

● „Tora" kommt vom Verb *jara* mit der Bedeutung „lehren, unterweisen" und bedeutet „Lehre, Weisung, Unterweisung". Es ist im engeren Sinne die Bezeichnung der fünf Mosebücher, aber es ist darüber hinaus auch eine Bezeichnung für Weisung Gottes allgemein im Sinne von „Wort Gottes". Entsprechend der acht Verse für jeden Buchstaben sind es acht Hauptbegriffe aus dem Wortfeld der Weisung, die den Psalm durchziehen: Gesetz, Gebot, Verordnung, Rechtsbestimmung, Satzung, Befehl, Wort, Ausspruch. In unserem Abschnitt: Wort (2-mal), Gesetz (3-mal), Ordnungen, Gebote, Befehle. Bei alldem geht es immer um ein wegweisendes Reden Gottes zu uns.

● **Im Zentrum dieses Psalm-Abschnitts steht der Trost, den der Beter aus Gottes Wort bezieht**: Trost und Erquickung im Elend, Trost und Halt unter Verspottung, Trost und Geborgenheit mitten unter Verächtern des Glaubens und sogar in der Fremde. Deshalb ist ihm Gottes Wort wie ein kostbarer Schatz, über den er nicht nur tagsüber nachsinnt, sondern auch nachts. Der Beter sieht Gottes Weisungen aber nicht als abstrakte, ferne Größe, sondern sie ist für ihn eng verbunden mit dem lebendigen Gott. So denkt er nicht nur über das Gesetz, sondern auch über den lebendigen Gott nach (V 55), dessen Name *Jahwe* „Ich bin für dich da" bedeutet (vgl. 2Mose 3,14).

Das vierte Buch Mose

Das Buch Numeri erzählt die **Wanderung Israels vom Sinai bis zum Gelobten Land.** Die Bezeichnung „Numeri" (= Zählungen) leitet sich von der Zusammenstellung der Stämme zu einem Heeresverband in Kap. 1–9 ab.

Der lange **Sinaikomplex** mit den Ordnungen und Weisungen (2Mose 19 – 4Mose 10) hatte die **Wüstenwanderung** (2Mose 16–18) **unterbrochen**. Ihre Fortsetzung (4Mose 10–21) führt nun bis ins Land Moab, zur Eroberung des Ostjordanlandes und seiner Verteilung an die Stämme Ruben, Gad und den halben Stamm Manasse (Kap. 31f). Den Übergang und die Eroberung des Westjordanlandes erzählt dann das Buch Josua.

Die Wüstenwanderung ist von erheblichen **Spannungen im Volk** und **Kämpfen** mit den Völkern am Rande der Wüste bestimmt. Je näher Israel dem verheißenen Land kommt, umso massiver werden das **Murren** und die Verweigerung, weiterzuziehen. Vieles erinnert an den ersten Teil der Wüstenwanderung; aber das Murren wegen einseitiger bzw. mangelhafter Versorgung und die Kritik an Mose werden lauter: offener Aufruhr der Rotte Korach (Kap. 16f), Streitereien mit Aaron und Mirjam (Kap. 12), Frust und Mutlosigkeit nach dem Kundschafter-Bericht (Kap. 13f), sogar Verehrung fremder Götter (Kap. 25). Gottes Vernichtungsandrohung wegen Israels Verhalten kann Mose zwar durch seine Fürbitte abwenden, nicht aber den **Aufenthalt von 40 Jahren in der Wüste** und die Entscheidung Gottes, dass außer Kaleb und Josua keiner der Wüstengeneration ins verheißene Land gelangt (14,11ff).

Zugleich bezeugt Numeri **Gottes treue Führung und Versorgung** für Israel. Er schenkt Siege gegen Amoriter und Midianiter (Kap. 21 + 31). Er wendet den Fluch des Sehers Bileam um in Segen für Israel (Kap. 22–24); dieser bezeugt offen Gottes Übermacht: „Wie soll ich fluchen, dem Gott nicht flucht?" (23,8). Gott sorgt nach Mirjams und Aarons Tod auch für Klarheit, wer nach Mose das Volk führen soll: Josua wird als Nachfolger eingesetzt (27,12-23).

Nach dem Exodus und der Gesetzgebung am Sinai in 2Mose und 3Mose geht es in 4Mose um die **Zeit zwischen dem Aufbruch vom Sinai bis zum Erreichen der Grenze des zugesagten Landes**. Dem Abschnitt voraus gehen die organisatorischen und militärischen Vorbereitungen dafür. Deutlich ist die Sonderfunktion der Priester und Leviten. **In diesem Rahmen steht auch die Ordnung des priesterlichen Segens.**

→ „Aarons Söhne" (V 23) schließt die auf Aaron zurückgehende spätere Priesterschaft mit ein.

→ Zu den Aufgaben der Priester gehörte allgemein der Dienst für Gott (Opfer, Gaben, Trennen zwischen rein und unrein, Reinhaltung des Heiligtums, Vermittlung der Gebote, Losentscheid, Urteile u. a.) und insbesondere die Segnung des Volkes im Namen Gottes (5Mose 21,5).

→ **Gott selbst segnet** (V 27). Die Priester und auch andere (z. B. Eltern) sind nur Vermittler.

● Der priesterliche Segen ist dreigliedrig. In jedem Teil wird der Name Gottes (Jahwe, HERR) als der aktiv Handelnde herausgestellt. Segnen stellt die Menschen unter Gottes Gnade. **Der Segen enthält Gottes Bewahrung, seine freundliche Zuwendung, seine Gnade und seinen Frieden.**

→ Die Jussiv-Form („segne", „behüte", „lasse leuchten", „sei gnädig", „hebe", „gebe") kann auch als Indikativ verstanden werden („segnet", behütet", „leuchtet", „ist gnädig", „erhebt", „gibt"). Die Direktheit des göttlichen Segnens wird damit noch deutlicher. **Der Segen ist direkter Zuspruch, nicht bloß frommer Wunsch.**

→ Gottes „Angesicht" bezeichnet bildhaft seine sichtbare Präsenz, dass er sich voll und persönlich dem Gesegneten zuwendet. Die Einschränkung von 2Mose 33,20 gilt hier nicht.

→ Das leuchtende Gesicht einer Gottheit war in biblischer Zeit Zeichen der Gunst (Ps 31,16). Ähnlich bedeutet „das Angesicht erheben", dass die betroffene Person wohlwollend angesehen wird.

→ Den Namen Gottes auf das Volk zu legen, kennzeichnet es als sein Eigentum.

Dienstag, 2. September 4. Mose 9,15-23

Der Abschnitt gehört noch zu den Vorbereitungen vor dem Aufbruch und beschreibt die zentrale Bedeutung der Stiftshütte als dem flexiblen Ort, an dem Gott sich herablässt. Wolke und Feuersäule sind das für alle sichtbare Zeichen seiner Gegenwart.

● V 15 erinnert an die in 2Mose 40 berichtete Errichtung und Einweihung der Stiftshütte und hebt jetzt ihre Funktion für den Zug durch die Wüste hervor. **Nicht Mose ist der Führer des Volkes, sondern Gott selbst bestimmt die Zeiten und die Richtung.**

→ Die Bezeichnung „Stiftshütte" geht auf Luther zurück in Anlehnung an Stiftskirchen als Versammlungsort der Gemeinde.

→ Im Hebräischen ist hier einerseits von der „Wohnung" die Rede, andererseits von der „Hütte des Zeugnisses" (genauer: „Zelt des Gesetzes"). Beide Bezeichnungen benennen das transportable Heiligtum Gottes mitten unter seinem Volk.

→ „Wohnung" hebt den Aspekt der Anwesenheit Gottes hervor, Zelt bzw. Hütte die Ortsunabhängigkeit und die Funktion der abgeschirmten Begegnung zwischen Gott und Mensch. Gesetz bezieht sich auf die in der Bundeslade abgelegten Gesetzestafeln.

→ Im Unterschied zur späteren Zeit, als der Tempel in Jerusalem ein massives Gebäude darstellte, ist Gottes Wohnung in der Frühzeit Israels ein leicht auf- und wieder abgebautes Zelt bzw. eine „Hütte". **Wie jetzt in der Anfangszeit seines Volkes wird Gott auch am Ende der Zeiten im neuen Himmel und der neuen Erde in einem Zelt bzw. einer Hütte mitten unter den Seinen wohnen** (Offb 21,3).

→ Wolke und Feuer sind schon in der Zeit vor der Gottesoffenbarung am Sinai sichtbare Zeichen der Gegenwart Gottes (2Mose 13).

● Das Volk richtet sich einheitlich und gehorsam nach Gottes Führung (V 23). Konflikte sind deshalb nicht ausgeblieben. Aber es hätte nie das Gelobte Land erreicht, wenn es dem sichtbaren Zeichen Gottes nicht gefolgt wäre. Wo Gott heute führt, wird die Wolkensäule eine andere Gestalt haben.

Es ist so weit. Nach einem knappen Jahr Aufenthalt am Sinai (vgl. V 11 mit 2Mose 19,1) gibt die aufsteigende Wolke über der Stiftshütte (Gott selbst) das **Signal zum Aufbruch**.

● Die beschriebene Abfolge zeigt, dass sich inzwischen eine durchdachte und planmäßige Ordnung eingespielt hat. Sie entspricht der in 2,2ff beschriebenen Lagerordnung. Es ist kein durcheinander-laufender Haufen, der sich auf den Weg macht. Nur so können die kommenden Herausforderungen ohne allzu großen Aufwand und wirksam angegangen werden.

● Was bei und in den Einzelnen vor sich ging, spielt in der Darstellung keine Rolle. Entscheidend ist die **Geschlossenheit, mit der das Volk unterwegs ist**. Das ferne Ziel steht über den Empfindungen des Augenblicks.

✎ *Denken Sie darüber nach, was Sie in einer solchen Situation bewegen würde. Welches Gewicht hätten die Mühen des Augenblicks im Vergleich zu dem, was Sie am Ende erwartet?*

→ Die detaillierte Aufzählung der Stämme und ihrer Führer folgt der Reihenfolge der Bedeutung der Stämme. Die „Banner" (Feldzeichen, Heeresabteilungen) deuten darauf hin, dass die wehrfähigen Männer voranmarschierten.

→ Anstelle von Levi werden dessen Söhne Gerschon und Merari sowie die Kehatiter genannt. Sie bildeten die Hauptgruppen der Leviten. Erstere trugen die Stiftshütte mit der Bundeslade, über der sich die Wolke Gottes erhob, im vorderen Drittel des Zugs. Die Kehatiter transportierten im hinteren Drittel das zur Stiftshütte gehörige „Heilige" (vgl. 4,4-15), sodass es beim Lageraufschlagen gleich im fertig aufgestellten Zelt untergebracht werden konnte.

● Moses Schwager Hobab war ein ausgezeichneter Kenner der Wüstenregion. **Neben Gottes direkter Führung benutzt Gott Hobabs Fachkenntnis für die Details**. Wie Ri 1,16 zeigt, muss er Moses Einladung (V 32) gefolgt sein.

Nach der Geschlossenheit beim Aufbruch machen sich nach den ersten Kilometern die **Mühen und Belastungen bemerkbar**.

● V 1-3 beschreiben das Wehklagen in Tabera. Die Versorgung mit Wachteln (V 4ff; wie schon in der Wüste Sin 2Mose 16,13) ereignet sich bei den Lustgräbern. Beide Szenen sind durch Unzufriedenheit, Unglauben und Aufbegehren gekennzeichnet. Beide Male greift Gott zeichenhaft strafend ein, um an den Ernst seiner Heiligkeit zu erinnern.

→ „Lüstern" meint allgemein das Begehren, Verlangen, das hier zur Begierde wird.

→ Dem „fremden Volk" (wörtlich: „dem bunten Haufen") waren die Wertmaßstäbe des Gottesvolkes fremd. Es verhielt sich deutlich anders als die Israeliten.

→ Die Israeliten lassen sich von der miesen Stimmung schnell anstecken. Ihre Rückschau wirft ein Licht auf die Nahrungsmittel, die ihnen in Ägypten zur Verfügung standen (V 5f), vergoldet aber auch die Zustände während der Sklaverei. **Das subjektive Empfinden im Augenblick blendet die Schrecken und Schmerzen in der Vergangenheit einfach aus.**

Welche Unterschiede, aber auch Gemeinsamkeiten beobachten Sie im Verhalten zwischen Christen und Nichtchristen? Wie bewerten Sie Ihr eigenes Verhalten, wenn etwas unbefriedigend verläuft?

● Moses Klage verstärkt nicht das Jammern des Volkes, sondern zeigt die Grenzen seiner Be-***Last***-barkeit auf (V 11). Das ständige Gejammer zehrt so sehr an ihm, dass er selbst Gott nicht glauben kann, als dieser die bevorstehende Lösung ankündigt (V 21f). Mit der ihm von Gott übertragenen Mutterrolle (V 12) fühlt er sich überfordert. **Überraschend lässt Gott sich auf ihn ein, indem er ihm die 70 Ältesten unter Teilung seiner Vollmacht zur Seite stellt. Mose bedarf der Ermutigung und Bestärkung durch Sehen.**

Mit der Einsetzung der 70 Ältesten teilt Gott die Last von Moses Führungsverantwortung auf und überträgt ihnen dazu etwas von der bevollmächtigenden Geistesgabe Moses.

→ Mose ist nicht der erste Geistträger (vgl. 1Mose 41,38; 2Mose 28,3; 31,3).

→ Die Zahl 70 drückt Fülle und Vollendung aus. Schon in 2Mose 24,10 werden 70 Älteste genannt, die mit Mose, Aaron, Nadab und Abihu vor Gott treten. Auch der erweiterte Jüngerkreis Jesu zählte 70 (Lk 10,1). Ps 90,10 gibt damit auch die Standardlebensgrenze an.

→ Die Einbeziehung von 70 Personen in die Führungsverantwortung zeigt, dass Gottes Gaben vielfältig verteilt und nicht nur bei wenigen zu finden sein können.

● **Mit der Geistübertragung wurden die Ältesten nicht zu konkurrierenden Geistträgern, sondern erweiterten Moses Wirken.** Das Besondere: „Sie gerieten in Verzückung" (vgl. 1Sam 10,5ff; 1Kön 18,29). Das hebräische Wort für „als Prophet auftreten" wird hier in einer grammatischen Form gebraucht, die Ekstase andeutet. Für sich selbst ist das noch kein sicheres Kennzeichen für Gottes Wirken, denn selbst Lügenpropheten üben diese Tätigkeit aus (Jer 14,14). Was aber bei den 70 zu beobachten war, war für alle Anwesenden ein bestätigendes Zeichen des Wirkens Gottes. Die Formulierung „hörten nicht auf" sagt das Gegenteil dessen, was tatsächlich dasteht: „Sie machten nicht weiter." Damit wird wohl ausgedrückt, dass das besondere Auftreten der Ältesten so später nicht mehr zu erleben war.

● Warum Eldad und Medad im Lager zurückgeblieben waren, wird nicht gesagt. Entscheidend ist, dass sie deshalb von Gottes souveräner Geistverteilung nicht ausgenommen wurden und Josua daran Anstoß nahm. Wie Jesus seine Jünger (Mk 9,38ff; Lk 9,49) korrigiert Mose seinen offenbar für die Ehre seines „Herrn" eifernden Diener. **Nicht Einzelne, sondern alle sollten inspiriert, von Gottes Geist geleitet sein. Dann sähe die Welt, sähe die Kirche anders aus.**

Samstag, 6. September 4. Mose 12,1-16

Jetzt kommt es zum Machtkampf im engsten Familienkreis. Auslöser ist die Eifersucht um die Wichtigkeit der eigenen Rolle bei Mirjam und Aaron. Moses nicht israelitische Ehefrau wird dafür zum Anlass genommen.

→ Schon 2Mose 2,21f berichtete über die Eheschließung mit Zippora, der Tochter des midianitischen Priesters Reguël bzw. Jitro (2Mose 3,1). Kurz vor dem Aufenthalt am Sinai hat sie sich Mose mit ihren Söhnen wieder angeschlossen (2Mose 18,1ff).

→ Mirjam und Aaron gehörten nicht zu den prophetischen Geistempfängern bei den Lustgräbern. Fühlten sie sich übergangen? Darauf deutet Gottes Vorwurf an sie hin (V 6). Wollten sie mit ihrer Kritik an Mose nach dem vorausgegangenen Aufruhr Sympathien im Volk gewinnen?

→ Mirjam wird zuerst genannt. War sie die Anstifterin zu diesem Komplott? Auch ihre Bestrafung deutet darauf hin.

→ Die griechische Übersetzung des AT setzt Zipporas Herkunftsland Kusch mit Äthiopien gleich. Hab 3,7 zeigt jedoch, dass Midian und Kusch eng zusammenhängen und es somit auf der Sinai-Halbinsel zu suchen ist.

→ Hazerot wird heute ca. 100 km nordöstlich des Berges Sinai lokalisiert, die „Lustgräber" auf halber Strecke.

● Mose hat inzwischen Bescheidenheit gelernt (vgl. 2Mose 2,11-13). Seine Einzigartigkeit wird von Gott ausdrücklich bestätigt.

Vergleichen Sie die heilsgeschichtliche Bedeutung Moses mit der von Jesus anhand V 7f; 5Mose 18,15 und Mk 9,2-8.

● **Niemand darf sich herausnehmen, Gottes souveräne Bevollmächtigung korrigieren zu müssen und es besser wissen zu wollen als Gott selbst**. Moses Demut lässt ihn auch für seine Schwester eintreten. Er trägt ihr nichts nach. Die Folgen ihrer Unreinheit muss sie jedoch tragen (3Mose 13,46). Rivalitäten und Machtkämpfe finden sich auch in den frömmsten Kreisen. Wie gehen wir damit um?

Wie überhaupt im gesamten Psalm, so wird auch in unserem heutigen Abschnitt die Weisung Gottes in den höchsten Tönen gelobt. Alle acht Verse beginnen mit **dem achten Buchstaben des hebräischen Alphabets, dem Chet**.

● Unser Abschnitt ist geprägt von Verben, die eine auffällig **starke innere Anteilnahme und äußere Aktion des Beters** offenbaren: Er „hält" Gottes Worte, er „sucht" die von Gott versprochene Gnade, er „bedenkt" Gottes Wege und „lenkt" entsprechend seine Schritte, er „eilt" und „zögert nicht", Gottes Gebote zu halten, er „vergisst nicht" Gottes Gesetz – selbst in der größten Not, er „steht mitternachts auf" und „dankt" Gott für seine Ordnungen, und er „hält sich" zu allen, die Gottes Wort ehren und halten. Das ist wirklich ganzer Einsatz für das Wort Gottes. Das zeigt den hohen Wert, den er ihm beimisst. Davon können wir lernen.

● V 64, der letzte Chet-Vers, fällt aus dieser Reihung heraus und hat einen anderen Charakter. Es ist, wie wenn sich der Beter in seinem Willen zur Aktion besinnen würde, sich innerlich zurücklehnt und nunmehr **Gottes Güte genießt**: „HERR, die Erde ist voll deiner Güte." Gottes Wort ist nicht nur Anspruch, sondern auch Zuspruch. Es führt uns auch zur Stille, gönnt uns Ruhe und bezeugt die Güte und Barmherzigkeit Gottes. Es ist nicht nur eine Anweisung zur Aktion, sondern auch eine Hilfe zur Kontemplation. Deshalb sind auch die Sabbatruhe, der Frieden für die Seele durch Vergebung, die freundliche Zuwendung Gottes, seine Hilfe und sein Trost Themen von Gottes Weisung. **Die Erde ist voll von Gottes Güte – auch das müssen und dürfen wir aus Gottes Wort lernen.**

Gottes Wort ermahnt zur Aktion und ermutigt zur Kontemplation. Beides sind Lernfelder, die sein Wort aufzeigt. Was davon ist aus Gottes Sicht wohl gerade für mich besonders dran?

Schon kurze Zeit nach dem Aufbruch vom Sinai zeichnet sich das in Aussicht gestellte Ziel ab. In Kadesch-Barnea (V 26; 5Mose 1,19) am Nordrand der Wüste Paran steht Israel vor der südwestlichen Grenze des verheißenen Landes.

● Die Anweisung zur Entsendung der Kundschafter geht von Gott aus (V 1). Die Auswahl „vornehmer" Männer, Oberhäupter aus allen zwölf Stämmen, repräsentiert das ganze Volk. Erstmals betritt Israel damit das verheißene Land.

→ Zum detailliert beschriebenen Erkundungsauftrag (V 17-20) gehört neben dem Nachweis der Fruchtbarkeit des Landes ausdrücklich die Einschätzung der militärischen Verhältnisse.

→ V 21 umschreibt das insgesamt erkundete Gebiet. Die Wüste Sin ist ein direkt an Kanaan angrenzender Teil der Wüste Paran. Wenn Rehob, der nördlichste Punkt, den die Kundschafter erreicht haben, mit dem späteren Bet Rehob identisch ist, wären sie bis in den Norden des heutigen Israel an der Grenze zu Syrien vorgedrungen, eine Strecke von ca. 400 km! „Wo es nach Hamat geht" weist auf die damalige Verkehrsachse von Ägypten über Damaskus ins heutige Nordsyrien hin.

→ Mit „hinauf" (V 22) ist der Anstieg auf die Höhe des judäischen Berglands gemeint, das sich vom Negev bis zur Jesreel-Ebene erstreckt.

● Die Kundschafter bestätigen sichtbar die versprochene Fruchtbarkeit („Milch und Honig"; 2Mose 3,8.17). Der Bericht stellt Kalebs mutige Überzeugung, das Land einnehmen zu können, heraus (Josua wird nicht erwähnt!).

● Entmutigend wirkt jedoch die Aufzählung der ansässigen Bevölkerung, insbesondere der Anakiter (V 22.28.32f). Sie gehörten zur vorkanaanäischen Urbevölkerung, den „Riesen" (V 33; dasselbe Wort wie in 1Mose 6,4!). Als Nachkommen der widergöttlichen Verbindung zwischen Engelwesen und Menschen blieben sie lange Erzfeinde Israels (vgl. 1Sam 17,4; 2Sam 21,16-22). **Doch was schon immer bedrohlich wirkte, müsste eigentlich den Glauben nicht zum Scheitern bringen.**

Totale Verzweiflung. War alle Mühe nunmehr vergeblich? Zum zehnten Mal (V 22) wird das mangelnde Vertrauen des Volkes zum existenziellen Konflikt. Diesmal kommt es gar zur offenen Revolte gegen Mose und seine Unterstützer. So weit kann es kommen, dass diejenigen umgebracht werden sollen, die eigentlich zum Leben beitragen – ein Phänomen, das uns auch in der späteren Geschichte des Gottesvolkes begegnet. Dabei richtet sich die Revolte eigentlich gegen Gott selbst. Und der ist mit seiner Geduld nun am Ende (V 11f).

→ Wer ungläubig „Warum?" fragt (V 3), kann keine Antwort erfahren, weil **Sinnfragen Vertrauen voraussetzen**. Wenn die nackte Angst jedes vernünftige Nachdenken wegspült, spielen die erfahrenen Wunder keine Rolle mehr. Wie sieht das heute aus?

→ Mose und Aaron fallen vor der Gemeindeversammlung nieder (V 5). Ein Zeichen tiefer Demut ohne jede Selbstrechtfertigung. Zugleich aber ist es die Haltung des Betens vor Gott.

● **In der zugespitzten Lage greift Gott selbst ein** (V 10). Er will den ständigen Unglauben und Treuebruch nicht mehr ertragen und kündigt die Vernichtung des Volkes an.

→ Das hier gebrauchte Wort für Pest tritt im AT ausschließlich im Zusammenhang einer von Gott gesandten Strafe für den Ungehorsam auf, meist in einer Reihe mit Hunger und Schwert (vgl. 2Mose 9,3; 2Sam 24,13; Jer 14,12). Für Umkehr ist es hier zu spät.

→ Ob es sich dabei um eine tödliche Seuche handelt, ist – im Unterschied zu V 37 oder 11,33 – unklar.

● Wie schon in 2Mose 32,32 **tritt Mose fürbittend als Vermittler auf. Er bittet nicht für sich. Er appelliert an Gott**, seine eigene Absicht nicht weltweit lächerlich zu machen, wenn er das Volk zuerst rette, um es dann zu vernichten.

● **Gott lässt sich auf seine Ehre und Barmherzigkeit ansprechen. Er vergibt** (V 20) – mit der Einschränkung (vgl. 2Sam 12,13f), dass erst die nächste Generation das verheißene Land sehen wird.

Also Kommando zurück. Ganz wie die aufbegehrende Volksmasse es will, geht es nicht weiter Richtung Kanaan, sondern zurück Richtung Schilfmeer (V 25), wo sie hergekommen waren. Aber nicht zu den Fleischtöpfen Ägyptens (2Mose 16,3), sondern um jahrzehntelang als Nomaden in der Steppe umherzuziehen. Alle, die ungläubig aufbegehrt haben, sollen erleben, was sie befürchtet haben (V 2): in der Wüste umzukommen.

Kennen Sie Beispiele aus Ihrem Umfeld, wie sich angstvolle Äußerungen aus einer negativen Lebenseinstellung heraus als selbsterfüllende Prophezeiung erweisen und andere dafür verantwortlich gemacht werden? Wie sehen Sie im Verhältnis dazu die Aussagen in 1Kor 10,5ff und Hebr 3,16–4,9?

- Kaleb, der Vertreter des Stammes Juda, und Josua, der Vertreter des Stammes Ephraim (13,6.8), sollen dagegen erleben, dass ihr mutiger Glaube zum Überleben der Wüstenzeit beiträgt. Sie sollen das Land einmal nicht nur als Kundschafter, sondern als Bewohner erleben. Die 40 Jahre Dauer der Wüstenzeit orientiert sich ausdrücklich an den 40 Tagen, die die Erkundung des Landes gedauert hat (V 34). Schon der 40-tägige Aufenthalt Moses auf dem Berg hat zu Unmut und Ungehorsam geführt. Die Wartezeit wird zur Prüfung.
- Zu Gottes Heiligkeit gehört nicht nur Gnade, sondern auch Gericht – in Gestalt seiner Abwendung (V 34). „Ihr sollt innewerden" steht hier in erschreckendem Gegensatz zu 2Mose 16,6.12! Gottes Abwesenheit wird zur Hölle!
- **Dennoch bleibt er der Gott dieses Volkes!** Die Jungen erleben das. Indem sie zu Vieh weidenden Wüstenbewohnern werden, tragen sie die Schuld ihrer Väter. Aber so werden sie für die Zukunft vorbereitet, auch wenn sie einmal nicht mehr für das Versagen der Älteren verantwortlich gemacht werden (Jer 31,29f; Hes 18,2-4).

Wie zum Trotz erscheint das ungläubige Volk plötzlich wie bekehrt und zeigt sich nun doch als mutig glaubend mit dem formalen Bekenntnis „Wir haben gesündigt".

● Eine Folge des zuvor genannten Todes der zehn Kundschafter durch eine „Plage" (V 37) dürfte das nicht sein. Das hier gebrauchte hebräische Wort für Plage bedeutet auch „Tod in einer Schlacht" und bildet sich so eher im Folgegeschehen der V 44f ab. Ausdrücklich warnt Mose genau mit diesem Wort in der Verbform davor (V 42 „geschlagen").

● **Eine durch Bedrohung und Angst veranlasste Bekehrung erweist sich selten als dauerhaft. Ein an Äußerlichkeiten orientierter formaler Glaube kommt nicht aus dem Herzen und zielt so an Gottes Vorgaben vorbei.**

● Hier wollen die Männer das Heft nun selbst in die Hand nehmen, in der irrigen Meinung, das sei doch das, was Gott von ihnen erwarte. Ja, Gott hatte es erwartet, aber sie hatten nicht gewollt. Und jetzt hat Gott sich zurückgezogen (V 34.43). Das ist ernst zu nehmen.

→ Jetzt sind sie diejenigen, die bestimmen, und nicht mehr Gott. Deshalb muss sie Mose ausdrücklich davor warnen.

→ Als Zeichen dafür, dass Gott nicht mit in den Kampf zieht, bleibt die Bundeslade zur sichtbaren Bestätigung im Lager.

→ Mit den Kanaanitern ist wohl zusammenfassend ein Teil der Bewohner der Küstenebene und des Jordantales gemeint (13,29). In 5Mose 1,44 werden dafür namentlich die Amoriter genannt. Die Amalekiter dagegen sind die Steppenbewohner im Negev. Sie sind ihnen geografisch am nächsten und hatten sich ihnen schon auf dem Weg zum Sinai in den Weg gestellt (2Mose 17,8ff). Bis in die persische Zeit bestand eine bittere Feindschaft (Est 3,1).

✎ *Eigenmächtige Entscheidungen können zu erschreckenden Folgen führen. Überlegen Sie, wie man dem begegnen kann.*

Israels Wüstenjahre sind wüste Jahre gewesen. Streit, Unzufriedenheit und Auflehnung gegen Mose und Aaron! Ich wäre in dieser Gemeinde nicht gerne Pfarrer geworden!

● Kap. 16 berichtet den dramatischen Aufruhr der Korach-Sippe, die mit ihrem plötzlichen Tod endete. Dann brach ein Massensterben aus, das erst aufhörte, als Aaron Sühne erwirkt hatte. Mose und Aaron waren ihres Lebens nicht mehr sicher. Sie konnten jederzeit gelyncht werden. Nun aber greift Gott ein und beglaubigt Aarons Priestertum auf wunderbare Weise. Dass sein Stab im Unterschied zu denen der anderen Stammesoberhäupter, die im heiligen Zelt niedergelegt wurden, am nächsten Morgen ausgeschlagen hat, Blüten treibt und sogar schon Frucht (Mandeln) trägt, spricht für sich. Ein Wunder ist ein punktuelles, schöpferisches Eingreifen Gottes in Raum und Zeit. Alle verstehen nun, dass nicht schon jeder Israelit Priester ist (16,3). Das „Priestertum aller Gläubigen" lässt noch auf sich warten.

● Das Wunder ist auch ein Zeichen für Aaron: Er ist ein ganz normaler Mensch. Leben, Blühen und Frucht bringt sein Dienst nicht aus ihm selbst hervor. **Es ist ein Geschenk von oben. Nur Gottes Kraft kann Frucht bewirken.** „Und wenn sie auch alt werden, werden sie dennoch blühen, fruchtbar und frisch sein" (Ps 92,15).

● Mir kommen zwei Fragen:

→ Kann ich in der Gemeinde eine Autorität anerkennen, z. B. die Gemeindeleitung? Oder muss ich nach einem Beschluss auch weiterhin meine Meinung einbringen? Was sagt unser heutiger Text dazu?

→ Wir werden alt und älter, mit den normalen Begleiterscheinungen, wie nachlassende Spannkraft, Hör- und Sehfähigkeit. Wie sieht in dieser Lebensphase das „Fruchtbar-und-frisch-sein" aus?

✎ *Kennen Sie alte Menschen, an denen Sie etwas von dieser Frische beobachten?*

Mit Kap. 20 befinden wir uns bereits im 40. Jahr der Wüstenwanderung (vgl. V 1 und 22 mit 33,36-39). Mose platzt der Kragen: „Hört, ihr Ungehorsamen ..." Er redet aus dem Ärger und der Erbitterung, und damit kommt ein falscher Zungenschlag hinein. Er lässt sich zu einer Handlung hinreißen, bei der er eine Grenze überschreitet. „Redet zu dem Felsen", hatte Gott ihnen befohlen. Jetzt aber schlägt Mose zweimal an ihn. Will er ein wenig nachhelfen, oder schlägt er aus Wut? Gewiss, der Felsen gibt nun Wasser, Gott steht zu seinem Wort und versorgt die murrende Menge. Aber Mose und Aaron haben Gott nicht angemessen geehrt („geheiligt"). „Werden wir euch wohl Wasser hervorbringen können aus diesem Felsen?" Was meint er damit? Zweifelt er an dem, was er tut, oder will er die unzufriedene Menge zurechtweisen?

● Paulus weist auf diese Begebenheit hin und erklärt: „Sie tranken aber von dem geistlichen Felsen, der ihnen folgte. Der Fels aber war Christus" (1Kor 10,4). Wie die Wolkensäule sie begleitete und in ihr geheimnisvoll der Engel Gottes, so folgte ihnen der Messias geheimnisvoll. **Der Felsen ist ein Felsen und die Wolke eine Wolke. Doch sie sind durchscheinend für Gottes Gegenwart.** Zu wem man reden soll, den schlägt man nicht. Mose handelt respektlos, und Aaron ist mit dabei. Beide werden zur Rechenschaft gezogen, sie bringen das Volk Israel nicht ans Ziel in Kanaan, sondern das werden andere tun. Die Strafe Gottes ist eine Zurechtweisung und keine endgültige Verdammnis.

***Mit dem Heiligen respektvoll umgehen** – was bedeutet das z. B. für eine Abendmahlsfeier, bei der Jesus Christus doch anwesend ist, oder für die Gottesdienstgestaltung? Und muss ich das Wort Gottes noch kraftvoller, noch vollmächtiger machen? Wie tritt uns die Versuchung entgegen, der Mose erlegen ist?*

Die acht Verse unseres heutigen Abschnitts aus diesem Tora-Psalm beginnen alle mit dem **neunten Buchstaben des hebräischen Alphabets, dem Tet**. Das Wort für „gut", *tob*, steht gleich viermal am Anfang eines Satzes: „Gut hast du an deinem Knecht getan" (V 65); „Gut bist du und freundlich" (V 68); „Gut für mich ist (...) deine Gebote zu lernen" (V 71); und „Gut für mich ist das Gesetz deines Mundes, besser als tausend Stück Gold und Silber" (V 72). „Gut" ist ein Hauptcharakteristikum für Gottes Weisung: Gottes Wort ist gut, weil Gott gut ist! Zwei der Formulierungen haben eine persönliche Zuspitzung, „gut für mich". **Gottes Wort ist gut für mich.**

● Während Psalm 119 sich sonst meist direkt auf Gottes Weisung fokussiert, nimmt der Beter im Tet-Abschnitt Gott selbst, den Urheber der Weisungen, in den Blick. Er ist es, der uns Gutes zuwendet (V 65), der heilsame Einsicht und Erkenntnis lehrt (V 66), der gütig und freundlich ist (V 68). **Gott ist ein guter und gütiger Gott, der uns Menschen mit Wohlwollen begegnet**, selbst dann, wenn er uns demütigt, damit wir ihn besser kennenlernen (V 71). **Weil Gott gut und gütig ist, darum hat auch sein Wort das Ziel, uns Gutes zu tun, uns auf seinen guten Wegen zu leiten und seinen Segen in unserem Leben zur Umsetzung zu bringen.**

● Der Abschnitt mündet in die Spitzenaussage, dass **Gottes Weisung wertvoller ist als tausend Stück Gold und Silber** (V 72). Der Vergleich zeigt sehr deutlich auf, dass Gottes Wort von unschätzbarem Wert ist. Zinzendorf hat das 1725 treffend so ausgedrückt: „Herr, dein Wort, die edle Gabe, diesen Schatz erhalte mir, denn ich zieh es aller Habe und dem größten Reichtum für (= vor). Wenn dein Wort nicht mehr soll gelten, worauf soll der Glaube ruhn? Mir ist's nicht um tausend Welten, sondern um dein Wort zu tun." Lernen wir den hohen Wert von Gottes Wort wieder neu schätzen!

Nach Mirjam stirbt nun auch Aaron, immerhin mit 123 Jahren (33,38-39). Was macht seinen Tod dennoch zu einem schmerzhaften Einschnitt? Es ist das Unvollendete seines Lebenswerks, der unvollendete Auftrag, der Abbruch des Weges kurz vor dem Ziel.

● Mich bestürmen Fragen: Hat sich Aaron von seinen Angehörigen verabschiedet? Was hat er wohl gefühlt und gedacht, als er auf den Berg stieg? Wie ist es Mose dabei ergangen, der wusste, dass er der Nächste sein würde? Wurde Aaron auf dem Berg begraben oder hinabgetragen? Und wie hat sein Sohn Eleasar das erlebt? Diese Fragen werden nicht beantwortet. Der Erzähler beschränkt sich auf das, was Gott anordnet, und auf die Durchführung.

● Eleasar übernimmt nun die Aufgabe des Hohepriesters. Die Einsetzung in das Priesteramt geschieht u. a. durch die Einkleidung (vgl. 2Mose 29,1-9). Das Amt ist erblich und geht vom Vater auf den Sohn über. Die Amtstracht eines Pfarrers z. B. ist heute ein Erkennungsmerkmal, im AT ist sie mehr als das. Ohne die Kleidung kann der Priester seinen Dienst nicht tun. Sie ist eine sichtbare Bevollmächtigung. Er vertritt Gott vor den Menschen und Menschen vor Gott. Er gehört ihm und ist ihm verantwortlich.

● Aaron soll „versammelt werden zu seinen Vätern". Dahinter steht die Erwartung, dass es mit dem Tod nicht zu Ende ist, sondern er in eine Gemeinschaft der (im Glauben) Verstorbenen tritt. Wenn dem so ist, glimmt dahinter nicht ein wenig die Hoffnung auf ein neues Leben? **Gott ist der Herr auch über die Welt der Toten. Jesus sagt einmal: „... ihm leben sie alle".**

● Gott wiederholt die Urteilsbegründung für das Lebensende Aarons (und Moses): „Ihr seid meinem Mund ungehorsam gewesen", und er hat dabei ihr Verhalten in der gottesdienstlichen Öffentlichkeit im Blick.

✎ *Was bedeutet das heute für die, die öffentlich Gottes Wort verkündigen?*

Und wieder ist ein Umweg nötig, in diesem Fall vom heutigen Negev nach Süden, durch die Araba-Senke und dann auf die Ostseite des Toten Meeres. Warum? Der direkte Weg war versperrt. Wie oft das Volk Israel auf seinem Zug von Ägypten nach Kanaan Umwege gehen musste (z. B. 2Mose 13,17)! Manche waren selbst verschuldet, z. B. die lange Wüstenzeit überhaupt. Andere hatte Gott geführt, weil sie langfristig die besseren Wege waren. Und alle Umwege ist Gott mitgegangen. Nun wächst wieder die Unzufriedenheit. „Diese magere Speise" ist das Manna, mit dem sie versorgt werden. Nun ja, sie müssen die kleinen, süßlichen Körner (2Mose 16,14.31) tagtäglich sammeln und verarbeiten. Wieder ist die Wandergesellschaft in einer Negativspirale gefangen.

● Gott sendet nun keine gebratenen Wachteln, sondern Giftschlangen. „Feurig", wörtlich „brennend", kann ihre Farbe sein oder ihre Wirkung meinen, also giftig und tödlich. Erst die Erfahrung eines Massensterbens bringt viele zur Besinnung. Wieder ist es die Fürbitte von Mose, auf die Gott antwortet. Was für ein Heilmittel gegen tödliche Schlangenbisse! Eine „eherne", bronzene Nachbildung einer Schlange wird an einer Signalstange hoch aufgerichtet, sodass sie jeder sehen kann. Was tun? Nur ansehen soll man die Schlange, nicht sich selbst behandeln.

● Jesus deutet diese Begebenheit als Hinweis auf ihn selbst (Joh 3,14). **„Wer Jesus am Kreuze im Glauben erblickt, wird heil zu derselben Stund"**, heißt es in einem alten Lied. Glauben, Anschauen ist etwas ganz anderes, als sich selbst zu behandeln. Der Blick auf den gekreuzigten Jesus zeigt mir Gottes Heilmittel gegen die tödlichen Schlangenbisse der Sünde und Schuld. Es ist ein teures Heilmittel, denn Jesus gab sein Leben hin zur Sühne für meine Verkehrtheit.

● **Nicht das Leben Jesu als leuchtendes Vorbild für Nächstenliebe rettet uns aus dem Verderben, sondern der Glaubensblick auf seinen Kreuzestod.**

Östlich des Jordan (heute Jordanien) verlief im Altertum die sogenannte **„Königsstraße"**, eine Handelsroute von Nordsyrien über Damaskus zum Roten Meer. Auf ihr wollten die Israeliten ein Stück nach Norden ziehen, um dann nach Westen ins Jordantal und nach Jericho abzubiegen. Der Amoriterkönig **Sihon** zieht ihnen feindlich entgegen, weil er der diplomatischen Botschaft des Mose („wir wollen nur hindurchziehen") nicht traut. Und wieder muss Israel kämpfen, aber sie besiegen die Amoriter.

● Nun zieht das Volk weiter nach Norden Richtung **Baschan**, in etwa das Gebiet östlich des Sees Genezareth. Dort erwartet sie eine weitere Auseinandersetzung. König **Og** von Edrei (heute Der'a, nicht weit vom jordanischen Irbid) ist der mächtige Gegner, der sich ihnen entgegenstellt. Sie besiegen auch ihn. Der Bibeltext rafft in Kap. 21 Ereignisse zusammen, die natürlich längere Zeit in Anspruch genommen haben.

● Für den weiteren Weg des Volkes hatte der Sieg über Og auch eine wichtige strategische Bedeutung: Wenn die Israeliten ins Jordantal hinabsteigen, steht ihnen die mächtige Stadt Jericho als Sperrgürtel gegen die Einnahme Kanaans im Weg. Diese muss als Nächste erobert werden. Mit dem Sieg über Og haben sie nun den Rücken frei und keine weiteren Angriffe von dieser Seite zu befürchten.

● Mose setzt gezielt Kundschafter ein, die ihm wichtige Informationen liefern, die er für den weiteren Feldzug braucht. **Israel lebt aus dem Glauben an seinen Gott. Dieser Glauben schließt aber auch das strategische Planen und Überlegen ein, um wichtige Zwischenschritte und Ziele zu erreichen. Menschliches Tun und göttliches Handeln gehören in der Bibel eng zusammen.**

Welche strategischen, langfristigen Pläne und Überlegungen schiebe ich vor mir her?

Donnerstag, 18. September 4. Mose 22,1-20

Die Israeliten sind vom Hochland heruntergestiegen und lagern nun in Moab, im östlichen Jordantal.

● Nach ihrem Sieg über Sihon und Og weiß der Moabiterkönig Balak, dass man diesem Stamm nur schwerlich mit militärischer Stärke beikommt. Er bringt etwas ins Spiel, was uns hierzulande eher fremd ist: eine heidnische „geistliche" Kampfführung. Balak will magische Kräfte einsetzen, das Verfluchen des Gegners, und hofft, auf diese Weise Israel zu schwächen, um sie besiegen zu können.

● Die beste Adresse seiner Zeit ist dafür ein gewisser Bileam, der in Petor am Euphrat wohnt, wohl das in assyrischen Quellen bekannte Pitru bei Karkemisch, rund 20 Tagesreisen entfernt.

● Eine Gesandtschaft macht sich auf den Weg. Zu ihr gehören auch Boten der Midianiter, die vielleicht mit Moab eine Zweckallianz bilden. Dass ein solcher Auftrag ein angemessenes Honorar erfordert, ist selbstverständlich. Doch der Antrag der Moabiter wird abschlägig beschieden. Bileam darf nicht mitziehen, geschweige denn verfluchen – das betreffende Volk „ist schon gesegnet". Bileams Antwort an die Gesandtschaft (V 13) trifft die Sachlage nicht ganz. Er betont nur, dass der Herr es nicht erlaube, sagt aber nicht, warum.

● Die Moabiterfürsten halten das erste Nein Bileams wohl für eine normale Verhandlungstaktik, um das Honorar zu erhöhen. Also muss eine zweite Delegation höheren Ranges her und ein besseres Angebot unterbreiten.

● Warum erwartet Bileam nun eine neue Antwort Gottes (V 19)? Ist das nicht schon der Anfang von Bileams Ende? Hatte Gott nicht sein Nein deutlich geäußert? Hofft Bileam insgeheim, dass Gott seine Entscheidung ändert (und dass ihm selbst doch ein hohes Honorar winkt)?

● Umso überraschender ist Gottes Antwort, er solle nun doch mitziehen, aber an Ort und Stelle nur sagen, was ihm Gott eingibt. **Das Ja Gottes entspringt seinem Nein (nicht verfluchen!) und zielt auf sein Ja zu Israel (segnen!).**

Warum wird Gott denn zornig (V 22)? Hatte er Bileam nicht befohlen, doch mitzugehen? Gewiss, aber erst, nachdem Bileam das erste Nein Gottes beiseitegeschoben hatte. Was ist das Ziel der Reise? Von Balaks Seite: Israel soll verflucht werden. Von Gottes Seite: Sein Segen über Israel soll öffentlich bestätigt werden. Auf welcher Seite steht Bileam? Er ist eine schillernde Gestalt.

● Die Hinreise ist voll von Hindernissen: Gottes Engel tritt Bileam mit gezücktem Schwert entgegen. Bileam sieht nichts. Der Seher ist blind für die Wirklichkeit Gottes. Dann die Enge in den Weinbergen und die Stelle, an der die Eselin nicht ausweichen kann. Bileam, der erfahrene Zeichendeuter, kann die göttlichen Zeichen an seinem eigenen Weg nicht erkennen. Er ist in Lebensgefahr, doch erst die Eselin bringt ihn sprechend zur Einsicht. Aber auch das scheint ihn nicht sonderlich zu bewegen. Sein Tier sieht mehr als er. Und Gott gibt ihm ausnahmsweise die Fähigkeit menschlicher Rede. Wie verblendet muss Bileam sein? Ist er im Tiefsten doch auf die Bezahlung fixiert? „Dein Weg vor mir führt ins Verderben", wörtlich „ist abschüssig". Bileam betritt mit seiner Reise ein gefährliches Geröllfeld. Er will nun doch umkehren. Nein, jetzt darf er es nicht mehr, er muss mitgehen, als Sprachrohr Gottes, der segnen will.

● Die Begegnung mit Balak ist kühl und von Vorwürfen begleitet (V 36f). Er fühlt sich gekränkt, weil der Zeichendeuter in dieser dringenden Angelegenheit gezögert hatte. Eine Opferfeier findet statt mit Bileam als Ehrengast. Am nächsten Morgen kommt es zur Entscheidung. Bamot-Baal ist eine Anhöhe, von der man ins Jordantal blickt und die lagernden Stämme Israels sieht.

● **Wer Gottes Volk verfluchen und zerstören will, steht vom ersten Tage an unter Gottes Zorn, der in der Geschichte wahrnehmbar losbricht, wenn seine Stunde gekommen ist.**

Nun beginnt die spannende Opferhandlung. Bileam fordert sieben neu errichtete Altäre und dann je sieben Brandopfer von Schafen und Stieren. Die Vorbereitung und Durchführung werden eine Weile gedauert haben. Dass der Seher aus Mesopotamien abseits geht, auf einen einsamen Hügel, zeigt, dass er dort Gottes Antwort erwartet, nicht in der Menge der Fürstenversammlung.

● Der Herr „gibt ihm ein Wort in den Mund". Damit wird der geheimnisvolle Vorgang der Inspiration, des Offenbarungsempfangs umschrieben. **„Die Propheten verkündigten Vernommenes, nicht Ersonnenes"** (G. von Rad). Der Prophet soll es aussprechen, wiedergeben und weitergeben. Dabei verhält er sich nicht als Marionette, sondern ist als ganzer Mensch mit allen sprachlichen Eigenheiten beteiligt.

● Die Botschaft entspricht gar nicht Balaks Erwartungen: „Was tust du mir an?" Das aufwendige Projekt einer Verfluchung Israels droht zu scheitern. Bileam ist für diesen Einwand nicht empfänglich. Er hat sehr wohl verstanden, dass er sein Leben verliert, wenn er eine andere Botschaft weitergibt. Gottes Spruch macht deutlich:

→ Gott hat sein Volk – von Abraham her – ein für allemal gesegnet, und er denkt nicht daran, das zurückzunehmen.

→ Das Volk Israel ist etwas Besonderes. Es gehört nicht zu den anderen Völkern, auch wenn es unter ihnen wohnt. „Israel ist ein Stachel im Gewissen der Welt" (W. Vischer). Das will heißen: Dieses Volk erinnert durch sein Dasein die anderen Völker daran, dass Gott es in freier Wahl herausgerufen hat – zum Segen für alle Völker. Doch diese Entscheidung fordert den Widerspruch heraus. Hier liegt die tiefste Wurzel des Antisemitismus. **Israel ist nicht gegen den Rest der Welt erwählt, sondern für den Rest der Welt.**

● Bileams Wunsch, er wolle ein erfülltes Lebensende finden wie die Israeliten, geht nicht in Erfüllung. Er steht sich dabei selbst im Wege (4Mose 31,8.15f).

Psalm 20 ist ein Segens- und Bittgebet in Kriegsnot. Ich schreibe diese Auslegung in einer Zeit, in der dieses Gebet besondere Bedeutung und Brisanz erhält. Vor einer Woche, am 7. Oktober 2023, begannen die unsäglichen Angriffe der Hamas auf Israel, und noch weiß keiner, wie alles weitergeht. Plötzlich sind die Worte des Psalms hochaktuell.

● Als David mit Kriegsnot konfrontiert wird, kennt er **die richtige Adresse: Er wendet sich an den lebendigen Gott** mit der Bitte um Hilfe. Anstatt sich auf Kriegsgerät zu stützen, will er sich ganz auf Gott verlassen (V 8). Es geht David um Schutz in der Not (V 2), nicht um Vernichtung der Feinde. Es geht ihm darum, dass Gott sein Volk segnet und schützt. Das erbittet er im Gebet vor Gott, zusammen mit der ganzen gottesdienstlichen Gemeinde (siehe z. B. das „wir" im letzten Vers). V 7-9 sind in der großen Zuversicht und Gewissheit formuliert, dass Gott Hilfe schaffen wird.

● V 7 spricht vom Gesalbten. Im AT ist das der König. Doch dieser Vers hat auch eine messianische Dimension: **Im NT ist Jesus der Messias, der Gesalbte, der Christus**. Auch er hatte Feinde, die ihn zu Fall bringen wollten. Aber Gott wendet die Situation zum Heil. Petrus spielt in seiner Pfingstpredigt auf diesen Vers an: „So wisse nun das ganze Haus Israel gewiss, dass Gott diesen Jesus, den ihr gekreuzigt habt, zum Herrn und Christus gemacht hat" (Apg 2,36). **Gott hat Jesus mit Macht auferweckt. Seitdem sind die letzten Feinde – Sünde, Tod und Teufel – besiegt**. Sie bäumen sich zwar noch auf, doch in der Vollendung am Ende der Zeiten wird Gott den Sieg letztgültig durchsetzen.

Lasst uns um Frieden für Gottes Volk beten – für Israel und die weltweite Kirche. Und lasst uns für unsere Errettung in Jesus Christus danken, der Sünde, Tod und Teufel besiegt hat!

Balak bleibt hartnäckig. Er darf sich die Gelegenheit zum Verfluchen seiner Feinde nicht entgehen lassen, denn seine Existenz als König und die des Volkes stehen auf dem Spiel.

● Was für ein Aufwand: Dreimal werden an verschiedenen Aussichtspunkten je sieben Altäre gebaut und dreimal 14 Opfertiere dargebracht. Daran sind die moabitischen Priester nicht beteiligt. Alles geschieht unter den Augen der Fürsten.

● Wieso geht Bileam auf die Forderung Balaks ein? Er weiß doch, was Gottes Wille ist. Wie oft muss Gott denn seine Segenszusage wiederholen? Gottes Worte, durch Bileam vermittelt, werden mehr und mehr zu einer großen Weissagung darüber, was Gott mit Israel vorhat. Wir finden in Bileams Worten drei Schwerpunkte:

→ Gott sagt nicht heute Ja und morgen Nein. Er hat sein Volk ein für allemal gesegnet. Darum verschwindet auch das Motiv des Verfluchens mehr und mehr in den nächsten Abschnitten.

→ **Das Volk Gottes ist durch seinen starken Gott vor den schädlichen Mächten des Fluchs und der schwarzen Magie geschützt.** Wir westlichen Menschen neigen dazu, diese Wirklichkeit für Dichtung zu halten, trotz aller Esoterik. Doch wer z. B. afrikanische und asiatische Kulturen kennt, weiß von dieser Wirklichkeit eher ein Lied zu singen. Er kann aber auch die Erfahrung machen, dass Jesus Sieger ist.

→ „Zur rechten Zeit wird Israel gesagt, was Gott gewirkt hat." Was ist damit gemeint? Zum einen die Deutung der Taten Gottes in der Geschichte. Dazu braucht man erleuchtete Augen. „Zur rechten Zeit" will sagen, dass es in Israel die Gabe der Prophetie gibt, die immer wieder Gottes Taten ansagt oder deutet. Und darum braucht Israel nicht im trüben Wasser der Wahrsagerei zu fischen.

● Balak versucht es noch mit einem Kompromiss: weder segnen noch verfluchen (V 25), auf den Bileam nicht eingeht. Darum folgt ein letzter Versuch auf dem Gipfel des Berges Peor.

Jetzt wird Bileam durch Gottes Eingreifen zu einem echten Propheten, der nicht erst Zeichen, z. B. den Vogelflug oder Wolkenformationen, als Anschub braucht. Der Geist Gottes kommt auf ihn, und aus dieser Verbindung heraus kann er Worte Gottes sprechen.

- **Ein Prophet ist nicht so sehr ein Vorher-Sager – das auch –, sondern ein Hervor-Sager**, denn von Gott her spricht er, und im Licht Gottes sieht er und deutet Vergangenes, Gegenwärtiges oder Zukünftiges.
- Bileam sieht den Wohlstand und Aufstieg dieses Volkes, dessen mächtiger Schutz Gott selbst ist. Mit dem Schlusssatz „Gesegnet sei, wer dich segnet, und verflucht, wer dich verflucht" trifft er Balak ins Herz. Nicht Israel ist verflucht, sondern Balak und sein Volk stehen unter dem göttlichen Nein, wenn sie bei ihrer Ablehnung Israels bleiben. Kein Wunder, dass er jetzt die Hände zusammenschlägt – ein Zeichen der Empörung, des Zorns und der Verachtung (vgl. Hes 22,13).
- Bileam und Balak gehen beide leer aus. Findet Bileam dann doch noch einen Weg, um an das Honorar zu kommen? Er hat das Volk zwar gesegnet, doch später hat er den Moabitern einen Weg gezeigt, wie man Gottes Volk verführt (31,17). Die Verehrung fremder Götter, in diesem Fall die Fruchtbarkeitsgottheit Baal, hat Israel schwer belastet. Und so wird Bileam zum Negativvorbild. Im NT (Judas 11; Offb 2,14) werden unter seinem Namen die Versuchlichkeit durch Geldliebe und Hurerei genannt.
- Die Schau vom **„Stern aus Jakob und dem Zepter aus Israel"** (V 17) wird sowohl in jüdischer als auch christlicher Auslegung als **messianische Weissagung** verstanden. Nach diesem Stern suchten die Weisen aus dem Orient, und sie fanden ihn als kleines Kind in der Krippe (Mt 2,2). Rund 1300 Jahre liegen zwischen Bileam und dem Kind in Bethlehem. **Gottes Weissagungen unterliegen der „göttlichen Stunde", der „erfüllten Zeit", die sich nicht nach unserer Chronologie richtet.**

Ein Generationenwechsel, eine neue Situation und neue Herausforderungen, doch derselbe Gott, der seinem Volk die Treue hält.

- Mose, der große Mann Gottes, muss abtreten. Das verheißene Land sieht er nur von ferne. Dietrich Bonhoeffer hat diese Szene in ein dramatisches Gedicht gefasst („Auf dem Gipfel des Gebirges steht Mose, ein Mann Gottes, der Prophet").
- Wie Aaron erreicht auch Mose das Ziel der langen Reise nicht. Die Begründung war in beiden Fällen, dass sie Gott in der Öffentlichkeit vor der Gemeinde nicht „geheiligt", sondern respektlos und eigenmächtig gehandelt hatten.

Was bedeutet das heute für uns alle, die in irgendeiner Weise in der Verkündigung des Wortes Gottes stehen? Wo nähert sich uns die Versuchung, eigenmächtig und am Wort vorbei zu handeln?

- Umso bewegender ist es, wie sich Mose um einen Nachfolger bemüht (V 16f). Das Volk Gottes soll jetzt erst recht nicht ohne Leitung sein. Mose bleibt bei aller Trauer nicht bei sich stehen. Der Nachfolger, Josua, ist gut eine Generation jünger (ca. 40 Jahre). Er hat ihm über 40 Jahre treu gedient (2Mose 24,13) und das Land Kanaan sogar schon als Kundschafter durchwandert (4Mose 13,8.16). Er war also für die neue Aufgabe bestens vorbereitet.
- Er braucht aber noch den Segen und Geist Gottes als Amtsbegabung. Der wird ihm durch Moses Handauflegung vermittelt. Bis heute gehört die Handauflegung bei jeder Art von Ordination (Einsetzung in einen geistlichen Dienst) dazu.
- Eleasar, Aarons Sohn, und Josua müssen nun zusammenarbeiten, jeder mit der ihm geschenkten Gabe und Vollmacht. Mose war auch Prophet, mit dem Gott unmittelbar geredet hatte. Das ändert sich nun: Josua ist auf die göttliche Antwort angewiesen, die der Priester Eleasar durch das Los-Werfen empfängt (V 21).

● Jesus auf seinem letzten Weg nach Jerusalem. Während er weiß, was auf ihn zukommt, haben wohl die meisten seiner Anhänger andere Erwartungen. Es geht kaum noch um theologische Auseinandersetzung, sondern um einfachen verständlichen Unterricht über das Reich Gottes, seine Ausstrahlung, die so deutlich anders ist als alles, was man bisher erwartete. Mt beschreibt diese Andersartigkeit in Kap. 13 (u. a. V 3.34).

→ **Gleichnisse!** Wie lässt sich alltagsverständlich von etwas reden, was unsichtbar ist und unvergleichbar mit allen bisherigen Erfahrungen? **Jesus greift dazu auf typische Lebensgewohnheiten seiner Zeit und Beispiele vor allem aus der Natur zurück.**

→ **Gleichnisse!** Wie sind sie zu deuten? Soll jedes Detail gedeutet werden? Dazu haben sich in der Kirchengeschichte verschiedene Traditionen entwickelt. Das hat jede Menge Streit verursacht. **Wir neigen heute dazu, einen Haupt-Vergleichspunkt (Skopus) zu suchen, um Spekulationen in der Auslegung einzelner Aussagen einzudämmen.** Schließlich kennen wir auch nur ein Gleichnis, das Jesus selbst bis ins Detail gedeutet hat – und das nicht öffentlich (Mt 13,36ff).

● **Es geht so gut wie immer um das „Reich Gottes" oder das „Himmelreich"** (so die Formulierung bei Mt). Dieses Reich wird weder politisch noch militärisch oder geografisch eine Neuauflage des vergangenen Königreichs unter David sein. Schrittweise und aus verschiedenen Perspektiven bereitet Jesus auf die so andere neue Welt vor, für die seine Kreuzigung Voraussetzung sein wird.

● **Gottes Reich** – wie ein Senfkorn, ein besonders kleines Samenkorn. Klein, **fast unbemerkt startet alles** – ohne Demonstration von Macht, doch **mit enormer Auswirkung**. Wenn wir nun die Zweige und Vögel auf verschiedene christliche Gruppen deuten wollten, wäre dies reine Spekulation (s. o.).

● Gottes Reich – wie ein Sauerteig: **Nicht die Menge entscheidet über die Wirkung, sondern die ihm innewohnende Kraft.**

- Lukas hat mehr Gleichnisse Jesu gesammelt, als wir bei Matthäus und Markus finden. **Die Vorstellung einer engen Pforte** finden wir auch in Mt 7,13f, jedoch mit einem etwas anderen Schwerpunkt.
- Hier scheint jemand zu reagieren (V 23) und Jesus erläutert darauf nur den Aspekt der engen Pforte. Dabei kommt er auf eine Alltagserfahrung zu sprechen: Personen suchen zu einem Zeitpunkt Einlass, wo die Tür längst verschlossen ist.
- Weil der Zugang zu Gottes Reich nicht unendlich offen sein wird, fordert Jesus zu einer rechtzeitigen persönlichen Entscheidung auf. **Es gibt ein „zu spät".** Nachträgliche Argumentation und Verweise auf religiöse Aktivität sowie die Teilnahme an der Unterweisung Jesu werden daran nichts ändern. Weist Jesus hier darauf hin, dass viele, die jetzt noch mit ihm unterwegs sind, bald „Kreuzige ihn!" rufen werden? Oder zielt er auf die baldige Verkündigung des Evangeliums unter den Völkern?
- Die Vorstellung, dass die Zurückgewiesenen sogar nach ihrem Tod aus der Ferne wahrnehmen werden, was in Gottes Reich geschieht, finden wir auch in Kap. 16,23. Weitere Erklärungen jedoch fehlen, und wir verzichten auf Spekulationen.
- Den **Hinweis auf die baldige weltweite Mission** (V 29) finden wir z. B. auch in Mt 8,11f – auch dort mit einer vergleichbaren Warnung an die Zuhörer verbunden.
- **Tischgemeinschaft mit Gott!** Höchste Identifikation und familiäre Einbindung – mehr geht nicht. Das Reich Gottes ist kein leistungsorientierter Eliteklub. Bisherige Maßstäbe und Verhaltensweisen haben dort ihre Gültigkeit verloren. „Letzte werden Erste" sein. Das ist so ungeheuerlich wie ärgerlich, und wird deshalb von Jesus vielfach wiederholt.

✎ *Ist Ihnen bewusst, dass lange Gemeindezugehörigkeit, engagierte Mitarbeit usw. keine Garantien für den Zugang zu Gottes Reich bieten (vgl. V 26f)?*

● Die Aussagen in V 31-33 haben keine Parallele in den anderen Evangelien, die Klage über Jerusalem in V 34f finden wir auch in Mt 23,37ff.

● Es überrascht, dass Jesu Gegner ihn warnen. Eine Ablenkung von der eigenen Tötungsabsicht? Soll Jesus durch ein Gerücht vertrieben oder von seinem Vorhaben abgebracht werden?

● Die Reaktion ist anders, als man erwartet. **Jesus lässt sich nicht vom Weg nach Jerusalem abbringen.** Sind es tatsächlich nur noch drei Tage, bis er dort ankommen wird? Die Variation in den Formulierungen der V 32f lässt das offen. Klar ist hingegen, dass das kurzfristige Ziel feststeht, ebenso wie der Grund dieser Reise: **Man wird ihn umbringen – nirgendwo anders als im religiösen Zentrum der Juden.** Jetzt aber ist er dahin unterwegs und begründet seinen Anspruch mit Dämonenaustreibungen und Krankenheilungen – wie man es von dem Messias erwartet. Für Lukas stehen hier die Lehraussagen im Vordergrund. Jesu Auftreten hatte er bereits vielfältig beschrieben.

● **An die besondere Rolle Jerusalems** wird hier nur erinnert, sie ist in den Aufzeichnungen der alttestamentlichen Propheten meist als Auf und Ab beschrieben. Falsche Lügenpropheten erhielten oft mehr Aufmerksamkeit als die von Gott beauftragten Boten.

● Für seine Aufgabe verwendet Jesus hier **das überraschende Bild einer Henne** – in der Geschichte der Bibelauslegung hat das wenig Beachtung gefunden. Wer lässt sich schon gerne mit einem Küken vergleichen?

● **Aussagen wie in V 25 zur bevorstehenden Zerstörung des Tempels** werden von eher bibelkritischen Auslegern dazu genutzt, die Verfassung des Evangeliums erst nach dem Jahr 70 (der tatsächlichen Zerstörung durch die Römer) anzusetzen. Damit soll der Eindruck erweckt werden, dass Jesus zwar gewusst hat, was auf ihn persönlich zukommt, nicht aber, was sich Jahre später in Jerusalem ereignen wird. Es sei demnach eine Aussage, die Lukas Jesus in den Mund gelegt habe.

- Psalm 46 hat einen **Refrain,** der das Thema vorgibt: **Gott ist mit uns und beschützt uns** (V 2.8.11). **Er ist der HERR Zebaoth,** der Gott der himmlischen Heerscharen, dem Heere von Engeln dienen. **Und er ist der Gott Jakobs** (V 8.12) – der Gott der persönlichen Beziehung und Treue, die er seit der Erzväterzeit dem Volk Israel gegenüber bewahrt hat.
- Der Psalm eröffnet zwei verschiedene Räume für die Handlung: ein **Innen** (V 5-6) und ein **Außen** (V 3-4.7.9-10). Außen toben die **Feinde** mit Krieg und Verderben – ausgedrückt im Bild des tobenden Meeres. Das Innen ist die **Stadt Gottes**, der Raum des Schutzes, den Gott schafft. Dort ist er präsent und er erfreut die Glaubenden aus seinen Leben spendenden Quellen. Das frische, lebendige Wasser Gottes ist das Gegenbild zum tosenden Meer der Feinde. **Gottes Stadt ist fest gegründet, auch wenn die Welt der Feinde tost und wankt.**
- Unser Psalm schildert eine **Belagerung der Stadt Jerusalem.** Und er setzt voraus, dass sie durch Gottes Hilfe überstanden wird. Ein solches Szenario ist in den Zeiten Hiskias denkbar. Jerusalem wurde durch die Assyrer unter Sanherib 701 v.Chr. belagert. (Vgl. Jes 36–39, 2Kön 18–19. Es lohnt sich, das einmal zu lesen.)
- Psalm 46 betont abschließend, dass **Gott der Höchste** ist, und er zeigt auf, dass es wesentlich auf die Stellung und Beziehung zu ihm ankommt: **„Seid stille und erkennt, dass ich Gott bin"** (V 11). Der gesamte Psalm macht uns auch deutlich, wie entscheidend unser persönlicher Standpunkt ist: Sind wir außen oder sind wir innen? Nehmen wir doch das Angebot der Nähe Gottes wahr!

Luther hat in seinem Lied „Ein feste Burg ist unser Gott" den Psalm auf die geistliche Kampfführung mit Jesus an unserer Seite angewendet. Eine Gelegenheit, heute dieses wertvolle und kraftvolle Lutherlied zu beten.

● Szenenwechsel: Die Reise im großen Tross wird unterbrochen durch einen **Hausbesuch,** wenn auch in größerer Runde. Es war am Sabbat untersagt, größere Strecken zurückzulegen.

● Die hier beschriebene Krankheit, bei der es zur Einlagerung von Flüssigkeit im Körper kommt, berichtet nur Lukas. Nach rabbinischer Überzeugung war **Wassersucht** durch Unzuchtssünden (so W. Grundmann in seinem Kommentar) ausgelöst. Für die beteiligten Pharisäer ein weiterer Grund, die Heilung eines solchen Kranken abzulehnen. Die des Öfteren in den Evangelien zur Diskussion stehende Frage lautet: **Was ist am Sabbat erlaubt?**

● Jesus selbst stellt die Frage und beantwortet sie mit einem leicht verständlichen Vergleich. **Wenn die persönliche Not oder der materielle Schaden groß ist, hat die gebotene Hilfe Vorrang gegenüber den sonst strengen Sabbatregeln.**

→ Es bestand die generelle Auffassung, dass Krankenheilung am Sabbat nur bei akuter Todesgefahr erlaubt sei. Ein Hinweis darauf, dass sie in diesem konkreten Fall bestand, gibt es nicht.

→ **Doch Jesus geht es nicht um Regeln oder Prinzipien. Dem einzelnen Menschen in Not soll sofort geholfen werden.** Er wird auch aus der peinlichen Situation geheilt entlassen.

● **Was ist am Sabbat erlaubt?** In der Geschichte christlicher Kirchen wurde diese Frage häufig **auf den Sonntag übertragen.** Antworten und Regelwerke sind sehr verschieden. In einigen Gruppen gibt es strenge Regeln, was zu tun bzw. zu lassen ist. Andere betonen die uns als Christen geschenkte große neue Freiheit und lehnen alle gut gemeinten Regeln ab.

● Es ist wohl Absicht, dass wir die Antwort für uns selbst finden müssen. **Klar bleibt: Bei Not oder Gefahr soll sich niemand mit Hinweis auf angeblich göttliche Regeln verstecken und notwendige Hilfe verweigern.** In allen anderen Fällen können wir selbst entscheiden, was dem Tag des Herrn angemessen ist, ihn ehrt und anderen hilft.

- Die Aufregung ist vorüber, das Gastmahl gibt Raum für weitere Unterhaltung. Jesus beobachtet **Gerangel bei der Platzwahl** und nutzt das für ein weiteres Beispiel, wie anders das Reich Gottes ist.
- Es scheint bei dem Besuch eingeladener Gäste immer wieder vorgekommen zu sein, dass Personen in der Erwartung der ihnen zustehenden Ehre von sich aus an hervorragender Stelle Platz nahmen. Peinlich genug, wenn man dann zurückgesetzt wird. Das Gegenteil ist deutlich angenehmer.
- **Auch in den jungen christlichen Gemeinden scheint die Haltung der Selbstüberschätzung verbreitet gewesen zu sein.** (Vgl. die Empfehlungen in Röm 12,10b.16; Jak 2,1ff.)
- V 11 fasst das grundsätzlich als weiteres Prinzip für das Reich Gottes zusammen.

> ✎ *Was lernen wir daraus für den Umgang mit Aufgaben und Ämtern in unseren Gemeinden? Sind wir frei von Selbstüberschätzung oder Überhöhung von Aufgaben (Pastoren, Älteste usw.)? Sind Sie selbst frei von Gedanken, was Ihnen zusteht, und Erwartungen, wie man Ihnen begegnen müsste?*

- Der Abschnitt schließt mit einer **Empfehlung an den Gastgeber.** Dabei wird deutlich, dass es bei Gott anders zugeht. Der eine Kranke wurde geheilt. Es hätten jedoch viele andere dabei sein können, die offenbar nicht geladen waren. Verwandte, Freunde oder reiche Nachbarn werden sich beim Gastgeber mit Gegeneinladungen revanchieren. So ist es im Reich Gottes nicht. Man wird nicht unter sich bleiben oder darauf rechnen können, nach bewiesener Gastfreundschaft selber auch auf seine Kosten zu kommen. Bei Gott sind die gesellschaftlich Benachteiligten besonders im Blick und erfahren Wertschätzung und Bevorzugung.
- „Belohnung" für eigene Wohltaten wird im Rahmen der Auferstehung versprochen. **Am Ende muss sich niemand darum sorgen, bei Gott zu kurz zu kommen.**

● Einer der Teilnehmer scheint Jesu Belehrung mit einem klugen Satz beenden zu wollen, doch er liefert ein weiteres Stichwort (vgl. Mt 22,1ff).

● **Ankündigungen großer Einladungen haben eine lange Tradition.** Anders als heute war es üblich, nochmals einzuladen, wenn alles vorbereitet war.

● **Ärgerlich freilich, dass die Absagen erst jetzt erfolgen.** Die Gründe sind alle fadenscheinig und werden nicht näher berücksichtigt. Sie sind lediglich austauschbare Beispiele.

● **Die zuerst Geladenen also sagen ab.** Jesus hat dabei wohl auch jene Juden im Blick, die ihm jetzt noch folgen und ihn in wenigen Tagen verleugnen werden.

● **Dafür werden jetzt Menschen eingeladen, die am Rande der Gesellschaft stehen und die häufig für ihr Schicksal selbst verantwortlich gemacht wurden** (vgl. Joh 9,2). Doch Jesus hat immer wieder diese Sichtweise zurückgewiesen.

✎ *Die Frage an uns heute ist: Wo finden sich in unseren Gemeinden die Kranken und Behinderten und die „von den Hecken und Zäunen"? Geben wir uns nicht damit zufrieden, dass unsere Gemeindeglieder aus der bürgerlichen Mitte kommen? Was müsste geschehen, dass sich das ändert?*

● **Jesus beschreibt seinen himmlischen Vater als allen Menschen zugewandt und mit einer besonderen Aufmerksamkeit auf die gesellschaftlich Benachteiligten** – unabhängig davon, ob ihr Schicksal selbst verschuldet ist oder nicht.

● **„… dass mein Haus voll werde!"** (V 23b) **– das ist die Pointe dieses Gleichnisses und der Grund für die fortwährende Mission bis heute.** Denn das große Festmahl in Gottes Reich soll erst dann starten, wenn „das Evangelium zuvor unter allen Völkern gepredigt" worden ist (Mk 13,10; vgl. auch Röm 11,25) und alle Plätze an der großen Festtafel Gottes besetzt sind.

● Jetzt geht es im Tross weiter. Jesus setzt nicht auf Begeisterung oder wirbt um Massen. **Nüchtern beschreibt er die Kosten der Nachfolge.**

→ **Dreierlei gilt es zu bedenken,** was auch die anderen Evangelien berichten:

→ **Bin ich bereit, alles zurückzustellen, damit Jesus den ihm zustehenden ersten Platz in meinem Leben einnimmt?** Christsein nach dem Prinzip: „Familie zuerst" oder „eigene Lebensqualität zuerst" wird ausgeschlossen. Die Formulierung „hassen" meint keine emotionale Zurückweisung, wohl aber eine neue Priorität. In wenigen Tagen wird Jesus in Gethsemane im Gebet ringen und dann doch für Gottes Weg bereit sein, sein Leben am Kreuz zu opfern. Millionen von Menschen haben seither den Märtyrertod erlitten, weil sie sich zu Jesus bekannt haben. Bis heute geschieht das.

→ **Damit sind wir beim Kreuz, das von uns getragen werden soll.** Kurz darauf wird Jesus sein Kreuz tragen müssen, bis er darunter zusammenbricht (Lk 23,26). Nicht ausgeführt wird, was das für den Einzelnen bedeuten wird. **Nachfolge ohne Lasten wird allerdings ausgeschlossen.** Beachten wir, dass es um Jüngerschaft geht, wenn Jesus vom Kreuz spricht, und nicht um beliebige Belastungen, die der Alltag auch sonst mit sich bringt.

→ **Deshalb lohnt sich nüchterne Kalkulation der Kosten der Nachfolge.** Jesus wirbt nicht mit großen Versprechen nach dem Motto „Ihr werdet glücklich sein!" um Nachfolger, sondern weist darauf hin, dass Nachfolge auch ein Loslassen bzw. schmerzhafte Trennungen einschließt.

„Es gibt in der Nachfolge Jesu keine Ferien vom Kreuz!"
Hans Joachim Iwand

● Schließlich greift Jesus auf frühere Aussagen seiner Verkündigung zu Beginn seines Auftretens zurück (vgl. Mt 5,13). Ein guter und erfolgreicher Start garantiert noch kein Ankommen am Ziel. Die Warnung bleibt im Raum: **hinhören statt überhören.**

● Dass Jesus **Tischgemeinschaft mit offensichtlichen Sündern hat, passt der religiösen Elite nicht.** Es handelt sich bei diesen Sündern z. B. um Menschen, die sich als Zöllner durch die Kooperation mit der römischen Besatzung bereicherten. Für die selbstgerechten Frommen waren sie dadurch von der Gemeinschaft mit Gott und seinem Heil ausgeschlossen.

● **Das Gleichnis beschreibt Gottes andere Art an Beispielen:**

→ Ist es nicht gefährlich, die 99 Schafe in der Wüste allein zurückzulassen? Wäre es nicht besser, einen geringen Verlust einzukalkulieren? **Nicht bei Gott, er sucht und findet auch den letzten Verlorenen!**

→ **Das Wiedergefundene wird auf den Schultern getragen, nicht etwa wegen des Abirrens vom rechten Weg gescholten.** Freude darüber, dass auch der Letzte in die Gemeinschaft zurückgebracht werden kann! Aus eigenem Antrieb wäre eine Rückkehr nicht möglich gewesen.

→ **Verirrtes und Verlorenes hat Vorrang!** Etwas persönlich Wertvolles wie der Silbergroschen der Frau ist wiedergefunden. Die Freude darüber kann nicht verborgen bleiben, sondern wird mit andern geteilt.

● **Es geht Jesus um Freude im Himmel über den einzelnen Sünder, der umkehrt!** Sie sind schon in seiner Nähe (V 1). Allerdings teilen die Pharisäer und Schriftgelehrten die göttliche Freude nicht, sondern verachten Jesus wegen seiner Barmherzigkeit mit den Sündern.

✎ *Gibt es die Gerechten, die **keine** Umkehr brauchen (V 7)? Offenbar geht es um Personen, die sich selbst für gerecht halten – sie hätten die vielfältigen Warnungen Jesu hören und umkehren können. Was hier nur anklingt, wird später in der Verkündigung unter den ersten Christengenerationen unmissverständlich ausgeführt: Selbstgerechtigkeit ist die eigentliche Sünde. Sie führt ins Verderben und nicht zur Gemeinschaft mit Gott (vgl. Röm 3,21ff).*

● Jesus erzählt eine Geschichte – sie ist weltweit bekannt, wird nicht nur immer wieder neu übersetzt, auch in andere Kontexte übertragen. In thailändischen Gemeinden wird gern von den zwei verlorenen Töchtern gesprochen – dort eine Alltagserfahrung.

● Sie enthält für die damaligen Zuhörer **mehrere Aufreger:**

→ **Das Erbe soll vor dem Tod des Vaters verteilt werden** – in der damaligen Zeit **eine Unverschämtheit.** Trotzdem geht der Vater darauf ein.

→ **Der so reich Beschenkte zieht nicht nur weg, sondern wandert aus.** Details zu seinem nun verschwenderischen Lebensstil werden nicht geschildert oder moralisch bewertet. Das geschieht erst durch den älteren Bruder.

→ **Dass er schließlich Mangel leidet und als Jude Schweine hüten soll, ist der absolute Tiefpunkt.**

→ **Sein Vater hält offenbar immer wieder nach ihm Ausschau, er läuft ihm sogar entgegen.** Ein jüdischer Patriarch würde seinem weggelaufenen, heruntergekommenen Sohn nie so offenherzig bei seiner Rückkehr begegnen.

→ **Keine Vorwürfe, dafür unerwartete Zuwendung: Umarmung, Kuss, Festkleidung, Schmuck und ein großes Fest:** Ein Kalb wird geschlachtet, nicht nur ein Schaf.

● Die in der Not gewonnene Einsicht, ins Vaterhaus zurückzukehren, ist offenbar echt, und die vorbehaltlose Wiederaufnahme in die Familie nicht erwartet. Es geht nicht um einzelne Verfehlungen, sondern um die Sünde, fern vom Vater das erfüllte Leben zu finden. Das göttliche Ziel des Lebens wird so verfehlt!

● **Der Ältere** – auch ihm geht der Vater entgegen – **bezeichnet den Rückkehrer nicht mehr als Bruder,** argumentiert moralisch, um seine Entrüstung zu begründen, und **ist voller Vorwürfe.** Auch er wird nicht zurechtgewiesen, sondern bleibt zum Fest eingeladen. Offen bleibt absichtlich, ob er annimmt.

● Die Erzählung ist ein Spiegel für alle, die sie hören, und ein nochmaliges Statement: **Gott ist anders als erwartet. Verlorene werden nicht abgeschrieben.**

● Unser heutiger Psalm **lobt Gott als den Schöpfer von Himmel und Erde, von Mensch und Tier.** Die Poetik dieses Psalms ist unübertroffen schön. Der Psalm ist gerahmt von der Aussage: **„Lobe den HERRN, meine Seele!"** (V 1 und 35).

● **V 1-5** führt uns zum einen die **Prach**t Gottes, zum anderen seine **Macht** vor Augen. Die Naturphänomene und Naturgewalten sind wie Spielzeug in der Hand Gottes. V 6-9 zeigen die Werke und Wirkungen Gottes – alles muss seinem Reden bzw. Donnern gehorchen, selbst die Berge und Täler. Und Gott setzt klare Begrenzungen in der Schöpfung, die diese nicht übertreten kann (V 9) – ein Zeichen der Souveränität seiner Herrschaft.

● **V 10-23** gehört zu den **schönsten Natur- und Kulturbeschreibungen** der Bibel. Die Versorgung von Tier und Mensch, das Wachstum von Pflanzen, der Lauf der Gestirne – alles kommt aus Gottes guter Hand. V 19-21 unterstreicht, dass Gott die Lebensrhythmen geschaffen hat und dem Menschen darin seinen Platz zuweist.

● **V 24-28** fasst das bisher Gesagte von einer höheren Warte aus noch einmal in Spitzensätzen zusammen, die **Gottes Weisheit und Schöpfermacht** betonen, seine Güte und Versorgung, und auch die Freude Gottes an seinen Geschöpfen.

● **V 29-35** stellt seine Zuwendung („Angesicht") besonders heraus. Dabei ist Gott kein harmloser Gott. Er ist ein **Gott der Herrlichkeit**. Es ist alles an ihm gelegen. Wenn er sich abwendet, so vergeht seine Schöpfung (V 29). Wenn er Lebensodem gibt, so entsteht Leben (V 30.) Man denke hier auch an die Auferweckung Jesu von den Toten! Gottes Gegenwart bedeutet aber auch Gericht über allem, was nicht mit ihm übereinstimmt (V 32). Deshalb kann letztlich nur bestehen, wer zu ihm gehört (V 35).

● **Die angemessene Reaktion auf die Herrlichkeit Gottes, die auch in der Schönheit der Schöpfung sichtbar wird, ist: ihn zu loben, ihn anzubeten, sich in ihm zu freuen** (V 33-34 und die Rahmenaussage am Anfang und Ende des Psalms).

● V 1-8: **Ob sich das Folgende tatsächlich so zugetragen hat oder ob Jesus es als Beispiel konstruiert, tut nichts zur Sache.** Der Adressat: seine Jünger. Der Fall liegt klar: Dem „reichen Mann" kommt zu Ohren, dass er von seinem Verwalter betrogen wird. Er stellt ihn zur Rede. Sein Urteil steht fest: fristlose Kündigung. Der Entlassene steckt in der Klemme: Was jetzt? Körperliche Arbeit mag er nicht. Zum Betteln schämt er sich. Da fasst er den Entschluss, sich durch einen Betrug Freunde zu schaffen. Die sollen ihm sein Auskommen sichern. Er mindert den Schuldnern seines ehemaligen Chefs eigenhändig die erheblichen Beträge, mit denen sie bei ihm in der Kreide stehen. Ob Öl oder Weizen: In beiden Fällen geht es um einen Gesamtwert von 550 kg. Hier bricht die Schilderung ab. Entscheidend ist die Lehre, die Jesus daraus für seine Jünger zieht. **Die Klugheit des abgesetzten Verwalters besteht darin, dass er quasi aus dem Stand heraus für seine Zukunft sorgt.** Nicht das, **was** er tut, ist lobenswert, sondern **dass** er etwas unternimmt, um seine Zukunft zu sichern. Daran sollen sich die Jünger ein Beispiel nehmen.

✎ *Ich beobachte in manchen Gemeinden, aber auch im persönlichen Christsein eine gewisse Schläfrigkeit. An welchen „Kindern der Welt" könnten wir uns ein Beispiel nehmen?*

● V 9-13: „Wenn man sich mit derartigem Geld Freunde machen soll, so heißt das: Geld und Gut zu Almosen verwenden" (Walter Grundmann), d. h., es in Gottes Sinn zu verwenden. Solche Lebenshaltung führt zum Ziel, d. h. zu den „ewigen Hütten" nach dem Tod. **Jesus stellt gegenüber: Geringes und Großes, „Mammon" (unrechtes Gut) und „wahres Gut".** Der Sinn liegt klar: **Wer mit dem Kleinen und Irdischen nicht recht umzugehen weiß, dem kann Größeres nicht anvertraut werden.** Der Mensch kann sich nicht teilen.

● V 14: Die Worte von Jesus lösen bei den „Geld liebenden" (so wörtlich) Pharisäern höhnisches Gelächter aus. Hinter „spotten" steht ein griechisches Verb, das so viel bedeutet wie „die Nasenlöcher zusammenpressen", d. h. die Nase rümpfen als Ausdruck der Verachtung.

● V 15: Was Jesus ausführt, reicht über den aktuellen Anlass hinaus und ist grundsätzlicher Natur. **Die Frömmigkeit der Pharisäer ist selbstgefällig und zielt auf Anerkennung und Beifall der Menschen.** Der eigenen Einschätzung steht das unbestechliche Urteil Gottes gegenüber. Gott sieht tiefer. Er sieht das „Herz", das Motiv. Im Bild gesprochen: Das „Herz" gleicht einer Schaltzentrale, von der aus ein großes Kraftwerk gesteuert wird. **Im Herzen fallen die Würfel darüber, wie wir unser Leben gestalten.**

✎ *Dass Gott das Herz ansieht und nicht auf das Äußere achtet, bezeugt bereits 1Sam 16,7.*

● Mag den Pharisäern die Achtung der Frommen sicher sein – vor Gott ist solches Verhalten ein „Gräuel". Hinter diesem Wort steht das Verb „verabscheuen", das im AT für Götzendienst gebraucht wird.

● V 16f: Nun beschreibt Jesus **die entscheidende heilsgeschichtliche Zäsur:** Die Welt des AT reicht bis zu Johannes dem Täufer. Dieser bildet die Brücke zur Heilszeit des Reiches Gottes, die mit Jesus anbricht. Seitdem drängen Menschen ins Reich Gottes hinein, d. h., sie finden zum Glauben an Jesus. Der Begriff der „Gewalt" muss im übertragenen Sinn als ein „unbändiges Drängen" verstanden werden. Auch im neuen Zeitalter bleibt der Wille Gottes, der sich im „Gesetz" niederschlägt, voll in Kraft.

● V 18: **„Dem bisherigen Grundsatzwort folgt das Anwendungswort"** (Wolfgang Wiefel), hier zum **Thema Ehescheidung.** Jesus wendet sich gegen die liberale Praxis der Pharisäer, mit Scheidung und Wiederverheiratung überaus großzügig umzugehen.

● Der Bibelausleger Adolf Schlatter verknüpft die vorherige Beispielerzählung (Lk 16,1-9) eng mit unserem Bibelabschnitt: „Gib, so sagte die erste Erzählung, so rettest du dich; behalte und genieße, so verdirbst du dich, sagt die zweite." Beide Geschichten schärfen uns ein: **Unser Lebensweg ist keine Teststrecke, sondern der Ernstfall.**

● V 19-26: **Das Gleichnis** richtet sich an dieselben Gesprächspartner (V 14) und **hat zwei Gipfel.** Zunächst stellt Jesus zwei Männer gegenüber: Der Reiche (ohne Namen!) und dessen luxuriöses Leben wird ausgiebig geschildert. Das Problem des Reichen wird in der Lage des Lazarus („Gott hilft") erkennbar, der vor seiner Tür lagert. Mit Geschwüren bedeckt, von Hunden belästigt und obendrein hungrig. Gerne hätte Lazarus die Brotreste verspeist, die man am Tisch des Reichen zum Säubern der Finger verwendete. **Die Lage der beiden kehrt sich nach dem Tod total um:** Der Reiche wird lediglich „begraben" und findet sich in der „Hölle" („Hades") vor. Lazarus dagegen wird „von Engeln getragen" und landet in „Abrahams Schoß". Die Bitte des Reichen um Linderung seiner Qual bleibt unerhört.

Mehrfach wird in der Bibel betont, dass unser Leben einen doppelten Ausgang nehmen kann. Wohl uns, wenn wir uns bereits heute darauf einstellen!

● V 27-31: Um seine Brüder vor demselben Schicksal zu bewahren, bittet der (ehemals) Reiche Abraham darum, Lazarus zu ihnen zu schicken, damit er sie vor demselben Schicksal warnt. Endlich bricht in ihm Mitleid auf! Was würde die Brüder zur Einsicht bringen? „Wenn einer von den Toten zu ihnen ginge" (V 30). Doch auch diese Bitte wird abschlägig beschieden.

● **Das Einzige, was Menschen auf den richtigen Weg bringt, ist die biblische Botschaft. Wer sie hört und annimmt, befindet sich auf dem Weg zum Himmel.** Dort gehören wir hin.

● V 1f: Fakt ist: **„Verführungen" lauern immer und überall. Wir leben gefährdet.** Die Gefahr besteht zum einen darin, dass wir uns selbst mit der Sünde abfinden und vom Glauben abdriften. Zum anderen darin, selbst zum Verführer zu werden und „einen dieser Kleinen" vom Pfad des Glaubens abzubringen. Wir denken dabei heute auch an die zahlreichen Missbrauchsfälle von Kindern und Jugendlichen in den Kirchen. Hinter „Verführung" steht im Griechischen das Wort „skandalon". Das bezeichnet ursprünglich das Stellholz in der Falle. Wird es berührt, schnappt die Falle zu. – Das Bild des „Mühlsteins" zeigt das böse Ende auf, das der „Verführer" zu erwarten hat.

● V 3-6: **Nun geht es darum, „die Sünder ohne Zögern wieder einzugliedern, sobald sie bereuen"** (Francois Bovon). Der Vergebung sind keine Grenzen gesetzt. Anderen ihre Sünde nachzutragen, ist damit ausgeschlossen. Die Jünger sind Glaubende. Aber Glaube ist nicht statisch, sondern will wachsen.

Was könnte Ihnen helfen, Ihren eigenen Glauben bzw. den Glauben Ihrer Mitchristen zu „mehren"?

● V 7-10: In plastischer Weise beschreibt Jesus **das Verhältnis zwischen einem Landwirt und seinem Knecht.** Für die Erfüllung seiner Aufgaben erfährt der Knecht keinen Dank, kommt er doch lediglich den üblichen Pflichten nach. Sein Dienst versteht sich von selbst. „Tu dir darauf nichts zugute, denn dazu wurdest du geschaffen" (Rabbi Jochanan ben Zakkai). **Im Dienst für Jesus und die Menschen erfüllt sich unser Leben.** Auch wir werden darüber dankbar und zufrieden.

„Mein Lohn ist, dass ich darf." So lautete in früherer Zeit ein Leitspruch für Diakonissen. – Worin besteht die Berechtigung dieses Satzes, worin aber auch die Gefahr?

Freitag, 10. Oktober — Lukas 17,11-19

- V 11f: Auf seinem Weg nach Jerusalem stößt Jesus auf eine Schar aussätziger Männer. **„Aussatz" ist damals Sammelname für schwer zu definierende Hautkrankheiten.** Es musste also nicht immer „Lepra" im heutigen Verständnis sein. Die Aussätzigen stehen „von ferne", denn **wegen der Ansteckungsgefahr war ihnen der Kontakt zur übrigen Bevölkerung untersagt.** Ein elendes Los ohne Heilungschancen!
- V 13f: Sie begegnen Jesus ehrerbietig und reden ihn mit Namen und „lieber Meister" an. Sein bisheriges Wirken muss sich bis zu ihnen herumgesprochen haben. Nun wird die allgemein gehaltene Bitte um „Erbarmen" verständlich. Ohne näher auf ihre gesundheitliche Situation einzugehen, weist Jesus sie an, sich den „Priestern" zu zeigen, der damaligen Gesundheitsbehörde (siehe dazu 3Mose 14). Sogleich machen sich die Aussätzigen auf den Weg und erleben das rettende Wunder. **Indem sie gehen, werden sie rein. Ihr Vertrauen hat sie gerettet.**
- V 15f: Der Kontrast ist deutlich: **Lediglich einer der Geheilten kehrt zu Jesus zurück, um ihm ehrerbietig und überschwänglich zu danken.** Dass es sich dabei um einen **„Samariter"** handelt, wird ausdrücklich erwähnt, wird doch diese Volksgruppe von den Juden verachtet. Ausgerechnet er!
- V 17f: Von den zehn Geheilten haben sich neun aus dem Staub gemacht, ohne ihrem Retter zu danken.

Wann haben Sie zuletzt Gutes aus Gottes Hand empfangen und sind danach zur Tagesordnung übergegangen?

- Ausgerechnet der „Fremde", von dem man es am wenigsten erwarten konnte, kehrt dankbar zurück. So „ehrt" er Gott, in dessen Namen Jesus wirkt. **Erst im Danken wird die Heilung komplett.** Nicht nur der gesundheitliche Schaden ist behoben, sondern auch das Innere des Menschen richtet sich neu auf Gott aus.
- V 19: **Nur wer am Ende „glaubt", dem ist wahrhaft geholfen.**

● V 20f: Diesmal eine ehrliche Frage der Pharisäer, die bis heute hitzige Diskussionen auslöst: **Wann kommt das Reich Gottes? Die Antwort von Jesus verblüfft: In seiner Person richtet Gott seine Herrschaft bereits hier und jetzt auf.** Das Reich Gottes ist also bereits gegenwärtig. Es ist nicht territorial abgrenzbar (wie „Deutsches Reich"), sondern ist ein unsichtbares Wirkungsfeld „mitten unter euch", nämlich in der Person Jesu (und nicht „inwendig in euch", wie Luther übersetzte).

● V 22-25: „Das Reich und sein Kommen müssen vom Menschensohn und seiner eschatologischen Ankunft unterschieden werden" (Francois Bovon). Das wird im Gespräch zwischen Jesus und seinen Jüngern erkennbar. **Bevor das Gottesreich für alle sichtbar in seiner Macht zutage tritt, geht ihm eine Zeit der Bedrängnis und des Erschreckens voraus.** Verführer locken auf falsche Fährten. Jesus, der „Menschensohn", wird verworfen werden.

● V 26-30: Jesus beschreibt das gesellschaftliche Klima der Zeiten von Noah und Lot, um das Treiben der Menschen zu charakterisieren. **Sie leben in den Tag hinein, als ob nicht das völlig überraschende und endgültige Kommen Jesu bevorstünde.** Aber wohl dem, der sich darauf einstellt und seine Rettung nicht verspielt, wie es Lots Frau getan hat!

● V 31-36: Wenn Jesus kommt, treten die bis dahin unsichtbaren Unterschiede zutage. Es wird Gerettete und Verlorene geben. **Plötzlich und unverhofft kommt es zu einer großen Scheidung, die sich auch mitten durch Familien ziehen wird.** Dabei kommt ans Licht, wer zu Jesus gehört und wer nicht. Wann wird das wohl sein? Hier lohnt es sich, auf **Augustinus** zu hören: **„Gott hat uns den einen Tag verborgen, damit wir achthaben auf alle Tage."**

● V 37: Die erschreckte Frage der Jünger nach dem „Wo" des Geschehens beantwortet Jesus mit einem für uns nur schwer begreifbaren Sprichwort. **Der Ort der Zurückgelassenen ist eine Stätte des Todes.**

Gebet um Bewahrung

- König David erlebt **massive Anfeindungen.** Bei den in V 9 genannten Feinden handelt es sich um Angeber, Übeltäter, Lügner, Verleumder, um blutgierige und falsche Menschen (V 5-7). Sie spielen falsches Spiel, lügen und betrügen (V 10-11).
- **David weiß, dass Gottlosigkeit und Bosheit vor Gott keinen Bestand haben** (V 5) und dass Gott das Böse ahndet (V 6-7). Er weiß, dass Gott sogar selbst unter der Bosheit leidet, denn sie wendet sich nicht nur gegen David, sondern zugleich auch gegen Gott (V 11). Deshalb wendet sich David an Gott. Er rächt sich nicht selbst, er bittet Gott, sich zwischen ihn und die Feinde zu stellen und für Gerechtigkeit zu sorgen.
- Wie **David betet,** schildert uns V 2-4. Er betet nicht nur, nein, er seufzt und schreit zu Gott – schon früh am Morgen. David sucht das Heiligtum auf und wirft sich in Ehrfurcht vor Gott nieder, und im Gottesdienst wird ihm bewusst, dass es Gottes Güte und Gnade sind, die ihm einen Weg zur Anbetung eröffnen (V 12). Sein Gebet ist also auf der einen Seite geprägt vom tiefen Vertrauen auf die Gerechtigkeit Gottes und sein helfendes Eingreifen, andererseits aber auch von Ehrfurcht gegenüber dem großen und lebendigen Gott. David, der große König Israels, nennt Gott daher seinen König und Gott (V 3).
- Was konkret erwartet David von Gott? **Er hofft darauf, dass Gott ihn schützt und bewahrt,** ihn trotz der Intrigen, die gegen ihn laufen, fröhlich leben lässt (V 12), ihn leitet, führt und ihm den Weg ebnet (V 9). Diese Hoffnung ist begründet, denn Gott segnet die Gerechten und stellt sie unter seinen Schutz (V 13).

Erlebe ich eine persönliche Situation der Anfeindung? Dann kann ich Gott um Hilfe und Schutz bitten und um sein konkretes Eingreifen, dass er die Lage wendet.

● V 1: Mit einer Beispielgeschichte macht Jesus seinen Jüngern **Mut, beharrlich und erwartungsvoll zu beten.** Immerhin ist Beten ein wesentliches Grundelement unseres Glaubens.

● V 2f: **Der Richter ist** nicht nur gottlos und selbstsüchtig, sondern verhält sich auch **ungehemmt rücksichtslos.** Ein Machtmensch, wie er im Buche steht! Leider ist die arme Witwe auf seine Hilfe angewiesen, hat sie doch unter einem „Widersacher" zu leiden. Der Rechtsfall wird nicht näher geschildert. Das Verb „kam" sagt hier im Urtext aus, dass sie wiederholt zum Richter gekommen ist, leider jedes Mal vergeblich.

● V 4f: **Der Richter schiebt ihren Fall auf die lange Bank.** In einem Selbstgespräch tritt seine Skrupellosigkeit zutage. Nicht das Recht, das er durchzusetzen hat, steht für ihn im Vordergrund, sondern sein Wohlergehen. Die Frau könnte das gefährden, indem sie ihm „unter das Auge schlägt" (so wörtlich; im Sinne von „sein Ansehen schädigt"). Also gibt er ihr recht!

● V 6: Jesus, der „Herr", fordert seine Jünger auf, sich den Richter und sein Verhalten genau zu betrachten. Die Schlussfolgerung liegt auf der Hand:

● V 7f: **Wenn schon der unverschämte Richter auf das Verlangen der Frau eingeht, wie viel mehr wird Gott das tun, wenn seine Gläubigen zu ihm beten!** „Die bittende Witwe im Gleichnis wird zum Bild der bedrängten Gemeinde" (Wolfgang Wiefel). Sie steht für alle, die mit ihrem Anliegen zu Gott kommen und von ihm Hilfe erwarten. **Kein Gebet geht ins Leere!** Es ist die Absicht des Menschensohns, Glauben zu „finden". **Was den Gläubigen endgültig Recht verschafft, ist die Wiederkunft des Menschensohns Jesus am Ende der Zeit.** Die Frage, ob er wohl Glauben finden wird, bleibt offen.

Welche Erfahrungen haben Sie mit Ihren Gebetsanliegen gemacht, die Sie wiederholt vor Gott gebracht haben?

● V 9-12: Jesus hat Menschen vor sich, die von ihrem Glauben und ihrer Moral hoch überzeugt sind. Leider gepaart mit der Verachtung derer, die ein solches Maß an Frömmigkeit und Tugend nicht aufweisen können. **Jesus stellt zwei völlig gegensätzliche Personen gegenüber.** Beide suchen den Tempel auf, so weit die Übereinstimmung. Der Pharisäer als honorige Persönlichkeit betet separat. Sein Dankgebet ist ehrlich. Seine mustergültige Frömmigkeit unterstreicht er mit der Nennung solcher Personen, die ihm nicht entfernt das Wasser reichen können. Dazu gehört auch der Zöllner. Sich mit ihm zu vergleichen, tut seiner Frömmigkeit wohl. Ausführlich beschreibt er sein musterhaftes Verhalten. Dabei stimmt jedes Wort!

● V 13f: Damit kann der Zöllner nicht mithalten. Er arbeitet mit der verhassten römischen Besatzungsmacht zusammen. Im Tempel steht er deshalb abseits. Er wagt nicht, seine Augen zu erheben, sondern „schlägt an seine Brust" als Zeichen seiner Reue. Er kann Gott nur mit wenigen Worten um Gnade bitten. Mit dem einleitenden „Ich aber sage euch" setzt Jesus einen starken Akzent. **Während der Pharisäer auf sich und seine tugendhafte Lebensführung setzt, rechnet der Zöllner allein mit Gottes Barmherzigkeit. Er geht „gerechtfertigt", d. h. freigesprochen, nach Hause zurück.**

● V 15f: In der römischen Gesellschaft konnte mit Kindern nach Belieben umgegangen werden, bis hin zur Aussetzung und Tötung von Neugeborenen. Anders in Israel, auch wenn Kindern bis zum 12. Lebensjahr keine besondere Beachtung geschenkt wurde. Jesus wendet ihnen, den „Säuglingen" bzw. „Kleinkindern" (so im Urtext), jedoch liebevolle Aufmerksamkeit zu.

● V 17: Kinder können sich ganz selbstverständlich beschenken lassen, ohne zu fragen, ob sie es verdient haben. **Genau das ist der Vergleichspunkt: Auch als Erwachsene werden wir nur dann ins Reich Gottes kommen, wenn wir es uns von Gott schenken lassen.**

● V 18f: Die Szene wechselt. Ein Mitglied des Synedriums bzw. ein Synagogenvorsteher stellt Jesus **die Frage nach dem „ewigen Leben", d. h. der unzerstörbaren Gemeinschaft mit Gott.** In der Frage schwingt **ein innerer Widerspruch** zwischen dem „Was muss ich tun?" und der Formulierung vom „Ererben" mit. Beides schließt sich aus. Für ein Erbe muss bzw. kann ich nichts tun.

● V 20-23: Jesus verweist auf **das schlichte Einhalten der Gebote** und listet einige auf. Der Mann ist überzeugt, alle gehalten zu haben. Damit lässt er Jesus zunächst einmal ins Leere laufen. Doch mit der Forderung, seinen Besitz zu verkaufen und den Erlös den Armen zu spenden, **hat Jesus „unseren Mann an seiner Achillesferse getroffen"** (Francois Bovon). Der reagiert jedoch nicht empört, sondern **„traurig". Er ist nicht bereit, die Herausforderung anzunehmen, vor die Jesus ihn stellt.**

● V 24-27: **Ein paradoxes Bild,** das in der Auslegungsgeschichte immer neue Interpretationen ausgelöst hat. Eine davon: So wie es für das größte Tier (Kamel) unmöglich ist, durch die kleinste Öffnung (Nadelöhr) zu gehen, so scheint es unmöglich zu sein, dass ein Reicher ins Reich Gottes kommt. Aus dem Vermögen Gottes heraus aber muss das nicht so sein. Das zeigt das Beispiel wohlhabender Christen, die großzügig ihr Vermögen für wohltätige Zwecke einsetzen.

● V 28-30: Die Jünger haben ihre Berufe und Familien verlassen und hoffen nun, dass ihnen dieser Verzicht belohnt wird. Jesus weist das nicht als ungebührliche Erwartung ab, sondern zeigt die Perspektive auf, unter der seine Jünger schon jetzt leben. Bereits im jetzigen Leben und erst recht in Gottes Ewigkeit wird ihnen reichlich vergolten. **Bei Jesus kommt keiner zu kurz.**

Denken Sie bitte nach: Was haben Sie persönlich durch Ihren Glauben an Jesus Christus schon jetzt „gewonnen"?

Der Prophet Hesekiel

- Hesekiel ist wie sein **Zeitgenosse Jeremia** Priestersohn. Er wirkt nicht wie Jeremia in Jerusalem, sondern im babylonischen Exil (593–571 v.Chr.). Er gehört zur ersten Gruppe, die **597 ins Exil deportiert** und am Fluss Kebar angesiedelt wird. Aus der Ferne erlebt er die Eroberung Jerusalems, die **Zerstörung des Tempels** und das Ende des Königtums 587 mit. Hesekiel ist stark vom priesterlichen Denken und vom Tempelkult geprägt. Gottes Heiligkeit, seine Herrlichkeit ist sein Thema. Es ist furchtbar für ihn, in einem heidnischen Land zu leben, wo nach seinem Denken Gott nicht sein kann. Aber er muss umdenken, als er 593 in der Fremde (!) zum Propheten und „Wächter über das Haus Israel" (3,17) berufen wird (2,1–3,21); er muss lernen, dass Gott nicht an Jerusalem gebunden ist, die „Herrlichkeit Gottes" sogar den Tempel verlässt (10,18f; 11,22f), dass Gott frei ist, auch mitten in einem heidnischen Land unter heidnischen Götzen anwesend und wirksam zu sein.
- Das Hesekiel-Buch ist in drei Teile gegliedert:

→ **Gerichtsworte über Juda und Jerusalem** (Kap. 1–24),
→ **Gerichtsworte über die Völker** (Kap. 25–32),
→ **Heilsworte über Israel** (Kap. 33–48).

- Bei Hesekiel fehlen weitgehend kurze Einzelworte, dafür schildert er häufig umfangreiche Visionen: Kap. 1–3; 8–11; 37; 40–48. Ausgedehnte Bildreden (Kap. 15; 17; 19) und ausführliche, düstere Geschichtsrückblicke (Kap. 16; 20; 23) kennzeichnen sein Reden. Anders als bei Jeremia wirkt seine Sprache kühl, er ist oft mehr Lehrer, Theologe als Prophet.

Hesekiel wird angeredet mit „Du Menschenkind". Vermutlich soll so trotz aller göttlichen Beauftragung deutlich der Unterschied zwischen Gott und Mensch betont werden. Israel wird durch die Anrede „Haus des Widerspruchs" (allein viermal in 2,5-8) in seiner Grundhaltung gegenüber Gott gekennzeichnet. – Ca. achtzigmal begegnet uns die Redewendung: „Ihr sollt erfahren, dass ich der HERR bin!" (z.B. Kap. 6,7). An seinem Geschichtshandeln soll erkannt werden, dass Jahwe allein der Herr ist, dass er sich Israel versprochen hat und trotz aller Widerspenstigkeit und allen

Gerichtsereignissen zu seinem Bund steht und einen Neuanfang setzen wird. Im Unterschied zu Jeremia u. a. werden in den Gerichtsworten weniger soziale Vergehen angeprangert als vielmehr der Götzendienst im (!) Tempel (Kap. 8), das pure Eigeninteresse der „Hirten Israels" (Kap. 34), das Vertrauen auf Bündnisse mit den Großmächten (Kap. 17 + 23). Hesekiel redet häufig den Einzelnen an, der umkehren soll, denn jeder ist für seine Zukunft selbst verantwortlich (3,17ff; 33,1ff). Keiner kann sich hinter dem Tun des Volkes verstecken.

● Jeremia hatte einen „Neuen Bund" Gottes mit Israel angekündigt, in dem das Gesetz in die Herzen der Menschen eingepflanzt ist (31,31-34). Hesekiel bestätigt diesen Neuanfang Gottes und überbietet ihn teilweise. In Kap. 36 + 37 wird die Heimkehr der Gefangenen und die Wiedervereinigung vom Nord- und Südreich angekündigt. Gott verheißt für den Neubeginn „ein anderes Herz und einen neuen Geist" (11,19f; 36,25-27), der befähigt, „in meinen Geboten zu wandeln". Hesekiel sieht, wie das Volk, das einem Feld von Totengebeinen gleicht, durch Gottes Odem zu neuem Leben erweckt wird, weil eine völlige Neuschöpfung des Volkes nötig ist (Kap. 37). Er kündigt den Bau eines neuen Tempels (Kap. 40–48) an, in den Gottes Herrlichkeit wieder einziehen wird (43,1-12), und er benennt als Gottes großes Ziel, dass „sein Name unter den Heiden geheiligt wird" (36,21-25.35f).

- Ein Sturm von Norden (V 4) verheißt nichts Gutes: Sturm bringt oft Zerstörung (vgl. Jer 23,19), und von Norden her ziehen feindliche Heere ins Land, so z. B. Nebukadnezar (vgl. Jer 25,1), der schon einen Teil der Führungselite nach Babylon gebracht hatte (V 2). Aus dem Sturm spricht Gott mit Hiob (vgl. Hiob 38,1). In den ersten Versen des Hesekielbuchs kommt wohl beides zusammen: **das Bedrohliche und das Persönliche einer Begegnung mit dem Gott Israels.**
- Die (persönliche) Begegnung mit Gott bewegt Hesekiel sehr. Er muss nach Worten ringen, wie er das beschreiben soll. In unseren Versen finden wir immer wieder das Wort „wie". Menschliche Worte sind zu wenig und zu klein, um das zu erfassen, von dem Hesekiel spricht. Es ist unfassbar, dem Gott Israels zu begegnen. **Ist mein Leben von dieser Unfassbarkeit geprägt?**
- Es ist **persönlich,** weil Hesekiel in diese Begegnung hineingezogen wird, weil Aussehen, Gestalt, Augen und Angesicht hier immer wieder zur Sprache kommen. Es hat aber auch etwas Bedrohliches, insbesondere wenn Menschen Gott ignorieren oder in eine Schublade stecken oder für ihre Zwecke einspannen (wollen). Die Unverfügbarkeit Gottes wird in wiederkehrenden Formulierungen sichtbar (V 9; 12; 17) und insbesondere in der Aussage „wohin der Geist sie trieb" (V 20). Gott lässt sich nicht einfangen und für meine Ziele gebrauchen. Unbeirrbar vollzieht sich die Bewegung vor Hesekiels Augen, vor unseren Augen. Ja, vieles ist in Bewegung, aber eben nicht so, wie Menschen sich das denken, sondern „wohin der Geist sie trieb". **Machen mein Leben und meine Haltung die Unverfügbarkeit Gottes greifbar, mein Denken und Reden von Gott diese Unfassbarkeit sichtbar?** Beziehung lebt davon, dass ich weiß, wer ich bin und wer mein Gegenüber ist. Das gilt für menschliche Beziehungen und für meine Beziehung zu Gott, der persönlich, unfassbar *und* unverfügbar ist.

● **Hesekiel ringt um Worte**. Seine Vergleiche versuchen, das, was er sieht und erlebt, mit etwas Vertrautem zu verbinden, aber mit jeder Zeile wird deutlich, dass er etwas Unbeschreibliches erlebt. Diese persönliche Begegnung mit Gott rückt Hesekiel ganz nahe, er kann sich nicht wehren, und das ist überwältigend. Wenn man das erste Kapitel mehrfach laut liest, erahnt man etwas von dieser überwältigenden, faszinierenden Nähe, die Hesekiel immer mehr in Beschlag nimmt.

● **Bis V 22 waren vor allem Hesekiels Augen gefordert, nun kommen seine Ohren hinzu** (V 24-25). Die Begegnung nimmt mehr Sinne in Beschlag. Auch erinnern einige Beschreibungen an vertraute Bilder und Geschichten: Das Gewölbe verweist auf 1Mose 1, der Saphir erinnert an die Begegnung mit Gott am Sinai (2Mose 24,10) bzw. an die Stiftshütte (2Mose 28,18) und der Regenbogen an Gottes Gericht bei der Sintflut und das daran anschließende Versprechen. Es ist also nicht nur das Sehen und Hören, das bei Hesekiel „aktiviert" wird. Seine Begegnung mit Gott verbindet sich mit Gottes Geschichte mit dem Volk Israel; Hesekiels Begegnung wird Teil einer größeren Geschichte. **Eine Begegnung mit Gott stellt ihn in eine größere Geschichte, weil es derselbe Gott ist, weil seine Zuwendung so treu und geduldig und so leidenschaftlich ist.**

Hesekiel erlebt eine überwältigende Nähe Gottes. Gleichzeitig unterstreichen die ständigen Vergleiche „wie" eine Distanz. Überhaupt ist in den ersten gut zwanzig Versen ja vor allem von den lebenden Wesen die Rede. Mit V 22 gehen Hesekiels Blicke über die Wesen hinaus nach oben. Wenn er nun eigentlich von Gott reden sollte, dann ist von Gottes Herrlichkeit die Rede, dann hört die Beschreibung auf. Sie hört aber nicht auf, bevor Hesekiel diese Spannung und Nähe faszinierend zusammenfasst (V 28): „Das war das Aussehen des Abbildes der Herrlichkeit des HERRN" (ELB). **Da kann man nur auf die Knie gehen.**

● Die Begegnung ist persönlich, beeindruckend und bringt Hesekiel auf seine Knie – aber **so** will Gott nicht mit Hesekiel sprechen. Hesekiel soll erst einmal auf seinen Beinen stehen. Es ist kein Reden auf Augenhöhe (nach Kap. 1!). Aber Gott möchte Hesekiel nicht mundtot machen. **Das bekomme ich oft nicht zusammen: persönlich vertraut** und **doch größer, anders und überwältigend.** Ich bin so leicht versucht, nur an eine der beiden Seiten zu denken, wenn von Gott die Rede ist. **Gott ist aber beides!**

● **Die Gottesbegegnung ist ein wichtiger Schritt in der Befähigung für seinen Dienst, für sein Leben und Reden.** Vers 6 lebt von der Begegnung in Kap. 1. Die Furcht vor Menschen und ihrem „Angesicht" soll nicht Hesekiels Leben prägen, sondern dass er vor Gott steht, soll die Weichen stellen. Hesekiel ist ein Angesprochener, deswegen kann er sprechen, auch wenn er auf massiven Widerstand stoßen wird.

● Mit V 6-7 geht es noch einen Schritt weiter, weil der bevorstehende Widerstand etwas sichtbar macht: **So wie sie sich gegenüber Hesekiel verhalten, so stehen sie zu Gott.** Hesekiel soll die Widerspenstigkeit des Volkes gegenüber Gott am eigenen Leib durchleben. Damit wird der Ungehorsam noch einmal für Menschen sichtbar, für ihn *und* für sein Umfeld *und* für das Volk. Das ist ein Ausdruck von Gottes Geduld und Zuwendung, aber für Hesekiel echt herausfordernd. Hesekiel soll nicht weniger als ein Gegenbeispiel sein (V 8); er soll nicht so reagieren, wie das Volk es tut. Manchmal macht der Widerstand, den wir erleben, wenn wir von Gott reden, sichtbar, wie Menschen zu Gott stehen. **Da geht es nicht um uns, sondern um ihre Haltung gegenüber Gott.**

● Mit V 9-10 wird die Botschaft im wahrsten Sinne des Wortes vor Hesekiel ausgebreitet, vorne und hinten. Das ist eine Menge. Die drei Worte sind selten und verheißen nichts Gutes. **Die Seltenheit lässt etwas Unklarheit zurück ... die Richtung ist aber klar.**

● Dieser Psalm – das Tor zum Psalter – ist ein Weisheitstext, der die **Bedeutung der Tora** thematisiert („Gesetz des HERRN", V 2) und damit eine Brücke des Psalters zu den Mosebüchern („Tora, Weisung") schlägt. Der Psalter wird daher auch David-Tora genannt.

● Der letzte Vers fasst den Inhalt zusammen, dass der **Lebensweg des Gerechten** vor Gott Bestand hat, der des **Gottlosen** jedoch nicht. Was nun zeichnet die beiden Personengruppen aus?

→ Der Gerechte kann **zu falschem Handeln Nein sagen,** er kann sich abgrenzen, er beweist Rückgrat (V 1). Der Gottlose hingegen macht einfach überall mit. Die Verbfolge im Hebräischen ist hier **gehen**, **stehen**, **sitzen,** was zeigt: Ein solches Leben kommt immer mehr zum Stillstand.

→ Der Gerechte **liebt Gottes Wort**, es ist ihm wichtig, er lebt damit und kennt es (V 2). Für das deutsche Wort „nachsinnen" steht im Hebräischen das Verb *hagah*, „murmeln". Hier werden also auswendig gelernte Bibeltexte repetiert.

→ **Durch das Wort Gottes kommt das Leben zum Erblühen** und trägt Frucht (V 3). Die Wasserbäche sind eigentlich Wasserkanäle. Der Text betont damit, dass hier künstlich angelegte Kanäle Wasser zur ständigen Versorgung herbeiführen. So sollen auch wir Gottes Wort als lebendige Quelle anzapfen und uns von ihm dauerhaft versorgen lassen.

→ Das Leben des Gerechten wird im **Bild des blühenden Baums** als standfest und stabil gekennzeichnet. Das Leben des Gottlosen hingegen verweht wie Spelzen und Grannen beim Dreschen. Das ist ein Gerichtsbild. Wer sich nicht an Gott hält, dessen Leben ist nicht gewichtig.

✎ *Manchmal verläuft die Grenze zwischen dem Gerechten und dem Gottlosen nicht außerhalb von uns, sondern befindet sich mitten in uns. Wo muss ich nachjustieren, um wieder ganz auf den „Weg der Gerechten" zu gelangen?*

● Hesekiel hat die Worte Gottes aufgenommen und verinnerlicht (V 3). Es verheißt nichts Gutes (2,10) und schmeckt doch süß. Vielleicht macht es dieser Geschmack auch nur möglich, zu verdauen, was vor Hesekiel liegt. Wildfremde Leute, Menschen, die weit weg von Israel sind, würden seinem Auftreten mehr Beachtung schenken, als seine Leute es tun (V 5-6). Mehr noch: Die Ablehnung in Kap. 2,4 hat sich in 3,7 gesteigert: Sie haben „harte Köpfe und verstockte Herzen". **Würde ich mich auf solch eine Aufgabe einlassen? Wäre ich bereit, unter diesen Bedingungen zu Gottes Botschaft zu stehen und die Ablehnung am eigenen Leib zu erleben?**
● Hesekiel hat die volle Rückendeckung Gottes. Hinter seiner Rede steht Gottes Autorität. Aber Autorität bedeutet eben nicht Macht. Hesekiel kann das Volk nicht dazu bringen, anders zu reagieren und auf Gott zu hören. Volle Rückendeckung, aber keinerlei Handhabe, etwas Gutes zu bewirken. Das frustriert mich schon, wenn ich es nur lese ... **wenn ich Ähnliches wie Hesekiel erlebe und durchbuchstabieren muss – bin ich dazu bereit?**
● Hesekiels „Ausrüstung" entspricht dem Widerstand des Volkes. Er kann ihm widerstehen, aber er ist *nicht* überlegen, kann sich nicht durchsetzen. Hesekiel und das Volk stehen sich gegenüber (V 8-9), schauen sich gewissermaßen in die Augen, und keine Seite bewegt sich auch nur einen Zentimeter. Kein Wunder, dass Gott Hesekiel ein weiteres „Hab keine Angst" zurufen muss. Die Beschreibung von dem, was bevorsteht, wirkt nicht einladend. Der Weg Hesekiels, sein Dienst, wird nicht von Menschen und ihren Rückmeldungen motiviert. Vielmehr wird sein Dienst von einer Begegnung mit Gott (Kap. 1) und von einem Gespräch mit Gott (Kap. 2,1ff) getragen. **Das macht mich schon nachdenklich ... wovon ist mein Einsatz, meine Hingabe und Leidenschaft getragen? Was macht es mit mir, wenn es keine positiven Rückmeldungen gibt?**

● Bisher drehte sich in Kap. 2–3 alles um die Widerspenstigkeit des Volkes. Nun steht wieder die überwältigende Erfahrung Hesekiels vor Augen (V 12-13). Somit rahmt die Begegnung Gottes mit Hesekiel diese Widerspenstigkeit ein; **Gott hat mit Hesekiel das erste Wort (des Buches) und das letzte Wort.** Aller Widerstand ändert nichts daran – und Hesekiel braucht scheinbar noch eine Weile, um das alles zu verarbeiten. Der Geist Gottes tritt auf und bewegt Hesekiel, aber Hesekiels Geist kommt nicht hinterher. Hesekiel ist innerlich aufgewühlt und verstört (V 14) und wie „betäubt" (V 15, ELB). Kein Wunder bei dem, **wer** vor ihm steht und **was** vor ihm steht. Beides übersteigt Hesekiels Möglichkeiten und Fähigkeiten. Deswegen steht die Frage durchaus im Raum, wer hier die Kontrolle übernimmt oder behält: **Gottes Geist** (V 12-14) **oder der Widerstand des Volkes?**

● Hesekiel ist im doppelten Sinn „mitgenommen" (V 15). Er hat als Prophet erst einmal gar nichts im Griff – im besten Fall hat Gott ihn im Griff, aber gerade das macht erst einmal sprachlos.

● Mit der Wächterrolle in V 17-21 wird deutlich, dass jedes Wort enormes Gewicht hat. Jedes Wort hat das Potenzial, ein Wort zum Leben zu sein, und ein Wort, das Weichen stellt; so beiläufig es auch gesprochen sein mag. **Bin ich mir dieser Bedeutung immer wieder bewusst? Gehe ich entsprechend achtsam und ernsthaft mit meinen Worten um?**

● Die Aufgabe eines Wächters wird gut in Hes 33,1-7 beschrieben. Dort wird dann auch deutlich, dass das Wächteramt viel mit der Gefahr zu tun hat, die heraufzieht, mit einer Gefahr, die akut vor den Toren der Stadt steht. Ein Wächter warnt, wenn die Gefahr unmittelbar heranrückt. Seine Worte sind Worte auf Leben und Tod. Es ist seine Pflicht, zu warnen. Daran muss er sich messen lassen. **Für die Reaktion der Gewarnten ist er nicht verantwortlich** (vgl. die Einleitung in 33,1f!).

• Lesen Sie noch einmal die folgenden Verse: Kap. 1,28–2,1; 3,14-15 und dann noch einmal 3,22-24. Hier wird eine Geschichte der **Befähigung zu einer schier unmöglichen Aufgabe** erzählt. Gott überwältigt Hesekiel, tritt übermächtig in sein Leben, nimmt ihn in Beschlag. Gleichzeitig führt er ihn Schritt für Schritt in die Aufgabe hinein, will mit ihm ins Gespräch kommen (vgl. 2,1; 3,22 und 3,24). Und er erwartet die **nötigen Schritte** von Hesekiel. Er muss ein volles „Ja" zu dem Weg finden, der vor ihm liegt. Erst dann spricht Gott mit ihm und beschreibt, was jetzt als Nächstes vor ihm liegt (V 24-27). Einerseits bringt Gott ihn auf atemberaubende Weise an einen anderen Ort (3,14-15). Andererseits soll Hesekiel seine Schritte gehen (3,22). **Beides hat seinen Platz in Gottes Geschichte mit Menschen und auch in meinem Leben. Schlicht und ergreifend, weil Gott uns in seine Geschichte mit hineinnehmen will. Wir dürfen und sollen Teil davon sein. Was für ein Privileg!**

• Ich kann (und muss) nicht warten, bis Gott alles tut, aber meine Schritte erhalten ihre Bedeutung nicht, weil *ich* sie gehe, sondern weil ich sie *in Gottes Geschichte* gehe. Das scheint Gott Hesekiel auch einprägen zu wollen. Es hängt nicht alles an mir, doch es geht nicht ohne mich. **Es ist so leicht, nur die eine Hälfte dieser Gedanken zu leben und zu denken ...**

• Seine Schritte bringen ihn dorthin, wo Gott überwältigend und einprägsam in sein Leben trat (V 23, vgl. 1,1). Gott stellt ihn auf die Beine (vgl. 2,1). Die Erinnerung an die Begegnung mit der Herrlichkeit Gottes zieht sich durch diese Kapitel (vgl. auch 3,12f).

• Die Wächteraufgabe und die Aussagen in V 26-27 unterstreichen die außergewöhnliche und herausfordernde Situation, in die Hesekiel hineingestellt ist. Hesekiel soll genau hinhören und die Gelegenheiten zum Reden nutzen. Zeiten des Schweigens werden kommen. **Er soll aufmerksam im Hier und Jetzt sein.**

● **Es kommt … es kommt … es kommt …** – Da ist nichts mehr zu ändern. Diese eindringliche Wiederholung lässt uns erahnen, wie hart die Mauer ist, auf die Hesekiel mit seiner Rede trifft. Das Ende kommt (V 2). Eine Zeit geht zu Ende. Es wird nicht mehr so werden, wie es war. Mit dem Exil verliert Israel Gaben Gottes, die mit dem Auszug aus Ägypten verbunden waren: Die Gegenwart Gottes im Heiligtum (vgl. 2Mose 29,43-46) und die Kontrolle über das verheißene Land. Außerdem verlieren sie einen König in der davidischen Linie auf dem Thron. **Kein Wunder, dass so eindrücklich von einem Ende die Rede ist.**

● Das ist ein tiefer Einschnitt. Zwei Gedanken erschüttern außerdem in Kap. 7:

→ Die bevorstehende Katastrophe entspricht dem Leben des Volkes (V 4 + 9). Ihre Entscheidungen, ihre Haltungen, ihr Leben wirken sich unter ihnen und an ihnen aus. Etwas zugespitzt kann man sagen, dass Gott sich keine Gerichte oder Strafen „ausdenken" oder „überlegen" muss. **Er lässt „einfach" kommen, lässt werden, was dem Leben und ihren Handlungen entspricht.** Das bringt auch der zweite erschütternde Gedanke zum Ausdruck.

→ Gott wendet sich vom Volk ab (V 22). Er schaut sie nicht mehr freundlich an. Gott gibt das Volk dahin, hat kein Mitleid (mehr), kein Erbarmen. Dieser Anfang von V 4 fasst auch Jahre, Jahrzehnte, ja, Jahrhunderte der Geduld, des Erbarmens, des Mitleids Gottes zusammen. Davon hat das Volk so lange gelebt, ohne dass sich etwas änderte. Sie schlugen keine neue Richtung ein, sie liefen einfach weiter, jetzt lässt Gott sie laufen. Das ist die erschreckende „Strafe". Gott lässt sie erleben, **was** sie leben, **wie** sie leben und **wie** sie mit sich und anderen **umgehen**.

● Hes 8,2 erinnert an Kap. 1,27, knüpft auch an den Beginn der Beschreibung der Herrlichkeit Gottes in 1,4 an. Irgendwie richtet sich der Blick aber stärker auf die Gestalt bzw. das Aussehen. Die meisten Übersetzungen sprechen von der Gestalt eines Menschen. Davon war in Kap. 1 nicht die Rede, aber ein Mensch spielt in den ersten Abschnitten der Schlusskapitel eine wichtige Rolle (ab Kap. 40,3). Ein Mensch, der Hesekiel durch den Tempel und das Land führt. Diese Kapitel (Hes 1; 8–11; 40–48, v.a. 43,1-5) erzählen eine große Geschichte im Hesekielbuch: **Wie die Herrlichkeit Gottes den Tempel verlassen hat, so wird sie wiederkommen.**

● Hesekiel bekommt einen Einblick, was Priester und Älteste im Tempel tun, wie sie auf die Gegenwart der Herrlichkeit des Herrn antworten. Was er zu sehen bekommt, ist erschütternd: In der „Wohnung" Gottes richten sie den Blick auf andere Götter, auf Götzen. Kein Wunder, dass dann von Eifersucht oder Gräuel die Rede ist. Gott, der „Hausherr", wird zum Statisten degradiert, wenn überhaupt noch wahrgenommen. Da ist nicht einmal ein Hauch von Respekt, keine Ehrfurcht oder Dankbarkeit. **Mir läuft es eiskalt den Rücken hinunter ... wie oft degradiere ich Gott zum Statisten in meinem Leben?**

● Das Leben der Verantwortlichen ignoriert Gottes Anwesenheit. Es ist, als wäre jemand beim Chef zum Abendessen eingeladen. Er schaut sich nicht nur alles an, sondern geht an Schränke und fängt an, die Wohnung nach seinem Geschmack einzurichten, während der Hausherr anwesend ist. Er lebt und agiert, als ob der Hausherr nicht da wäre. Da überrascht V 6 nicht: „um mich aus meinem Heiligtum zu vertreiben."

● Das sind keine Einzelaktionen. Das sind 70 Älteste, Vertreter des Volkes, prägende Leute. 70? Da gab es auch andere Zeiten, in denen 70 Älteste mit den Priestern in die Gegenwart Gottes traten und dort gemeinsam gegessen haben (2Mose 24,9-17) ... lang ist es her!

● Die Aussage in V 12 ist erschütternd – und menschlich irgendwie verständlich. Wie kann Gott so etwas zulassen? Das Leben in Juda erweckte nicht den Eindruck, als würde Gott auf das Volk achten und eingreifen. Offensichtlich hat Gott uns verlassen – das ist eine menschliche Schlussfolgerung. **Wie leicht schießen mir solche Gedanken durch den Kopf, wenn Schwierigkeiten sich in den Weg stellen oder ich etwas Wertvolles loslassen muss ...**

● Die Ältesten müssen in diesem Moment Verantwortung übernehmen – so würden wir wohl auch denken. Vielleicht können ja andere Götter etwas bewegen. Da muss man doch etwas machen ... Es sind aber nicht nur die Ältesten beteiligt. Der Götzendienst hat um sich gegriffen und nun auch den Tempel erreicht. Erschütternd und bemerkenswert ist dabei Gottes Reaktion, wenn man V 18 liest: Gott stellt Trauer und Mitleid ein. **Das** hat das Volk und die Stadt (bisher) vor Schlimmerem bewahrt. **Diesen Gedanken scheint niemand zu haben. Warum kommt mir der Gedanke so selten ...?**

● Lesen Sie noch einmal V 12 und V 18. Was für ein Kontrast! Da steht Gottes Deutung gegen die seines Volkes. Sie können erklären, wer Gott ist und was er (nicht) tut, lassen ihn aber nicht mehr in ihr Leben hineinsprechen. Und sie merken es nicht ...

● Nun stellt Gott das Mitleid ein und lässt geschehen, was die Ältesten bereits in V 12 sagen: **Gott ist untätig, zieht sich zurück.** Ihre eigene Welterklärung kommt über sie. Ihre Deutung wird ihre Wirklichkeit. Die Katastrophe bricht herein. So spüren sie Gottes Zorn (V 18). Die Herrlichkeit Gottes verlässt den Tempel; Stadt und Tempel werden zerstört. Aber wenn man Kapitel 9 liest ... dann kann Gott scheinbar Mitleid nicht ganz einstellen oder nur vorübergehend. Menschen, die unter den Zuständen in Juda leiden, sollen verschont werden. Die Katastrophe bricht herein über Stadt und Volk, aber Einzelne ...

● **Wer Vergebung erfährt, ist glückselig zu preisen** (V 1-2). Das wird gleich zweimal betont – mit der gleichen Einleitung wie in den Seligpreisungen der Bergpredigt (Mt 5,3-11). Sünde ist eine mühsame Belastung, Sündenvergebung eine befreiende Erleichterung.

● **Sünde muss ans Licht** (V 3-5). Wenn man sie vor Gott bekennt, dann vergibt er. Als der Beter seine Sünde noch nicht vor Gott bringen wollte, zeigte er psychosomatische Beschwerden: verschmachtende Gebeine und vertrocknender Lebenssaft. Die Bibel kennt die inneren Zusammenhänge zwischen Seele und Körper, die in der modernen Medizin erst in den letzten Jahrzehnten wiederentdeckt worden sind.

● **Gott** wird vom Beter **nicht als Kontrollinstanz** über sündiges Verhalten gesehen, **sondern als Vertrauensperson** (V 6-7). Er ist die richtige Adresse in Angst, er bietet Schutz, er hilft, rettet und macht wieder fröhlich.

● „Hinfallen, aufstehen, Krone richten und weitergehen", so lautet ein bekannter Satz. Nach begangener Sünde können wir allerdings nicht einfach selbst aufstehen und die Krone richten. Das kann nur Gott. Aber **nach Sündenbekenntnis und Vergebung können wir zuversichtlich unseren Weg mit Gott weitergehen**. Er ermutigt (V 8) und ermahnt (V 9) zu einem Leben nach seinem Willen.

● Am Ende stellt der Psalm noch einmal heraus, wie sehr es sich lohnt, mit Gott ins Reine zu kommen und die persönlichen Lebenswege immer wieder mit Gottes Willen zu synchronisieren: **Wer zu Gott gehört, ist von seiner Güte umfangen und hat allen Grund, fröhlich seinen Lebensweg zu gehen** (V 10-11).

Welche Sündenlast möchte ich heute loswerden? Ich kann sie vor Gott bekennen. Und dann gilt: „Wenn wir unsere Sünden bekennen, so ist er (Gott) treu und gerecht, dass er uns unsere Sünden vergibt und uns reinigt …" (1Joh 1,9).

● Als Mitleid und Geduld enden und Gott Wirklichkeit werden lässt, was die Verantwortlichen eh schon gesagt haben, schreit Hesekiel auf (vgl. auch 9,8). Unsere heutigen Verse sind Gottes Antwort auf Hesekiels Aufschrei.

● Gottes Weggang erfolgt hier sehr leise „durch die Hintertür". Die folgende Zerstörung von Tempel und Stadt waren sicherlich ein lauter Knall, aber mehr die Folge von diesem leisen Weggang. Der Knall hatte mehr damit zu tun, dass hier das Tun Judas auf ihren Kopf zurückfiel (V 21), dass sie sich in einer falschen Sicherheit wähnten (V 15) und sogar die bereits Weggeführten als diejenigen ansahen, die das Gericht zu Recht getroffen hatte. **Selten betritt Gott laut und grell die Bühne unserer Aufmerksamkeit und die der Welt; ebenso selten tritt er laut und grell ab.** Die erhaltende und bewahrende Wirkung der Anwesenheit Gottes wird oft verkannt. Sichtbar wird es erst, wenn Gott nicht mehr anwesend ist – wie so oft in unserem Leben … Wir sehen den Wert und Beitrag von Menschen erst, wenn sie nicht mehr sind, schätzen unsere Gesundheit erst, wenn sie gefährdet oder entschwunden ist. **Die Katastrophenmeldung findet sich also eigentlich nicht in Kap. 33,21, sondern hier mit dem stillen Weggang Gottes, was erst später für alle sichtbar wird.**

● Wenn wir das auf uns wirken lassen, bekommen V 17-19 auch noch einmal einen anderen Klang. Im Moment des stillen Rückzugs macht Gott deutlich, dass dies alles nichts an seinem Herzschlag und seiner Vision ändert, dass Menschen in seinen Ordnungen leben. Was für eine Hoffnung, klein und unscheinbar vielleicht, aber vorhanden. Gott hat bereits angefangen und ist ihnen zum Heiligtum geworden. Die Mehrheit dieser Generation kann und will es nicht sehen. Aber das ändert nichts an Gottes Herzschlag und Vision und den kleinen Anfängen. **Wie leicht übersehe und übergehe ich doch die kleinen Anfänge in meinem Leben und im Leben anderer?**

- Was macht Gott hier, was soll Hesekiel hier tun? Es sind Menschen, die nicht sehen und nicht hören. Hesekiel hat sich den Mund fusselig geredet, aber: Sie hören und sehen nicht. Doch bleibt bei alledem ein großes „Vielleicht" (V 3). Die Mehrheit scheint taub und blind zu sein. Da mag sich nichts ändern. Gottes Anliegen ändert sich aber auch nicht, vielleicht geht da doch noch etwas … vielleicht …
- Bisher lag der Schwerpunkt auf dem Hören, aber unsere Verse lenken die Aufmerksamkeit überdeutlich auf das Sehen („vor ihren Augen"). Dinge bleiben leichter in unserem Gedächtnis, wenn wir hören *und* sehen, wenn mehrere Sinne angesprochen sind. Und … da passiert etwas: Menschen stellen eine Frage (V 9). Da ist eine Möglichkeit, eine Tür geht auf, noch einmal hinzuhören und hinzuschauen, aber … es geht nicht weiter in unseren Versen. Hesekiels Zeichenhandlungen sind eine weitere offene Tür, durch die sie nicht hindurchgehen.
- Hesekiel soll diese Handlungen vollziehen, ohne zu wissen, ob und wenn ja, was er dann den Leuten sagen soll. Das sind zwei Schritte. Hesekiel lässt sich darauf ein, tut, was ihm gesagt ist (V 7) … und erst danach (V 8) wird klar, was er zu sagen hat. **Schritt für Schritt – bin ich dazu in meinem Leben, in meinem Leben mit Gott bereit? Muss ich immer wissen, wie sich ein Schritt in das größere Ganze einfügt, um ihn zu gehen? Warum genügt mir eigentlich nicht die Klarheit über den nächsten Schritt?**

Die sogenannte Erkenntnisformel „Sie werden erkennen, dass …" findet sich seit Kap. 2,5 im Hesekielbuch immer wieder. Es ist bemerkenswert, dass sich Gottes Anliegen nicht ändert, bei allem Widerstand und bei aller Ignoranz – und schließlich wird Israel erkennen, wer ihr Gott ist (V 15). Aber nicht nur das. Auch die Menschen, zu denen sie kommen, werden es erkennen (V 16). Selbst dann zieht es Kreise, was an Gottes Volk geschieht …

● Sie hören nicht, sie sehen nicht. Das macht ihr Hier und Jetzt aus. Sie sind festgefahren, die Spuren ihres Lebens und Denkens sind sehr tief. Aus diesen Spuren gibt es scheinbar kein Entkommen. Doch Gott hört nicht auf zu kommunizieren. Auf allen Kanälen versucht er durchzudringen, nun mit einer Beispielgeschichte. Diese Geschichte entführt die Hörer Hesekiels nicht nur aus ihrer Gegenwart in eine zeitlose Geschichte, sondern aus ihrer Gegenwart in ihre Vergangenheit.

● Dieses kleine Wort „niemand" oder „kein Mensch" (V 5) sticht ins Auge. Es will aufrütteln, denn wir haben wieder das Stichwort „Mitleid" (V 5), das uns in den vergangenen Kapiteln immer wieder begegnet ist. Diese Verse erzählen die Geschichte, wo Israel herkommt und wie sie geworden sind. Mitleid war Gottes Beweggrund von Anfang an und trägt Israel noch immer. Die Beschreibung sollte aufrütteln ... **wie kommen sie darauf, dass es ihnen gut oder besser gehen würde, wenn sie in das Meer der anderen (Völker) eintauchen?** Da wird kein Mitleid sein, da war von Anfang an keines. Sie leben noch, weil Gott sich ihnen zugewandt hat und zugewandt blieb.

● Es geht hier aber nicht nur ums Überleben. Das war der Schwerpunkt bis V 7. Die nächsten Verse zeichnen ein Bild von Beschenktwerden, Wertschätzen, Umwerben und Schönheit ... und? ... Israel vergisst, **schaut nicht auf Gott, woher alles kommt, sondern schaut auf sich und behandelt die Geschenke als Besitz, als ein Anrecht,** mit dem sie machen können, was sie wollen. Offensichtlich wissen sie, dass Geschenke zum Verschenken gegeben sind, Schönheit zum Staunen, anziehend und beziehungsstiftend. Aber all das geschieht nicht, weil Israel ignoriert, wo es selbst und die Geschenke und Schönheit herkommen. **Weiß ich, woher ich komme, was mich ausmacht, wie ich geworden bin, der ich bin? Prägt mich dieses Wissen? Wann und wie halte ich inne und betrachte diese Geschichte?**

● Noch ein Versuch, das Volk zum Nachdenken zu bringen: ein Rätsel. Das macht neugierig und lädt ein mitzurätseln. Die ersten Verse sind durchaus rätselhaft. Zedern, Händler, Kaufleute, Samen des Landes, Ufergewächs, und dann taucht ein Weinstock auf. Wie gehört all das zusammen? Vieles davon wird im anschließenden Text nicht aufgelöst. Mit V 7 wird es abwegig, absurd. Die Abwendung macht keinen Sinn. **Warum sollte ich mich zu einem anderen Adler hinwenden? Wie kann ich von ihm mehr erwarten als von der Verwurzelung in dem Beet, dem ich Leben und Wachstum zu verdanken habe? Warum sollte ich die Lebensquelle verlassen?**

● Mit V 8 wird deutlich, dass es um diese Absurdität geht. Die ersten Verse sind ein Rätsel, und man fragt sich, wie das alles zusammengeht. Aber eigentlich ist es ein noch viel größeres Rätsel, was der Weinstock da veranstaltet. Was will er mehr als das, was er zum Leben und zum Aufblühen braucht? Das ist ein Rätsel. Dieses Rätsel erinnert an Kap. 16. Warum läuft die beschenkte und geschmückte Braut anderen Männern hinterher? Sie hat alles und viel mehr, als sie braucht … **„Nicht genug" ist eine der großen Herausforderungen in unserer Zeit, in unserer Gesellschaft. Werbung und das beständige Vergleichen … – „Du hast nicht genug" und „Du bist nicht genug" schreit es in unser Leben hinein. Und zu oft, viel zu oft, glaube ich diesen Stimmen … Wann und wie halte ich inne und betrachte diese Geschichte und schalte diese Stimmen auf „mute"?**

● Ich bleibe auch noch bei V 9 hängen. Es braucht gar nicht viel. Das ist eigentlich keine Überraschung. Wenn ich meine Wurzeln verachte, ignoriere, woher ich komme, mag ich in der Gesellschaft irgendwie funktionieren, eine gute Rolle spielen, aber ich spiele eben eine Rolle und bin nicht verwurzelt. **Wenn sich das (Lebens-) Wetter dann dreht, wird schnell sichtbar, wie leicht ich herausgerissen werde …**

● Noch ein Versuch (V 12) – Gott will durch Hesekiel mit dem Volk ins Gespräch kommen und das Rätsel erklären. Hesekiel konfrontiert sie mit ihrer Realität, indem er die Geschichte von Nebukadnezars Überlegungen und ihren Handlungen erzählt. Die Ziele Babylons sind bemerkenswert: Juda soll ein Königtum bleiben, aber eben „niedrig". Das ist ihnen nicht genug, sie wollen höher hinaus. Sie brechen dabei Eid und Bund – und genau das fällt auf sie zurück (V 19). Das Problem ist nicht dieser eine außenpolitische Fehler, auf Ägypten zu setzen und sich nicht mit dem zufriedenzugeben, was Babylon ihnen lässt. Nein – das macht das Problem nur sichtbar. Das Volk war schon immer so und hat sich über die Jahrhunderte nicht geändert. Eid und Bund brechen, davon war schon in Kap. 16 die Rede. Das Volk hat immer schon und wieder den Bund mit Gott gebrochen – was sie mit Babylon tun, macht nur wieder einmal sichtbar, wie sie sind. **Erschütternd, ernüchternd und so oft einfach auch meine Realität.**

● Gleichzeitig unterstreicht V 20, dass der Bund mit Nebukadnezar ein Bund mit Gott war. Was er getan hatte, war das, was Gott ihnen zugewiesen hatte (vgl. z. B. Jer 25,1-14). Er war Gottes Knecht. **Ein Fehler mit schwerwiegenden Folgen hat oft schon eine lange Vorgeschichte, passiert nicht zum ersten Mal, sondern macht ein Verhaltensmuster sichtbar, das mich schon lange begleitet und prägt.**

● Mit V 22-24 kommt Gott zurück auf den ersten Gedanken des Kapitels: ein Trieb, von Zedern auf dem Libanon. Nicht alle Details des Rätsels werden damit aufgelöst, aber wichtige. Die Deutung ist unmissverständlich (V 24). Die Erhaltung des Königtums (V 14) war das Anliegen, Menschen sollen dort Zuflucht finden (V 23). Aber das hat der König nun verspielt. **Wenn ich nicht verstehe, was die Stunde geschlagen hat, und mehr will, als ist, dann warten viel mehr Probleme auf mich …**

● „Die Väter haben saure Trauben gegessen, aber den Kindern sind die Zähne davon stumpf geworden" (V 2) – Wollen sich die Menschen aus Juda damit aus der Verantwortung stehlen und sich als Opfer der Handlungen ihrer Eltern begreifen? Nach dem Motto: **Weil die Generation vor uns die Suppe eingebrockt hat, muss ich sie heute auslöffeln.**

● Das Sprichwort klang wohl sehr überzeugend. Die Wegführung unter Nebukadnezar hat etwas mit Entscheidungen der Vorfahren zu tun. Gott macht ihnen aber einen Strich durch die Rechnung. **Er schaut auf den Einzelnen;** er nimmt Menschen hier nicht in Kollektivhaftung (vgl. 5Mose 24,16; das wurde auch schon in Kap. 8–9 angesprochen, gerade als Gott sein Mitleid und seine Geduld einstellt). Wenn jemand umkehrt, sein Verhalten und Leben ändert, dann spielt das „Davor" keine Rolle mehr. Geduld und Mitleid werden wieder sichtbar. **Das macht mich sprachlos, was für eine Geduld, was für ein Mitleid! Immer noch …**

● Das Volk legt nach und reagiert lapidar mit einem „Der Herr handelt nicht recht!" Die beiden Aussagen des Volkes scheinen sich zu widersprechen. Gott kann es ihnen nicht recht machen; was er auch sagt und tut, sie widersprechen, beklagen sich, und auf gar keinen Fall hat es mit ihnen selbst zu tun. Alles, was sie über Gott sagen, wie sie reagieren, sagt wenig bis gar nichts über ihn aus. **Vielmehr macht es ihre Haltung und ihre Motivation sichtbar.** Ja, Gott sollte einfach dafür sorgen, dass sie weniger Probleme haben und es langsam wieder aufwärtsgeht. Er soll sich (darum) kümmern, dass sich hier etwas ändert. Ihre Lebensumstände sollen sich nicht ändern, nicht ihre Haltung, nicht ihre Motivation, nicht … **das passiert mir immer wieder so leicht und viel zu oft: Alle und alles sind schuld an meinen Lebensumständen. Gott soll da mal etwas ändern, am besten alles. Ich denke so leicht im Sinne einer geistlichen Vollkaskomentalität.**

Stille bei Gott ist lauter als das Tosen der Feinde

● Im Mittelpunkt des Refrains (V 2-3 und V 6-7) steht, dass die Seele bei Gott zur Ruhe kommt; wörtlich: „Nur bei Gott ist die Stille meiner Seele" (V 2; Feststellung) und „Nur zu Gott hin sei stille, meine Seele" (V 6; Selbstaufforderung). **Gott ist der große Ruhepol in den Stürmen des Lebens.**

● Gott ist Helfer, Hoffnung, Fels, Hilfe und Schutz. Das alles sind Bilder und Eigenschaften, die nicht nur abstrakt genannt werden, sondern für den Beter spürbar und erfahrbar sind. **Gott ist die richtige Adresse in seiner Not, denn dort findet er konkrete Hilfe, Schutz und Rettung.**

● Diese braucht er, weil er ohne Gott fallen würde (V 3 und 7). Wie real die Gefahr ist, schildert V 4f: Man stellt ihm nach, flucht ihm, will ihn stürzen, ja sogar ermorden.

● Der Beter starrt aber nicht nur auf die äußere Situation. Er sieht auch die geistliche Wirklichkeit: dass Gott im Regiment sitzt (vgl. V 12). Während Gott letztlich alles in der Hand hat (V 8f), können Menschen rein gar nichts ausrichten (V 10). **Daher ist Gott die verlässliche Zuversicht in aussichtslos scheinender Lage**. Darin liegt die innere Ruhe und Stille des Beters begründet.

● Am Ende (V 11-13) steht eine Warnung gegen das in V 4f beschriebene gottlose Verhalten. Gott ahndet das Unrecht (V 13). Gottvertrauen hingegen wird er belohnen (V 12f).

Welcher Sturm meines Lebens darf Ruhe finden im Vertrauen zu Gott? Er ist mein Fels, mein Schutz, meine Hilfe und meine Rettung.

● Indem Jesus die Situation des Psalmbeters selbst erlebt, hat dieser Psalm eine messianische Dimension. Jesus wurde allerdings tatsächlich getötet – er hat sich in den Tod gegeben (vgl. Phil 2,8). Seit seiner Auferstehung ist er der Ruhepol, der Fels und Schutz für uns Christen.

● „Dann wirst du erfahren, dass ich der HERR bin" (V 16). Mit diesem Vers endet unser heutiger Textabschnitt oder mit den Worten der BasisBibel: „Dann wirst du **erkennen**, dass ich der HERR bin." Immerhin: Gotteserkenntnis, Gotteserfahrung stehen am Ende des göttlichen Gerichtes über Jerusalem. So enthält V 16 fast so etwas wie ein „verborgenes Evangelium", eine gute Nachricht, mit der nicht zu rechnen war nach den schrecklichen Versen 6-12, in denen die Verbrechen der Jerusalemer detailliert aufgezählt werden. Wohl gegen jedes der göttlichen Gebote wurde verstoßen: Menschen wurden gedemütigt und Gott beleidigt: „... und mich vergisst du!" (V 12).

● **Gotteserkenntnis** ist das Ziel der Verkündigung des Hesekiel. Mehr noch: Gotteserkenntnis ist das Ziel Gottes mit den Menschen, Gotteserkenntnis ist die Absicht der Verkündigung und des Lebens Jesu.

● „Ich musste erst gehen die Straße der Schuld, ich musste erst gehen die Straße der Not", heißt es in einem frommen Lied. Erleben wir die Erkenntnis Gottes nur durch das Gericht, durch die Not hindurch? Bei den Jerusalemern damals war es so, bei uns vielleicht auch; aber es muss nicht so sein. Unverdientes Glück, behütete Führung, die Schönheiten der Schöpfung, die Nähe eines geliebten Menschen können zu einer Erfahrung der Nähe Gottes werden. **Aber beides steht nebeneinander: Gericht und Gnade.** Gericht und Gnade – in dieser Spannung können wir leben und glauben.

„Nur wenn man das Gesetz Gottes über sich gelten lässt, darf man wohl auch einmal von Gnade sprechen, und nur wenn der Zorn und die Rache Gottes über seine Feinde als gültige Wirklichkeiten stehen bleiben, kann von Vergebung und von Feindesliebe etwas unser Herz berühren."
Dietrich Bonhoeffer

Die Botschaft dieser Weissagung ist entsetzlich und schwer zu ertragen. Dabei fängt das Gleichnis mit einer vertrauten Szene an: Ein Koch setzt ein leckeres Mahl auf, bei dem nur die besten Fleischstücke verwendet werden. So weit, so gut. Das Gleichnis endet dann aber mit dem grausigen Bild von Gott, der in einem Anfall von Zorn Jerusalem verbrennen lässt: „… bis mein Grimm sich an dir gekühlt hat" (V 13) und „… ich will's tun und nicht säumen. Ich will nicht schonen … spricht Gott, der HERR" (V 14). **Das Gericht Gottes wird kommen!**

- Wir wollen der Endgültigkeit des Gerichtes Gottes nicht den Ernst nehmen. Es muss ausgehalten werden, dass Gott in seinem Zorn wirklich – nach 5Mose 4,24 – „ein verzehrendes Feuer" ist, d. h., er „verdirbt in Grund und Boden", so Martin Luther. Das kann in **Anfechtungen** führen. Was nun?
- Wir können der Wahrheit von Gottes Zorn und Gericht mit gut durchdachten theologischen Argumenten begegnen. Luther hat dies vorbildlich getan, wenn er den **Zorn als Gottes „fremdes Werk"** bezeichnete, **aber** seinem Wesen nach ist Gott nichts als „eitel Liebe, nicht ein Gott des Zorns und Grimmes, sondern allein der Gnade", so Luther.
- Wer aber vom Zorn Gottes angefochten wird? Noch einmal Luther: „Ich habe aus Erfahrung gelernet, wie man sich in Anfechtung halten soll. Nämlich, wer mit Traurigkeit, Verzweiflung oder anderem Herzeleid geplagt wird und einen Wurm im Gewissen hat, derselbige halte sich erstlich an den Trost des göttlichen Worts, darnach so esse und trinke er und trachte nach Gesellschaft und Gespräch gottseliger und christlicher Leute, so wird's besser mit ihm werden." **Das ist christlicher Umgang mit Krisen und Anfechtungen des Glaubens, in die ein solcher Text führen kann: Bibel lesen, essen und trinken, mit den richtigen Leuten beisammen sein und reden.**

● Wir lesen in unserem Text, wie in erschreckender Weise das persönliche Leben des Propheten mit seiner Verkündigung verknüpft wird. Privates Unglück wird zu einem prophetischen Vorzeichen. Wohlgemerkt: **Gott** verknüpft hier rigoros: „Ich will dir deiner Augen Freude nehmen durch einen plötzlichen Tod." Hesekiels Frau muss auf Geheiß Gottes sterben! Bevor wir uns über den Willen Gottes empören, wollen wir uns klar darüber werden, **wer** hier nimmt. Es ist der Gott, von dem Hiob bekennt: „Der Herr hat's gegeben, der Herr hat's genommen"; es ist der Gott, der sich zu den Seinen bekennt: „Ich habe dich bei deinem Namen gerufen, du bist mein." Hier waltet also keine unberechenbar launische „Vorsehung", sondern der Gott, der **aus lauter Güte** nimmt und gibt. Das können wir häufig erst im Nachhinein bekennen; so ist es ja auch dem Volk in der Verbannung verheißen: „**Dann** werdet ihr erfahren, dass ich Gott, der HERR, bin" (V 24).

● Nicht genug, dass Gott dem Propheten die Frau nimmt, er darf nicht trauern (V 16)! Auch dem Volk wird jegliche Trauer verboten, wenn ihnen ihre Augenweide (der Tempel!) genommen wird (V 23). Nicht trauern zu dürfen, ist eine unerbittliche und geradezu barbarische Strafe, denn ein Mensch zu sein, heißt, zu trauern. Hesekiel beschreibt in seiner Prophezeiung die Abschaffung von tröstlichen Trauerbräuchen und den Zusammenbruch des Wir-Gefühls, der Solidarität in der Gesellschaft der Exilanten (V 22f). Beide Entwicklungen sind uns heute leider nicht fremd.

● Zum Schluss: **das Ende der Stummheit** (V 27). Hesekiel darf wieder jederzeit – und nicht nur auf ausdrückliche Aufforderung Gottes – sprechen und predigen. Das wird dann noch einmal „ein Wahrzeichen sein, dass sie erkennen, dass ich der Herr bin". **Es gibt also doch noch eine Zukunft für das Volk Gottes!**

● Was in Kap. 24,26 angekündigt wurde, hat sich erfüllt: **Jerusalem ist zerstört.**

● Durch die Katastrophe in der „Stadt Davids" wurden Hesekiels Voraussagen bestätigt; seine Glaubwürdigkeit als wahrer Prophet ist (wieder)hergestellt. Und: seit Kap. 3,26 war Hesekiel – zumindest teilweise – stumm, das ändert sich mit einem Schlag: „... und er [der HERR] tat mir meinen Mund auf ... Und mein Mund wurde aufgetan, sodass ich nicht mehr stumm sein musste" (V 22).

● Unser heutiger Abschnitt ist im Zusammenhang des Hesekielbuchs bemerkenswert, denn er richtet sich **nicht** an die Exilgemeinde im Zweistromland, sondern an die **Überlebenden im Heimatland**, an „die Bewohner jener Trümmer im Lande Israels", die, trotz aller Not (!), ein bemerkenswertes Maß an religiöser Überheblichkeit an den Tag legen: „Uns ist das Land zum Eigentum gegeben" (V 24), als hätten sie ein garantiertes Recht auf das Land. Diese anmaßende Haltung ist dem Propheten zu Ohren gekommen und – er erteilt den unbußfertigen Judäern im Mutterland eine scharfe Abfuhr. Abraham war rechtschaffen und ihr „übt Gräuel ... und ihr wollt das Land besitzen?" (V 26). **Aber**: Am Ende des Abschnitts leuchtet kurz ein Hoffnungsschimmer auf: „Sie sollen erfahren, dass ich der HERR bin" (V 29). Gott lässt die Seinen nicht los.

● In V 30-33 lesen wir von einem sehr persönlichen Erleiden des Propheten an seinem Amt: Er wird nicht ernst genommen: „Sie hören wohl deine Worte, **aber sie tun nicht danach**" (V 32).

● „Darum, wer diese meine Rede hört **und tut sie**, gleicht einem klugen Mann, der sein [Lebens-]Haus auf Fels baute" (Mt 7,24), sagt Jesus am Ende der Bergpredigt. Wie die Exilgemeinde damals haben auch wir Christen heute mitunter ein Hören-Tun-Problem. **Für uns soll gelten: auf Jesus hören, ihm vertrauen und anfangen, das Gehörte zu tun.**

● Unser heutiger Text atmet Leidenschaft, Hingabe und tief empfundene Herzlichkeit aus, die aber nicht von zwei Seiten ausgeht, sondern nur von einer: von der Seite Gottes zu seinem Volk. Gott kann und will offensichtlich nicht länger auf die Umkehr und Buße seines Volkes warten, er kann es **nicht länger mitansehen, wie seinem Volk Gewalt angetan wird** – von den eigenen weltlichen und geistlichen Führern (V 4). So kommt Gott selbst, um zu suchen, zu weiden und zu retten. „Der heruntergekommene Gott", so der Titel eines Buches, beschreibt unseren Text treffend.

● V 1-7 lesen sich wie ein „Eliten-Bashing": „Die da oben" werden – so scheint es – endlich zur Rechenschaft gezogen. Ja, werden sie auch! Aber nicht nur sie. Gott weist nicht nur einer Seite Schuld zu. „Aber zu euch, meine Herde ... Ist's euch nicht genug, die beste Weide zu haben ...?" (V 17f). Nicht nur die Hirten werden angeklagt, sondern auch die Herde, die nie genug kriegen kann. Die Bibel stellt nüchtern fest: **Uns allen liegt gemeinschaftszerstörender Egoismus im Blut.** Selbstsüchtige Gesinnung stellt Hesekiel nicht nur bei den Hirten, sondern auch bei der Herde fest. Deshalb darf es in der Gemeinde Gottes keine einseitige Schuldzuweisungen geben: „Alle haben gesündigt, und in ihrem Leben kommt Gottes Herrlichkeit nicht mehr zum Ausdruck ..." Röm 3,23 (NGÜ).

● V 11-16 sind ein einziger Anschauungsunterricht über Gott. „Wie ein Hirte seine Schafe sucht, wenn sie von seiner Herde verirrt sind, so will ich meine Schafe suchen" (V 12). Manchmal verrennt sich ein Schaf und verirrt sich. Da macht sich der **Gute Hirte** auf den Weg und sucht es so lange, bis er es findet. Warum? Weil es ihm viel wert ist. Er will es nicht verlieren. Wir bleiben Gott kostbar, auch wenn wir uns verirrt oder versagt haben.

● In V 2-16 werden die **bösen Hirten** angesprochen, in unserem Text ist jedoch die „Herde" Adressat der göttlichen Rede. Aber was heißt hier „Rede"? Fast wie im Stakkato, ohne abzusetzen, ohne Punkt und Komma, bricht es gerade aus Gott heraus: „Und ich will" – „Und ich, der HERR, will" – „Und ich will" – „Ich will sie" – „Und sie sollen" – „Und ich will ihnen" – „Und sie sollen erfahren" – „Ja, ihr sollt" – das sind die Versanfänge 23-31. Nein, das ist keine Rede oder Ansprache, hier werden wir Zeugen der **Leidenschaft Gottes für die Seinen, für seine Gemeinde.** Immer wieder: **„Ich, der Herr, will"** – retten, weiden, segnen. Nichts und niemand kann sich dem Retterwillen Gottes entgegenstellen: „Ich bin zutiefst überzeugt: Nichts kann uns von der Liebe Gottes trennen" (Röm 8,38; BasisBibel). Gott ist barmherzig. Unsere Verse zeigen: Die wiederhergestellte Gemeinschaft ist ganz und gar von Gott verursacht. „Denn aus Gnade seid ihr gerettet durch Glauben, und das nicht aus euch: Gottes Gabe ist es, nicht aus Werken, damit sich nicht jemand rühme" (Eph 2,9). Diese Verse des Apostels Paulus lesen sich wie eine Zusammenfassung unseres Textes.

● Wenden wir uns dem letzten Vers des großartigen Hirtenkapitels zu: „Ja, ihr sollt meine Herde sein, die Herde meiner Weide, und ich will euer Gott sein, spricht Gott, der HERR." Die BasisBibel übersetzt präziser: „Ihr seid meine Herde! **Ihr Menschen** …" In dieser Übersetzungsvariante steckt ein sehr wichtiger fürsorglicher Hinweis: Auch in der wiederhergestellten Gemeinschaft mit Gott bleiben wir – Menschen. Gott weiß das und will es offensichtlich so. Weil wir von ihm geliebt sind, können wir bekennen: „Ich will dich lieben, meine Krone, ich will dich lieben, meinen Gott; ich will dich lieben ohne Lohne auch in der allergrößten Not" (EG 400,7).

● In Psalm 69 lässt sich eine Unterteilung in einen Teil der Klage (V 1-30) und einen Teil der Zuversicht (V 31-37) erkennen. Wenn der Psalm hier auf zwei Sonntage aufgeteilt ist, liegt darin die Chance, einzelne Schwerpunkte genauer wahrzunehmen.

→ Der Teil der Klage ist wiederum zweigeteilt in **Schilderung der Not** (V 1-14a) **und Bitte um Rettung** (V 14b-30): Zu Beginn findet sich jeweils das lebensbedrohliche Bild vom „Wasser" und „Schlamm" (V 2-3; 14b-18), am Ende steht jeweils eine Schlussaussage über den Beter: „Ich aber" (V 14a, 30).

→ Im ersten Teil der Klage schildert der Beter die körperliche Not (V 4) und wie die Feinde zahlreich wurden, während alle Freunde und Brüder ihn verlassen haben. Im Eifer um Gott erleidet die Person „Schmach" (V 8; 10; 11) und ist von rechtlichen Schritten bedroht (V 13: Das „Tor" ist das Gericht im Ort).

→ Falsche Anschuldigungen und damit verbundene Vereinsamung bringt der Beter zu Gott, bittet um sein rettendes Eingreifen und bleibt dabei fähig, auch kritisch mit Gott auf das eigene Leben zu sehen (V 6-8).

● Mit diesem Teil des Psalms können wir zunächst **der Not, der Klage, der gegenwärtigen Situation im Gebet zu Gott Raum geben**, statt sie übereilig abzukürzen:

→ Was bereitet mir zurzeit Not? Wo erlebe ich eventuell Einsamkeit oder Nachstellungen?

→ Was hat mich erschöpft? Auch die Hingabe an Gott (im Ehrenamt, in der Gemeinde, als Hauptamtliche)?

→ Welche Menschen haben mich enttäuscht? Wo könnte ich enttäuscht haben?

● Psalm 69 wird häufig im Neuen Testament aufgegriffen. Aus dem Abschnitt für diesen Sonntag werden mehrere Verse auf Jesus bezogen (V 5 in Joh 15,25; V 10 in Joh 2,17 und Röm 15,3).

→ Welchen Trost kann ich darin finden, dass **Jesus die Erfahrungen** von Ablehnung und Schmähungen **kennt und geteilt hat?**

→ Wo finde ich **im Gebet** Ermutigung durch **die Zuwendung Gottes** und kann damit seine Güte, Liebe und treue Hilfe **aufsaugen?**

● **Warum lässt Gott auch im Gericht noch Gnade walten?**
→ Das im Exil unter den Völkern lebende **Volk Gottes entheiligt seinen Namen**: Ein Gott, der sein eigenes Volk aus seinem Land vertreiben muss – da kann es ja mit beiden nicht weit her sein (V 16-21).
→ **Gott selbst wird seinen Namen zu Ehren** bringen, indem er Heil für Israel schafft und Israel erneuert. Die Heiligkeit Gottes zeigt sich in seinem Rettungshandeln (V 22-28).
→ Gottes Güte wird sein Volk beschämen, denn er wird sie nicht nur retten, sondern auch versorgen (V 29-32).
● Der ganze Abschnitt hat nur ein Thema: **Das tut Gott.** Niemand kann Gottes Ehre in dieser Welt herstellen als allein Gott. Über Gott hat man im Gericht gespottet (V 20b). Man wusste nicht, dass auch das Gericht eine Demonstration seiner Macht ist. So ist auch die Rettung des Volkes allein Gottes Werk: Nur Gott kann aus dem Gericht retten, kann sein Volk von innen heraus erneuern, kann den Menschen heiligen. Dabei geht es um Gottes Ehre vor aller Welt.
● Was ist das Ziel? Die Heimführung Israels aus der Gefangenschaft war nicht Ziel, sondern Zwischenspiel auf dem Weg zur vollen Heilsgabe. Die besteht in der **Erneuerung des Herzens.** Neuer Geist und neues Herz, das bedeutet Erneuerung des Denkens, des Wollens, der gesamten geistlichen und religiösen Ausrichtung des Menschen auf Gott. Hier geht es um den Einzelnen.
● Wer kann das tun? In Hes 18,31 hieß es: „Macht euch ein neues Herz und einen neuen Geist!" Das kann von sich aus kein Mensch tun. Dass Gott es durch seinen Geist (V 27) tun will, bedeutet:
→ Es ist allein Gottes Werk, wie bei der Schöpfung.
→ Das neue Herz ist dem Menschen nicht verfügbar, sondern liegt in Gottes souveräner Gnade, um die man flehen muss.

✎ *„Geheiligt werde dein Name", beten wir im Vaterunser. Was bedeutet das heute für Sie?*

● Hier wird deutlich, worin das **Wesen der Prophetie** besteht: Der Prophet gibt weder seine eigenen Gedanken wieder noch die Stimme seines Herzens. Vielmehr tritt Gottes Wort durch Vision (Gesehenes) und Audition (Gehörtes) von außen an ihn heran und durchbricht auch seine eigenen Vorstellungen. Deshalb ist Prophetie nicht bloß aus zeitgenössischen Vorstellungen abzuleiten. Der Prophet selbst ist sprachlos, wenn er erfährt, was Gott tun will.

● Die Lage ist völlig aussichtslos. Alle Hoffnung ist dahin. Das Volk Israel ist tot (V 12b). Die Völker, die Assur und Babylon aus ihren Ländern wegführten, gingen alle unter. Warum nicht auch Israel? Der **Fortbestand Israels** gründet nicht in seinem Überlebenswillen, auch nicht in einer ethischen oder religiösen Überlegenheit, sondern allein in der Macht Gottes. Vordergründig geht es nicht um eine individuelle Auferstehung – die Vision ist ein Bild für die Wiederbelebung des toten Gottesvolkes.

● **Leben aus den Toten**, wie ist das möglich? Hesekiel wagt nicht zu sagen: „Unmöglich" – schließlich hat er es mit dem allmächtigen Gott zu tun. Er wagt aber auch nicht zu sagen: „Du kannst es" – dass morsche Knochen wieder leben, ist ohne Beispiel (V 3). So überlässt er die Antwort Gott. Er muss sagen, was Gott ihm vorgibt (V 7). Der Prophet hat Gottes Wort. Dieses Wort hat in sich Kraft. Aber zum Wort kommt der Geist. Wo Luther „Odem" übersetzt (V 5-6), steht im Hebräischen „ruach", d. h. Wind, Atem, Geist. Der Geist, d. h. Gott, macht lebendig (vgl. Joh 6,63).

● Die Vision erfüllte sich bei der **Rückkehr Israels** aus dem Exil. Aber damit ist sie nicht erschöpft. Wo ein Mensch zum Glauben kommt, ist das ein Auferstehungs-Wunder (Eph 2,5). Zugleich weist die Vision auf den entscheidenden Sieg über den Tod: Er begann mit der Auferstehung Jesu und wird mit seiner Wiederkunft vollendet werden.

● Der Prophet vollzieht eine **Zeichenhandlung**: Er fügt zwei Stäbe mit den Namen der über Jahrhunderte getrennten Brudervölker Juda im Süden und Israel im Norden („Ephraim") zusammen. Die Zeichenhandlung soll besiegeln: Gott tut, was er sagt. Gottes Werk der Rettung seines toten Volks wird erst mit der **Wiederherstellung Gesamt-Israels** abgeschlossen sein. Auch das scheint unmöglich zu sein, denn bisher schlugen alle Versuche fehl, und seit 722 v.Chr. sind die Stämme des Nordreiches entweder in die Weite des assyrischen Weltreiches zerstreut oder mit anderen Völkern zum neuen Volk der Samariter vermischt. Doch Gott will das ganze Volk und will es für sich und seine Ehre.

● Doch was Gott tut, reicht über die nationalpolitische Ebene hinaus, sonst könnte der Prophet mit V 22 schließen. Es geht also nicht um ein neues politisches Machtgebilde. Die Gottesgemeinschaft, die von Anfang an sein Wille mit Israel war, soll sich jetzt verwirklichen. Doch erst muss das Volk gereinigt werden, bevor Gott wieder bei ihm wohnen kann. Die Sünde muss überwunden werden (V 23) – wie, wird hier nicht gesagt.

● Es wäre zu wenig, wenn der eine Gott, Jahwe, nur Israels Nationalgott wäre. Als Gott mit Israel am Sinai den Bund schloss, machte er es zu seinem Eigentumsvolk, weil ihm die ganze Welt gehört. Israel sollte ein **Licht für die ganze Völkerwelt** sein, durch das sie schließlich zu Gott finden würden. Deshalb soll nicht nur Israel erkennen, dass Gott Jahwe ist (6,13 u. ö.), sondern auch die Völker sollen das erkennen (z. B. 30,26; 36,23; 37,28).

✎ *In Offb 21, der Vision vom neuen Jerusalem, wird beschrieben, wie sich diese Vision des einen Gottesvolks, das in der Gegenwart Gottes lebt, letztendlich erfüllt.*

- Wir kommen nun zur letzten Schilderung dessen, was Gottes Heil beinhaltet: ein neuer Tempel. Es ist die Krönung alles Bisherigen, das sich Schritt um Schritt aufbaute: Hirte und König (Kap. 34); Neues Land (Kap. 36a); Neues Herz und neuer Geist (Kap. 36b); Neues Leben aus dem Tod (Kap. 37); Neues geeintes Volk mit Gott vereint (Kap. 37b); Der letzte Widersacher überwunden (Kap. 38f); Neuer Tempel (Kap. 40–48).
- Wie wichtig die Schau des neuen Tempels ist, zeigt die feierliche Einführung mit doppelter Zeit und Ortsangabe, was den rechtlich-dokumentarischen Charakter unterstreicht. Es handelt sich um das Jahr 572 v.Chr. Auch der Zweck wird klar herausgestellt (V 4b). Die nach Babylon Verbannten sollen die Gewissheit erhalten, dass Gott den jetzt noch in Trümmern liegenden Zion neu in Besitz nehmen wird.
- In einem tieferen Sinn geht es darum, dass Israel zu seiner ursprünglichen Bestimmung zurückfindet: Ein Königreich von Priestern sollte es sein (2Mose 19,5f). Die Zukunft Israels kann nur darin bestehen, dass es den priesterlichen Versöhnungs- und Fürbittedienst für alle Völker wahrnimmt.

Der Tempel ist der Ort der Gegenwart Gottes bei seinem Volk, der Ort des Gebets, der Ort der Vergebung und Versöhnung mit Gott. All das hat Gott in die Gemeinde gelegt.

- Die neue Heilszeit wird ganz in alttestamentlicher Diesseitigkeit geschildert. Und doch ist alles so vollkommen, dass es eines Interpreten vom Himmel bedarf, der die Vollkommenheit und den abschließenden Charakter des Ganzen zeigt. Wenn Jesus später sagt, er sei mehr als der Tempel, und den Tempel verlässt und der Zerstörung anheimgibt (Mt 12,6; 24,1f), macht er deutlich, wer an den Platz des Tempels tritt.

✎ *Untersuchen Sie anhand von 1Kor 3,16f und 1Petr 2,5, wie das NT den neuen Tempel versteht.*

- Der Tempel, den Hesekiel beschreibt, hat **gigantische Dimensionen**: 1,5 mal 1,5 Kilometer. Eine Mauer umschließt ihn und grenzt den heiligen, Gott allein geweihten Bereich ab.
- Ohne Gott wäre dieser gigantische Tempel **nur ein Steinhaufen**. Um der Sünden des Volkes willen hatte Gott den Tempel verlassen (11,22); der Untergang von Tempel, Stadt und Volk war damit besiegelt. **Jetzt kehrt Gott zurück.** Wieder wird Hesekiel Zeuge der überwältigenden Herrlichkeit Gottes (vgl. Kap. 1 + 10).

Lesen Sie, wie Menschen die Begegnung mit Gott erfahren: Jes 6,1-5; Apg 8,3f; Offb 1,17. Welche gleichbleibenden Elemente finden sich?

- **Gottes Herrlichkeit** wird visuell als überwältigender Lichtglanz (V 2) und auditiv als gewaltiges Rauschen großer Wassermassen erfahren. Diese Herrlichkeit ist seine sichtbare Erscheinungsweise im irdischen Raum. Deshalb erschien sie auch bei der Geburt Jesu (Lk 2,9.14). Ziel Gottes ist es, dass seine Herrlichkeit schließlich die ganze Welt erfüllt.
- Die **Schilderung des neuen Jerusalems** weist deutliche Parallelen zur Tempelvision Hesekiels auf: Auch Johannes wird von einem Engel geführt und soll die Stadt ausmessen (V 16). Es gibt aber auch wichtige Unterschiede: Vom neuen Jerusalem heißt es, dass die Herrlichkeit Gottes in ihr war und der Herr selbst ihr Tempel. Die Herrlichkeit Gottes erleuchtet sie, „und ihre Leuchte ist das Lamm" (Offb 21,11.22f). Das ist der Zielpunkt aller Wege Gottes.
- Gott zieht es mit aller Macht zu den Menschen (V 7.9). Was ihn aber von den Menschen trennt, ist die Sünde. Im neuen Tempel aber ist alles hochheilig (V 12). Wer kann dann noch bei Gott sein? Auf diese Frage gibt Hesekiel noch keine Antwort. Die Offenbarung löst das Geheimnis, indem sie **neben Gott das Lamm** sieht, das der Welt Sünde trug und die Welt mit ihm versöhnte.

● Das Bild ist an sich klar: **Der vom Tempel ausgehende Strom befruchtet das ganze Land**, und selbst die unwirtlichsten Gegenden, wie die erstorbene Landschaft um das Tote Meer, werden zum neuen Leben erweckt. Dabei geht es nicht nur um das Land Israel, sondern um die ganze Welt. Zuerst als Rinnsal, dann wird es zum Bach und schließlich zum großen Strom. Es ist nicht schwer, die Bedeutung zu erfassen: Wo die Gemeinschaft zwischen Gott und Mensch wiederhergestellt ist, wird auch die ganze Schöpfung, die jetzt unter der Vergänglichkeit stöhnt (Röm 8,19-21), erneuert werden.

● Damit stoßen wir auf ein die ganze Bibel durchziehendes Motiv. **Gott ist die Quelle des Lebens** (Ps 36,10). Bei Jesus ist das wahre Lebenswasser (Joh 4) – hierbei geht es um persönliche Erneuerung, aber Hesekiel sieht mehr als das: Wie der Paradiesstrom die ganze Schöpfung befruchtete (1Mose 2,10), so geht es auch hier um die Erneuerung der Schöpfung. Am Ende der Wege Gottes wird der Strom des lebendigen Wassers vom Thron Gottes und des Lammes ausgehen, denn einen Tempel gibt es nicht mehr. An seinen Ufern stehen Bäume, die ständig Frucht tragen und deren Blätter zur geistlichen Heilung der Völker dienen (Offb 22,1-3). Wir stehen hier am Schnittpunkt biblischer Erwartung, die **vom Paradies bis zum neuen Jerusalem** reicht.

● Das ist alles so innerweltlich und real geschildert, und doch werden die Grenzen der Erfahrung durchbrochen. Als Ziel seiner Herrschaft wird Gott diese Erde erneuern. Das ist nur möglich, wo der Mensch sich rückhaltlos vor Gott beugt, die Versöhnung annimmt und sich ganz unter Gottes Herrschaft stellt. **Je tiefer erkannt wird, wie durch die Abkehr des Menschen das ursprüngliche Schöpfungsziel verkehrt wurde, desto deutlicher wird man sehen, wie die Vollendung des Heils ohne eine erneuerte Schöpfung undenkbar ist.** Doch das Neue lässt sich nur in Bildern des Alten darstellen.

● Die Bitte an Gott (V 14b-30) nimmt in umgekehrter Reihenfolge Elemente aus der Schilderung der Not (V 2-14a) mit auf, wie sich auch die Situation umkehren soll:

→ Gott kennt die „Schmach" des Beters (V 20-21; davor V 8-11) und soll so retten, dass die „Augen" der Feinde trüb und sie selbst einsam werden (V 24-26; davor V 4-6).

→ Das **Fundament für die Bitten** an Gott (V 17-19) **bildet das Gottvertrauen**, in seine „Güte" und „Barmherzigkeit". Mit der Nähe und seinem freundlichen „Angesicht" wird Gottes Rettung erhofft.

→ Weil sozialer Zusammenhalt und Leben zusammengehören, bedrohen der Entzug sozialer Anerkennung (Schmach, Schande) und die Vereinsamung das Leben und bestürzen das „Herz".

→ Mit dem Lobteil (V 31-36) hat sich die Situation geändert. Der Psalmist ist gerettet und zurückgekehrt ins Leben und die Gemeinschaft. Mit ihm sollen die „Elenden" und „Armen" (V 33-34), die ganze Schöpfung (V 35), die Stadt Jerusalem (Zion) und die umliegenden Städte (V 36) Gott loben und aufleben.

● Psalm 69 wird häufig im Neuen Testament aufgenommen:

→ **Mit Psalm 69 lässt sich das Leben von Jesus tiefer verstehen** (V 5 in Joh 15,25; V 10 in Joh 2,17; V 22 in Joh 19,28-29), lässt sich klagen über die Zerrissenheit des Gottesreiches, das mit Jesus angebrochen ist (V 10 in Röm 15,3; V 23-24 in Röm 11,9-10; V 26 in Apg 1,16.20), lässt sich in Geduld auf dessen Vollendung hoffen (V 29 in Offb 21,27).

→ Gerade darin erfüllt **Jesus** das Alte Testament: Er **hat die Tiefen menschlichen Lebens und Leids selbst erfahren**.

● Klage und Lob gehören zusammen: Lobpreis macht uns der Hilfe, Güte und Nähe Gottes gewiss. Auf deren Grundlage können wir umso zuversichtlicher um Gottes Hilfe bitten. Verhilft uns die ehrliche Klage dazu, in konkreter Not für Gottes lebendiges Eingreifen aufmerksam zu bleiben? **Verhilft uns das Lob dazu, dass wir das Ziel im Blick behalten und nicht im Klagen stecken bleiben?**

Der erste und zweite Thessalonicherbrief

Der erste Thessalonicherbrief ist der älteste uns bekannte Paulusbrief, ca. 50 n.Chr. aus Korinth geschrieben. Die Gemeinde war 49 n.Chr. während der zweiten Missionsreise (Apg 17,1-10) entstanden. Wegen massiver Angriffe gegen die Christusverkündigung musste Paulus heimlich die Stadt verlassen.

Aus Sorge um die angefeindeten Christen (2,14; 3,4) schickt Paulus Timotheus nach Thessalonich, um die junge Gemeinde zu stärken. Dieser ist gerade mit guten Nachrichten zurückgekehrt (3,1-8). Paulus reagiert, erinnert an die verheißungsvollen Anfänge (1,2–2,14) und antwortet auf Fragen, die die Gemeinde beunruhigen: Was geschieht mit den Gläubigen, die vor Jesu Wiederkunft gestorben sind (4,13-18)? Wann kommt Christus wieder (5,1-11)? Wie sollen wir mit denen umgehen, die angesichts des bald erhofften Weltendes nicht mehr arbeiten (4,11; 5,14), wie mit denen, die in ein vorchristliches Verhalten zurückfallen (4,1-12; 5,12-22)?

Wie er damals mit den Christen mütterlich und väterlich umgegangen war (2,7.13), so ist auch jetzt sein Brief brüderlich und voller Dank. Er ist den Gläubigen eng verbunden (2,20), hat Zutrauen in ihre geistliche Selbstständigkeit (4,18; 5,11.21).
Paulus betont durchgehend die Grundelemente „Glaube–Liebe–Hoffnung": bei Dank (1,3) und Erinnerung (1,9f), bei Zuspruch (3,6; 5,1-10) und Fürbitte (3,10-13), bei Ermahnung (Kap. 4 + 5) und Segnung (5,23f).

Der zweite Thessalonicherbrief wirkt zum Teil wie eine Wiederholung des ersten. Er ist aber allgemeiner gehalten, hat auch eine andere Frontstellung: Die Meinung, das Weltende sei bereits da (2,1f), und die daraus gefolgerte Verweigerung redlicher Arbeit (3,6ff) muss korrigiert werden; deshalb die Erläuterungen über die Endzeit (2,1-12) und die Lebensweise der Apostel (3,7-9).
Da Ton und Frontstellung im zweiten Brief anders sind, dürfte zwischen beiden Briefen eine längere Zeit verstrichen sein.

● Schön, wenn man beim genauen Lesen etwas entdeckt, was einem bisher nie aufgefallen ist: **Der erste Brief an die Gemeinde in Thessalonich stammt nicht von Paulus allein, sondern auch von Silvanus und Timotheus.** Im weiteren Verlauf des Briefes wird zwar klar, dass Paulus der eigentliche Verfasser ist, aber er stellt sich hier am Anfang bewusst in die Gemeinschaft seiner Gefährten. Auch daran wird deutlich, dass sich **Paulus** in seiner missionarischen Arbeit **nie als Einzelkämpfer verstand,** sondern „Mannschaftsevangelist" – modern gesprochen: „Teamplayer" – war.

● **Die Beziehung zwischen Paulus und der Gemeinde ist überaus herzlich und innig:** „Allezeit" gedenkt er ihrer voller Dankbarkeit im Gebet. Die Gemeinde bereitet Paulus Freude wie sonst nur noch die Gemeinde in Philippi (vgl. V 2 mit Phil 1,3).

● **Die Christen in Thessalonich sind Vorbild „an allen Orten"** (V 8): Ihr trotz „großer Bedrängnis" (V 6) praktizierter Glaube wird rund ums Mittelmeer weitererzählt. Dass Gemeinden positiv auf ihre Umgebung ausstrahlen, ist bis heute ein entscheidender Aspekt bei der Ausbreitung des Glaubens; leider erleben Menschen aber häufig eher das Gegenteil. „Bessere Lieder müssten sie mir singen, dass ich an ihren Erlöser glauben lerne: Erlöster müssten mir seine Jünger aussehen!", kritisierte schon Friedrich Nietzsche im 19. Jahrhundert.

Wie schätzen Sie Ihre eigene Gemeinde ein: Ist sie einladend für andere Menschen – oder eher langweilig und selbstgenügsam? Was müsste geschehen, um attraktiv für Außenstehende zu werden?

● In V 9f fasst Paulus den Glauben der jungen Christen in Thessalonich knapp zusammen: Sie haben in ihrem Leben eine **klare Umkehr** vollzogen, weg von den Abgöttern hin zu dem lebendigen und wahren Gott, und warten auf die Wiederkunft Jesu.

● Was hat Paulus zu diesem Abschnitt veranlasst? Offensichtlich gab es in der Gemeinde oder vermutlich eher in ihrem Umfeld **Leute, die die Lauterkeit und Uneigennützigkeit des Apostels bei seinen missionarischen Bemühungen um den Glauben der Thessalonicher infrage gestellt haben.** Tatsächlich gab es in der damaligen Zeit ja auch viele Wanderprediger, die sich mit ihrer Botschaft selbst auf Kosten ihrer Hörerinnen und Hörer in Geltung setzten und die – vor allen Dingen! – davon lebten, indem sie deren Gastfreundschaft in Anspruch nahmen. Dagegen grenzt Paulus sich entschieden von solchen Predigern ab. **Weder wollte er sich bei den Thessalonichern einschmeicheln, noch hat er ihnen „auf der Tasche gelegen", sondern ihnen mit viel Liebe und Mühe mit lauterem Sinn das Evangelium gepredigt.**
● Wieder wird **die enge persönliche Verbindung zwischen Paulus und der Gemeinde** deutlich: So wie Paulus die Seriosität und Wahrheit seiner Botschaft nur gewährleisten kann, indem er selbst integer und unangreifbar ist, so gilt auch für die Gemeinde, dass sie vorbildlich leben soll – nun aber nicht gezwungen, sondern weil es zum Leben von Christinnen und Christen dazugehört.
● Besonders eindrücklich ist in diesem Zusammenhang die Aussage, dass Paulus sich um die Gemeinde gekümmert hat wie eine **Mutter** (V 7) und wie ein **Vater** (V 11) um ihre Kinder. **Paulus** ist den Menschen eben nicht nur in seiner Rolle als Prediger des Evangeliums begegnet; er **hat sich mit seinem ganzen Leben den Menschen zugewandt, hat sich persönlich ihnen gegenüber geöffnet und sie in sein eigenes Herz schauen lassen.**

✎ *Sind unsere Beziehungen in der Gemeinde nicht öfter durch förmliche Höflichkeit, aber weniger durch Herzlichkeit und Offenheit geprägt? Oder wie erleben Sie das?*

● Heute ist Buß- und Bettag, und wenn Christinnen und Christen für etwas besonders Buße zu tun haben, dann für ihren jahrhundertelangen schlimmen Umgang mit Jüdinnen und Juden. Es lässt sich nicht leugnen, dass die Verfolgung der jüdischen Gemeinde auch etwas mit unserem Abschnitt zu tun hat (vgl. V 14-16).

● So sehr aber diese Verfolgungen zu verurteilen sind, so sehr müssen wir vielleicht doch **diesen spontanen Ausbruch des Zorns bei Paulus gegen seine jüdischen Glaubensgeschwister** verstehen. **Dennoch steht seine bleibende, tiefe Verbundenheit mit seinem Volk nie infrage,** wie der Apostel besonders in Römer 9–11 deutlich macht, wo es ihn mit tiefer Trauer und großem Schmerz erfüllt, dass seine jüdischen Geschwister das in Christus angebotene Heil nicht annehmen. Umso mehr trifft es ihn, dass Juden ihn bei den Thessalonichern als einen Scharlatan und gewinnsüchtigen Wanderprediger denunzieren, der nicht die Wahrheit, sondern nur sich selbst anzubieten hat. Demgegenüber kämpft Paulus mit letztem Einsatz um seinen Auftrag von Gott, der schließlich derselbe Gott ist, auf den sich die Synagoge beruft (V 13).

● Den zweiten Teil (V 17-20) möchte ich bewusst einmal so lesen und hören, als sei er nicht vor fast 2000 Jahren an die Gemeinde in Thessalonich, sondern hier und heute an uns geschrieben: Ist es nicht schön, so von dem Apostel angeredet zu werden? **Es wird noch einmal die innige Verbindung deutlich,** die wir schon im vorigen Kapitel gesehen haben. Wie schön, wenn glaubende Menschen auch in der persönlichen Beziehung so zueinanderstehen:

→ „Wir sind zwar räumlich getrennt, aber nicht im Geiste!" (V 17).

→ „Es wäre schön, wenn wir uns endlich einmal wieder treffen könnten!" (V 17f).

→ „Ihr seid unsere Hoffnung, unser Siegeskranz, der auch vor Jesus gilt!" (V 19).

→ „Ihr seid unsere Ehre und Freude!" (V 20).

● Menschen, die in Kirche und Gemeinde engagiert sind, kennen das: **Visitation!** Gemeint ist der Besuch z. B. einer Gemeinde durch den Kirchenkreis oder eines Kirchenkreises durch die Landeskirche. Ich kenne Menschen, die solch einen Besuch als unangebrachte Kontrolle durch die Kirchenleitung ansehen, obwohl er auf keinen Fall so gemeint ist.

● Ich habe Visitationen immer als hilfreich erlebt und sehe, dass hier in diesem ältesten Brief des NT schon von einer Visitation berichtet wird (V 2.5). **Interessant ist der Anlass der Visitation: Dem Paulus sind die Menschen in Thessalonich so wichtig, dass er allein zurückbleibt und seinen Gefährten Timotheus schickt, um**

→ ... sie zu stärken und zu ermahnen in ihrem Glauben (V 2-4);

→ ... zu sehen, ob die Arbeit des Paulus vielleicht beschädigt worden ist (V 5).

● Und das „nachprüfbare" Ergebnis dieser Visitation? Paulus nennt **Glaube und Liebe** (V 6), und es ist kein Zufall, dass diese beiden Worte auch an dieser Stelle als Kennzeichen einer lebendigen Gemeinde auftauchen. Zum bekannten Dreiklang (vgl. 1Kor 13,13) fehlt hier zwar das Wort Hoffnung (die Hoffnung lässt sich bei einer Visitation eher nicht prüfen), aber als Kennzeichen der Gemeinde tauchen Glaube, Liebe und Hoffnung schon am Beginn unseres Briefes auf (Kap. 1,3).

✎ *Briefe sind für Paulus ein unverzichtbarer Bestandteil der Kommunikation mit den Gemeinden, aber sie können die persönliche Begegnung nicht ersetzen. Das gilt wohl auch für unser digitales Zeitalter. Oder wie sehen Sie das?*

● Am Ende aber atmet auch dieses ganze Kapitel **die innige Beziehung zwischen Paulus und der Gemeinde in Thessalonich:** Der Bericht des Timotheus tröstet Paulus, ja, lässt ihn aufleben trotz seiner eigenen Bedrängnis, der er als Apostel permanent ausgesetzt ist.

● Paulus kommt zu einem neuen Thema: Wie können Christinnen und Christen so leben, dass sie Gott gefallen?

● Es gehört zu den ersten Briefen innerhalb der jungen Christenheit regelmäßig dazu, dass **sie konkrete Ermahnungen für das tägliche Leben** enthalten. Dabei geht es nicht einfach um Moral, sondern um **die ethischen Konsequenzen aus dem Glauben an Jesus.**

● Interessant ist, wie Paulus seine „Ermahnungen" begründet bzw. formuliert: **Auf der einen Seite geht es um den Willen Gottes** (V 3) bzw. um die Bevollmächtigung durch Jesus (V 2), **auf der anderen Seite** „bitten und ermahnen ***wir*** euch" (V 1). Das sind auf jeden Fall keine verbindlichen Anweisungen, sondern **im besten Sinne Ratschläge** (auch wenn sie durch Gott autorisiert sind).

● Der Inhalt der Ermahnungen besteht nur aus zwei Bereichen: „Meidet die Unzucht" (V 3f) und „Niemand übervorteile seinen Bruder" (V 6). Diese **Beschränkung auf den Bereich der sexuellen Beziehungen und des Umgangs untereinander in Gelddingen** ist gemeinsame Überzeugung der damaligen Zeit über die Religionsgrenzen hinweg. Gerade der Umgang mit der eigenen Sexualität und das Verhältnis zu den materiellen Dingen sind auch bis heute **zentrale Einfallstore des Versuchers,** wie die zahlreichen Missbrauchsfälle und Unterschlagung kirchlicher Gelder in erschreckender Weise zeigen. So haben diese Ermahnungen bis in unsere Tage nichts an Aktualität und Dringlichkeit verloren.

● Ein paar Anmerkungen zu dem Begriff **„Gefäß"** (Luther-Übersetzung in V 4): Die Deutung ist schon in der Alten Kirche umstritten, und beide Möglichkeiten finden sich auch in heutigen deutschen Bibelausgaben: Während z. B. die BasisBibel **den eigenen Körper** nennt, spricht z. B. die Einheitsübersetzung vom **Umgang mit der eigenen Frau. Auf jeden Fall sind wir Menschen „Gefäße" für Gottes Wirken** – ein spannender Gedanke.

● Unser Abschnitt erinnert mich an Gespräche in unserem damaligen Jugend-Bibelkreis, wo gerade unser Text zu **zwei extremen Auslegungen** verleitete. Bei der einen Auslegung wurde aus dem Text Wort für Wort der Fahrplan für den Ablauf der letzten Dinge von der Auferstehung der Toten bis zur „Entrückung" der dann noch Lebenden entworfen. Bei der anderen Auslegung hielt man alle Angaben in unserem Text für zeitgebundene Ausschmückungen künftiger Ereignisse, bei der am Ende nur eine grundsätzliche Botschaft des Trostes übrig blieb (V 18). Wer hat recht?
● Die Frage muss schon erlaubt sein, ob es Paulus darum geht, dass am Ende der Zeiten wirklich die Stimme des Erzengels und die Posaune Gottes erschallen, oder ob er nicht doch gängige und insofern für die Menschen in Thessalonich **verständliche apokalyptische Bilder seiner Zeit benutzt, um eine grundlegende Botschaft zu vermitteln.**
● Denn die Fragen der Thessalonicher waren ja durchaus existenziell: **Gilt die Hoffnung auf ein grenzenloses Leben bei Gott auch noch, wenn man gestorben ist, ohne dass zuvor Jesus wiedergekommen ist?** Die ersten Christen hofften bekanntlich auf die baldige Wiederkunft Jesu und ihre dann stattfindende Verwandlung.
● Auffällig ist, dass in diesen sechs Versen die Begriffe „Gott", „Jesus", „Christus" und „Herr" insgesamt zehn Mal vorkommen – und das heißt: **Der, um den es angesichts des Todes geht, ist allein Gott in seinem Sohn Jesus Christus, Herr über den Ablauf der Geschichte und insbesondere als Auferstandener Herr** über den Tod.

✎ *Manchmal erscheint der Trost, den Menschen sich heutzutage angesichts des Todes geben, doch recht banal: „Irgendwie wird's schon weitergehen …" Wie lässt sich die Trostbotschaft aus V 17 angemessen weitergeben: „Wir werden beim Herrn sein allezeit"?*

● Mit dem letzten Sonntag im Kirchenjahr schauen wir voraus: Er soll die Hoffnung stärken in Gottes gerechtes Endgericht und auf eine unzerstörbare Gemeinschaft mit Gott. Mit Psalm 110 liegt der Akzent darauf, dass auch alles Böse überwunden werden soll.
● Der Psalm besteht aus zwei Teilen (V 1-3; V 4-7), die sich eng aufeinander beziehen und damit besonders die **enge Verbindung zwischen Gott und dem Jerusalemer König** als Nachkomme Davids zum Ausdruck bringen.
→ So soll der König zur Rechten Gottes sitzen – ein Ehrenplatz und Zuspruch der Unterstützung. Ebenso steht die Aussage „ich habe dich geboren" (V 3), damals sprichwörtlich für die enge Beziehung des Königs zu Gott (vgl. Ps 2).
→ Gleichsam kämpft Gott an der rechten Seite des Königs (V 4).
→ Melchisedek war ein Priester-König in Jerusalem zur Zeit Abrahams (1Mose 14). Als „Priester in der Ordnung Melchisedeks" soll der König in Jerusalem zwei Dinge verbinden: die schützende und fürsorgende Verantwortung des Königs und die Vermittlung der Beziehung zu Gott wie ein Priester.
→ Die **Vergewisserung in die besondere Beziehung zu Gott** geschieht angesichts militärischer Auseinandersetzungen.
● Uns wird an diesem Sonntag dieser Psalm vielleicht zunächst ernüchtern mit seinem Realismus: Es gibt Gewalttätigkeit, Feinde und Bosheit. Manchmal haben sie so übermächtige Dimensionen, dass wir uns fragen: Wie können wir da bestehen?
● Dann **dürfen wir darauf hoffen, dass Bosheit und Gewalt schon in dieser Welt überwunden werden**, denn es ist die Welt Gottes. Und gewiss wird am Ende der Zeiten Gott aller Bosheit ein Ende machen.
● Das Neue Testament bezieht diesen Psalm auf Jesus. Er ist von Gott zur Herrschaft eingesetzt, um alles Böse zu überwinden. Weil Jesus allen Menschen seine Liebe vermitteln will, sieht seine Überwindung alles Bösen nochmals ganz anders aus, als wir uns das vorstellen.

Montag, 24. November 1. Thess. 5,1-11

● Nachdem Paulus in den letzten Versen von Kap. 4 über die Entrückung der Christen gesprochen hat, setzt er im heutigen Text seine eschatologische Unterweisung fort und kommt auf den **Tag des Herrn** zu sprechen. Mit dieser Formulierung wird an vielen Stellen der Bibel das Gericht Gottes über die Gottlosen bezeichnet. **Der Tag des Herrn ist ein Tag der Abrechnung, an dem die Sünder die verdiente Strafe erhalten** (Jes 13,6ff). **Dieser Gerichtstag**, der keineswegs ein 24-Stunden-Tag sein muss, sondern sich über Wochen und Monate erstrecken kann, **kommt plötzlich über die Menschen**. Gerade dann, wenn sie es nicht erwarten, wird sie das Gericht treffen (V 3).

● Ab V 4 beschreibt Paulus den Unterschied zwischen Christen und Nichtchristen. Von Natur aus lebt jeder Mensch in geistlicher Finsternis. Diese Gottestrennung ist eine Folge des Sündenfalls. **Doch sobald jemand durch das Wirken des Heiligen Geistes zum Glauben an Jesus findet,** der ja das Licht der Welt ist (Joh 8,12), **verlässt der Mensch den Bereich der Finsternis (= der Sünde und Hoffnungslosigkeit) und wird in den Bereich des Lichts versetzt**. Fortan sollen Christen jeder geistlichen Schläfrigkeit und den typischen Sünden, die oft heimlich, d. h. im Verborgenen der Dunkelheit geschehen, widerstehen (V 6f) und den „Panzer des Glaubens und der Liebe" anlegen. Wie ein Panzer den Soldaten davor schützt, dass seine lebenswichtigen Organe im Kampf verletzt werden, **so schützt uns das Vertrauen auf Gott vor Sünde und Verzweiflung.** Gottvertrauen, Liebe und Hoffnung auf das ewige Leben sind die Trias (1Kor 13,13), die uns Kraft für den täglichen Kampf um ein Gott wohlgefälliges Leben geben.

Bitte lesen Sie Kol 1,12-14. Wie soll unsere Reaktion darauf aussehen, dass Gott uns aus dem Reich der Finsternis ins Reich Jesu Christi versetzt hat?

● Der heutige Text schließt mit **zahlreichen prägnanten Ermahnungen** den 1Thess ab. Über jeden einzelnen Vers könnte man eine Auslegung schreiben.

● Nach der Aufforderung, die Gemeinde**leite**r zu respektieren und zu lieben, ruft Paulus zu einem **differenzierten Umgang mit den Gemeindegliedern** auf: Manche müssen mit Nachdruck ermahnt werden, weil sie sich auf falschen Wegen befinden; andere brauchen Ermutigung, weil sie schnell niedergeschlagen und verzweifelt sind; und wieder andere müssen in Geduld getragen werden, weil sie z.B. mit Krankheit beschwert sind.

● Die Aufforderung in V 15, nicht Böses mit Bösem zu vergelten, ist eine praktische Anwendung des Gebotes, die Feinde zu lieben, was wir ohne die Kraft des Heiligen Geistes nicht zu leisten imstande sind. Auch sich unaufhörlich zu freuen und ohne Unterlass zu beten, ist in der täglichen Praxis kaum durchzuhalten. Wahrscheinlich meint Paulus hier **eine Grundhaltung der Freude und des Gebets,** die uns Christen bestimmen soll. Auch wenn die aktuellen Lebensumstände schwierig sind, dürfen wir uns dankbar der durch Jesus geschenkten Erlösung freuen. Auch wenn wir im Stress stehen, Alltagsnöte uns belasten, dürfen wir die Verbindung zu unserem himmlischen Vater halten.

● Die Gabe der **Prophetie** wurde in den ersten christlichen Gemeinden geschätzt und gepflegt, wie 1Kor 14 eindrücklich zeigt. **Propheten sagen unter unmittelbarer Leitung des Heiligen Geistes Gottes Worte in eine konkrete Situation hinein**, decken dabei auch oft Sünde und Versagen auf und treffen so Herz und Gewissen der Gläubigen. Jedoch soll jede prophetische Äußerung am Maßstab der Heiligen Schrift geprüft werden. Denn falsche Propheten hat es zu allen Zeiten gegeben.

✎ *Bitte lesen Sie Eph 4,30f. Wodurch wird der Heilige Geist gedämpft und betrübt?*

● Der 2Thess ist wahrscheinlich nur kurz nach dem ersten von Paulus geschrieben worden. **In ihm lobt der Apostel die Glaubenstreue der Thessalonicher.** Schon bald nach ihrer Hinwendung zu Jesus Christus setzte die Verfolgung ein, von der uns Apg 17 berichtet. Aber die Neubekehrten ließen sich davon nicht einschüchtern, sondern blieben trotz aller Bedrängnisse unerschütterlich bei Jesus. Ja, ihr Glaube und ihre Liebe nahmen sogar signifikant zu, sodass Paulus Gott nur preisen kann und zugleich die Gemeinde der Thessalonicher den anderen Gemeinden als Vorbild vor Augen stellt.

● Ab V 5 macht Paulus deutlich, dass **Leiden um Jesu willen Konsequenzen in zwei Richtungen nach sich ziehen wird:** Diejenigen, die um ihres Glaubens willen leiden, werden vorbereitet auf die ewige Herrlichkeit, die Jesus ihnen schenken wird; jene jedoch, die den Christen Leid zufügen, werden für ihr Handeln von Gott zur Rechenschaft gezogen und bestraft. Dabei fällt auf, mit wie drastischen Worten Paulus die Bestrafung der Verfolger und Ungläubigen in V 8f schildert. **Das NT lässt keinen Zweifel daran, dass es für die Ungläubigen und Ungerechten keine Gnade geben wird, sondern dass sie einem schrecklichen Gericht entgegengehen.** Auch Jesus selbst hat immer wieder auf die Folgen gottlosen Handelns hingewiesen und die Menschen zur Umkehr gerufen (Mt 7,13.21-23; Mk 9,42ff; Lk 16,19ff). Die Heiligkeit Gottes verlangt die Bestrafung der unbußfertigen Übeltäter. Daher ist es die dringende Aufgabe von uns Christen, Menschen zu warnen und zu Christus zu rufen, damit sie vor dem Gericht bewahrt bleiben.

Bitte lesen Sie 2Tim 3,12. Wie sieht der Normalfall christlichen Lebens aus: wie wir es gegenwärtig in der westlichen Welt erleben oder wie Christen es in China, Indien und Pakistan erfahren?

Donnerstag, 27. November 2. Thess. 2,1-12

● Die Christen in Thessalonich erwarteten die baldige **Wiederkunft Jesu Christi**. Möglicherweise wurden sie durch prophetische Äußerungen und Lehrschreiben (V 2) zu dieser Naherwartungshaltung geführt. Doch Paulus dämpft diese und weist darauf hin, dass **Christus nicht zurückkehrt**, es sei denn, **vorher hat es einen großen Abfall gegeben und „der Mensch der Bosheit" ist offenbar geworden.** Es spricht viel dafür, dass dieser „Sohn des Verderbens" identisch ist mit jener Person, die in Offb 13 als „Tier" beschrieben wird und gemeinhin als **Antichrist** bekannt ist. Dieser wird unmittelbar vor der Wiederkunft Christi sein Unwesen auf Erden treiben und sich sogar göttlich verehren lassen. Dass er sich laut V 4 in den Tempel setzt, kann (bei wörtlicher Auslegung) bedeuten, dass er sich in den Jerusalemer Tempel setzen wird, der dann zuvor wieder errichtet werden müsste, oder dass er (in übertragener Auslegung) sich in der Kirche als Oberhaupt einsetzen lässt und die Kirche dann widergöttlich regieren wird.

● Sehr gerne wüssten wir, was die Thessalonicher laut V 6 wussten: **wer oder was nämlich den Abfall und Antichristen noch zurückhält**. Manche Ausleger glauben, dass damit die Gemeinde Jesu gemeint ist, die erst entrückt werden müsse, bevor der Antichrist erscheinen könne. Das ist denkbar und würde dann die Entrückung vor der großen Trübsal bedeuten. Andere nennen die geordnete menschliche Obrigkeit und noch andere den Heiligen Geist. Welche Auslegung auch immer stimmt, **eines wissen wir: Der Antichrist wird kommen, er wird die Gottlosen, die Jesus abgelehnt haben, durch dämonische Wunder und Zeichen verführen, dann aber schlussendlich durch den wiederkommenden Christus besiegt und beseitigt werden.**

✎ *Wie wird das Ende des Antichristen aussehen? Bitte lesen Sie Offb 19,17-21.*

● Im Gegensatz zu jenen Menschen, die Christus ablehnen und „die Liebe zur Wahrheit nicht angenommen haben" (V 10) und deshalb allen möglichen diabolischen Verführungen erliegen, stehen die Christen klar im Glauben. Sie haben Jesus als persönlichen Retter und Herrn angenommen und bewähren sich **„im Glauben an die Wahrheit"** (V 13). Die Bibel weist alles postmoderne Gerede von der Relativität aller Erkenntnis entschieden zurück: **Es gibt verlässliche, unumstößliche Wahrheit, und diese Wahrheit ist Jesus selbst** (Joh 14,6) und das Wort Gottes ebenso (Ps 119,160; Joh 17,17). Freilich ist diese Wahrheit den Christen als den Erwählten **aus Gnade offenbar geworden**. Denn von Natur aus ist unser Verstand für geistliche Dinge verfinstert (Eph 4,18). Doch als von Gott Erwählte sind wir Licht und Salz in einer finsteren Welt.

● In V 15 erinnert der Apostel die Thessalonicher an die Lehren, die er an sie weitergegeben hat. Paulus weiß, dass er **aufgrund von apostolischer Vollmacht die verbindliche christliche Lehre vertritt,** und kann darum das Beachten und Befolgen seiner Anweisungen einfordern. „Wer euch hört, der hört mich", hat Jesus einst zu seinen Jüngern gesagt (Lk 10,16). Und auch wenn Petrus die paulinischen Lehren als teilweise „schwer zu verstehen" (2Petr 3,16) bezeichnet, so sind sie dennoch Christi Worte und bis zum heutigen Tag gültig. Daher ist es töricht, Jesu Worte gegen die Worte des Paulus auszuspielen, wie es manche tun. Als Christen haben wir die Briefe des Paulus oder des Petrus genauso hoch zu schätzen und zu beachten wie die Evangelien.

✎ *Mit der biblischen Wahrheit finden wir in unserer postmodernen Welt immer weniger Gehör. Welchen weiteren Weg haben wir noch, um Menschen mit dem Evangelium zu erreichen? Bitte lesen Sie Mt 5,16 und 1Petr 2,11f.*

● Paulus weiß, dass die erfolgreiche Ausbreitung des Evangeliums **auf das treue Gebet der Christen angewiesen** ist. Deshalb ruft er in seinen Briefen die Gemeinden immer wieder dazu auf, für ihn und seinen Dienst zu beten (Eph 6,18f; Kol 4,2f).

● Wir wissen nicht sicher, warum Christen aus der Gemeinde in Thessalonich **die Erwerbsarbeit verweigerten**, obwohl Paulus schon in seinem ersten Brief mit klaren Worten dazu aufgerufen hatte (1Thess 4,11). Möglich wäre, dass sie aufgrund der Naherwartung von Jesu Wiederkunft keinen Sinn mehr darin sahen, noch zu arbeiten. Sie lebten von ihren Ersparnissen und warteten ansonsten nur noch auf das Ende. Doch eine solche Haltung weist der Apostel mit Nachdruck zurück – und verweist dabei auch auf das eigene Beispiel, während seines Besuchs in Thessalonich durch eigener Hände Arbeit der Gemeinde nicht auf der Tasche gelegen zu haben. Wer keiner Arbeit nachgeht, obwohl er dies könnte, hat auch kein Recht auf Nahrungsmittel. Ja, Paulus verbietet Christen den Kontakt mit solchen Gemeindegliedern, die nicht gemäß der christlichen Ethik leben. Solche **Gemeindezucht** verfolgt dabei letztlich das Ziel, dass Menschen wieder zurechtgebracht werden. Daher ermahnt Paulus auch dazu, nicht zu viel Härte zu zeigen, sondern die zu ermahnende Person immer noch als Gläubigen (und nicht als Feind) zu betrachten (V 15).

● Weil Paulus seine Briefe gelegentlich einem Sekretär diktierte (vgl. Röm 16,22), fügte er **seine eigenhändige Unterschrift** an (V 17). So konnten die Empfänger erkennen, dass der Brief authentisch war. Angesichts von Fälschungen, die es auch damals schon gab, war dies ein wichtiges Erkennungszeichen für die Echtheit des apostolischen Schreibens.

✎ *Bitte lesen Sie Mt 18,15-17. Welche Stufen der Gemeindezucht hat Jesus seinen Jüngern geboten?*

● Psalm 24 lässt sich in zwei Teile aufteilen, die je durch mehrere Strophen wohlüberlegt gestaltet sind.

→ In Teil I führen Strophe 1 (V 1-2) und Strophe 3 (V 5-6) aus, wie die Königsherrschaft Gottes in die Welt (V 1-2) bzw. in das Leben jeder einzelnen Person des Volkes Gottes (V 5-6) hineinwirkt. Im Zentrum (V 3-4) steht die Frage, wer Gott an dessen Herrschaftssitz („des HERRN Berg") begegnen kann.

→ In Teil II wechseln die Strophen zwischen Aufforderung, für den HERRN Raum zu schaffen (V 7.9), und Bekenntnis über Gott (V 8.10).

● Beide Teile in Psalm 24 **bereiten auf die Begegnung mit Gott** im Tempel **vor**. Sie heben dabei bestimmte **Kennzeichen der Königsherrschaft Gottes** hervor und benennen jeweils **eine dafür angemessene Haltung der Menschen.**

→ Wer in der Begegnung mit Gott auf dem Zionsberg in Jerusalem Segen empfangen möchte, sollte im eigenen Alltag diesen Segen nicht durch Hand, Herz oder Mund ins Gegenteil verkehren (V 3-4).

→ Und wer Gott im Tempel aufsucht, sollte sich auf eine alle irdischen Rahmen sprengende Begegnung mit Gott gefasst machen (V 7.9).

● Lesen wir Psalm 24 am 1. Advent, kann sich uns so manches über **die Königsherrschaft Gottes in Jesus von Nazareth** erschließen:

→ Das Alte Testament kündigt (wie in Psalm 24) an, dass Gott selbst zu seinem Volk und zu den Menschen (V 7.9) kommt. Gott macht sich auf den Weg. Im Neuen Testament zeigt sich: Gott setzt das in radikalster Form dadurch um, dass er in Jesus selbst Mensch wird.

→ Nutzen wir den Advent, dass wir uns darauf einstellen, dass Jesus Überwinder (V 8) und König (V 7.9) ist und Herrlichkeit (V 7-10) empfängt – aber auf radikal unerwartete Weise: indem er nicht die Sünder, sondern die Sünde überwindet, am Kreuz verherrlicht wird und sein Königtum mit einer Dornenkrone markiert ist.

Der Prophet Sacharja

Haggai und Sacharja, nachexilische Propheten, erwarten die Heilszeit in Kürze. Deshalb drängen sie auf den Tempelneubau und eine eindeutige Umkehr. Sie heben zwei Personen hervor, durch die Gott sein Heilswerk tun wird: den Hohepriester Jeschua (Josua) und den persischen Statthalter **Serubbabel**; ihm wird als Nachkomme Davids messianische Würde zugesprochen (Hag 2,21; Sach 4,6-10). Ihre Worte, datiert zwischen 520 und 518 v.Chr., tragen wesentlich dazu bei, dass eine **neue religiöse Ordnung** entsteht, nachdem Persien die Macht hat und Israel keine politische Größe mehr ist, sondern nur noch eine Kultgemeinde.
Das Buch besteht aus **zwei Teilen**: **Kap. 1–8** und **9–14. Teil 1** ist bestimmt von acht datierten Nachtgesichten. Was Sacharja sieht, muss ihm aber durchgängig ein Engel erklären: Gott wird die Völkerwelt umgestalten, die Lage des Volkes verbessern; Jerusalem wird nicht vermessen, Gott selbst sorgt für Aufbau und Besiedlung; Jeschua und Serubbabel werden gestärkt; die Völker werden bestraft, aber auch ins künftige Heil einbezogen (8,20-23); Jerusalem wird gereinigt; die im Exil Verbliebenen werden Gottes Geist erfahren.
In **Kap. 9–14** finden sich keine Datierungen mehr; sie scheinen in eine spätere Zeit zu gehören. Themen des ersten Buchteils tauchen erneut auf, werden aber mit neuen Bildern ausgedrückt, z. B.: Anbruch der Heilszeit, Gottes Fürsorge für Jerusalem, Heimkehr und Sammlung Israels, Entmachtung der Völker, aber auch ihr Anschluss an Israel (9,7; 14,16ff), und zuletzt Gottes Herrschaft: „An jenem Tage wird Jahwe der Einzige und sein Name einzig sein" (14,9).
Einige Texte aus Sach 9ff werden im Neuen Testament zitiert: „Siehe, dein König kommt zu dir" (9,9) in Mt 21,4; „Ich nahm die 30 Silberlinge und warf sie ins Haus des HERRN" (11,13) in Mt 27,9f; „Sie werden mich ansehen, den sie durchbohrt haben" (12,10) in Joh 19,37; „Es wird keinen Händler mehr geben" (14,21) in Mt 21,12.

Wir schreiben das Jahr 520 v.Chr. Große Teile des jüdischen Volkes sind aus dem babylonischen Exil nach Jerusalem zurückgekehrt. Der Prophet Haggai, ein Zeitgenosse Sacharjas, hatte die Bevölkerung zum Tempelbau aufgefordert. Inzwischen ist der neue Tempel am Entstehen. Da ergreift der Priester Sacharja das Wort. Seine Botschaft ist tief und weit. Es geht um die großen Perspektiven, um den Heilsplan Gottes für Israel und alle Welt.

- Sacharja („der Herr gedenkt") blickt zurück in die Geschichte des Volkes Israel. Dabei bezieht er sich auf die **Väter**. Diese standen unter Gottes Zorn, der seinen Höhepunkt in der Zerstörung Jerusalems im Jahr 587 v.Chr. und dem Exil des Volkes fand. Zorn bedeutet nichts anderes, als dass Gott sich von seinem Volk abwendet und es sich selbst überlässt.
- Das gegenwärtige Israel soll umkehren. Wir achten auf ein wichtiges Detail: Die Umkehr soll **„zu mir"** (V 3), also zum Herrn geschehen. Konkret heißt das: Umkehr von den „bösen Wegen" und dem „bösen Tun" (V 4). Das auf sich selbst bezogene und auch selbstgerechte Volk soll sich dem zuwenden, von dem allein Barmherzigkeit und Hilfe zu erwarten ist. Gott sucht die Beziehung zu seinem Volk. Es soll die eigenen Wege und die alten Gleise verlassen. **Bekehrung tut not. Nur so wird die Kirche neu.**
- Die Antwort auf die Umkehr des Volkes besteht in der Zuwendung Gottes. Wie ist das zu verstehen? Ist Gott erst dann gnädig, wenn wir zu ihm umkehren? Martin Luther kann uns weiterhelfen, wenn er sagt: **Buße tun heißt: umkehren in die offenen Arme Gottes**. Erst die Umkehr lässt uns Gottes Gnade finden. Gott selbst wartet, um seine abtrünnigen Kinder in Empfang zu nehmen.
- Die Väter sind inzwischen gestorben. Auch die früheren Propheten sind inzwischen von der Bühne verschwunden. **Gottes Wort aber blieb in Kraft und hat getan, wozu der Herr es gesandt hatte** (Jes 55,11). Das Gericht wurde vollzogen.

Wir machen uns zunächst die Szene klar. In der Nacht erhält Sacharja eine Botschaft von Gott in Form einer Vision. Wir nennen diese Visionen auch Nachtgesichte. Insgesamt sind es acht, die Sacharja zu sehen bekommt. Interessant ist, dass das Datum dieses Visionsempfanges genau bestimmt ist. Sacharja sieht einen Mann auf einem roten Pferd. Ihm folgen rote, weiße und braune Pferde. Der rote Reiter bringt sein Pferd zwischen Myrtensträuchern zum Stehen. Diese befinden sich in der Tiefe (in einem Tal?). Wir verzichten an dieser Stelle auf eine symbolische Auslegung und belassen es bei einer reinen Ortsangabe. Außerdem sind zwei Personen zu sehen. Der eine wird schlicht „Mann" genannt und wird auch in den anderen Gesichten eine Rolle spielen. Die andere Person ist ein Engel, der das Geschaute für Sacharja erklärt. Wie lautet nun die Botschaft des Bildes?

→ Gottes Heer durchzieht die Welt. Neben den irdischen Mächten und Herrschaften existiert in unserer Welt noch eine himmlische Heerschar. Diese untersteht Gott. Durch sie lenkt und steuert Gott die Geschicke der Welt, auch ihre Kriege.

→ Das Ergebnis der himmlischen Welterkundung lautet: **Die ganze Erde ist ruhig und still.** Die Völkerwelt scheint sich in großer Sicherheit zu befinden. Ist es die Ruhe vor dem Sturm? Ist es ein dauerhafter, ist es ein göttlicher Friede, oder ist dieser Friede zerbrechlich?

→ Die Antwort des Engels an Sacharja gibt darüber Aufschluss. Unter den Nationen herrscht wohl Sicherheit. Doch Israel liegt darnieder. Die Nationen erscheinen stolz und mächtig. Israel aber liegt im Staube.

→ Eine Zeitenwende steht bevor. Gott wird sich Israel wieder zuwenden. Gott wird den Messias senden. **Die entscheidende Zeitenwende in dieser Welt geht von Gott und nicht von Menschen aus.** Bei allen Verunsicherungen, die unsere Welt in Atem halten, können wir trotzdem aufatmen. Gott bleibt uns in Christus zugewandt.

Atemberaubend geht es weiter. Im **zweiten Nachtgesicht** (V 1-4) sieht Sacharja vier Hörner. Hörner stehen für Kraft und militärische Stärke. Auch der Prophet Daniel (Dan 7,19-24) verbindet das Bild des Hornes mit Macht und Gewalt. Wir folgen der klassischen Auslegung, die in jenen Hörnern die Weltreiche Babylon, Persien, Griechenland und Rom sieht. **Es sind die Hörner, die Juda samt Israel und Jerusalem zerstreut haben.** Angesichts ihrer Brutalität wagte es niemand, sein Haupt zu erheben (V 4). Die Weltreiche und das Reich Gottes befinden sich im Kampf. Dabei scheint das Reich Gottes, repräsentiert durch Israel und die Gemeinde, zu unterliegen.

• Ein anderes Bild tritt nun ergänzend zum Bild der Hörner hinzu. Sacharja sieht vier Schmiede. Stellen wir uns einen Schmied mit einem großen Schmiedehammer vor. Auch er steht für Macht und Kraft. In dem geschauten Bild ist die Aufgabe der vier Schmiede klar definiert. Sie sollen die Hörner abschlagen. Die Schmiede sind Gerichtswerkzeuge Gottes. Sie sind dazu bestimmt, die gottfeindlichen Weltreiche zu zerstören. **Die Zeit der Weltreiche ist begrenzt. Ihre Macht steht unter Gottes Macht, der ihnen ein Ende setzen wird.**

• Auch **das dritte Gesicht** (V 5-9) lässt uns tief blicken. Da ist einmal ein Mann mit einer Messschnur, die er gebraucht, um die Länge und Breite Jerusalems auszumessen. Der Hintergrund ist der Bau der Stadtmauer und welchen Umfang diese Mauer haben sollte. Nun aber wendet sich das Bild. Ein anderer Engel tritt dem ersten Engel entgegen und kritisiert das Vorhaben des Mannes mit der Messschnur. Jerusalem bedarf keiner Mauern. Denn Gott selbst wird sich um seine Stadt, sein Volk, seine Gemeinde wie eine feurige Mauer legen. Hier ist an das neue Jerusalem, die Gemeinde Jesu, zu denken. **Die Gegenwart Gottes ist der eigentliche Schutz für seine Gemeinde. Keine Macht der Welt wird sie jemals überwinden können.**

Unser heutiger Abschnitt enthält keine Vision, sondern ein direktes Gerichtswort an Babylon. Darauf deutet das zweifache **„Wehe"** hin. Babylon ist dem Untergang geweiht. Gottes Volk soll daher die Stadt verlassen und nach Jerusalem fliehen. Babylonien wird hier als **Land des Nordens** bezeichnet, obwohl es doch geografisch östlich von Israel liegt. Diese Bezeichnung war üblich und hat damit zu tun, dass die babylonischen Heere von Norden her nach Israel einfielen. Eine Fülle geistlicher Schätze zeigt sich im Folgenden:

- Zunächst werden die beiden Weltmetropolen Babylon und Jerusalem beschrieben. Babylon steht für die gottlose Weltmacht, das gottfeindliche System unserer Welt, das am Ende dem Untergang geweiht sein wird (vgl. Offb 18,2). Jerusalem steht für die Stadt Gottes, in der die Menschen Heil, Segen und Frieden finden.
- Das Volk Gottes soll Babylon verlassen. Interessant ist der Hinweis in Offb 18,4. Dort ergeht die Aufforderung an das Volk Gottes: **„Geht hinaus aus ihr, mein Volk, dass ihr nicht teilhabt an ihren Sünden." Christen sind Bürger des Reiches Gottes. Christus hat sie aus Babel, der Weltmacht der Sünde, freigekauft.**
- Die Gemeinde ist Gottes Augapfel. Wie das Auge in der Stirnhöhle geschützt ist, so ist Gottes Volk bei Gott geborgen. Wer dieses Volk antastet, tastet Gott selbst an und muss mit seinem Gericht rechnen.
- Der HERR selbst wird in Zion, bei seinem Volk, wohnen. Wir denken an Johannes 1,14: **„Das Wort wurde Fleisch und wohnte unter uns."**
- Auch die Völkermission gerät in den Blick (V 15). Gottes Heil geht über Israel hinaus und die Völker werden sich zum HERRN wenden.
- Einen letzten Schatz dieses Abschnittes wollen wir nicht vergessen: Wer ist der geheimnisvolle Gesandte, von dem hier immer wieder die Rede ist (V 12.13.15)? Es ist wohl kaum der Prophet. Es ist der königliche Gesandte des HERRN, der Messias Israels und aller Welt (Sach 9,9).

Das **vierte Nachtgesicht** stellt uns eine kaum zu überbietende Fülle vor Augen. Zunächst bekommen wir Einblick in eine himmlische Gerichtsszene, in welcher der Hohepriester Jeschua, der Satan als Verkläger sowie der Engel des HERRN beteiligt sind.

● Im Hintergrund der Anklage Satans steht die Frage der Anfechtung: Kann Gott diese Stadt Jerusalem tatsächlich zu seiner Wohnung machen? Hat sie in seiner Geschichte nicht immer wieder versagt? Hat sie nicht ständig die Gebote Gottes gebrochen? Wie kann Jerusalem solcher Gnade überhaupt würdig sein? Der Satan setzt genau an diesen Punkten mit seiner Anklage ein.

● Der Hohepriester Jeschua steht hier nicht allein als Privatperson vor Gott, sondern als Repräsentant des Volkes. Seine Kleider aber sind unrein. So wie er ist, kann er vor Gott nicht bestehen. Es bedarf eines Aktes der Reinigung.

● Es folgt das Überraschende. Nach der Anklage durch Satan wendet sich der Engel des HERRN nicht gegen Jeschua, sondern gegen Satan: **„Der HERR schelte dich."** Jeschua bzw. das von ihm repräsentierte Jerusalem wird dagegen Gnade erfahren. Allerdings nicht deshalb, weil es diese Gnade verdient hätte, sondern weil der Herr die Stadt erwählt hat. Das Bild des geretteten Brandscheits unterstreicht diesen Gedanken. Jerusalem hätte wegen seiner Sünde die totale Vernichtung verdient. Gott aber hat es aus dem Feuer gerettet.

● Es folgt ein Akt der Begnadigung. Jeschua bekommt neue Kleider und dazu einen Turban. Dieser war mit der Aufschrift **„Heilig dem HERRN"** versehen (2Mose 28,36). Verpflichtung und Verheißung begleiten ihn und seine Gemeinde fortan. Sie haben direkten Zugang zu Gott. Seine Worte sollen sie bewahren.

● Die Perspektive aber reicht noch weiter. Der Spross, der Messias, und Gottes großer Versöhnungstag sollen kommen. **Vergebung bedeutet nicht nur Wegnahme von Schuld, sondern immer auch Kleiderwechsel und damit Würdigung und Auszeichnung!**

● In den ersten vier Gesichtern war vom Gericht über die Völker, vom Heil für Jerusalem und der Reinigung der Gemeinde die Rede. **Nun richtet sich der Blick auf Gott selbst und seine Gegenwart**, die durch den Leuchter symbolisiert ist. Ein goldener Leuchter befand sich in der Stiftshütte. **Gott selbst ist das Licht** (vgl. Offb 22,5). **Gerade in dunkler Zeit leuchtet Gott, der HERR, als Licht in unserer Welt. Wer sich diesem Licht zuwendet, wird selbst erleuchtet.**

● Über dem Leuchter befindet sich ein Ölbehälter in Form einer runden Schale. Aus dieser Schale fließt über Ausgüsse („Schnauzen") das Öl in die Lampen. Links und rechts neben der Schale stehen zwei Ölbäume. Über zwei Röhren geben sie ihr Öl direkt weiter in die Schale. Von dort aus fließt es dann weiter zu den Lampen. Die folgende Deutung liegt nahe: **Das Öl symbolisiert den Heiligen Geist. So wie die Lampen nie aufhören zu leuchten, da ihr Öl-Vorrat unerschöpflich ist, so hört auch Gottes Gegenwart im Geist in unserer Welt niemals auf. Gottes Geist ist unter uns. Selbst in tiefster Nacht.**

● Diese Deutung liegt ganz im Duktus der folgenden Verse. Es ist ein Wort an Serubbabel, den Statthalter in Juda, der mit dem Tempelaufbau beauftragt war. **Der Bau des Tempels ist keine Angelegenheit menschlicher Kraft, Macht und Stärke, sondern ein Werk Gottes.** Übertragen auf den Aufbau der weltweiten Kirche bedeutet dies, dass Gott selbst seine Kirche baut. **Gottes Geist fügt Menschen zur Gemeinde hinzu.** Die Gemeinde ist Zeuge seiner Gegenwart und Wahrheit in der Welt.

● Abschließend noch ein Hinweis zur Bedeutung der beiden Zweige, die aus den Ölbäumen sprossen. Es handelt sich dabei um den königlichen Serubbabel und den priesterlichen Jeschua als Repräsentanten und Diener Gottes. **Fürbittend und regierend stehen sie vor dem Herrn der Welt und verweisen damit auf den einen König und Priester Jesus Christus.**

● **Hannas Lobgesang markiert eine Zeitenwende in der Geschichte des alten Israel.** Hanna ist die Mutter Samuels, der als Richter und Prophet Jahwes den Übergang von der Richterzeit zur Königszeit begleitet. Es war die Aufgabe Samuels, den ersten König Israels zu entdecken und zu salben (1Sam 10,1).

● Samuel war ein spätes Kind. Erst nach langer und leidvoller Zeit der Kinderlosigkeit hatte Hanna den Sohn geboren. Sie hat ihn als besonderes Gottesgeschenk erkannt. Deshalb sollte er im Tempel heranwachsen und erzogen werden. Bei der Übergabe an die Priester erklingt Hannas Lobgesang.

● Die so lange Zeit Kinderlose preist die Kraft und Vitalität Jahwes, die sie als Mutter erleben darf (V 1). Alle Schmähungen wegen ihrer Kinderlosigkeit, die sie so lange ertragen musste, sind nun vorbei.

● **Jahwes Majestät ist unvergleichlich, es gibt keine Macht, die neben ihm bestehen könnte** (V 2). Deshalb seien alle Übeltäter gewarnt: Der Verantwortung vor ihm wird sich niemand entziehen können (V 3)!

● In vielfältigen Gegensatzpaaren (V 4-8) wird Jahwes Eintreten für die Schwachen und Benachteiligten gepriesen. **Jahwe ist ein Gott der Gerechtigkeit, der unablässig dafür sorgt, dass die Armen zu ihrem Recht kommen.**

● In allem Umsturz, den Jahwe wirkt, bleibt gewiss: **Er ist der Schöpfer und hat alles in der Hand** (V 8b). **Wer sich zu ihm hält, ist behütet**, aber die Gottlosen werden zunichte (V 9f).

● Das Lied endet mit dem Ausblick auf Samuels künftiges Wirken (V 10b): **Israel wird einen König haben. Und er wird mit Macht ausgestattet, damit er für Recht und Gerechtigkeit sorgt** (5Mose 17,18f; 2Sam 8,15).

An einem weiteren Wendepunkt der Geschichte erklingt das Magnifikat (Lk 1,46-55), der Lobgesang der Maria. Welche Übereinstimmungen zum Lied der Hanna sehen Sie?

Gottes heilige Gegenwart verträgt sich nicht mit der Sünde. War in der vierten Vision von Gottes Gegenwart die Rede, so geht es in der **fünften und sechsten Vision** um das Gericht Gottes über die Sünde.

● Die Schriftrolle, die Sacharja sieht, symbolisiert das Gesetz Gottes. Im Gesetz werden diejenigen verflucht, die dem Willen Gottes ungehorsam sind (5Mose 28,15ff). Konkret ergeht dieser Fluch über die Diebe und diejenigen, die Gottes Namen missbrauchen. Gottes Wort verspricht nicht nur Heil. Es markiert auch die Sünde und stellt sie unter das Gericht. **„Gottes Geist wird der Welt die Augen auftun über die Sünde und über die Gerechtigkeit und über das Gericht"** (Joh 16,8). **Die Erneuerung der Gemeinde und die Reinigung von Schuld gehen daher Hand in Hand.** Die Größe der Schriftrolle erinnert dabei an das große Ausmaß der Schuld.

● Mit der Tonne in der sechsten Vision ist ein Epha gemeint. Ein Epha bezeichnet ein Hohlmaß von etwa 40 Litern. Mit seiner Größe ist auch die Größe der Sünde umschrieben. Die Tatsache, dass die Sünde hier mit einer Frau identifiziert wird, hat damit zu tun, dass Götzendienst im Alten Testament immer wieder als Hurerei, als Abfall von Jahwe, dem treuen Herrn, bezeichnet wird. In Offenbarung 17 wird das weltweit präsente System der Sünde als **Hure Babel** bezeichnet.

● Dass die Sünde schließlich mit einem Bleigewicht gedeckelt wird, lässt die Deutung zu, dass die Sünde die Tendenz besitzt, sich auszubreiten, und doch von Gottes Macht begrenzt wird.

● Schließlich wird die Sünde von zwei Frauengestalten weggeschafft. Sie kann in Gottes Gegenwart nicht bestehen. Sie wird in Schinar, dem Land Babel, ihre Stätte finden.

Sünde bezeichnet nicht nur einzelne Verfehlungen. Sie tritt vielmehr als Macht auf. Wo erlebe ich den Kampf mit dieser widergöttlichen Macht?

Um die letzte Vision zu verstehen, tragen wir zunächst unsere Beobachtungen zusammen:

→ Die vier Pferdewagen treten zwischen Bergen hervor. Berge sind in der Bibel Wohnstätten Gottes.

→ Die Pferdewagen werden mit den Winden des Himmels identifiziert.

→ Sie gehen von Gott aus, dem Herrscher der ganzen Welt.

● Wieder handelt es sich um ein globales Geschehen, das von Gott ausgeht. Dieses Bild aber hat einen anderen Charakter als in der ersten Vision, in der ebenfalls von Pferden die Rede ist, die alle Welt durchziehen. Ist der Pferdezug dort die Vorbereitung des Gerichtshandelns Gottes, **so verweist dieser zweite Pferdezug auf ein heilvolles Geschehen. Gottes Herrschaft ist im Kommen und geht aus in alle Lande. Sie lässt sich jedoch nicht mit Heer oder Kraft** (Sach 4,6) **durchsetzen, sondern kommt durch Gottes Geist. Die hier erwähnten vier Winde des Himmels sind nichts anderes als Gottes Geistesmacht, die sich universal in aller Welt ausbreitet.** Dass dies dennoch ein Kampfgeschehen ist, ein Kampf des Lichtes gegen die Finsternis, ist durch das Bild der Rosse mit den Wagen angedeutet.

● Aufmerksamkeit verdient der Umstand, dass Gottes Geist auch in das Land des Nordens transportiert wird. Dieses wurde immer wieder mit Babylon, also dem Ort größter Finsternis, identifiziert. **Welch ein Trost! Gottes Geist wird auch das Land der Sünde am Ende überwinden! Seine Herrschaft wird wirklich universal sein!**

● Ein Blick in das Neue Testament ist an dieser Stelle aufschlussreich. In den Endzeitkapiteln der Evangelien ist vom Kommen des Menschensohnes die Rede. Dieses wird als ein globales Ereignis verstanden, das alle vier Winde des Himmels umfasst (Mt 24,31). Die hier beschriebenen Rosse mit ihren Wagen bereiten das endzeitliche Kommen des Menschensohnes vor. **Die Bitte des Vaterunsers „Dein Reich komme" wird am Ende der Tage in Erfüllung gehen. Der Messias bringt uns Gottes Reich.**

Unser Abschnitt bildet den **krönenden Abschluss der acht Nachtgesichte**. Zunächst zur Situation: Eine kleine Delegation von babylonischen Exulanten war in Jerusalem eingetroffen. Von Babel bringen sie Gold und Silber mit, das vermutlich als Spende für den Tempelbau gedacht war. Daraus soll Sacharja eine Krone anfertigen und sie auf das Haupt des Hohepriesters Joschua setzen. Was aber bedeutet diese Symbolhandlung?

● Aufschluss gibt uns das prophetische Wort Sacharjas: **„Siehe, es ist dein Mann, der heißt Spross."** Das Wort **Spross** hat bei den Propheten einen unmissverständlich messianischen Klang. So heißt es in Jeremia 23,5: **„Siehe, es kommt die Zeit, spricht der HERR, dass ich dem David einen gerechten Spross erwecken will. Der soll König sein."** Mit dem Spross ist daher nicht der Hohepriester Jeschua gemeint, vielmehr der kommende Messias. Jeschua ist nur ein Vorläufer oder Zeichen für dessen Kommen. Interessant ist auch, dass der hier bezeichnete Mann bereits in 1,8 und 2,5 erwähnt wird.

● Die Aufgabe des Messias wird der Tempelbau sein. Dies wird allerdings ein anderer Tempel sein als derjenige, dessen Bau gerade begonnen hat. Es wird der neue Tempel sein. **Der Messias wird Gottes Reich bringen, das mitten in seiner Gemeinde beginnt.**

● **Der Messias wird vom königlichen Thron des HERRN aus weltweit herrschen. Auch die Völker werden zu ihm kommen, um an seinem Reich mitzubauen.**

● In seiner Person werden das königliche und priesterliche Amt verbunden werden. **Der Messias wird Priester und König sein.** Der Hebräerbrief greift diese Linie auf, wenn er in der Tradition des Melchisedek Christus als Priester und König beschreibt (Hebr 7,1ff).

Sacharja ist ein durch und durch messianischer Prophet. **In seinen Visionen und der abschließenden Zeichenhandlung sieht er den kommenden Priesterkönig Jesus Christus, den Mann mit der Dornenkrone, der zugleich der Herrscher der Welt ist.**

Jerusalem liegt immer noch zerstört danieder (V 7). Einige sind zurückgekehrt und versuchen – bislang vergeblich –, den Tempel als Zentrum von allem wiederaufzubauen. 70 Jahre haben sie zum Gedenken an die Katastrophe, die das Volk erlebt hat, jedes Jahr im fünften und siebten Monat gefastet. Nun kommen Gesandte aus *Bethel* und fragen bei Gottes Leuten, Propheten wie Priestern, an: Wann können wir mit dem Fasten aufhören; **wann hilft Gott denn endlich?** Sie sind verzweifelt und müde. Es ist nun wiederum schon der 5. Monat im Verlauf des Jahres, an dem sie fasten, sich kasteien, beten und Jahwe durch ihre Frömmigkeitsübungen zu „besänftigen" (wörtl. V 2) suchen.

● Der Prophet antwortet im Namen Gottes: **Ihr habt eure Chance doch gehabt.** Ihr sucht meine Antwort. Dabei habe ich doch schon zu euch geredet. Ihr habt nur nicht gehört. Das sind jetzt die Konsequenzen (V 13-14). Eure übermäßigen Frömmigkeitsübungen, mit denen ihr mich zu beeinflussen sucht, beeindrucken mich nicht: „Habt ihr etwa *mir* gefastet?" (V 5). Mit anderen Worten: Es geht doch wieder nur um euch, um euren Willen, es geht euch gar nicht um mich. **Das Fasten hat euch nicht verändert.**

● Und dann wiederholt Sacharja die Worte früherer Prophetie. Die Weisung Gottes ist ganz einfach: Schützt das so gefährdete individuelle Leben, schützt das kollektive Zusammenleben, vor allem die unter euch, die bedroht sind. Manipuliert nicht das Recht, vor allem nicht das der wehrlosen Menschen. Nutzt die Notlagen und Schutzlosigkeit anderer nicht aus. Versteht euch als Familie, in der ein „Bruder" (V 9) dem anderen Güte erweist und sein Leben fördert. **Lebt eine Gemeinschaft, in der jeder zurechtkommt. *Das* ist Gottes Wille.**

Wo gibt es in meiner Umgebung „Nächste", an die Gott mich weist und für die ich Verantwortung habe?

Das Volk befindet sich in einer verzweifelten Lage, fern der Heimat, zerstreut. In dieser schweren Situation ergeht Gottes Wort. Es hilft mehrfach:

→ Wichtig ist schon, **dass Gott überhaupt redet**; dass er sich wieder zuwendet. Dass er die Kommunikation sucht, immer neu bis hin zum fleischgewordenen Wort, **logos** (vgl. Joh 1,1-18) – das ist sein Wesen.

→ Auch wenn Gott scheinbar dem Grundsatz folgt: *Wie ihr mir, so ich euch; wenn ihr nicht hört, höre ich auch nicht; wenn ihr euch abwendet, wende ich mich auch ab* (7,13), so lebt er ihn doch in glücklicher Inkonsequenz. **Er kehrt zurück zu Zion, zu Jerusalem, zu seinem Volk** (8,3).

→ Er bleibt damit auch sich selbst treu. Für uns heißt das: **Er ist verlässlich.** Er hält an seinen Zielen fest. Er macht sie nicht abhängig von uns, auch wenn er ggf. die Mittel ändert, um sie zu erreichen. So kann er etwa den Menschen ihren Willen lassen (V 10), damit sie – ausweglos geworden – umkehren.

→ Durch den Mund der Propheten erhellt er die *Logik* des eigenen Ergehens. Vertreibung, Diaspora und Verwüstung sind Folgen der Verstockung (7,11). Wer sich abwendet von den guten Weisungen Gottes, der muss – sich selbst überlassen – die Konsequenzen ertragen.

→ Dieser Gott ist dennoch Güte, Barmherzigkeit, Liebe. Er lässt es nicht bei der von uns herbeigeführten Entfremdung; er überlässt uns nicht uns selbst. Er kommt neu auf uns zu. „Aber nun …" (V 11).

→ Aus seiner Liebe resultiert neue Zukunft, die alles überbietet, was bisher war. Vorbei die Vergeblichkeit unseres Tuns, Unfrieden, Krieg aller gegen alle (V 10). In endzeitlichen Farben des Heils (V 10.12f) wird deutlich, was es bedeutet, wenn der HERR bei seinem Volk wohnt (V 2).

✎ *Wie oft redet Gott in unserem Abschnitt? Wo redet er in meinem Leben und ich höre nicht?*

● Wenn wir in einer schwierigen Lage sind, hilft es uns oft schon, über die gegenwärtige Situation hinauszudenken, das Ganze einer Entwicklung in den Blick zu nehmen und sich nicht in der Gegenwart zu verrennen. Der Prophet Sacharja übt im Namen Gottes genau diese Seelsorge. Er macht das Geschick, unter dem die Juden leiden, durchsichtig als **Folge des Nicht-hören-Wollens**. Nur die Rückkehr zum elementaren, schlichten Tun des Willens Gottes kann helfen (V 16f). Darüber hinaus – und nun schlägt Prophetie als Seelsorge in Prophetie als Zukunftsschau um – eröffnet er den Horizont hin zu dem, was Gott zu tun **gedenkt** (V 15).
● Das Panorama, das sich ergibt, ist gewaltig. Die Juden haben zwar alles verloren: Land und Heimat, den Zion und den Tempel und ihr Königtum. Sie leiden unter den Anfeindungen ihrer Nachbarn (Esra 4,23f) und haben es 70 Jahre lang nicht geschafft, den Tempel wiederaufzubauen. Sie sind eine ganz kleine Truppe. Aber sie haben Gott auf ihrer Seite, nicht nur irgendeinen, sondern den, der letztlich die Macht hat: den **Gott Zebaoth**, wörtlich übersetzt: den **Herrscher der Heere**. Allein in unseren Versen werden sie achtmal an seine Macht erinnert. Da er selbst für Juda und Jerusalem die Initiative ergreift, ist es nicht verwegen oder unrealistisch zu fordern: **„Fürchtet euch nur nicht!"** (V 15). Tatsächlich dürfen die aus der Verbannung zurückgekehrten Juden erfahren, wie König Darius (521–485 v.Chr.) den Wiederaufbau des Tempels in Jerusalem ermöglicht (Esra 4,5). Das Heilshandeln Gottes überbietet aber noch alle Vorstellungen und Erwartungen. Israel und Juda, die unter den Heidenvölkern als verflucht galten (V 13), werden einen solchen **Segen** erfahren (V 13), dass die Heiden-Völker zum Zion pilgern, um hier den wahren Gott anzuflehen (V 20-22) und die zu befragen, die erlebt haben, dass der Jahwe Zebaoth **mit ihnen** ist (V 23).

● **Maria jubelt. Freude sprudelt aus ihrer Seele.** Sie lobt Gott, ihren Retter (Luther: „Heiland", V 47). Warum? Sie ist schwanger. Aber seltsam: Das Kind erwähnt sie mit keinem Wort. Es verbirgt sich hinter dem Lob: Gott „hat Großes an mir getan". **Das „Große" an der „Niedrigen"** (V 48f) **– das bestaunt Maria.** Wobei der Zeitpunkt interessant ist: Nicht sofort nach der Botschaft des Engels findet sie zum Lob. Erst als bei der Begrüßung Elisabeths das Baby in ihrem Bauch hüft (V44), stimmt sie ihren Jubel an. **Der Weg vom staunenden Erleben zum befreiten Loben braucht manchmal seine Zeit.**

● Maria lobt Gott in Form eines Psalms. Dabei hat sie ein Vorbild im Gebet der Hanna (1Sam 2,1-10). Mit ihr verbindet sie die Erfahrung einer „wunder"baren Schwangerschaft. Wie Hanna besingt Maria Gottes Größe, seine Barmherzigkeit und Stärke. Auch sein Eingreifen in die Ungerechtigkeit der Welt: Gott stößt Mächtige vom Thron, speist Hungrige, lässt Reiche leer ausgehen. **So preist Maria schon den Beginn des Reiches Gottes; Jesus wird es anbrechen lassen und einmal vollenden.** Bis dahin soll es in der Gemeinde Jesu Gestalt finden. Maria hat die kommenden Generationen schon im Blick (V 48.55).

● Das Gebetslied der Maria wird nach seinem lateinischen Beginn **„Magnifikat"** genannt; es wurde unter diesem Titel oft vertont. Es ist das erste von drei Gebetsliedern, die das Wunder der Geburt von Jesus Christus umrahmen: nach dem „Magnifikat" der Maria das **„Benediktus"** des Zacharias (Lk 1,68-79) und das **„Nunc Dimittis"** des Simeon (Lk 2,29-32). In der Liturgie vieler Kirchen haben sie ihren festen Platz.

„Es ist das leidenschaftlichste, wildeste, ja man möchte sagen revolutionärste Adventslied, das je gesungen worden ist."
Dietrich Bonhoeffer

Inmitten der Zerstörungsorgie, die der Prophet für die Israel und Juda bedrängenden Nachbarn ankündigt (V 1-6), scheint in V 9 das Weihnachtsevangelium auf: „Tochter Zion, freue dich!" (EG 13). So sehr Kriegshandlungen des Herrn der Heere notwendig sind, umso mehr ragt heraus, was hier über das Ziel des Handelns Gottes angesagt wird: ein offenbar erwarteter messianischer Friedenskönig (**dein** König, V 9). Für einen endzeitlichen Herrscher, der unbegrenzt regiert (V 10), trägt er merkwürdige Merkmale: Er ist **Helfer** (vgl. Hos 1,7), nicht Despot. Er herrscht durch **Gerechtigkeit**, nicht durch unwiderstehliche äußere Macht; er kann **Frieden** gebieten zwischen den Völkern, nachdem und obwohl er abgerüstet und die eigenen **Kriegsrosse wie Kriegsbogen** (V 10) **vernichtet** hat. Er herrscht durch das **Wort**, wörtlich übersetzt: Er redet Frieden. Seine Macht ist nicht brutal, sie beruht auf Vollmacht. Sie gründet in seinem Handeln und seinem Habitus. Hier kommt nicht jemand, der Status beansprucht; dieser König reitet auf einer Eselin, dem Reittier der kleinen Leute. Hier scheint der Heilsbringer auf, der sich nicht selbst durchzusetzen sucht, der vielmehr das Heil, den Frieden, das Wohlergehen derer sucht, die ihm anvertraut sind; **der demütige, leidende Gottesknecht** (Jes 53,2); der, der schließlich sein eigenes Leben einsetzt, um das Leben der Menschen zu retten (vgl. Mk 10,45).

● Jesus macht sich diese messianische Weissagung zu eigen, wenn er ganz bewusst auf einem Esel in Jerusalem einreitet (vgl. Mt 21). In ihm kommt diese bereits im AT gelegte spezielle, tiefste und letzte Spur des Handelns Gottes an ihr vorläufiges Etappenziel. Er ist der **Messias-Menschensohn**, der am Ende die Herrschaft Gottes über die ganze Welt durchsetzen und herrschen wird durch das „Schwert seines Mundes" (Offb 1,16).

Die Logik des göttlichen Handelns wird immer deutlicher:

● Gottes Zorn wendet sich in Gnade. Auch wenn sein Volk sich von ihm abgewendet hat und schuldig geworden ist, bleibt er (sich) doch treu. Der HERR Zebaoth rettet das Volk in kriegerischen Auseinandersetzungen (V 9; vgl. 12,2ff).

→ Das Volk kehrt unter der Wirkung des nun nicht nur den Propheten vorbehaltenen, sondern auf alle ausgegossenen Geistes Gottes umfassend um, tut Buße und richtet sich neu aus auf seinen Gott, der es aus der größten Not befreit hat.

→ Eigentlicher, letzter Grund für das **Wehklagen** (V 10-14) ist aber das Leiden Gottes selber: **Sie werden auf mich blicken, den sie durchbohrt haben** (V10). Es handelt sich um die in der jüdischen Auslegungsgeschichte mit am meisten diskutierte Aussage des AT: Jahwe selbst **durchbohrt**? Nach Joh 19,34 wird diese Weissagung bei der Kreuzigung des Sohnes Gottes erfüllt. Was die Mitte des NT-Evangeliums ist, blitzt hier bereits mitten im AT auf: **nicht nur das Mitleiden, sondern das persönliche Leiden, die Herabneigung Gottes, mit der er sich menschlichem Widerstand aussetzt und durch ihn stirbt** (vgl. auch Jes 52,13–53,12; Phil 2,6ff). Im Anblick dieser Liebe kommt es zur umfassenden Umkehr.

→ Die im unfassbaren Leiden Jahwes begründete Umkehr und Wiedergeburt Israels erschließt einen **neuen Zugang zu Gott**. Die Quelle, aus der das Wasser zur Reinigung von den Sünden fließt (4Mose 8,7; 4Mose 19), ist nun unbegrenzt zugänglich. Nun ist es möglich, in einem andauernden, nicht gestörten Zustand des Friedens mit Gott zu leben (Röm 5,1) – begründet im Blut dessen, der für uns durchbohrt wurde; im Blut, das für uns vergossen wurde. Es „macht uns rein von aller Sünde" (1Joh 1,7).

Kenne ich den an mir leidenden Gott?

● Wie mit einem Brennglas fokussieren die Worte des Herrn die **Zeit der globalen, letzten Entscheidungsschlacht gegen Israel** (V 2), in welcher der HERR persönlich in Erscheinung treten wird. Die Schrecken werden drastisch beschrieben (unmenschliche Kriegsführung durch Vergewaltigung von Frauen), erneute Plünderung, Verbannung. Es ist aber der HERR selbst, der in dem Geschehen drin ist, wenn er zunächst alle feindlichen Kräfte bündelt (V 2), um sie anschließend vernichtend zu schlagen. In der Zeit der allergrößten Not wird „dann der Herr kommen" (V 5). Durch ein gigantisches Wunder, die Spaltung des Ölbergs, schafft er Fluchtmöglichkeiten, vergleichbar beim Exodus auf der Flucht vor dem Pharao.

● **Nach dieser Zeit** kommt aber eine weitere, wörtlich **einzigartige Zeit**, mit der eine neue Schöpfung beginnt. Die Naturordnungen der Welt verändern sich. Es gibt weder Tag noch Nacht; weder Kälte noch Frost können dem Menschen schaden. Es beginnt eine neue Zeit des Heils, in der der HERR König ist auf der ganzen Erde.

● Gott schafft dieses Neue aber nur durch furchtbare Gerichte hindurch. Das Böse muss beseitigt werden, bevor es Shalom – Gerechtigkeit, Sicherheit, Wohlleben – geben kann (V 12). Gott als Erschaffer und Erhalter des Lebens ist Feind und Vernichter alles dessen, was Leben bedroht. Nachdem wir im 20. und auch schon im 21. Jahrhundert neu lernen mussten, das radikale Böse ernst zu nehmen, tun wir gut daran, diesem Grundzug biblischer Geschichtssicht nicht die Spitze abzubrechen. **Erst wenn die Macht des Bösen unterworfen ist, kann es Frieden geben.**

✎ *Wo sind wir mit unserem Leben Teil der apokalyptischen Auseinandersetzung? (Vgl. 2Tim 3,12.) Welchen Weg geht Gott als Freund des Lebens, um uns, die wir Leben beeinträchtigen oder gar zerstören, nicht zu verwerfen?*

Der Prophet Maleachi

Maleachi ist ein Prophet der nachexilischen Zeit. Er wirkte vermutlich im 4. Jh. v.Chr. Zu den Umständen von Maleachis Berufung, seiner Herkunft etc. finden sich im Buch keine Angaben. Maleachi ist das letzte Buch des Zwölfprophetenbuches (Hosea – Maleachi). Mit diesem Buch endet auch unser Altes Testament. Es bildet zugleich die **Brücke zum Neuen Testament**: Maleachi kündigt den **Boten an, der dem HERRN den Weg bereiten soll** (3,1), und die Wiederkehr des Propheten Elia vor dem „Tag des HERRN" (3,23). Markus und besonders Matthäus sehen in Johannes dem Täufer den angekündigten Elia (Mk 1,2; Mt 11,10.13.14; 17.10-13).
Der Neustart nach der Rückkehr aus der Gefangenschaft in Babel war mühsam. Inzwischen liegt die Wiedereinweihung des Tempels bereits eine gewisse Zeit zurück; man nimmt es mit den Opfervorschriften nicht mehr so genau (1,6ff). Alle geistlichen Ordnungen scheinen in Auflösung begriffen: Es werden gesetzeswidrige Opfer gebracht (1,6-14), bei Tempelabgaben („Zehnten") getäuscht (3,6-12), Ehen leichtfertig aufgelöst (2,10-16). Die Priester nehmen ihren Auftrag nicht ernst, nehmen in allem Rücksicht auf die Person (2,1-9). Die Skepsis wächst, ob Gott sein Volk überhaupt liebt (1,2-5), ob es überhaupt Sinn macht, Gott zu dienen (3,13-21).
Maleachi versucht, in sechs gleichartigen Streitreden bzw. Lehrdisputationen die Meinung der Leute aufzugreifen, sie zu bestreiten, mögliche Gegenargumente ernst zu nehmen, Gottes Wegweisung vertiefend zu entfalten und Folgen aufzuzeigen. Aus dem Propheten wird ein seelsorgerlicher Lehrer, der eine „Verkündigung im Gespräch" praktiziert, der argumentativ Menschen für Gottes Ziele gewinnen und sie zur Umkehr in Gottes Nähe bewegen will. Maleachi versucht, **eine müde gewordene und in Gewohnheiten erstarrte Gottesgemeinde zu beleben und ein in Zweifel und Resignation geratenes Volk zu ermutigen**.

● Der Autor des letzten Werks im „Zwölfprophetenbuch", das die sogenannten „Kleinen Propheten" (Hosea bis Maleachi) umfasst, trägt einen besonderen Namen: „Mein Bote". Dies kann sowohl Eigenname als auch Funktionsbeschreibung (so derselbe Begriff in 3,1) sein.

● Bemerkenswert ist die Formulierung, dass Maleachi eine „Last" verkündet (V 1). Offensichtlich hat Gott dem Propheten sein Wort als eine Last aufs Herz gelegt, sodass er nicht anders kann, als es zu verkündigen und dafür zu werben, dass dieses Wort Gottes auch gehört wird.

● Maleachi spricht nun den ersten seiner sechs Themenbereiche an. Am Anfang steht ein Wort des HERRN, das von den Hörern hinterfragt wird. Daraufhin wird die Grundaussage erläutert und mit einer Schlussfolgerung abgeschlossen. Dieser Aufbau findet sich in allen sechs Durchgängen im Buch.

● **Die Vergewisserung Israels, dass es unter der gnädigen und fürsorgenden Liebe Gottes steht, ist als Spitzenaussage dem gesamten Buch vorangestellt.** Vor allen Diskussionen über Einzelheiten des Gottesdienstes und der Lebensführung steht die Zusicherung des HERRN an sein Volk: **„Ich habe euch lieb."** Damit bekräftigt er, was sich seit dem Anfang der Gottesgeschichte mit Israel durchhält (vgl. 5Mose 33,3).

● Der zweifelnde Einwand wird dadurch entkräftet, dass Gott auf das gegensätzliche Ergehen der Zwillingsbrüder Jakob und Esau, d. h. von Israel und Edom, verweist: Israel erlebt nach der Katastrophe von Zerstörung und Exil einen Neuanfang, während Edom trotz aller Bemühungen untergeht.

● In Röm 9,13 zitiert Paulus diese Stelle als Beleg für Gottes Freiheit, in seinem Erbarmen auch den Heiden die Rettung in Jesus zu schenken. Die christliche Gemeinde soll nicht über Gottes Gründe für sein Handeln spekulieren (vgl. den Gegensatz von Töpfer und Ton: Röm 9,20f), sondern seine Größe preisen (Röm 11,33ff) und dieses Evangelium den Mitmenschen bezeugen.

● **„Du sollst deinen Vater und deine Mutter ehren"**: Das 4. Gebot bringt Gottes Leitlinie für gelingendes Leben zwischen den Generationen auf den Punkt. Was für das Verhältnis zwischen Eltern und Kindern gilt, gewinnt noch gewichtigere Bedeutung für die Beziehung zwischen Israel und seinem Gott: „Ist er nicht dein Vater und dein HERR? Ist's nicht er allein, der dich gemacht und bereitet hat?" (5Mose 32,6.)

● Doch die segensvolle Vater-Sohn-Beziehung zwischen Gott und seinem Volk wird ausgerechnet durch die Verantwortlichen für den Gottesdienst, die Priester, mit Füßen getreten:

→ Gott hatte klare Anweisungen für die Qualität von Opfertieren gegeben: „Du sollst dem HERRN, deinem Gott, kein Rind oder Schaf opfern, das einen Fehler ... an sich hat; denn das ist dem HERRN, deinem Gott, ein Gräuel" (5Mose 17,1).

→ Indem die Priester dennoch fehlerhafte Tiere für die Opfer zulassen, zeigen sich fehlende Ehrerbietung bis hin zur Verachtung Gottes: „Des HERRN Tisch ist unrein, und sein Opfer ist für nichts zu achten, samt seiner Speise" (V 12).

→ Niemand würde es wagen, dem persischen Statthalter solche minderwertigen Gaben zu bringen, mit denen der heilige Gott im Tempel „abgespeist" wird (V 8).

→ Dieses Verhalten enthüllt: **Israel vergisst, mit wem es in Wirklichkeit zu tun hat.** Nicht der Herrscher Persiens ist der eigentliche „Groß-König"; dies ist vielmehr der Gott Israels, der unter den Völkern gefürchtet (V 14) und von den himmlischen Wesen mit „Heilig, heilig, heilig" verehrt wird (Jes 6,3).

● Martin Luther schreibt im Großen Katechismus: „Wie wird Gottes Name unter uns heilig? Antwort: Wenn sowohl unsere Lehre als auch unser Leben göttlich und christlich sind. Denn weil wir Gott unseren Vater heißen, so sind wir es schuldig, uns wie die frommen Kinder zu verhalten, damit er von uns nicht Schande, sondern Ehre und Preis habe."

● **Gott betraut die Verantwortlichen Israels mit konkreten Aufgaben:** Die Priester erteilen Weisung, die Weisen geben Rat, die Propheten sagen Gottes Wort an (vgl. Jer 18,18), die Häupter/Herren sprechen Recht. Chaos entsteht dort, wo diese Vorgaben pervertiert werden: „Seine Häupter richten für Geschenke, seine Priester lehren für Lohn, und seine Propheten wahrsagen für Geld" – so aber wird „Zion mit Blut und Jerusalem mit Unrecht" gebaut (Mi 3,11).

● **Den nachlässigen Priestern droht Gottes Gericht**, das sie im Zentrum ihrer Berufung erreicht: Der zum Segnen erhobene Arm wird zerbrochen; statt des Wohlgeruchs der Festopfer trifft sie der Kot verlogener Feierlichkeiten. Sie, die im Dienst des heiligen Gottes ihr Volk auf die Begegnung mit ihm vorbereiten sollen, landen selbst „auf der Müllkippe" (V 3).

● Was es demgegenüber **in Wahrheit heißt, Priester im Dienst Gottes** zu sein, wird an der Gestalt von Levi und seiner Einsetzung in diese Aufgabe erkennbar:

→ Der Bund, den Gott mit ihm geschlossen hat, ist gekennzeichnet von Leben, Frieden (Schalom) und Gottesfurcht. Gottes Weisung, der er bleibend verpflichtet ist, hat Bestand und ist zuverlässig. Er lebte im Schalom Gottes und bewahrte viele vor dem Abweg zur Sünde.

→ Wo aber die Priester selbst den Weg Gottes verlassen, für andere zum Stolperstein werden und irreführende Lehre im Namen Gottes erteilen, wird die Sünde des Volks nicht nur vertuscht, sondern auch noch mit dem vermeintlichen Segen Gottes versehen.

✎ *Das Wirken von Jesus ist auffällig von seinem Lehren geprägt und diese Aufgabe überträgt er auch an seine Jünger: Mt 28,20. Christen kennzeichnet: „Sie sind von Herzen gehorsam geworden der Gestalt der Lehre" (Röm 6,17). Welchen Stellenwert hat die christliche Lehre in Ihrem persönlichen Leben und in Ihrer Gemeinde?*

Am 3. Advent war schon ein Adventslied dran, gesungen von Maria. Jetzt kommt eine Männerstimme dazu: das zweite Lied im Lukasevangelium. Erinnern Sie sich an die wunderbare Geburt von Johannes dem Täufer? In Lukas 1,5-25 und dann 1,57-67 finden Sie die Details.

- Zacharias war neun Monate stumm. Er konnte zuerst nicht glauben, was der Engel ihm ankündigte. Dann wurde seine Frau Elisabeth schwanger. Johannes wurde geboren. Jetzt kann Zacharias wieder reden. Und wie! **Der alte Priester preist Gott. Ein Loblied stimmt er an, ganz im Stil der alttestamentlichen Psalmen.** Erfüllt vom Heiligen Geist redet er „prophetisch" (so wörtlich).
- Das Lied schlägt einen weiten Bogen vom Bundes-Eid mit Abraham bis zum angekündigten Retter, dem Messias. Er wird wie die Sonne aufgehen (vgl. Jes 60,1f und Mal 3,20) und Erlösung bringen; doch was zukünftig sein wird, ist schon Gegenwart. **Mit der Geburt des Johannes hat das Kommen des Messias begonnen.** So gesehen hat Gott schon „besucht und erlöst sein Volk".
- Das Verb **„besuchen"** in V 68 und 78 meint nicht eine kurze Stippvisite Gottes; es bedeutet **„zu Hilfe kommen", „gnädig ansehen" und „sich liebevoll zuwenden".**
- Dass der Messias politisch wirken und von hassenden Feinden (V 71) befreien wird, wurde damals erwartet. Der prophetische Sänger sieht noch weiter: Der Messias (= Christus) wird von Sünde und Tod befreien. Jesus hat sein Leben dafür hingegeben. So rettet er – auch solche, die „in Finsternis und im Schatten des Todes" sitzen (V 79). **In V 78 leuchtet schon Ostern auf!** Uns daran zu erinnern, ist der schönste Sinn unserer Advents- und Weihnachtslichter.
- **Das Gebetslied des Zacharias** wird nach seinem lateinischen Beginn **„Benedictus"** genannt. In der Liturgie vieler Kirchen hat es seinen festen Platz, z. B. im Stundengebet am Morgen.

● **Treuebruch** ereignet sich auf unterschiedliche Weise:
→ **Gott geht einen ewigen Ehebund mit seinem Volk ein**: „Ich will dich mir verloben auf ewig … in Gerechtigkeit und Recht, in Gnade und Barmherzigkeit. Ich will dich mir verloben in Treue, und du wirst den HERRN erkennen" (Hos 2,21). Doch das Volk bricht aus der heilvollen Liebesverbindung zu seinem Gott aus und verehrt – wie schon oft in früherer Zeit – fremde Götter. Dies lässt sich auch durch tränenreiche Opferanstrengungen nicht vertuschen: V 13.
→ Damit einher geht die **Verachtung des Schöpfers** und der Folgen, die sich aus der Schöpfung ergeben: Ungeachtet ihrer vielfältigen Unterschiede sind alle Menschen Geschöpfe dieses **einen** Vaters und stehen damit in einer wesenhaften Beziehung zueinander. Wer seine Mitmenschen verachtet, verleugnet damit Gott als Schöpfer und Vater.
→ **Treuebruch ereignet sich nun auch in der innersten und verletzlichsten Zelle des Volkes: in der Ehe.** Der ursprüngliche und vor Gott (V 14) geschlossene Ehebund mit der „Frau deiner Jugend" wird gebrochen, um eine andere Frau aus dem Volk oder eine Frau anderen Glaubens (V 11: „eines fremden Gottes Tochter") zu heiraten. Dies ist in den Augen Gottes eine Gewalttat: „Frevel" (V 16).
● In eindrucksvoller Weise lassen diese wenigen Verse erkennen, wie Glaube und Leben untrennbar miteinander verbunden sind; dies gilt für Gottes Gemeinde zu allen Zeiten:
→ Ausgangs- und Angelpunkt ist das erste Gebot: Gott über alle Dinge lieben – und daher keine anderen Götter verehren. Alle, die Gott lieben, sind also gefragt: Wen verehre ich?
→ Sich zu Gott als unserem Schöpfer zu bekennen, bedeutet zugleich: alle anderen Menschen als Mitgeschöpfe dieses **einen** Schöpfers zu achten.
→ Völlig unabhängig von den in der jeweiligen Gesellschaft vertretenen Eheauffassungen hält sich der Wille Gottes durch die Zeiten hindurch: „Brecht nicht die Treue!" (V 16).

● **Lohnt es sich, nach Gottes Willen zu fragen und auf seinem Weg zu gehen?** Allem Anschein nach nicht! Denn die Verächter Gottes (3,15) kommen mit ihrem gottlosen Leben offenbar ungeschoren davon. **„Wer Böses tut, der gefällt dem HERRN"**: Das mag sowohl der freche Ausruf des „Übeltäters" wie auch die resignierte Feststellung des „Gerechten" sein.
● Doch diese Einschätzung ist falsch: **„Ich, der HERR, wandle mich nicht"** (3,6 – vgl. 1,2: Gott hat sein Volk ungebrochen lieb wie eh und je). Es mag zwar manchmal so aussehen, als habe Gott seine Leute vergessen und kümmere sich nicht (mehr) um Recht und Unrecht in seiner Welt. Das aber ist ein Irrtum. Denn er selbst kommt zum abschließenden Gericht, bei dem in letzter Instanz das Urteil gefällt wird. Der Maßstab dafür hat sich ebenfalls nicht gewandelt: V 5.
● Eine spezielle Form, Gott zu betrügen, bezieht sich auf den Umgang mit dem **„Zehnten"**, der vom Gesetz vorgeschriebenen Abgabe von zehn Prozent der erwirtschafteten Erträge an das Haus Gottes. Wer sich demgegenüber Gottes Willen zu eigen macht, wird mit Segen überschüttet.
● Bemerkenswert ist, dass sich Jesus in Mt 23,23 kritisch auf den Umgang mit dem „Zehnten" bezieht: „Ihr gebt den Zehnten von Minze, Dill und Kümmel und lasst das Wichtigste im Gesetz außer Acht: Gerechtigkeit, Barmherzigkeit und Treue." Und in 2Kor 8f, wo Paulus ausführlich über das Geldspenden in der Gemeinde spricht, kommt der Zehnte gar nicht vor. Der Grund dafür ist die „Gnade unseres Herrn Jesus Christus": Er, der Reiche, wurde arm um unseretwillen, damit wir durch seine Armut reich würden (2Kor 8,9). **Wer daher zu diesem Herrn gehört, gehört ihm ganz – mit allem, was er hat.** Was das für die eigenen Spenden bedeutet, hat jeder selbst zu prüfen und zu entscheiden: „Ein jeder, wie er sich's im Herzen vorgenommen hat, nicht mit Unwillen oder aus Zwang; denn einen fröhlichen Geber hat Gott lieb" (2Kor 9,7).

● Die Frommen sind frustriert und halten auch gegenüber Gott ihre Enttäuschung nicht zurück: „Nach Gottes Willen zu leben ist vergebliche Liebesmüh; wem es demgegenüber wohl ergeht, sind die Gottlosen."

● „Nein, so ist es nicht", hält Gott entgegen. Der Unterschied zwischen **gottes-fürchtig** und **gott-los** ist fundamental:

→ Gott hat ein Gedächtnisbuch, in dem die Namen seiner Leute festgehalten werden (vgl. 2Mose 32,32; Lk 10,20; Phil 4,3; Offb 3,5).

→ Wenn Gott an seinem Tag sein letztgültiges Urteil spricht, werden sie als diejenigen offenbar, die zu ihm gehören und von seiner Barmherzigkeit umhüllt sind.

● Um diesen Tag vorzubereiten, schickt Gott den Propheten **Elia**, der zu Versöhnung und Umkehr aufrufen wird (V 24).

→ „Diese Ankündigung hat Gott nun wahr gemacht", sagt Jesus in Mt 11,14, „in der Person von Johannes dem Täufer."

● Durch Jesus gewinnt die Erwartung des „großen und schrecklichen Tags des Herrn" eine unerwartete Erfüllung:

→ **Erwartet** wurde das göttliche Gericht über die Bösen und die Belohnung der Gerechten im Friedensreich des Messias.

→ **Gekommen** ist der Messias-Menschensohn – Jesus aus Nazareth. Seine Worte und Taten lassen die Barmherzigkeit Gottes in überwältigender Weise aufstrahlen: „Wir haben so etwas noch nie gesehen!" (Mk 2,12 u.ö.).

→ Doch statt das Gericht im Namen Gottes durchzuführen, nimmt Jesus es selbst auf sich und stirbt stellvertretend für alle Menschen den Fluchtod am Kreuz.

→ Damit öffnet sich der Raum für die **Verkündigung des Evangeliums in aller Welt**: Vergebung der Sünden und Rettung aus dem Gericht werden all denen zuteil, die den Namen des Herrn Jesus anrufen und ihm glauben (Röm 10,9ff).

→ Von dieser Botschaft erhält der heutige Tag seinen Glanz und wird damit zum „Heiligen" Abend: „Das hat er alles uns getan, sein groß Lieb zu zeigen an. Des freu sich alle Christenheit und dank ihm des in Ewigkeit!" (M. Luther: EG 23,7).

● Wenn wir Psalm 2 am ersten Weihnachtstag lesen, begeben wir uns mit **auf den Weg hin zu Jesus.**

● Im Psalm sind vier Strophen spiegelbildlich angeordnet: In den äußeren Strophen (V 1-3; V 10-12) geht es um die Reaktion der Völker auf Gott und seinen König in Jerusalem („Gesalbten"). Um deren enges Verhältnis geht es in den inneren Strophen (V 4-6; V 7-9).

→ Psalm 2 ist wohl **ursprünglich auf die Krönung der Könige in Jerusalem bezogen**. Die Nachkommen Davids sollten die Königsherrschaft Gottes über die ganze Schöpfung und alle Völker vermitteln.

→ Gegen diese Unterordnung („Stricke") verwehren sich die anderen Völker. Doch das soll den neu gesalbten König nicht schrecken.

→ Die Worte im Zentrum: „Du bist mein Sohn, heute habe ich dich geboren", **setzen den König in eine ganz enge Beziehung zu Gott** und wurden wie in der Umwelt im „Ratschluss" (ein Krönungsprotokoll) festgehalten.

→ Damit verbunden ist die Übertragung der Durchsetzungsmacht, symbolisiert durch ein mit Eisenteilen verziertes Zepter. Der König soll **die Ordnung des Landes vor allen Feinden schützen**.

→ Der Sprecher wechselt in die internationale Amtssprache. Er ruft die Völker zur Einsicht und Hinwendung zum Repräsentanten Gottes auf, indem diese die Füße des „Sohnes" küssen.

● Nach der Zerstörung Jerusalems 586 v.Chr. **wurde aus dem Zuspruch an den aktuellen König eine Hoffnung auf einen zukünftigen**. Jesus bestätigt und erweitert zugleich Gottes Zusagen:

→ Jesus ist der eine Sohn Gottes – nicht durch ein Ritual, sondern in ewiger Beziehung zum Vater in Liebe.

→ Jesus hat Macht über alle Völker – aber er setzt sie um, indem er sich dienend allen unterordnet. Seine Liebesregierung werden einmal alle ohne Zwang anerkennen und ihre Knie beugen.

→ **An Jesus sehen wir: Gott steht zu seinem Wort.** Wer ihm begegnet, wird verändert und versteht Gott neu. Was daraus ist für uns in diesen Weihnachtstagen dran?

2. Weihnachtstag, 26. Dezember Lukas 2,29-32

Wann ist Weihnachten vorbei? Genau genommen dauert die Weihnachtszeit bis zum 2. Februar. Von Heiligabend bis dahin sind es 40 Tage. Das Datum hat seinen Grund. Informieren Sie sich über das Fest „Maria Lichtmess".

- Maria und Josef befolgen die biblischen Anweisungen (3Mose 12,1-8). 40 Tage nach der Geburt bringen sie Jesus zum Tempel. Er soll beschnitten und Gott geweiht („dargestellt") werden.
- Für die Eltern überraschend. erscheint **Simeon.** Er nimmt das Kind und spricht einen Lobpreis über Jesus, ein Danklied an Gott. Denn er erkennt Jesus

→ ... als den **„Heiland"** (wörtlich: „die Rettung") – und zwar
→ ... als **Licht** für alle Nationen (vgl. Jes 42,6; 49,6) und
→ ... als **Verherrlichung** seines Volkes Israel.

- Woher weiß Simeon von der Bedeutung des Kindes? Die V 25-28 erklären es: **Simeon wurde vom Heiligen Geist in den Tempel geführt und zur Erkenntnis, wer Jesus ist.**
- Damit bringen die Erzählung von Simeon und sein Gebet noch einmal auf den Punkt, was sich durch die ganze Weihnachtsgeschichte zieht: Jesus ist der Retter (Heiland) der Welt, der verheißene Messias. Das hatte der Engel der Maria (Lk 1,31-33, so der Name „Jesus") und dann den Hirten verkündet (Lk 2,10). Das hatte Zacharias besungen (Lk 1,68ff). Jetzt bestätigt es der Heilige Geist noch einmal – und zwar im Tempel, also an heiligster Stelle: **Jesus, der Retter, ist da!**
- Simeon hatte auf den **„Trost Israels"** gewartet (V 25; vgl. Jes 40,1). Nun hat er ihn gesehen – und kann in Frieden sterben (wörtlich „weiterziehen"). Ein bewegender Schlussakkord der Weihnachtsgeschichte – und ein Ge-Trost-Sein im Leben und Sterben.

In dem Kind Jesus den Retter für die ganze Welt erkennen – darauf läuft die ganze Weihnachtsgeschichte hinaus.

Die Weihnachtsbotschaft des Johannes

● Der Evangelist Johannes kennt keine Weihnachtsgeschichte wie Matthäus oder Lukas. Aber er beginnt sein Evangelium mit der großen Weihnachtsbotschaft: **Das Wort, das von Anfang an bei Gott war, kam in Jesus zu uns.**

● Feierlich beginnt das Evangelium. Wie ein festlicher Choral stimmen sie das Geheimnis des Kommens Jesu an.

✎ *Sprechen Sie mal V 1-5 und 9-14 laut und langsam – und lassen Sie so die Sätze auf sich wirken. Vergleichen Sie damit das Lied „Gelobet seist du, Jesu Christ" (EG 23). Welche Gedanken in Joh 1,1-5 hat Martin Luther in diesem Lied aufgenommen?*

● Ein Begriff steht im Mittelpunkt: **„Wort"**, griechisch, **„Logos"**. Die feierlichen Sätze umkreisen dieses Wort: Das Wort war bei Gott, kommt von Gott, ist Gott – und doch wieder von ihm zu unterscheiden. **Das ist Jesus,** sagt die Johannes-Weihnachtsbotschaft. **Er ist das Wort Gottes in Person. In ihm hat Gott seine heilige Gegenwart geerdet.** V 14 bringt es dann auf den Punkt: „Das Wort ward Fleisch und wohnte unter uns."

● Der griech. Begriff **„Logos"** meint in der damaligen Philosophie mehr als nur ein hingesagtes Wort; er **steht auch für Sinn und Weisheit** (vgl. die Endung „-logie" in Fremdwörtern). Er ist männlich und kann darum personifiziert gedacht werden. V 4a wird treffend in der BasisBibel so übersetzt: **„Er, das Wort, war zugleich das Leben in Person."**

● Mit den ersten beiden Worten spannt Johannes einen weiten Bogen: **„Am Anfang"** – so beginnt die Bibel (1Mose 1,1). Mit denselben Worten beginnt nun auch das Evangelium. Damit zeigt Johannes: **An Weihnachten ist Gott am Werk**. Wie er am Anfang durch sein Wort die Erde schuf, so beginnt er nun durch sein Wort, d. h. Jesus Christus, seine neue Schöpfung. **Am Anfang sprach Gott: „Es werde Licht." Jetzt kommt im Logos-Leben das neue Licht.**

● Den ersten Abschnitt des Johannesevangeliums nennt man **„Prolog".** Er umfasst die Verse 1-18. Bereits in den ersten Sätzen wird die feierliche, poetische Sprache deutlich. Dies ändert sich allerdings **ab V 6. Auf einmal ist nicht mehr vom „Wort" („Logos") die Rede, sondern von Johannes dem Täufer.** Der Gedankengang von V 5 („... das Licht scheint ...") setzt sich erst in V 9 fort („Das ist das wahre Licht ..."). Die Verse 6-8 sind also **ein Einschub** in den feierlichen Text.

● **Der Zeuge für Wort und Licht: Johannes der Täufer.**

Was wissen Sie über den ersten Christus-Zeugen? Alle Evangelien berichten von ihm: Mt 3; Mk 1,2-11; Lk 1,5-25.57-65; 3,1-22 und Joh 1,6-8.15.19-34. Haben Sie am heutigen Sonntag etwas Ruhe? Dann lesen Sie mal diese Berichte. Worin stimmen sie überein? Wo gibt es Unterschiede?

● Warum der Einschub in den feierlichen Text? Weil das, was über Jesus als Wort und Licht behauptet wird, nicht einfach so dahingesagt ist. Gleich am Anfang gibt es einen ersten **Zeugen** dafür. Er ist bekannt und glaubhaft!

● **Interessant ist, was hier über Johannes berichtet wird und was nicht.** Wir erfahren nichts über seine Herkunft, seine Kleidung und seine Bußpredigt wie in anderen Evangelien (Mt 3,1ff; Mk 1,1ff; Lk 3,1ff). Betont wird stattdessen:

→ **Johannes war (nur) ein Mensch**. Er ist nicht Gott. Das unterscheidet ihn von Jesus (vgl. V 20).

→ **Aber er ist von Gott gesandt.** Darin liegt seine Autorität.

→ **Sein Auftrag: Öffentlich bezeugen, dass Jesus das Licht ist.** Das Ziel seiner Sendung: Menschen sollen an Jesus als den Christus/Messias und Sohn Gottes glauben (dazu wurde dann das ganze Evangelium aufgeschrieben (vgl. Joh 20,31).

→ Noch einmal betont V 8 **den scharfen Gegensatz:** Johannes ist nicht das Licht, sondern soll es bezeugen.

● V 9 schließt an V 5 an: **Jesus, das Wort, ist das Licht.**

Welche Aussagen von Jesus über das Licht fallen Ihnen ein? Was oder wer ist in Ihrer Bibel Subjekt in V 9 und 10?

● Beginnen die V 9 und 10 mit „Er" oder „Es/Das"? Der griechische Wortlaut erlaubt beides. Luther übersetzt: „*Das* war das wahre Licht ..." und „... die Welt erkannte *es* nicht." V 11 und 12 haben aber eindeutig Jesus (als Logos/Wort) zum Subjekt. Darum ist es treffender, dies auch für V 9 und 10 anzunehmen (wie die Basis-Bibel): „Er, das Wort, war das wahre Licht ...". Damit betont das Evangelium: **Es geht nicht um irgendein Licht,** nicht um eine philosophische Erleuchtung oder um Johannes den Täufer (V 8). **Sondern Jesus, der Logos Gottes, war und ist das Licht.**

● **Was erfahren wir über Jesus als Licht?**

→ Er kommt in die Welt, die ohne ihn dunkel ist (V 5).

→ Er kommt mit dem Ziel, für alle Menschen zu leuchten (nicht nur für ein paar Auserwählte). Sie sollen an ihn glauben und so Gottes Kinder werden. **Gottes Kind wird niemand „automatisch". Jesus „aufnehmen"** (V 12) **ist die entscheidende Voraussetzung dafür.**

Welche gängigen Ansichten darüber, wer Kind Gottes ist, widersprechen V 12f? Jesus gibt denen, die ihn aufnehmen, das „Recht" (Luther: „Macht"), Kind Gottes zu sein. Dieses Recht wird auch in Zeiten der Anfechtung und des Leids nicht infrage gestellt.

→ Schon V 5 stellt fest, was V 10 wiederholt: **Die (finstere) Welt hat Jesus nicht erkannt und angenommen.** Obwohl es doch Gottes Welt ist und damit auch die Welt von Jesus! Es ist ein tiefer Schmerz bis heute: Jesus kommt „in sein Eigenes" (so wörtlich V 11), er kam zu denen, die von Gott geschaffen sind und ihm gehören – und doch ignorieren sie ihn, nehmen ihn nicht auf.

● Die feierliche Einleitung des Johannesevangeliums, „Prolog" genannt, endet mit V 18. Wie schon vorher V 6-8 unterbricht V 15 den Gedankengang mit einem Blick auf **Johannes** den Täufer. **Er bezeugt: „Jesus war immer schon vor mir!"**

Ein schöner Satz auf dem Weg ins neue Jahr: Wenn wir zu Christus gehören und ihm unsere Jahre anvertrauen, können wir wissen: Er ist uns immer schon voraus. Können Sie das in ein Gebet zum Jahreswechsel formulieren?

● **Wer ist Jesus Christus?** Die letzten Sätze des Prologs bringen es noch einmal auf den Punkt:

→ V 18 spitzt es zu: **Jesus ist Gott.** Schon V 1 betont: „Gott war das Wort." Und doch ist der Sohn vom Vater zu unterscheiden. Wie ist das zu verstehen? Die sorgfältig gesetzten Begriffe wollen das Geheimnis beschreiben: **Jesus ist der „Einziggeborene"; nur er vereint das Göttliche mit dem Menschlichen.** Er ist ganz mit dem Vater verbunden (wörtlich: „im Schoß des Vaters"); und doch ist er ganz Mensch („Fleisch").

→ Das Mensch gewordene Wort „wohnte", wörtlich: „zeltete", bei uns. Das Volk Israel hatte jahrhundertelang das „Zelt der Begegnung" (Luther: „Stiftshütte" z. B. 2Mose 26; 33,7-11) als Ort der „Herrlichkeit" Gottes, seiner zugesagten Gegenwart; später wurde daraus das „Allerheiligste" im Tempel. **Und nun ist Jesus Christus dieser Ort! In ihm ist Gott gegenwärtig.** Vgl. Mt 27,51: Als Jesus starb, zerriss der Vorhang im Tempel.

→ **Was bringt Jesus in die Welt?** Zweimal wird betont: **„Gnade und Wahrheit".**

Wie gehören Gnade und Wahrheit zusammen? Was wäre das eine ohne das andere? Sehen Sie Ps 92,3 oder Ps 100,5 an. Und beten Sie den kürzesten Psalm: Ps 117.

● Wie schließen wir das alte Jahr ab und gehen in das neue? Mit Psalm 29 **kommt Gottes fürsorgende und schützende Macht zur Sprache**.

● Verse über Gottes Königsherrschaft (V 1-2; V 10-11) rahmen den Hauptteil über die mächtige Stimme Gottes (V 3-9).

→ Zunächst werden in V 1-2 himmlische Wesen aufgerufen, Gottes Königtum anzuerkennen. Der Gottesdienst im Tempel (V 9) ist verbunden mit dem himmlischen Gottesdienst (V 1-2).

→ Der Hauptteil des Psalms besingt die „Stimme des Herrn": **Überall wirkt Gott durch sein Reden** und setzt sich auch gegen Widerstände durch, die hier im Bild von Meer und Wasser begegnen. Selbst die machtvollen und überwältigenden Zedern vom Libanon werden durch Gott zerbrochen (V 5) und kahl gerissen (V 9).

→ Die Wüste ist die Gegenerfahrung zum Wasser – aber genauso bedrohlich. Die Wüste Kadesch im Süden ist geografischer Gegenpol zum Libanon im Norden. Doch überall wirkt Gott durch seine Stimme und lässt spielerisch leicht die gewichtigen Gebirgszüge Libanon und Sirjon (= Hermon) wie Jungstiere hüpfen.

→ V 10: Wenn Gott „thront", übt er seine königliche Macht aus und bändigt damit auch die „Flut", das bedrohliche Chaoswasser.

● Der Psalm steckt den Rahmen weit: zwischen gegensätzlichen Bedrohungserfahrungen, weit auseinanderliegenden Regionen, dem himmlischem und dem irdischen Gottesdienst, dem Leben der Menschen und der Welt der Wildtiere.

→ Im größeren biblischen Zusammenhang zeigt sich Gottes Macht sehr verschieden. Bewirkt Gott in diesem Psalm Sturm, Beben und Feuer, ist er bei Elia darin gerade nicht zu finden, sondern in dem „Geräusch einer feinen Stille" (1Kön 19,11-12).

→ Im Jahresrückblick können wir fragen: Wo haben wir diese schützende Macht Gottes erfahren? Und im Vorausblicken vertrauen wir uns Gott an und können Pläne, Befürchtungen, Reisen, Menschen, undurchsichtige Machtkonstellationen dem Liebeswillen und der Macht Gottes anvertrauen.

Mitarbeiterinnen und Mitarbeiter 2025

Alle Autorinnen und Autoren, deren Wohnort mit einem * versehen ist, sind unter bibelfuerheute@brunnen-verlag.de erreichbar.

1., 12., 26.1.; 2.2.	Dr. Beat Weber-Lehnherr, Basel, SCHWEIZ, weber-lehnherr@sunrise.ch
2.–13.1.	Hartmut Bärend, Berlin*
5., 19.1.; 9., 16., 23.2.	Dr. Peter von Knorre, Gummersbach*
14.–17.1.	Ernst-Eduard Lambeck, Bielefeld*
18.–24.1.	Werner Trick, Meßstetten, werner.trick@gmx.de
25.–31.1.	Marlene Trick, Meßstetten, marlene.trick@gmx.de
1.–7.2.	Rainer Härer, Schorndorf, i.r.haerer@gmx.de
8.–15.2.	Wolfgang Buck, Daaden, buck-daaden@t-online.de
17.–21.2.	Jens Brakensiek, Burbach*
22.–27.2.	Andreas Isenburg, Dortmund, andreas.isenburg@ekvw.de
28.2.–8.3.	Michael Schröder, Dietzhölztal, michael.schroeder@feg.com
2., 9.3.	Dr. Peter von Knorre, Gummersbach*
10.–19.3.	Dorothea Bender, Linden, dorothea@dbender.net
16., 30.3.	Martin Weber, Kirchberg*
20.–25.3.	Volker Roggenkamp, Münster*
23.3.	Dr. Beat Weber-Lehnherr, Basel, SCHWEIZ, weber-lehnherr@sunrise.ch
26.3.–1.4.	Hartmut Frische, Minden, hartmutfrische@t-online.de
2.–12.4.	Wolfgang Kraska, Rheinstetten-Forchheim, wolfgang.kraska@feg.de

6.4.	Dr. Beat Weber-Lehnherr, Basel, SCHWEIZ, weber-lehnherr@sunrise.ch
13., 27.4.	Martin Weber, Kirchberg*
14.–23.4.	Klaus Jürgen Diehl, Wetter, klaus.j.diehl@gmx.de
24.4.–3.5.	Burghard Affeld, Osnabrück, broaffeld@osnanet.de
4., 11., 25.5.	Martin Weber, Kirchberg*
5.–10.5.	Maike Sachs, St. Johann, m.sachs@bengelhaus.de
12.–17.5.	Dr. Markus Steinhilber, Gunzenhausen, mgsteinhilber@gmx.de
18., 29.5.; 1.6.	Dr. Uwe Rechberger, Walddorfhäslach, uwe.rechberger@elkw.de
19.–26.5.	Manuel Janz, Sulzfeld*
27.5.–3.6.	Joachim Rieger, Mössingen, joachim.rieger@elkw.de
4.–11.6.	Dr. Heinz-Werner Neudorfer, Reutlingen, heinz-werner.neudorfer@t-online.de
8., 9., 15., 22., 29.6.	Gudrun Theurer, Diedorf, gudruntheurer@web.de
12.–19.6.	Frank Schröder, Erfurt*
20.–27.6.	Dr. Helene Wuhrer, Voorschoten, NIEDERLANDE, helene.wuhrer@gmail.com
28.6.–2.7.	Dr. Wolfgang Reinhardt, Kassel, dunir@online.de
3.–10.7.	Stefan Hermann, Filderstadt*
6.7.	Gudrun Theurer, Diedorf, gudruntheurer@web.de
11.–17.7.	Rainer Kiess, Filderstadt, rainer.kiess@t-online.de
13., 20., 27.7.	Ulrich Seng, Kassel, sengwk@gmx.de

18.–25.7.	Gottfried Holland, Schwieberdingen, gottfried.holland@gbm-meuc.org
26.–31.7.	Dr. Matthias Clausen, matthias.clausen@eh-tabor.de
1.–8.8.	Stephan Zeipelt, Dortmund, stephan.zeipelt@ekvw.de
3., 10., 17., 24.8.	Ulrich Seng, Kassel, sengwk@gmx.de
9.–18.8.	Holger Noack, Wuppertal*
19.–30.8.	Dirk Scheuermann, Velbert, dirk.scheuermann@evkg-nierenhof.de
31.8.; 7., 14., 21., 28.9.	Dr. Andreas Käser, Schwieberdingen, andreas.kaeser@mailbox.org
1.–11.9.	Claus-Dieter Stoll, Mötzingen, cd@stollteam.de
12.–24.9.	Dr. Manfred Dreytza, Walsrode*
25.9.–4.10.	Dr. Joachim Drechsel, Marburg*
5., 12., 19., 26.10.	Dr. Andreas Käser, Schwieberdingen, andreas.kaeser@mailbox.org
6.–15.10.	Dr. Christoph Morgner, Garbsen*
16.10.–1.11.	Dr. Heiko Wenzel, Pohlheim*
2.11.	Dr. Andreas Käser, Schwieberdingen, andreas.kaeser@mailbox.org
3.–8.11.	Ewald Grossmann, Garbsen*
9., 16., 23., 30.11.	Dr. Torsten Uhlig, Marburg, torsten.uhlig@eh-tabor.de
10.–15.11	Christine Benda, Giessen*
17.–22.11.	Ralf Bödeker, Gevelsberg*
24.–29.11.	Dr. Friedhelm Jung, Bornheim, fjung@bsb-online.de
1.–10.12.	Dr. Rolf Sons, Flein, rolf.sons@elkw.de
7.12.	Ulrich Seng, Kassel, sengwk@gmx.de
11.–17.12.	Dr. Heinzpeter Hempelmann, Schömberg*

14., 21., 26.–30.12.	Ulrich Mack, Filderstadt, umack@gmx.net
18.–24.12.	Dr. Eberhard Hahn, Ofterdingen, e.fritz.hahn@gmail.com
25., 31.12.	Dr. Torsten Uhlig, Marburg, torsten.uhlig@eh-tabor.de

Bibelstellen-Verzeichnis 2017–2025

	10.8.25
15	26.2.17
	14.2.21
	23.2.25
16	5.2.17
	20.10.19
	19.4.20
	24.1.21
	10.9.23
	2.2.25
17	27.8.17
	15.8.21
	24.8.25
18,1-20	12.2.17
	31.1.21
	9.2.25
18,21-51	19.2.17
	7.2.21
	16.2.25
19	7.5.17
	3.11.19
	24.10.21
	29.10.23
	1.1.25
20	24.9.17
	31.10.21
	21.9.25
21	30.7.17
	7.11.21
	27.7.25
22,1-22	2.4.17
	27.10.19
	21.3.21
	5.11.23
	6.4.25
22,23-32	9.4.17
	10.11.19
	28.3.21
	12.11.23
	13.4.25
23	30.4.17
	5.5.19
	18.4.21
	23.4.23
	4.5.25
24	3.12.17
	2.12.18
	29.11.20
	28.11.21

	27.11.22
	1.12.24
	30.11.25
25	8.10.17
	13.10.19
	28.2.21
	5.3.23
	16.3.25
26	23.7.17
	11.7.21
	20.7.25
27	28.5.17
	2.6.19
	16.5.21
	21.5.23
	1.6.25
28	25.6.17
	29.8.21
	22.6.25
29	11.6.17
	30.5.21
	31.12.25
30	21.5.17
	8.8.21
	18.5.25
31	11.2.18
	23.2.20
	27.2.22
	11.2.24
32	22.10.17
	10.10.21
	26.10.25
33	16.12.18
	11.12.22
34	19.3.17
	24.3.19
	7.3.21
	11.6.23
	23.3.25
35,1-16	25.2.18
	13.3.22
35,17-28	4.3.18
	20.3.22
36	10.6.18
	21.6.20
	26.6.22
	9.6.24
37,1-20	16.9.18
37,21-40	23.9.18

38	21.10.18
	23.10.22
39	4.11.18
	11.9.22
40	29.9.19
	17.1.21
	29.1.23
41	19.8.18
	23.1.22
42	29.7.18
	1.11.20
	10.7.22
	23.6.24
43	18.3.18
	3.4.22
44	4.12.22
45	14.5.17
	2.5.21
	11.5.25
46	26.11.17
	31.12.21
	28.9.25
47	25.5.17
	13.5.21
	29.5.25
48	22.7.18
	7.8.22
49	9.9.18
	4.9.22
50	18.11.18
	13.11.22
51	8.7.18
	26.7.20
	13.2.22
	17.11.24
52	11.11.18
	3.7.22
53	15.7.18
	14.8.22
	16.6.24
54	21.1.18
	6.2.22
55	14.1.18
	10.4.22
56	30.9.18
	1.5.22
57	11.3.18
	2.1.22
58	24.6.18

Bibelstellen-Verzeichnis 2017–2025

Bibelstellen-Verzeichnis 2017–2025

Abkürzungen

Alle Autorinnen und Autoren, deren Wohnort mit einem * versehen ist, sind unter bibelfuerheute@brunnen-verlag.de erreichbar.

EG:	Evangelisches Gesangbuch
ELB:	Revidierte Elberfelder Bibel © 1985/1991/2008 SCM R. Brockhaus im SCM-Verlag GmbH & Co. KG, Witten
NGÜ:	Neue Genfer Übersetzung – Neues Testament und Psalmen Copyright © 2011 Genfer Bibelgesellschaft
Zürcher Bibel:	© 2007 Zürcher Bibel/Theologischer Verlag Zürich

Serendipity –
Die Hilfe für Kleingruppen

Was heißt „SERENDIPITY"?

„Das Geschenk, zufällig glückliche Entdeckungen zu machen."

Genau darum geht es beim Material „Lebendige Kleingruppen": dass Menschen zusammenkommen, ihre Erfahrungen austauschen, der Bibel begegnen und dabei wertvolle Entdeckungen für ihr Leben machen.

In der Reihe SERENDIPITY**BIBEL** sind bisher erschienen:

Abraham
ISBN 978-3-7655-0791-5

Josef
ISBN 978-3-7655-0795-3

Die Zehn Gebote
ISBN 978-3-7655-0819-6

David
ISBN 978-3-7655-0796-0

Elia
ISBN 978-3-7655-0798-4

Nehemia
ISBN 978-3-7655-0807-3

Hiob
ISBN 978-3-7655-0797-7

Psalmen**
ISBN 978-3-7655-0809-7

Weisheit der Bibel
Sprüche* und Prediger**
ISBN 978-3-7655-0776-2

Jesaja
Jesaja 1–12
ISBN 978-3-7655-0793-9

Hosea
ISBN 978-3-7655-0775-5

Gottesbegegnungen im Alten Testament
ISBN 978-3-7655-0772-4

Frauen im Alten Testament
ISBN 978-3-7655-0777-9

Der verheißene Retter
Jesus durch das Alte Testament kennenlernen
ISBN 978-3-7655-0799-1

Die Ich-bin-Worte*
ISBN 978-3-7655-0825-7

Die Gleichnisse
ISBN 978-3-7655-0781-6

Die Bergpredigt*
ISBN 978-3-7655-0827-1

Begegnung mit Jesus*
Stationen seines Wirkens
ISBN 978-3-7655-0821-9

Die Wunder*
ISBN 978-3-7655-0820-2

Das Markusevangelium*
ISBN 978-3-7655-0829-5

Die Apostelgeschichte*
ISBN 978-3-7655-0830-1

Der Brief an die Römer*
ISBN 978-3-7655-0822-6

Der Brief an die Galater*
ISBN 978-3-7655-0834-9

Epheserbrief/Philipperbrief*
ISBN 978-3-7655-0823-3

Kolosserbrief/Philemonbrief*
ISBN 978-3-7655-0831-8

Die Briefe an die Thessalonicher*
ISBN 978-3-7655-0832-5

Der Hebräerbrief*
ISBN 978-3-7655-0833-2

Der Jakobusbrief*
ISBN 978-3-7655-0810-3

Die Petrusbriefe*
ISBN 978-3-7655-0778-6

Die Offenbarung*
ISBN 978-3-7655-0824-0

Das Vaterunser
ISBN 978-3-7655-0773-1

Die Ihr-seid-Worte*
ISBN 978-3-7655-0808-0

SERENDIPITY**THEMA**

Gerecht vor Gott*
Schlüsseltexte des Glaubens
ISBN 978-3-7655-0774-8

Der Gott, der uns nah ist*
Mit allen Sinnen Gott begegnen
ISBN 978-3-7655-0806-6

Muslime verstehen*
Wie Begegnung gelingen kann
ISBN 978-3-7655-0817-2

Das Geschenk des Glaubens feiern*
Von Advent bis Ewigkeitssonntag
ISBN 978-3-7655-0818-9

Der Heilige Geist*
ISBN 978-3-7655-0828-8

Die mit * gekennzeichneten Hefte verwenden den Bibeltext der „Neuen Genfer Übersetzung" (NGÜ), alle anderen den Text der Übersetzung „Hoffnung für alle"; ** Text aus Lutherbibel.